EB
LBL

Wiltrud Gieseke

W0073093

# LEBENSLANGES LERNEN UND EMOTIONEN

Wirkungen von Emotionen auf Bildungsprozesse aus beziehungstheoretischer Perspektive

wbv

*Jana Lorn*

Die Reihe „Erwachsenenbildung und lebensbegleitendes Lernen" greift aktuelle und grundsätzliche Fragen der Erwachsenenbildung im Kontext lebensbegleitenden und lebenslangen Lernens auf. Sie wendet sich an Wissenschaftler, Studierende, Praktiker und Entscheidungsträger in Weiterbildungseinrichtungen, Politik und Wirtschaft, die sich aktiv an diesem Diskurs beteiligen wollen. Herausgeber der Reihe sind Prof. Dr. Rainer Brödel (Institut für Sozialpädagogik, Weiterbildung und Empirische Pädagogik, Westfälische Wilhelms-Universität Münster) und Prof. Dr. Dieter Nittel (Institut für Sozialpädagogik und Erwachsenenbildung, Johann Wolfgang Goethe-Universität Frankfurt am Main).

Bisher sind in der Reihe **„Erwachsenenbildung und lebensbegleitendes Lernen"** erschienen:

### Grundlagen und Theorie:

Band 1
Rainer Brödel (Hg.)
**Weiterbildung als Netzwerk des Lernens**
Differenzierung der Erwachsenenbildung
Bielefeld 2004, Best.-Nr. 6001429
ISBN 978-3-7639-3100-2

Band 3
Dieter Nittel/Wolfgang Seitter (Hg.)
**Die Bildung des Erwachsenen**
Erziehungs- und sozialwissen-
schaftliche Zugänge
Bielefeld 2003, Best.-Nr. 6001431
ISBN 978-3-7639-3102-6

Band 4
Rainer Brödel/Julia Kreimeyer (Hg.)
**Lebensbegleitendes Lernen als
Kompetenzentwicklung**
Analysen – Konzeptionen – Handlungsfelder
Bielefeld 2004, Best.-Nr. 6001432
ISBN 978-3-7639-3103-3

Band 6
Jochen Kade/Wolfgang Seitter (Hg.)
**Pädagogische Kommunikation
im Strukturwandel**
Beiträge zum Lernen Erwachsener
Bielefeld 2005, Best.-Nr. 6001620
ISBN 978-3-7639-3328-0

Band 7
Sylvia Kade
**Altern und Bildung** – Eine Einführung
2. Aufl., Bielefeld 2009, Best.-Nr. 6001621a
ISBN 978-3-7639-3336-5

Band 9
Wiltrud Gieseke
**Lebenslanges Lernen und Emotionen**
Wirkungen von Emotionen auf Bildungs-
prozesse aus beziehungstheoretischer
Perspektive
2. Aufl., Bielefeld 2009, Best.-Nr. 6001623a
ISBN 978-3-7639-3331-0

### Forschung und Praxis:

Band 2
Richard Stang
**Neue Medien und Organisation
in Weiterbildungseinrichtungen**
Anregungen für eine medienorientierte
Organisationsentwicklung
Bielefeld 2003, Best.-Nr. 6001430
ISBN 978-3-7639-3101-9

Band 5
Helmut Schröder/Reiner Gilberg
**Weiterbildung Älterer im
demographischen Wandel**
Empirische Bestandsaufnahme
und Prognose
Bielefeld 2005, Best.-Nr. 6001433
ISBN 978-3-7639-3104-0

Band 8
Tatjana R. Frey
**Personalentwicklung in Unternehmen –
ein Arbeitsfeld für Erwachsenenpädagogen**
Bielefeld 2007, Best.-Nr. 6001622
ISBN 978-3-7639-3333-4

Band 10
Silke Schreiber-Barsch
**Learning Communities als Infrastruktur
Lebenslangen Lernens**
Vergleichende Fallstudien
europäischer Praxis
Bielefeld 2007, Best.-Nr. 6001624
ISBN 978-3-7639-3332-7

Band 11
Anke Grotlüschen, Peter Beier (Hg.)
**Zukunft Lebenslangen Lernens**
Strategisches Bildungsmonitoring
am Beispiel Bremens
Bielefeld 2008, Best.-Nr. 6001626
ISBN 978-3-7639-3334-1

**Wiltrud Gieseke**

# Lebenslanges Lernen und Emotionen

Wirkungen von Emotionen
auf Bildungsprozesse aus
beziehungstheoretischer
Perspektive

 W. Bertelsmann Verlag

Reihe: „Erwachsenenbildung und lebensbegleitendes Lernen"

Reihenherausgeber:

**Prof. Dr. Rainer Brödel,**  Institut für Sozialpädagogik, Weiterbildung und
Empirische Pädagogik, Westfälische Wilhelms-Universität
Münster

**Prof. Dr. Dieter Nittel,**  Institut für Sozialpädagogik und Erwachsenenbildung,
Johann Wolfgang Goethe-Universität Frankfurt am Main

**Bibliografische Informationen der Deutschen Nationalbibliothek**
Die Deutsche Nationalbibliothek verzeichnet diese Publikation in der Deutschen Nationalbibliografie;
detaillierte bibliografische Daten sind im Internet über <http://dnb.d-nb.de> abrufbar.


Gesamtherstellung und Verlag:
W. Bertelsmann Verlag GmbH & Co. KG
Postfach 10 06 33, 33506 Bielefeld
Telefon: (0521) 91101-11, Telefax: (0521) 91101-19
E-Mail: service@wbv.de, Internet: www.wbv.de

Umschlaggestaltung: Christiane Zay, Bielefeld
ISBN 978-3-7639-3331-0   **Best.-Nr. 6001623a**
© 2. unveränderte Auflage 2009
W. Bertelsmann Verlag GmbH & Co. KG, Bielefeld

Für Frédéric und Sophie

# Inhalt

# Vorwort

Während in den 1950er- und frühen 1960er-Jahren die Philosophie als natürliche „Partnerin" der geisteswissenschaftlichen Pädagogik galt, traten in den späten 1960er- und 1970er-Jahren, als sich die moderne Erziehungswissenschaft endgültig formierte, verstärkt sozialwissenschaftliche Bezugswissenschaften auf den Plan, nämlich die Psychologie und die Soziologie. Die heutigen Unsicherheiten bei der Beantwortung der Frage „Was sind die Bezugs- und Nachbarwissenschaften der Erziehungswissenschaft?" sind ein sicheres Indiz dafür, dass man in der Geschichte der Pädagogik keineswegs von einer klaren Fixierung auf einen vorab definierten Kreis von Wissenschaften ausgehen darf. Die Relation der Erziehungswissenschaft zu anderen Wissenschaften ist einem ständigen Veränderungsprozess unterworfen; alte Bindungen werden brüchig und morsch, neue vielversprechende Allianzen zeichnen sich ab. Das Verstehen und das Erklären von Phänomenen des individuellen und kollektiven Lernens, das für die Zukunftsfähigkeit unseres Gemeinwesens und der menschlichen Gattung von zentraler Bedeutung ist, stellt eine große Herausforderung dar, sodass eine einzige Wissenschaft wegen der Überkomplexität des Gegenstandsbereichs überfordert wäre. Eine mehrperspektivische Herangehensweise ist somit sachlogisch angesagt und gesellschaftspolitisch opportun.

Wenn – wie in dem vorliegenden Buch von Wiltrud Gieseke – es im Kern um die Rolle von Emotionen in langfristig angelegten Lernprozessen geht, ist dieser Blick über den Tellerrand der Erziehungswissenschaft nicht zuletzt deshalb zwingend erforderlich, weil „es Naturwissenschaftler/-innen sind, die den Emotionen und Gefühlen (...) beim Lernen, Handeln, Kommunizieren und in den Gedächtnisoperationen einen entscheidenden Platz einräumen" (S. 71). Indem die Autorin über die Adaption von Erkenntnissen aus der Gehirnforschung und der modernen Soziobiologie hinaus auch noch betriebswirtschaftliche, soziologische, psychologische und zeitdiagnostische Befunde in ihre erwachsenenpädagogischen Überlegungen einbezieht, zeigt sie den Nutzen und die Praktikabilität eines modernen, betont interdisziplinären Zugangs auf. Die vorliegende Publikation von Gieseke stellt so gesehen ein interessantes Beispiel für einen souveränen und kreativen Umgang mit den theoretischen Anregungen und empirischen Befunden aus den Nachbardisziplinen der Erziehungswissenschaft dar. Die Argumentationsfigur der Autorin weist im Kern einen Dreierschritt auf: Nachdem sie Emotionen unter dem Fokus bildungstheoretischer Reflexionen als einen genuinen Gegenstand der Erwachsenenbildung identifiziert hat, sucht sie die Befunde der Psychologie und der Neurobiologie auf ihre pädagogische Relevanz ab, wobei sie bei der Frage nach dem Erlernen und der Ausdifferenzierung von Emotionalität auf sozialisationstheoretische Arbeiten angewiesen ist. Danach erfolgen in einem Akt der kreativen Applikation die Übertragung und Nutzung emotionstheoretischer Erkenntnisse auf diverse Frage- und Themenstellungen der Erwachsenenbildung. Auf diese Weise kommt die Erwachsenenbildung nicht als Anwendungsgebiet oder gar als „Testgelände" einer pädagogikfernen Disziplin in den Blick, vielmehr erweist sie sich als eine eigensinnige wissenschaftliche Partnerin, welche die Erkenntnisse aus den Bezugs- und Nachbardisziplinen im Zuge ihrer Interpretation verändert, den eigenen Relevanzsystemen anpasst und so zu einem Akt der autonomen Aneignung gelangt.

Wiltrud Gieseke ist nicht nur im Kreise der Erwachsenenbildung, sondern darüber hinaus auch einem breiteren bildungspolitisch und erziehungswissenschaftlich interessierten Publikum durch ihre vielfältigen und zahlreichen Arbeiten zur Frauenbildung, Frauenforschung, historischen Bildungsforschung, Professionstheorie, Adressaten- und Zielgruppenforschung und Organisationsforschung bekannt. Einige interessierte Zeitgenossen muss es daher überrascht haben, dass eine Wissenschaftlerin, die ein so breites Themen- und Forschungsspektrum abdeckt, vordergründig ein ganz neues Gebiet zu erschließen scheint. Bei genauerem Hinsehen zeigt sich jedoch, dass Gieseke nur teilweise ein neues Terrain betritt, in der Hauptsache aber die grundlagentheoretischen Anregungen einer Pädagogik der Emotionalität zur Weiterführung und Fundierung bereits entwickelter Positionen nutzt und damit der gesamten Disziplin neue Impulse zu geben versucht.

Der Umstand, dass die Autorin einen relativ langen Anlauf wählt, um zur Sache selbst vorzudringen, hängt damit zusammen, dass in den bildungstheoretischen Reflexionen auch eine Erklärung enthalten ist, warum der Zusammenhang von Bildung und Emotion so lange ein weitgehend tabuisiertes Thema geblieben ist. Während Bildung als Inbegriff von Rationalität und Wissen galt, spielte das Gefühl in der Welt der Wissenschaft die Rolle des Sündenbock-Themas, das den gesellschaftlich ausgegrenzten Sozialgruppen übertragen wurde – dem „Weib" als Hort der unwissenden Gefühlswelt und den unteren gesellschaftlichen Schichten. Mit Blick auf die Naturwissenschaften werden im zweiten Kapitel zentrale Aspekte von Emotionen ausgebreitet (wie die Struktur und der Ort von Emotionen, die Rolle von Gedächtnis und Kognitionen usw.), wobei dem/der interessierten Leser/-in vielfältig anschlussfähiges Basiswissen an die Hand gegeben wird. Danach werden ebenfalls unter einer grundlagentheoretischen Perspektive intra- und interindividuelle Bedingungen für das Erlernen und die Ausdifferenzierung von Emotionalität genannt. Eine der wesentlichen Thesen ist hier, dass lebenslanges Lernen und die damit korrespondierende Haltung, sich auf Neues einzustellen, Neugierde zu kultivieren, mit Frustrationen konstruktiv umzugehen und offen gegenüber dem Fremden zu sein, nur vor dem Hintergrund eines bestimmten emotionalen Erregungsfeldes möglich sind. In einem weiteren Argumentationsschritt werden Emotionen als Inhalte von Erwachsenenbildung und als Ressource für die Personalentwicklung diskutiert; in diesem Teil rekurriert die Autorin auf die betriebswirtschaftliche Literatur und Befunde aus der Managementforschung. Das letzte Kapitel ist stark empirisch geprägt, hier werden unter der Überschrift „erwachsenenpädagogische Anschlussforschung" exemplarische Einstiege in die Thematik vorgestellt, die als Beleg für die Relevanz emotionstheoretischer Aspekte gelten können. Insbesondere die hier formulierten Thesen einer Didaktik der Beziehung für lebenslanges Lernen beinhalten eine große Praxisrelevanz.

Mit diesem Buch gelingt es Wiltrud Gieseke, weit über die gängigen, teilweise simplifizierenden Vorstellungen – positive Emotionen zeigen lernfördernde Wirken, negative Emotion evozieren lernhemmende Effekte – ein differenziertes Bild über die Rolle von Emotionen in langfristig angelegten Lernprozessen Erwachsener zu entwickeln. Darüber hinaus enthält das Buch noch einige Subtexte: So glaubt Gieseke überzeugende Belege gefunden zu haben, dass Emotionen eine eigenständige Größe in Bildungsprozessen darstellen; zudem arbeitet sie heraus, dass Gefühle mehr Einfluss auf das denkende Gehirn haben als bisher angenommen und Gefühle eine zentrale Rolle bei der Vermittlung des nicht Vermittelbaren spielen (Wissenstransfer, Aneignung von Welt durch das Subjekt), sodass der normativen Entwertung von Gefühlen nicht nur die Basis entzogen werden könne, sondern auch konstruktivistische und systemtheoretische Positionen relativiert werden müssten. Einen weiteren Subtext in Giesekes Buch findet der/die aufmerksame Leser/-in an den Stellen, wo die Verfasserin engagiert Stellung zu bildungspolitischen und gesellschaftspolitischen Auseinandersetzungen bezieht. Der Umstand, dass dies in einer durchaus gefühlsbetonten Weise geschieht, sollte man nach der Lektüre des Buches in einem anderen Licht sehen.

*Prof. Dr. Dieter Nittel,* Frankfurt am Main, Mai 2007

# Vorwort

Das Buch hat mich in der ganzen zweiten Hälfte der 1990er-Jahre und der ersten Hälfte des neuen Jahrtausends nur langsam wachsend, sich immer wieder verändernd, begleitet. Derweil wuchs und wuchs der zum Thema vorliegende Literaturberg, aber immer hatten andere bewilligte Projekte den Vorrang. Die Finanzierung von Forschung entlang von Projektlinien, vom akzeptierten Mainstream der wissenschafts- und bildungspolitischen Vordenker/innen und das daran geknüpfte Erwartungshandeln, Projektgelder zu rekrutieren, unterbrechen eigene Vorhaben und Ideen, besonders dann, wenn man sich nicht weiterhin immer in vorgegebenen Bahnen bewegen will. Bei dem Thema geblieben bin ich, weil die Studentinnen und Studenten in den Modulen und jenseits der Module in den verschiedenen Studiengängen, in denen erwachsenenpädagogisches Wissen angeboten wird, dieses nachhaltig nachfragen. Mit den Themen Emotionen und Bildung, Emotionen und die Bedeutung in der Weiterbildung wollten sie sich beschäftigen, das traf ihr Interesse. Sie waren engagiert und lesefreudig, scheuten keine theoretischen Mühen und konnten viele Erfahrungen aus den verschiedenen Lernkontexten einbringen. Viele mündliche Prüfungen sind bisher schon teilweise durch dieses Thema bedient worden.

Für die Zukunft interessiert mich weiterhin eine umfangreichere Auswertung neurobiologischer Befunde, die dieses Zusammenspiel von Kognition und Emotion grundlagentheoretisch in ein neues Licht bringt und pädagogische Prozesse auch für neue Forschungsfragen aufwertet. Besonders für die Gestaltung der Lernkulturen und der Weiterbildungsberatung sehe ich hier interessante Anschlüsse.

Der Abschluss der Arbeit war mühsam. Ich danke Sylvana Otto, Marion Fleige und Sarah Keppler für ihre kritischen Hinweise und Korrekturen und Gerlinde Sonnenberg für die Erstellung des Manuskripts und der damit verbundenen Mühe wiederholter Korrekturen und Straffungen.

Eine Neubewertung der Emotionen und kein Tabu bereits bei der Benutzung des Begriffes ist das, was ich mir für die Lehr-/Lernkontexte in der Weiterbildung, im lebenslangen Lernen wünsche. Nur beim Zulassen der neuen Erkenntnisse wird Rationalität und Kognition ein zentraler Platz eingeräumt, so wird ein Schwanken zwischen durchrationalisierten Trainingskonzepten und abfedernden Coachingkonzepten im Wechsel zu vermeiden sein.

*W. Gieseke*, Berlin, Mai 2007

# 1  Einleitung

Lebenslanges Lernen – oder besser: lebensbegleitendes Lernen – geht über ein beliebiges Bildungs- bzw. Qualifizierungsinteresse weit hinaus. Es stellt eine Anforderung an jede und jeden Einzelnen dar und appelliert an ihre/seine Verantwortlichkeit für die eigene Bildungs- und Lernbiografie. Diesbezügliche bildungspolitische Äußerungen betonen ein In-die-Pflicht-Nehmen der Individuen. Sie sehen staatliche strukturbildende Maßnahmen zur Unterstützung des lebensbegleitenden Lernens nur begrenzt als notwendig an.

Alle Diagnosen weisen darauf hin, dass für alle vorhandenen Arbeitsplätze eine Zunahme an Wissen, Kompetenzen und Flexibilität unabdingbar ist. Gleichzeitig verändern sich die Anforderungen im familiären Alltag und in den unterschiedlichen Lebensphasen. Die Individuen müssen in allen Bereichen der eigenen Lern- und Bildungsmöglichkeiten besondere Fähigkeiten entwickeln. Der Faktor Emotionen, als regulierendes, strukturierendes Moment für individuelle Veränderungen, für ergänzenden Wissenserwerb und für Umstellungen im Handeln und Denken, gerät dabei neu in den Blick. Emotionen werden als ständige Begleiter im Lernprozess sichtbar. Unter positiven Bedingungen wirken sie lernfördernd. Sie können sich aber auch als lernhemmend erweisen, wenn die Inhalte und Lernwege negativ bewertet werden. Die gefühlsmäßigen Beziehungen zum Lerngegenstand sind während des gesamten Lernprozesses präsent. Sie beeinflussen die Motivationsentwicklung und damit mittelbar den Aufbau von Wissen (vgl. Overmann 2002, S. 22).

Bisher sind Emotionen oder Gefühle in der Bildungstheorie eher als hinderlich für die individuelle Bildungsfähigkeit betrachtet worden. Neue Ergebnisse in der Emotionsforschung stellen solche Interpretationen jedoch infrage. Dies gilt auch für den bisher als selbstverständlich unterstellten hierarchischen Zusammenhang zwischen Kognition und Emotion. Die Unterordnung der Gefühle unter die Kognitionen, als notwendiges Konzept für individuelle Entwicklungsfähigkeit, scheint so nicht zuzutreffen.

In der Weiterbildung kommt ein erweiterter Wissensbegriff hinzu, der durch eine völlige Veränderung im Nachfrageverhalten von erwachsenen Lernenden gestützt wird. Sie stellen höhere Ansprüche an die jeweiligen Angebote und fokussieren stärker auf alltägliche Handlungsanforderungen. Dies verweist auf ausdifferenziertere Bedürfnislagen und macht eine systematische Betrachtung der Bedeutung von Gefühlen für Bildungsprozesse notwendig. Besonders bedrängend werden die Anforderungen dort, wo Lern- und Bildungsfragen mit Existenzfragen verbunden sind. Bildung für Erwachsene im Lebenslauf ist eine gesellschaftliche Forderung, die mit Eigenfinanzierung erfüllt werden soll (Expertenkommission Finanzierung Lebenslanges Lernen 2004). Betroffen sein werden hier besonders Angehörige der unteren Mittelschicht, die zwar nicht finanziell gefährdet sind, aber für die persönliche und berufliche Situation einen besonders hohen Bedarf an Bildung/Qualifizierung haben, da sie in der Regel nicht an höherer Schulbildung partizipieren konnten. Ihre Arbeitsplätze sind am ehesten von Veränderungen betroffen, ohne dass ihre schulische Grundbildung und Ausbildung ausreichende Orientierungsgrundlagen für selbstgesteuertes Lernen mitgeliefert hat. Neben der Weiterbildung hat in Zukunft also auch die Schule in neuer Weise eine Mitverantwortung für lebenslanges Lernen zu übernehmen (vgl. Achtenhagen/Lempert 2000).

Die gerade bei Frauen häufig unterbrochenen oder umgelenkten Berufsbiografien, als Folge fehlender Partnerschaft bei der Familienarbeit, führen zu besonderen Qualifizierungsbedarfen, die die finanziellen und qualifikatorischen Kosten einer Familiengründung offenlegen.

Lebenslanges Lernen zwischen Markt, Nachfrage und gesellschaftlicher Anforderung, auch um den Preis des Verlustes des eigenen Arbeitsplatzes oder einer Verschlechterung der Lebensbedingungen, macht deutlich, wie hoch nicht nur die individuelle Selbstverantwortung, sondern auch die Anforderung an die Professionellen in den Weiterbildungsinstitutionen ist.

Die Universitäten haben diese neuen Entwicklungen nicht ausreichend im Blick. Sie sichern nur sehr rudimentär eine wissenschaftliche Ausbildung für diesen sich ausdehnenden Bereich der Weiterbildung. Es sind hier, bei allem Anspruch an Vernetzung, getrennte Studienstrukturen für die Erwachsenen- und Weiterbildung notwendig, die von den schulpädagogischen Studienbereichen unabhängig sind.

Ich will mich in diesem Buch mit dem bisher ausgesparten Aspekt der Emotionen in der individuellen, subjektiven Perspektive lebenslangen Lernens beschäftigen. Für dieses Vorhaben interessierten dabei nicht die institutionellen, konzeptionellen und bildungspolitischen Entwicklungen lebenslangen Lernens, auch wenn ich diese Bereiche keineswegs als nachgeordnet ansehe. Sie sind aber bereits an anderer Stelle empirisch bearbeitet worden (vgl. Gieseke u.a. 2005, 2003, 2000; Arnold/Gieseke 1999).

Im Folgenden soll nicht von Gefühlen, sondern von Emotionen die Rede sein, weil dieser Begriff für die wissenschaftlichen Diskurse anschlussfähiger ist. „Gefühl" hat einen poetischen Anklang, der dazu herausfordert, „Verstand" oder „Wissen" dagegenzusetzen. Genau dies ist aber kein passender Bedeutungshof mehr. Ich wähle hier einen spezifisch erwachsenenpädagogischen Zugang, indem ich interdisziplinäre Forschungsergebnisse auswerte. Mir geht es um eine systematisch angelegte interdisziplinäre Perspektive auf die Bedingungen lebenslangen Lernens. Dies ist keine zufällige Wahl, sondern Ergebnis meiner Begleitforschung zur Qualifizierung von Arbeitslosen Ende der 1980er-Jahre. In der damaligen Untersuchung über eine Gruppe arbeitsloser Jugendlicher ohne Hauptschulabschluss stellte sich heraus, dass die emotionale Dimension für das Gelingen von Lernprozessen entscheidend war, um schulische Defizite auszugleichen und eine ergänzende berufliche Qualifizierung zu ermöglichen. Eine besondere Rolle spielte dabei die Beziehung zu den Lehrpersonen und den Betreuer/innen. Ein biografischer Neubeginn, der für diese Gruppe notwendig war, konnte offensichtlich nur gelingen, weil sich eine emotionale Beziehung zwischen Dozent/innen und Teilnehmer/innen entwickelt hatte und weil dadurch die Lerninteressen und die Gruppenfähigkeit neu aktiviert wurden. Neues Selbstvertrauen konnten die Jugendlichen dadurch gewinnen, dass sie glaubwürdig erlebten, wie ihnen Vertrauen und positive Erwartungen entgegengebracht wurden (Gieseke/Jankowsky/Lüken 1989; Gieseke 1991a).

Damit ist weder eine sozialpädagogische noch eine therapeutische Betreuung gemeint. Vielmehr geht es um die Aneignung von Wissen und Können, die offensichtlich von der emotionalen Qualität des Lehr-Lernarrangements getragen wird. Die in der konstruktivistischen Lerntheorie betonte Unmöglichkeit von Vermittlung im Lehr-Lernprozess übersieht das Binnennetzwerk in Lehr-Lernkonstellationen, das eine lernfördernde, unter ungünstigen Umständen auch eine behindernde Wirkung, haben kann.

Lernen ist als Konstrukt für Entwicklungsfähigkeit Ausdruck von lebendiger Beziehungsfähigkeit und von der Notwendigkeit intellektueller Anreize, die die Individuen zum Austausch im Dialog herausfordern. Emotionen bilden die Brücke zum anderen Menschen, um Kommunikation gelingen zu lassen. Sie sichern dabei nicht nur die Möglichkeit von Aneignung und Vermittlung, sondern auch die Selbsterfahrung aufgrund des Verstehens und der Empathie des anderen. Erst im Austausch mit anderen werden Differenzen oder Gemeinsamkeiten in der Aneignung von Wissen und Erfahrungen verarbeitet und zu Einsichten verdichtet. Die affektive Durchdringung aller kognitiven Prozesse, die wechselseitige Beeinflussung von Kognitionen und Emotionen (nicht die Interpretation von Emotionsmustern als sogenannte mentale Sonderfunktion) muss neu betrachtet werden. Die professionellen Ansprüche im lebenslangen Lehr-Lernprozess – sowohl an die Lernenden als auch an die Lehrenden – werden sich damit erhöhen.

Das Studium der zahlreichen, seit den 1990er-Jahren erschienenen Veröffentlichungen zur Emotionsforschung bildet die Grundlage, um aus erwachsenenpädagogischer Sicht einen differenzierten Zugang zum Thema „Bildung und Emotionalität" oder „Lebenslanges Lernen und emotionale Kompetenz" zu finden. Eine größere Komplexität erhält das Thema dadurch, dass Emotionen in der Weiterbildung nicht nur Beachtung verdienen, weil sie Lernprozesse unterstützen und weil ihre destruktiven und fördernden Momente identifiziert werden sollen, sondern weil die Regulierung von Emotionen selbst zum Inhalt von Lernprozessen wird. Dies gilt besonders für ganze Programmschwerpunkte in der beruflichen Weiterbildung: Arbeitsplätze im mittleren Management erfordern zunehmend reflexive Lernprozesse, die die Beziehungs-, Kooperations- und Teamfähigkeit betreffen. Hinzu kommt, dass mit der Zunahme von Dienstleistungsberufen Emotionen in vielen Bereichen zum Arbeitsinhalt geworden sind. Sie sind also in mehrfacher Weise für das lebenslange Lernen von Bedeutung, sowohl als Ferment von Bildungsentwicklungen und Lernverläufen als auch als Bildungsinhalt im beruflichen Handeln.

In diesem Zusammenhang gehe ich dem Thema „Emotionen im lebenslangen Lernen" nach, um eine Wissensressource neu zu ordnen und Fragestellungen subjektiver Lernentwicklungen für Forschungszwecke zu öffnen. Emotionen stehen also nicht mehr nur bei therapeutischen Fragen im Vordergrund, sondern werden selbst zum Inhalt und finden Beachtung bei der Erforschung des Gelingens oder Misslingens von Bildungsprozessen.

# 2 Bildung und Emotionen – ein ausgeblendeter Aspekt der Erziehungswissenschaften

## 2.1 Unsicherheiten mit dem Bildungsbegriff

Gegenwärtig haben wir es mit Veränderungen im Bildungsdiskurs zum lebenslangen Lernen zu tun. Besonders in den letzten 15 Jahren ist ein Wandel vollzogen worden, der eher im gesellschaftlichen Raum und in den Bildungsinstitutionen vonstattengegangen und von der Theorie noch nicht in entsprechender Weise eingeholt worden ist. Ich richte also den Blick auf die gesellschaftliche Praxis und die Wirklichkeit der in der Bevölkerung nachgefragten Bildung und schließe aus den derzeit gemeinhin vernehmbaren Klagen über versäumte Bildung auf die vorhandenen Bildungsbedarfe, die nicht ohne Folgen für theoretische Neuentwürfe sind.

Ein Ansatzpunkt hierfür – um diese Veränderungen interdisziplinär neu anschlussfähig zu machen – ist die Rezeption des Konstruktivismus (siehe auch Kap. 2.4) und der Systemtheorie für die Erwachsenen- und Weiterbildung (vgl. Arnold/Siebert 1997; Siebert 1998, 1999; Schäffter 1998), welche im Folgenden betrachtet werden.

Eine zeitgeschichtliche analytische Betrachtung der Bildungskonzeptionen in der Erwachsenenbildung und besonders in der betrieblichen Aus- und Weiterbildung konnte bis vor wenigen Jahren zu der Annahme führen, dass man sich vom Bildungsbegriff verabschieden wollte und dass nur noch ein begrenztes Interesse an Fachlichkeit vorhanden ist (vgl. Nolda 2001a). Demgegenüber zeigte sich aber nun ein besonderes Interesse an der Formung und Entwicklung von Persönlichkeit. Eine Kehrtwende in der Weiterbildung wird seit 2002 zum Beispiel in den großen Unternehmen deutlich: Bildung ist für neu entwickelte, ausdifferenzierte Programme neben Beratung wieder zu einer vorrangigen Aufgabe avanciert (vgl. DaimlerChrysler 2002, 2003). Das Konzept von der Selbststeuerung von Bildung hat seine Grenzen dort gezeigt, wo man an *„wirklicher“* Kompetenzentwicklung interessiert ist. Ebenso schwächt sich die Akzeptanz der These von der Autopoiese als anthropologischer Grundprämisse für Entwicklung und Lernen ab, da sich die Notwendigkeit zur Herstellung von Lernkontexten danach auch erübrigen könnte. Eine neue Auseinandersetzung mit Emotionen in diesem Bereich verweist aber auf die Bedeutung von Trägern institutioneller Kontexte für die Initiierung, also für die Entscheidung, sowie für den Beginn, den Verlauf und die Wirksamkeit von Lernprozessen im Lebenslauf. Die Dimension der Beziehung zwischen Individuen zum Inhalt, zur Gruppe etc., als Ausdruck von Emotionalität in Bildungsprozessen, verdient in diesem Zusammenhang theoretisch und forschungsorientiert größere Aufmerksamkeit. Aus pädagogischer Sicht benötigen die Lehr- und Lernzusammenhänge und ihre jeweiligen Entwicklungen gründlichere empirische Betrachtungen, weil sie mit derzeit im Vordergrund stehenden Evaluationskonzepten und auf Selbststeuerung ausgerichteten theoretischen Vorstellungen über Lernen nicht ausreichend interpretier- und begründbar sind.

Warum sind Emotionen in bildungstheoretischen Überlegungen vernachlässigt worden?

Im traditionellen Verständnis vieler Erziehungswissenschaftler der Moderne waren es gerade die Gefühle, die auf wenig passendes, nur begrenzt nutzbares Alltagswissen verwiesen und durch Bildung „gebändigt" werden sollten. Bildung diente der Vernunft, der Bändigung von Trieben, der Sublimierung und Kalmierung von Gefühlen. Bildung wirkte in diesen theoretischen Vorstellungen als intellektueller Entwicklungsprozess, der sich an Inhalten orientierte. Bildung garantierte geradezu die Nichtanwesenheit von Emotionalität, die – und darin liegt die folgenschwere Deutung von Emotionen – mit Irrationalität gleichgesetzt wurde. Der gebildete Mensch war demzufolge und ist noch immer der verstandesgeleitete Mensch, der seine Gefühle zu beherrschen weiß. Norbert Elias (1976) hat in beeindruckender Weise nachgezeichnet, wie die moderne Gesellschaft die Kalmierung der Gefühle zum Maßstab ihrer Kultiviertheit gemacht hat. Gerade heute zeigt sich dies in der zur Norm erhobenen Maxime, dass „Coolsein" als in hohem Maße bemerkenswertes Verhalten gilt. Die Dualität von Verstand und Gefühl bezwang das wissenschaftliche Interesse an der Einflussgröße von Emotionen auf rationale Prozesse und ihrer Relevanz für die Persönlichkeitsentwicklung.

Die Bedeutung der Emotionsforschung wurde erst Ende der 1980er-Jahre anerkannt. Parallel dazu zeigten sich auch Veränderungen in den Bildungsinstitutionen. Emotionsforschung und neurobiologische Forschung schreiben den Emotionen eine sehr weitreichende Wirkung für Kognitionsprozesse zu. Emotionalität wird nicht mehr als eine untergeordnete Stufe der geistigen Entwicklung betrachtet, sondern greift in ihrer differenzierten Präsenz über sich hinaus. Insbesondere Erkenntnisse über die wechselseitige Abhängigkeit emotionaler und kognitiver Fähigkeiten sind das Ergebnis neurobiologischer Forschung. Der Blick ist dabei auf das Prozessuale der individuellen Entwicklung und auf die Ausdifferenzierung der Gefühle gerichtet. Bildung und lebenslanges Lernen können aus der Perspektive der aktuellen Emotionsforschung nur über eine entwickelte Emotionalität gelingen, da erst mit ihr eine differenzierte Bewertung von Situationen, Sachverhalten und Entwicklungen möglich ist. Dabei geht es nicht um die Kalmierung und Verdrängung von Gefühlen, sondern darum

WILTRUD GIESEKE

herauzufinden, welche menschlichen Ressourcen in den Emotionen verborgen sind, wie sie sich ausdifferenzieren und wie sie Kognitionsprozesse beeinflussen.

Verwurzelt im christlich-dogmatischen Denken – Augustinus betrachtete das Studium der Emotionen als Quelle der Erkenntnis eigener Schwächen und Sündhaftigkeit – wurden die Emotionen seit der Aufklärung in ein polarisierendes Profil eingebracht. Man sprach von der Dualität zwischen Gefühl und Verstand, zwischen Sinnlichkeit und Ratio/Vernunft. Diese konstruierte Dualität wurde auf die gesellschaftliche Organisation des Geschlechterverhältnisses übertragen. Dem Mann wurde der Verstand, die Kontrolle zugeordnet, und der Frau die Gefühle, die Natur, das Irrationale. Der Mann stand für Gesellschaftlichkeit, für Gestaltungskraft, die Frau für den Innenbereich, das Private, das Intime. Die so konstruierte Geschlechterdualisierung bestimmte in der Folge den gesamten wissenschaftlichen und gesellschaftlichen Diskurs im 19. Jahrhundert. Eine Gleichheit der Geschlechter in Bezug auf ihre Bildsamkeit wurde so – vermeintlich wissenschaftlich belegt – unterlaufen, denn die Aufklärung war eingeschlechtlich gedacht und allein auf den „Menschen Mann" ausgerichtet.
Den Frauen billigte man keine oder nur eine begrenzte gleichberechtigte Beteiligung an Bildung zu: zum Beispiel in speziellen Mädchenschulen, die dieser Konstruktion entsprachen. Ihren Zugang zur allgemeinen Schulbildung und zum Studium haben die Frauen der Frauenbewegung zu verdanken, der es um Arbeit, Bildung und die politische und gesellschaftliche Gleichstellung der Frauen ging. Die Bildungs- und die berufliche Handlungsfähigkeit von Frauen zu beweisen, war das Ergebnis ihres Handelns in den verschiedensten politischen und sozialen Zusammenhängen im 19. und 20. Jahrhundert.

Nicht zuletzt durch eine duale Konstruktion des Geschlechterverhältnisses konnten sich die Bezugspunkte des Denkens über Kognition und Emotionalität über mehr als zwei Jahrhunderte stabilisieren. Es war keineswegs eine Folge männlicher Einsicht oder wissenschaftlicher Erkenntnisprozesse, sondern ebenfalls Ergebnis der Frauenbewegungen und eine Folge der industriellen Arbeitsmarktentwicklungen, wenn sich die Position von Frauen veränderte. Bildungstheoretiker traten hier – bis auf wenige Ausnahmen – z.B. Friedrich Schleiermacher – nicht besonders aufklärerisch hervor. Die Aufklärung und auch die Französische Revolution hatten das gleiche freie Recht keineswegs für beide Geschlechter gedacht. Durch die polarisierende Zuschreibung von Vernunft und Gefühlen auf die Geschlechter wurden Hierarchisierungsprozesse formiert, die zur Prägung eines bestimmten Menschenbildes beitrugen, das auf den Mann zugeschnitten war, mit Folgen für beide Geschlechter und einem Stillstand in der „Erforschung der Emotionen".
Bis heute bringt es keinen gesellschaftlichen Gewinn, sich mit diesen Fragen zu beschäftigen. So kommt es auch nicht von ungefähr, dass die Bildungskonzepte, die im 18. Jahrhundert und zu Beginn des 19. Jahrhunderts entstanden sind, nur den Knaben, den männlichen „Zögling" im Blick haben. Im interessenbezogenen Zirkelschluss wurde Emotionalität mit Weiblichkeit und Nicht-gebildet-sein gleichgesetzt. Wo blieben hier die männlichen Emotionen? Frauen wurden zur Projektionsfläche

männlicher Gefühle. Viele hoch angesehene Wissenschaftler aus verschiedenen Disziplinen boten dann in der zweiten Hälfte des 19. Jahrhunderts alles auf, um empirische, historische Belege für diese Geschlechterideologie zu finden.[1]

Dies alles scheint im Berufsleben heute überwunden zu sein, tritt aber trotz gleicher Kompetenzen in Alltagsklischees immer wieder auf. Gegenwärtig erleben wir kurz vor der Einlösung der Geschlechtergleichheit dadurch eine neue Rückwendung, dass man den Frauen mit dem Hinweis auf ihre Gebärfähigkeit, also auf ihr partielles Anderssein, Arbeitsplätze vorenthält. Mobbingstrategien schränken an vielen Arbeitsplätzen die weibliche Gestaltungskraft ein, und der gegenwärtige politische Islamismus zeigt mit seinen Versuchen der Unterwerfung des weiblichen Geschlechts die letzten Gefechte einer sich überlegen gebenden, dabei auch selbstzerstörerischen Männlichkeit (siehe Theoriediskurs in Gieseke 2001).

Bildung und Emotionalität stehen also in einem komplexen historischen und gesellschaftlichen Verhältnis zueinander, das keineswegs nur anthropologische Dimensionen im engeren Sinne beinhaltet, sondern mit gesellschaftlichen, historischen, politischen und kulturellen Entscheidungsprozessen verwoben ist, bei denen Interessenstandpunkte den wissenschaftlichen Blick steuernd mitgestalten.

## 2.2 Der Bildungsbegriff als politische Größe

Der Bildungsbegriff in politischer Dimension, mit dem wir heute noch operieren und der so schwer von anderen europäischen Ländern nachvollzogen wird, entwickelte sich im Übergang vom 18. zum 19. Jahrhundert und ist wesentlich bestimmt durch die Verarbeitung der Aufklärung und der bürgerlichen Revolution in Deutschland (vgl. Bollenbeck 1994). Dem Begriff Bildung steht in dieser Deutung der Begriff Kultur zu Seite, der ursprünglich mit dem Zivilisationsbegriff identisch ist; letzterer entwickelte sich aber speziell in Deutschland zu einer nachgeordneten Kategorie (Eagelton 2001).

Zivilisation in Verbindung mit Kultur meinte in Deutschland Gewerbefleiß, Glück, Moralität, Charakter und Existenzweise des Individuums (Bollenbeck 1994, S. 96). In Frankreich bleibt dagegen der Zivilisationsbegriff erhalten und geht eine Verbindung mit „progrès" (Fortschritt der Menschheit) ein. In England und Frankreich verbindet sich der Zivilisationsbegriff mit der Entwicklung der bürgerlichen Gesellschaft, der Gesamtheit der Lebensverhältnisse, der Technik, des Gewerbes, der politischen Verfassung, der Wissenschaft und der Künste. Die Lebens- und Bildungsverhältnisse werden also aufeinander bezogen. In Deutschland schrumpft – wie Bollenbeck aus-

---

[1] Wie weitgehend im gesellschaftlichen und im staatlichen preußischen System diese Misogynie für das politische und wissenschaftliche Handeln bestimmend war, beschreibt Sombart am Beispiel der wissenschaftlichen Thesen und des Lebens von Carl Schmitt (vgl. Sombart 1991).

führt – der Bedeutungsumfang des Begriffs der Zivilisation zu einem emphatischen Bildungsbegriff, der sich stärker philosophisch, ästhetisch und pädagogisch auflädt.

Die bildungsbürgerliche Öffentlichkeit in Deutschland geht mit der Bestätigung des Bildungsbegriffs einen anderen Weg. Sie entfaltet das Ideal einer zweckfreien geistigen Bildung, die sich streng abhebt von der Ökonomie, der Nützlichkeit, der Berufserziehung und der Technik. Bollenbeck betont, dass es nicht die Philosophen (Kant benutzt nicht den Bildungsbegriff, auch wenn er moralphilosophisch Pflichten des Menschen herausarbeitet), sondern die Theoretiker und Praktiker des Bildungswesens sind, die Bildung zu einem Leitbegriff des Bildungsbürgertums machen und sich über die Idee eines Kulturstaates in eine Experimentierphase zwischen Revolution und Restauration begeben. Das Bürgertum schuf sich so einen Platz in der deutschen, nicht demokratischen Gesellschaft, wo es zuvörderst nicht für eine Demokratisierung der Gesellschaft kämpfte, sondern wo Bildungsbedürfnisse über ein selbst geschaffenes gesellschaftliches Berechtigungssystem befriedigt wurden. Das Gymnasium als weitreichend theoretisch besetzte Schulform war Ziel dieser Vorstellungen und ist es letztlich bis heute geblieben.[2] Im feudalistisch regierten Deutschland gewann die bürgerliche Schicht zwar eine zunehmende ökonomische Bedeutung, sie blieb aber ohne politischen Einfluss. Etabliert wurde die Standesschule, um systemisch angepasst an einen Ständestaat einen eigenen Status zu erwerben.

Seitdem hat sich nun allerdings ein ausdifferenziertes schulisches Berechtigungssystem mit breiter Durchlässigkeit auch zum beruflichen Bildungssystem entwickelt. Es gibt kein System mit abgeschotteten Eliteschulen wie zum Beispiel in England, die nur von finanzkräftigen Eltern bezahlbar sind. Dagegen führen viele Bildungswege in Deutschland zum Studium und zur Optimierung von Bildungsbiografien.[3] Die heutige „Mittelstandsgesellschaft" sieht Bildung und Schul- oder Studienabschlüsse vor allem als Mittel zur Gewinnung von Image und zur Markierung von Differenz an. Die tatsächliche Durchlässigkeit, als Aufstieg sozialer Schichten, ist aber nur durch entsprechendes pädagogisches Handeln von Eltern und Lehrer/innen initiiert.

Mit der idealisierenden Vorstellung eines Kulturstaates und der Idee der Freiheit des Individuums als gebildetes Subjekt versuchte man im 19. Jahrhundert, die nicht vorhandene politische Handlungsfähigkeit der bürgerlichen Schicht zu kompensieren. Dabei wurden verschiedene Wege eingeschlagen (vgl. Bollenbeck 1994, S. 103 ff.); einer dieser Wege realisierte sich über die Verschränkung von Protestantismus und Aufklärung. Der Protestantismus arbeitet mit dem Konstrukt des fleißigen Untertanen, aber auch mit der Deutung der Innerlichkeit, einer individuellen Aufschließung der Heiligen Schrift, die zu einer moralischen und emotionalisierten Bildungsauffassung

---

[2]    Auch wenn aktuelle Leistungsvergleiche (Beispiel PISA-Studie) auf die erfolgreicheren, demokratischeren und leistungsorientierteren Modelle in skandinavischen Ländern verweisen, beeinflusst das die aktuelle Diskussion nicht.

[3]    Die PISA-Studien verweisen trotzdem auf Mängel in der pädagogischen Ausbildung und auf eine gesellschaftliche Abwertung von Bildung.

führte. Im Unterschied zu Frankreich, wo die bürgerliche Revolution in Opposition zur autoritären katholischen Kirche stand, war in Deutschland durch den Protestantismus ein undogmatisches Verhältnis zur Religion möglich: „Wo die Religion aufgeklärt wird, können die Aufklärer religiös bleiben" (ebenda, S. 106). Das Gewissen mit seiner selbstdisziplinierenden Wirkung wird zu einer steuernden Größe und führt zur inneren Einsicht. Hier haben wir es bereits mit individueller Emotionsregulierung zu tun. Diese Verschränkung von protestantischer Religiosität und Aufklärung führt zum Individualismus, mit einer innengeleiteten Moral. Es dominiert die „gute Gesinnung", alles Äußerliche wird abgewertet.

Die Erziehungsprogramme dieser Zeit berufen sich auf die Aufklärung, bevorzugen aber ideale Vorstellungen und vernachlässigen soziale und ökonomische Theorien, um Erziehung zu begründen. So nahmen Konzepte einer Erziehung zur emotionalen Innerlichkeit und humanistisch begründeten Subjektivität eine der gesellschaftlichen Wirklichkeit abgewandte Position ein und waren damit für diese nicht demokratische Wirklichkeit sehr dienlich. Industrialisierung und Verwissenschaftlichung im feudalen Gewande waren die Antwort der wilhelminischen Zeit. Religiosität und Aufklärung wurden funktionalisiert, und politische Demokratisierungsprozesse wurden tabuisiert.[4]

Bollenbeck verweist darauf, dass die Bedeutung von Begriffen letztlich in ihrer Verwendung liegt. Es gibt dafür eine Vielzahl an Beispielen. Ein Strang ist die sogenannte Aufklärungspädagogik von Basedow und Campe (Basedow/Campe 1777, Campe 1785): Nach ihrem Konzept soll die Jugend mit Erkenntnissen und Geschicklichkeit „bepflanzt" werden. Die allgemeine Wohlfahrt hängt von bürgerlicher Tüchtigkeit, von Erziehung und Unterricht ab, und Bildung und Erziehung sollen den menschlichen Geist – und damit war immer der männliche gemeint – schulen. Dieser Bildungsbegriff war in der ständischen Gesellschaftsordnung verhaftet und fiel so hinter den universellen Auftrag der Aufklärung zurück. Die Konzepte in dieser Perspektive orientierten sich auf eine Machbarkeit im Rückständigen hin. Bollenbeck formuliert diesbezüglich:

> *„‚Bildung' kann so durchaus noch wie in Joachim Heinrich Campes einflußreichem Revisionswerk (1785) standesbezogen gedacht werden, indem sie ganz pragmatisch aus der gegebenen Verschiedenheit der ‚Stände und Geschäfte' die ‚Verschiedenheit der Ausbildung der Körper- und Geisteskräfte' ableitet. Demnach müssen der Landmann, der Handwerker, der Soldat und andere unterschiedlich ‚gebildet werden'. Indem das Konzept*

---

[4]  Religiosität in einer politisch radikalisierenden Dimension beherrscht heute den Islamismus. Die fehlende Trennung von Staat, Religion und Privatheit entfaltet ihre politische Dimension in der Globalisierung. Das Aufklärungskonzept ist neu herausgefordert. Auf eine neue Verschränkung von Religiosität in Vielfalt und Aufklärung im postmodernen Staat hat Habermas (2001) hingewiesen. Veyne (2001) zeigt, dass Foucault (unter Bezug auf Weber) diesen Prozess der Arbeit am Subjekt als individuelle Wahl der Freiheit durch den Protestantismus und somit als Prozess der Ästhetisierung bezeichnet. Damit meint Foucault den Prozess aktiver Selbstveränderung. Aus der Ästhetisierung ist eine Subjektivierung geworden, die er als Korrelat zum Kapitalismus ansieht.

*einer ‚Bildung des Bürgers' (Campe) oder ‚Bildung des Menschen für die Gesellschaft'*
*(Villaume) sich auf den rückständigen Zustand der ‚Bürger' und der ‚Gesellschaft' ein-*
*läßt, verliert mit dem Praxisgewinn der universelle Anspruch der Aufklärung an Geltung.*
*So zeigt die Erziehungspraxis am Dessauer Philanthropin vielfältige Differenzierungen*
*zwischen den Schülern: neben alten ständischen finden sich Unterschiede nach Besitz*
*und Leistung. Hier gibt es wöchentlich zwei ‚Standestage', in denen die Rangordnung der*
*Zöglinge, etwa beim Essen, nach ihrer Herkunft bestimmt ist. An zwei ‚Reichtumstagen'*
*wird die Rangordnung nach der Höhe des Schulgelds und an zwei ‚Meritentagen' nach*
*der Leistung festgelegt!" (Bollenbeck 1994, S. 112).*

Ein anderer Strang der Verwendungsgeschichte des Bildungsbegriffs verweist auf
Rousseau. Die philosophisch-ästhetisierend eingestellte Intelligenz in Deutschland
kam aus dem Pfarrhaus und war weniger mit dem Handelskontor verbunden. Sie
setzte aber der französischen Aufklärung keine neue politische Programmatik entgegen und schloss sich ebenso wenig der aufklärerischen Position im Ganzen an. Es
wurde nicht eine soziale Verallgemeinerung des Fortschritts gefeiert, sondern eine
gesinnungsethisch freischwebende Position entwickelt, die die Auflösung der Stan-
desgesellschaft mit einem emanzipatorischen Bildungsbegriff begleitete, der sich eli-
tär an die Idee des schöpferischen, genialen Individuums band. Das sich bildende
Individuum war keine deutsche Erfindung, sondern entstand aufgrund der Ideen von
Rousseau und Shaftesbury. Rousseaus Gedanke der Autonomie des Individuums und
Shaftesburys mystisch-pietistische Vorstellung von Bildung waren prägend.
In Deutschland wurde dieser Bildungsbegriff von Herder aufgegriffen: Der Mensch
gilt als lernfähig, seine Vernunft ist allerdings nicht angeboren, sondern wird erworben, er muss instinktreduziert und frei vom Zwang der Natur alles lernen. Für Her-
der ist der Mensch zur Gesellschaft geboren. Kultur ist Mittel der Vergesellschaftung.
Im Sinne der Herausforderung seiner Anlagen wird das Individuum zu einer harmo-
nischen Einheit entwickelt. Es geht um die vollkommene Menschenbildung:

*„‚Fürs liebe Studieren soll der Mensch am wenigsten und eigentlich gar nicht lernen,*
*sondern fürs Leben, d. i. für den Gebrauch und die Anwendung in allen Ständen und*
*Professionen der Menschen'. Der Philosoph aber kennt ein privilegiertes Medium der ‚Bil-*
*dung': die Sprache. Erst sie macht den Menschen zum Menschen. Weil die Sprache nicht*
*mehr zum Instrument der Vernunft erklärt wird, sondern als ‚tönende Handlung' und*
*‚große Gesellerin' zwischen den Menschen an Eigenwert gewinnt, erscheint der Mensch*
*als Sprachgeschöpf. Insofern verweist Herders Sprachauffassung bereits auf W. v. Hum-*
*boldts moderne Bestimmung der Sprache als privilegiertes Medium menschlicher Selbst-*
*verständigung" (Bollenbeck 1994, S. 125).*

Wilhelm von Humboldt geht es nach Bollenbeck (1994) um die Bildung als permanente Selbstbildung des Individuums. Humboldt geht ebenfalls von Rousseau aus,
lehnt zwar die Französische Revolution ab, bejaht aber ihre Ideale. Er will zuerst die
Individuen und dann die Verhältnisse ändern, seine Reform soll durch fortschreiten-
de Bildung vollzogen werden, die als Voraussetzung von Freiheit begriffen wird. Sie

schafft die Sinnesart, die sich aus der Erkenntnis und dem Gefühl des gesamten geistigen Strebens harmonisch auf die Empfindung und den Charakter ergießt (ebenda, S. 145). Stärker polemisiert wird gegen die äußerlichen Erziehungsideale der Aufklärung, die auf Nützlichkeit, Wohlfahrt und Glückseligkeit setzen. Bei Humboldt wird das Individuum enthistorisiert, und die Objekte der Bildung werden vergeistigt. Das Bildungsideal der Zweckfreiheit gilt. Die Macht der Idee, geistige Natur und Sachbestimmung sind Objektivationen seiner Vorstellungen von Kunst, Philosophie und Sprache. Die Individualität wird zur Idealität entwickelt. Stabilisiert wird diese Idee des Neuhumanismus dadurch, dass das Medium in spezifischer Weise institutionalisiert wird. Das humanistische Gymnasium mit seiner Umsetzung dieses Bildungsbegriffs bekommt so als idealisiertes Konzept zur Erziehung des Menschen gesellschaftliche Realität und prägt den spezifischen Elitegedanken einer gebildeten Bürgerschicht, die mit diesem Konzept ihren Rang in einer vordemokratischen Gesellschaft erhöht. Dabei wird die Kenntnis des klassischen Altertums zu einem wesentlichen Bildungsinhalt, und eine wachsende Verherrlichung des antiken Griechenlands lässt übersehen, dass die griechischen Philosophen fest in der Polis, dem politischen „Gemeinwesen", verankert waren. Es gab aber Sklaven als Unfreie und Frauen als Bildungsbenachteiligte.

Damit formuliert das Bildungsbürgertum seine Emanzipationsansprüche nicht politisch-kollektiv, sondern individuell-geistig (vgl. Bollenbeck 1994, S. 158; siehe auch ähnlich argumentierend Dahrendorf 1965; Strzelewicz/Raapke/Schulenberg 1973; Rang 1989; Rang-Dudzik 1978; Rang/Rang-Dudzik 1978).
Mit dieser Interpretation liefert Bollenbeck bildungstheoretisch für die Erwachsenenpädagogik keine neuen Erkenntnisse, aber er platziert die Positionen in seiner kulturgeschichtlichen Analyse einleuchtend.
Benners Arbeit zur Bildungstheorie Wilhelm von Humboldts platziert aus bildungstheoretischer Perspektive die verschiedenen erziehungswissenschaftlichen Rezeptionen über Humboldt, so diejenigen Sprangers und Litts, sowie auch eine neue Würdigung Humboldts durch Heydorn, der Humboldts Verdienst darin sieht, nachzuzeichnen, wie Aufklärung in Herrschaft umschlagen kann (Benner 1990, S. 30). Nach Benner verfolgt Humboldt keine eschatologischen Vorstellungen, wie sie in Heydorns Interpretation einfließen, vielmehr geht es ihm um „eine Klärung der Bedingungen für einen rationalen und humanen Umgang der Menschen angesichts dieser Probleme" (ebenda, S. 30).

Erwachsenpädagogische Reflexionen zur Bildungstheorie Wilhelm von Humboldts gehen bis heute in der Regel auf Dahrendorf (1965) zurück und finden bildungstheoretisch bei Strzelewicz, Raapke und Schulenberg (1966) eine demokratietheoretische Begründung. Dabei ist es gegenwärtig wichtig, darauf hinzuweisen, dass diese Studien zum Zeitpunkt ihres Erscheinens kurz bzw. im Zuge der 1968er-Studentenbewegung nicht ausreichend verarbeitet wurden. Für den Europäisierungsprozess liegen mit dieser Arbeit aber immer noch passende Anschlussmöglichkeiten bereit. Sie zielen nicht auf eine eschatologische Geschichtslogik, halten aber am generellen

Bildungsanspruch auch jenseits der Bürgerlichkeit für alle Schichten und Milieus fest. Dabei klammern die genannten Autoren die – gegenwärtig neu und jenseits schichtspezifischer Erklärungen diskutierten – begrenzenden Wirkungen von Milieus für die subjektive Entfaltung von Bildsamkeit zwar nicht aus, betonen aber die Notwendigkeit einer Angebotsvielfalt in der Erwachsenenbildung, als Teil der sozialen Welt und bei der Realisierung von Bildung über die gesamte Lebensspanne. Demokratische Gesellschaftsstrukturen, Partizipation an Bildung für alle Schichten und individuelle Entfaltung werden als verschränkte Dimensionen betrachtet.

In Benners Auslegung, die stärker auf das Individuum fokussiert, klingt dies so:

> *„Reflexiv lässt sich zwar die Bestimmtheit des Ich auf seine Welterfahrung zurückführen. Bei aller Bestimmtheit bleibt aber gleichwohl die Unbestimmtheit des Ich und seine Freiheit zur Selbstbestimmung in der Weise uneinholbar vorausgesetzt, dass sie in aller Bestimmtheit der Möglichkeit nach stets von neuem mit mitenthalten ist"* (Benner 1990, S. 33).

## 2.3 Der Bildungsbegriff zwischen Verstand und Gefühl

Schauen wir uns das Spannungsverhältnis von Sinnlichkeit und Verstand an, das die „geistige Veredelung" des Menschen aufrechterhalten soll, so sehen wir, dass es sich bei Humboldt, wenn schon nicht auflöst, so doch zumindest verwischt. Humboldt beschäftigt sich, so Benners Interpretation, mit der Grundaporie einer Bildung, in der der Mensch seine Identität nicht aus den Standesgrenzen bezieht, sondern die Freiheit hat, diese zu überwinden, die Nichtidentität anzunehmen, sich als freies Individuum zu sehen und in der Welt tätig zu sein, sie sich anzueignen und sich in Beziehung zu ihr zu setzen (vgl. Benner 1990, S. 47 ff.). Dass für diese fortlaufende Entfaltung der eigenen Bildsamkeit neben der Freiheit die Vielfältigkeit der Kontexte sowie Emotionen als vorantreibende oder behindernde Regulatorien wirken, ist bei Humboldt noch nicht Thema.

Schiller – auf den sich Humboldt stark bezieht – zeichnet noch die Zerrissenheit des Individuums nach und sieht für das Individuum den Weg zum Ideal durch die Schönheit und Ästhetik gewiesen, wobei die rationale und die emotionale Entwicklung parallel gesehen werden. Hier geht Schiller weit über alles hinaus, was man in seiner Zeit dachte.

Die Bildungstheoretiker am Anfang des 19. Jahrhunderts haben Schillers Texte sehr intensiv rezipiert. Keine ästhetische Theorie der Gegenwart, die ethische Fragen integriert, kommt an seinen Vorstellungen „Über die ästhetische Erziehung des Menschen" vorbei. Die folgenden Ausführungen illustrieren dies:

> *„Denn leider muß der Verstand, das Objekt des inneren Sinns erst zerstören, wenn er es sich zu eigen machen will. Wie der Scheidekünstler, so findet auch der Philosoph nur durch Auflösung die Verbindung und nur durch die Marter der Kunst das Werk der freiwilligen Natur. Um die flüchtige Erscheinung zu haschen, muß er sie in die Fesseln der*

*Regeln schlagen, ihren schönen Körper in Begriffe zerfleischen und in einem dürftigen Wortgerippe ihren lebendigen Geist aufbewahren. Ist es nicht ein Wunder, wenn sich das natürliche Gefühl in einem solchen Abbild nicht wiederfindet und die Wahrheit in dem Berichte des Analysten als ein Paradoxon erscheint. … Wie anziehend müßte es für mich seyn, einen solchen Gegenstand mit einem eben so geistreichen Denker als liberalen Weltbürger in Untersuchungen zu nehmen, und einem Herzen, das mit schönem Enthusiasmus dem Wohl der Menschheit sich weiht, die Entscheidung heimzustellen! Wie angenehm überraschend, bey einer noch so großen Verschiedenheit des Standorts und bey dem weiten Abstand, den die Verhältnisse in der wirklichen Welt nöthig machen, Ihrem vorurteilsfreyen Geist auf dem Felde der Ideen in den nehmlichen Resultat zu begegnen! Daß ich dieser reizenden Versuchung widerstehe, und die Schönheit der Freyheit voran gehen lasse, glaube ich nicht bloß mit meiner Neigung entschuldigen, sondern durch Grundsätze rechtfertigen zu können. Ich hoffe, Sie zu überzeugen, daß diese Materie weit weniger dem Bedürfniß als dem Geschmack des Zeitalters fremd ist, ja daß man, um jenes politische Problem in der Erfahrung zu lösen, durch das ästhetische den Weg nehmen muß, weil es die Schönheit ist, durch welche man zu der Freyheit wandert. Aber dieser Beweis kann nicht geführt werden, ohne daß ich Ihnen die Grundsätze in Erinnerung bringe, durch welche sich die Vernunft überhaupt bey einer politischen Gesetzgebung leitet. … Die Natur fängt mit dem Menschen nicht besser an, als mit ihren übrigen Werken: sie handelt für ihn, wo er als freye Intelligenz noch nicht selbst handeln kann. Aber eben das macht ihn zum Menschen, daß er bey dem nicht stille steht, was die bloße Natur aus ihm machte, sondern die Fähigkeit besitzt, die Schritte, welche jene ihm anticipierte, durch Vernunft wieder rückwärts zu thun, das Werk der Noth in ein Werk seiner freyen Wahl umzuschaffen, und die physische Notwendigkeit zu einer moralischen zu erheben"* (Schiller 2000, S. 8–11)

Hier werden von Schiller zwei Akzente gesetzt. Der eine zielt darauf, dass der Mensch aus Sinnlichkeit und aus Verstand besteht, dass es aber darum geht, diese beiden in Beziehung zueinanderzusetzen. Die Frage ist nun, wie man diese Beziehung produktiv bestimmen kann. Schiller betrachtet die Emotionalität als den ganzheitlichen Zugriff, um Wirklichkeit zu erschließen, und bedauert in diesem Sinne, dass man „die Weiblichkeit" „begrifflich zerlegen muss" – und dazu dienen die Komponenten der Ratio und des Verstands. Und Schiller benutzt die Gefühle und gleichzeitig die Ratio, um einen Gegenstand von innen heraus zu verstehen.

Der zweite Akzent liegt auf der Frage, wo diese Emotionalität eine „erhabenere" Form findet, sich auszudrücken und gelebt zu werden. Hier kommen die Ästhetik, die Literatur, die schönen Künste im weitesten Verständnis ins Spiel. Dabei geht es für Schiller um die Kultivierung der Gefühle und der Sinne. Dabei verzichtet er auf die Unterscheidung und Polarisierung zwischen Männlichkeit und Weiblichkeit; denn andernfalls müsste er sich ja als Frau erleben und die schönen Künste weiblich zuordnen.

Bei Wilhelm von Humboldt liest sich die Rezeption Schillers so:

*„Die Civilisation ist die Vermenschlichung der Völker in ihren äußeren Einrichtungen und Gebräuchen und der darauf Bezug habenden inneren Gesinnung. Die Cultur fügt dieser*

*Veredlung des gesellschaftlichen Zustandes Wissenschaft und Kunst hinzu. Wenn wir aber in unserer Sprache Bildung sagen, so meinen wir damit etwas zugleich Höheres und mehr Innerliches, nämlich die Sinnesart, die sich aus der Erkenntnis und dem Gefühle des gesamten geistigen und sittlichen Strebens harmonisch auf die Empfindung und den Charakter ergießt" (Humboldt zit. in Bollenbeck 1994, S. 145).*

Das Unbehagen an der Zivilisation, wie es sich im Kontext der Französischen Revolution entwickelte, wurde in Deutschland mit Verweis auf den sogenannten „Pariser Ton" hervorgehoben. In Abgrenzung zur französischen Kultur der Revolutionszeit übernahm man zwar Rousseaus Idee einer Erziehungskultur, kritisierte aber wie Rousseau die Ästhetisierung kulturellen Lebens am französischen Hof.

Diese Kritik konnte nun im 19. Jahrhundert wiederum sehr gut genutzt werden, um die Polarisierung zwischen den Geschlechtern voranzutreiben. Man kritisierte den überfeinerten Genuss, die Sinnlichkeit und die übertriebene Geselligkeit, die zur „Verbildung" und zur „Verweiblichung" führten. Es verbreiteten sich sogenannte frauenfeindliche reformerische Schriften (zum Beispiel über „Die Weiber" von Brandes, einem Göttinger Philosophen). Rousseaus Rat folgend – der Philosoph entwirft seine Erziehungstheorie für das männliche Kind Emile und weist die Erziehung des weiblichen Kindes Sophie in einem Anhang zum Buch gesondert aus – wurde die Absonderung des weiblichen Geschlechts in der Erziehung empfohlen: Geist und Kultur eines Volkes, so die Vorstellung, sinken ab, je höher die Achtung vor den Frauen steigt, da diese von Natur aus nicht dafür geschaffen seien, sich an Bildung, Geist und Kultur zu beteiligen.

Letztlich ging es bei dieser Sichtweise darum, die Ausdehnung der Menschenrechte einzuschränken und damit auch die Ablehnung des Bildungsrechts für Frauen zu begründen. Die Frauenrechtlerin Olympes de Gouges starb unter der Guillotine, weil sie die gleichen Menschenrechte für ihre Geschlechtsgenossinnen forderte. Der Konvent des Revolutionsrates verweigerte das Bürgerrecht für Irre, Minderjährige, Frauen und Kriminelle. Alles, was nicht zu Kultur, Bildung und höherer Entwicklung zu zählen war, wurde mit dem Weiblichen verbunden. Dies hat sich bis heute in frauenfeindlichen Äußerungen und auch im gelebten Selbsthass vieler Frauen als flüchtiger Schatten erhalten.

## 2.4 Die Verbindung von Bildung und Emotionen mit der Genderperspektive

Das Deutungsmuster „Bildung" hat sich mit seiner spezifisch deutschen Stilisierung zur Stiftung gesellschaftlicher Beziehung für das Bürgertum im idealisierten Menschsein als Mannsein ausgedrückt und organisiert und hierfür einen bestimmten Schultyp herausgebildet. Der kriegerische, militärische Mann, das Genie und der starke Arbeiter prägten das Gesellschaftsbild des 19. und auch noch des 20. Jahrhunderts. Dieses Bild hat das Bildungsbürgertum kultiviert und mit ihm seine soziale

Identität und Distinktion verfestigt. Es waren Vorstellungen von Größe (Excellenz), Härte, Überlegenheit und bedingungslosem Machteinsatz.

Frauen haben sich dann in der zweiten Hälfte des 20. Jahrhunderts, als dieses hierarchische Menschenbild zum Erliegen kam, ihren Anteil an Bildung, Ausbildung, Beruf und an politischer Tätigkeit erkämpft.

Es waren also nicht die rationalen, kognitiven Prozesse der Moderne, die zur Vernunft und Weisheit in Bezug auf die Geschlechterfrage und das gesellschaftliche Zusammenleben geführt haben.

Wie weitreichend sich die moderne Bildungstheorie auf die Polarisierung der Geschlechter in der Gesellschaft stützte, lässt sich durch viele Zitate immer wieder belegen. An dieser Stelle sollen einige Autoren genannt werden, die Bildung *nicht* geschlechtsspezifisch polarisieren wollten und sich dafür den Spott ihrer Zeitgenossen gefallen lassen mussten. Theodor Gottlieb von Hippel, Verwaltungsbeamter und später Polizeipräsident in Königsberg, sah in der mangelnden Gleichberechtigung der Frauen eine Parallele zur Rolle der Juden in der Gesellschaft. Seine Positionen im Aufklärungsanspruch gehen weiter als die von Kant. Für Hippel sind die Frauen nicht nur schön und edel, sondern durchaus in der Lage, selbstständig zu handeln. Ihm geht es um die selbstbewusste weibliche Subjektivität. Seiner Ansicht nach sind die Menschenrechte nicht verwirklicht, solange sie nicht beide Geschlechter erreichen:

> *„Die Natur scheint bei Bildung der beiden Menschengeschlechter nicht beabsichtigt zu haben, weder einen merklichen Unterschied unter ihnen festzustellen, noch eins auf Kosten des andern zu begünstigen. – Der Geschlechtsunterschied kann nicht zur Antwort dienen, wenn die Frage ist: ob das männliche Geschlecht mit wesentlichen körperlichen und geistigen Vorzügen vor dem Weiblichen ausgestattet worden sei? Andere Unterschiede, als die welche auf die Geschlechtsbestimmung gehen, zu entdecken, hat dem anatomischen Messer bis jetzt noch nicht gelingen wollen; und doch behauptet dies Instrument bei der goldnen Regel: Erkenne dich selbst, einen unglaubbaren Einfluß"* (Hippel zit. in Honegger 1991, S. 86).

Hippel wollte die Würde des Menschen nicht auf die Würde des Mannes reduziert sehen:

> *„‚Was giebt den Männern das Recht, die Weiber für nicht viel mehr, als einen (moralischen) leeren Raum, oder einen geometrischen Körper zu halten, der zwar ausgedehnt ist, allein nicht die Ehre hat, das zu besitzen, was man Materie und Undurchdringlichkeit nennt! Höchstens gesteht man ihnen eine so kleine Masse und eine so geringe Dichtigkeit zu, daß sie in der politischen Welt nur ein sehr kleines Räumlein einnehmen.' Und Hippel fordert: ‚Man ziehe das andere Geschlecht in diesen Plan; man gebe diesem Volke Gottes Menschen- und bürgerliche Rechte: und das Reich Gottes wird näher kommen'"* (ebenda, S. 82).

Nach der Französischen Revolution waren die Frauen für die Pflege der Natur und das Reich der Gefühle zuständig, im Gegensatz dazu gehörten zur Männlichkeit das Reich der Begriffe und das der Gesellschaftlichkeit. Bis in die Gegenwart der wissenschaftlichen Diskurse hinein sind diese Abgrenzungen wirksam. Dies zeigt sich gegenwärtig noch bei der Rezeption der von Wissenschaftlerinnen eingeführten Begrifflichkeiten und generell bei der Rezeption von Frauenforschungsergebnissen. Während bei Kant keine Vorstellungen von Frauen als selbstständig handelnden Subjekten vorhanden sind, ist Hippel in diesen wichtigen Fragen und deren Reflexion weiter und weniger von Eigeninteresse betroffen:

> *„Die Zeiten sind nicht mehr, um das andere Geschlecht überreden zu können, daß eine Vormundschaft wie bisher für dasselbe zuträglich sei, daß sie seinen Zustand behaglicher und sorgloser mache, als eine Emanzipation, wodurch es sich mit Verantwortung, Sorgen, Unruhen und tausend Unbequemlichkeiten des bürgerlichen Lebens belasten würde, die es jetzt kaum den Namen nach zu kennen das Glück habe. Wahrlich ein abgenutzter Kunstgriff des unmenschlichen Despoten, wodurch er seinen feigen Sklaven das Gewicht der Kette erleichtern will! Als ob die Freiheit mit all ihren Ungemächlichkeiten nicht der gemächlichsten Sklaverei vorzuziehen wäre! (...)*
> *Und ihr Männer! Ihr wollt glauben, eine halbe Welt wäre zu eurem* bon plaisir, zu eurem *eigentlichen Willen, das ist verdollmetschet: zu eurem Eigenwillen, da? Thiere wirken; Menschen handeln – warum soll das Weib nicht Ich aussprechen können? (...) Warum sollen die Weiber keine Person seyn?" (ebenda, S. 84/85).*

Dennoch war Bildung als individuelle Entfaltungschance für Mädchen und Frauen zu dieser Zeit nicht möglich. Das männlich geprägte gesellschaftliche Konstrukt hat also für das Geschlechterverhältnis negative Spuren hinterlassen. Es muss vor diesem Hintergrund nicht verwundern, dass die Beschäftigung mit Emotionen und Gefühlen, die als weiblich abgewertet waren, so spät erst Interesse fand. Mädchenbildung blieb, wie auch durch die Frauenforschung belegt (Kleinau/Opitz 1996), ein Negativmodell, um die Mädchen und jungen Frauen von einer öffentlichen und gesellschaftlichen Partizipation fernzuhalten. Die Auswirkungen dieses Denkens sind noch heute zu finden, denn immer noch sind die Chancen, in Wirtschaft und Politik Einfluss aus-zuüben, für Frauen äußerst gering, was – wie Höhler meint – für diese Arbeitsfelder von großem Nachteil ist, denn sicher wären eine Reihe von Aktivitäten sinnvoller umgesetzt worden, wenn Männer und Frauen autonom und gleichberechtigt agieren und sich in der Arbeit wechselseitig ergänzen könnten (vgl. Höhler 2000).

Das Deutungsmuster Bildung war also bisher in der Moderne von einer komplizierten philosophischen und politischen Kultur beeinflusst, die die deutsche Auseinander-setzung mit der Aufklärung und im Besonderen mit der Französischen Revolution bestimmte. Der idealisierte männliche Mensch sollte ein Garant für eine kultivierte, vergeistigte, männliche Menschheit werden, die dann in der Vorstellung vieler Theo-retiker auch zu einem höherwertigen Staat führen würde. Der Gedanke an Chan-cengleichheit der Geschlechter spielte keine Rolle. Dies zeigt sich daran, dass die bildungsbürgerliche Schicht ihre gesellschaftliche Position durch eine Ablehnung der praktischen Ausbildung sicherte sowie auch dadurch, dass es für den weiblichen Menschen keinen entsprechenden Platz in Beruf und Öffentlichkeit gab. Der Bildungsbegriff konzentriert sich auf philosophisch Bewährtes und nicht auf neues wissenschaftliches Wissen. Gleichzeitig bemühte man sich um wissenschaftliche Absicherung der männlichen Vorherrschaft. Diese Anstrengung desavouiert bis heute auch philosophische und wissenschaftliche Arbeiten, weil die Beugung durch eigene geschlechtsspezifische Interessen peinliche scheinrationale Ergebnisse produziert.

Der Bildungsbegriff in seinen verschiedenen Varianten, wie er in der zweiten Hälfte des 20. Jahrhunderts benutzt wird (kritisch-analytisch, philosophisch zentriert, gesellschaftskritisch), hat seine antidemokratischen Ursprünge bearbeitet und damit seine gesellschaftlich relevante erziehungswissenschaftliche Dimension erweitert. Dies war unumgänglich notwendig, um nicht mit dem Grundgesetz der Bundesrepublik Deutschland und den allgemeinen Menschenrechten in Konflikt zu geraten. Diesen politischen Veränderungen folgten die wissenschaftlichen Neubetrachtungen von Bildung und Erziehung. Der Bildungsbegriff ist aber nie historisch-systematisch auf seine geschlechtsspezifische Auslegung hin ausgewertet worden, genauso wenig wie die Ausgrenzung von Emotionalität in der Bildungstheorie und in Erziehungs- und Bildungskonzepten behandelt wurde. Das Tabu verschwindet zwar, aber es erfährt keine Aufarbeitung; vielmehr erfolgt eine artikulationslose Anpassung an die Sichtweise der Zeit (Prokop 1989, Klinger 1999). Die Ergebnisse von gesellschaftlichen Veränderungen werden dabei adaptiert, aber nicht systematisch historisch analysiert.

Der Bildungsbegriff selbst ist keineswegs in Auflösung begriffen, er bedarf aber einer Reformulierung im Zeitalter von Globalisierung und allgegenwärtiger Information. Die Entwicklungen scheinen paradox zu verlaufen. So nimmt das Interesse an beruflicher Ausbildung in den Unternehmen ab, gleichzeitig steigen aber die Anforderungen an eine allgemeine Bildung, die sich zu Forderung nach lebenslangem Lernen ausdehnt. Der Kompetenzbegriff hat hier seinen Ursprung. Systematisches Lernen und Erfahrungslernen sollen den gesamten Lebenslauf begleiten (vgl. Gieseke 1999).

## 2.5 Berücksichtigung der Emotionalität in aktuellen bildungstheoretischen Reflexionen

Im aktuellen bildungstheoretischen Diskurs ist mit Bildung die Hoffnung verbunden, das Leben nicht nur als Schicksal zu begreifen, sondern es selbstbestimmt zu gestalten und die dafür notwendigen Fähigkeiten zu erwerben (Peukert 2000, S. 507). Bildung beinhaltet die Fähigkeit, die gewählten Lebensformen, wenn sie zur Selbstgefährdung führen, in ihren Strukturen zu begreifen und zu transformieren. Die Verarbeitung systemtheoretischer, neurobiologischer, ökologischer und philosophischer

Erkenntnisse nötigen Peukert dazu, durch einen distanzierten Blick auf diese zurzeit dominanten Theorien einen neuen kritischen Diskurs zu beginnen. Für ihn werden die „Exklusion" und eine zu fördernde „neue reflexive Kultur" zu zentralen Stichwörtern. Als reflexiven Ausgangspunkt hält Peukert fest, dass sowohl die gesellschaftlichen, institutionellen Strukturen als auch die Struktur des Selbst nicht fraglos und stabil vorgegeben sind. Sie sind zwar historisch ableitbar, aber nicht determiniert, und sie sind einem ethischen Diskurs, und zwar nicht in der Form vorgegebener Normen, sondern als Ethik im Finden von Orientierungen, aufgegeben. Diese instabilen, offenen Bedingungen sieht Peukert als Herausforderung an,

> „Konzeptionen von menschlicher Kooperation und gemeinsamem Finden der Regeln für das Zusammenleben zu entwickeln, die sowohl der physischen Verletzbarkeit und zeitlichen Endlichkeit wie der unabschließbaren Offenheit und Unangreifbarkeit menschlicher Existenz im individuellen Selbstverständnis als auch im Verhältnis zu anderen gerecht wird" (Peukert 2000, S. 519).

Peukert interessieren aus bildungstheoretischer Perspektive transformatorische Bildungsprozesse, welche Eigentätigkeiten als kreative interaktive Potenziale beschreibbar machen. Diese verweisen auf Differenzentwicklungen und das Angewiesensein auf kooperativen, kommunikativen Austausch sowie auf menschliche Beziehungen. Dabei wird der Zeit- und Ortsbezug einer neuen Betrachtung unterworfen. Peukert betont die Möglichkeit des Neuanfangs. Was die kindliche Entwicklung betrifft, greift er auf empirische Untersuchungen zurück. Die darüber hinausreichende individuelle Lernperspektive wird eher als gesellschaftspolitische Gestaltungsperspektive, nicht als individuelle Lernperspektive betrachtet. Dass die modernen Anforderungen als permanente Selbsttransformation aber gerade bildungstheoretische Anstrengungen notwendig machen, Lernprozesse als begleitende und immanente Selbsttransformationen im lebenslangen Lernen zu begreifen, bleibt bei ihm außen vor.

Um die von Peukert problematisierten Exklusionen zu verhindern, wird es darum gehen, diese Veränderungen durch lebenslanges Lernen als Subjektentwicklungen beschreib- und erklärbar zu machen. Das schließt natürlich ein, auch bisher benannte und erforschte Grenzen von permanenter Veränderung zu benennen. Starre Identitäts- und Subjektkonzepte, die ihre Positionierungen bereits durch die schulischen und berufsbezogenen Ausbildungen erfahren haben, sind für diese neuen lebenslangen Suchprozesse nicht förderlich. Aber ohne schulischen Rückbezug kann eine lebenslange Entwicklung im späteren Lebensalter nicht gelingen (Achtenhagen/Lempert 2000). Andererseits ist eine Reduzierung auf schulabgeleitete Konzeptionen noch zu global, also zu wenig empirisch und theoretisch fundiert, um Perspektiven für die kontingenten Lernbiografien in den späteren Lebensphasen zu öffnen. Solche Konzepte sind weniger als Bildungstheorien denn als Schullauftheorien zu verstehen, sie geben keine Erklärungen für unterschiedliche Lebensläufe. Die Bildungsbiografien vieler Ostdeutscher nach der Wiedervereinigung etwa belegen, dass solche Lern- und Berufsverläufe bereits eine Selbstverständlichkeit geworden sind. Peukert hat noch im Jahr 2000 diese veränderten Bedingungen nicht im Blick, wenn er den neuen Zusammenhang zwischen Arbeiten und Lernen ausklammert. Für seine Formulierung einer gestalterischen Perspektive, die er einbringt, um aktives gesellschaftliches Handeln einzufordern, übersieht er, dass solches Handeln von den dialogischen und kooperativen Prozessen zwischen Menschen abhängt und durch sie beeinflusst ist. Wenn wir den Faktor Emotionalität zu dieser Frage heranziehen, dann geschieht das nicht, um Emotionalität erneut polarisierend zur Rationalität in Beziehung zu setzen, sondern um die emotionalen Anstrengungen für lebenslanges Lernen neu zu gewichten, um Lernoffenheit, Wandelbarkeit und ethische Anforderungen an Kooperationsfähigkeit und um die wechselseitige Akzeptanz von Lernenden und Veränderungen von Menschen im Lebenslauf bildungstheoretisch zu analysieren. Wir wollen dabei weniger das Zusammenspiel von Gesellschaft und Individuum, von Sozialisation, Erziehung und Selbstbildung als die Wege individueller Entwicklung für die fordernde und fördernde Wirkung von Bildung im Erwachsenenalter herausarbeiten. Im Mittelpunkt des Interesses steht die Weiterführung des Lernweges im Erwachsenenalter, unabhängig von schulischen Positionierungen, jedoch ohne diese auszublenden. Auch Peukert benennt Sozialisation etc. eher als Option denn als notwendige Bedingungen. Die permanente Herausforderung, sich lernend die Wirklichkeit anzueignen und sie – gerade bei Gestaltungsaufgaben – mit wissenschaftlichem Wissen abzugleichen, bleibt ausgeblendet.

Bei den allgemeinpädagogischen Ausführungen, die notwendigerweise auf Kindheit und Schule konzentriert sind, fällt auf, dass bei Peukert (2000), Klafki (1996) und Hentig (1996) die Faktoren Beziehungs- oder Kooperationsfähigkeit, Empathie und wechselseitige Verantwortungsfähigkeit als wesentliche Dimensionen eines Bildungsbegriffs entwickelt werden. Sie scheinen zum tragenden Gerüst eines differenzierten pädagogischen Fachwissens zu gehören, bei dem die emotionale Bildung in eine umfassende Kompetenzvorstellung eingebettet ist. Sie ist aber nicht emotionstheoretisch aufgearbeitet.

Die klafkische Bearbeitung des Bildungsbegriffs aus den 1990er-Jahren nimmt aus den 1970er-Jahren die bildungstheoretische Einbeziehung eines Demokratiebegriffs mit, aus den 1980er-Jahren die Diskussion ökologischer Fragestellungen und aus den 1990er-Jahren die Erfahrungen verhärteter Konkurrenz, der Ausgrenzung von Schwächeren, von Mobbingstrategien und positiver Ich-Du-Orientierungen. Außerdem gesellen sich neue Vorstellungen über emotionale Intelligenz zur Begründung von Empathie und vernetztem Denken hinzu.

Emotionalität tritt bei Klafki in der Form emotionaler Erfahrung und Betroffenheit, im Sinne motivierter Handlung auf. Nicht der distanzierte Lernstoff schafft danach die Bildungsqualität, sondern die Handlung und verantwortungsvolle Übernahme einer Aufgabe, bei der emotionale Fähigkeiten benötigt werden. Emotionalität erscheint bei Klafki als eine Dimension der Werteentwicklung, worauf die moralische und politische Verantwortung der und des Einzelnen aufbaut. Sein Ansatz ist empathiegesteuert, lässt emotionale Berührung zu und betont die interpersonale Dimension: das Sich-anrühren-Lassen von den neuen Bedingungen der Exklusion. Das Angerührtsein im Behandeln der Wissensstruktur durch das Leid, durch den Schmerz und durch die Liebe macht bei Klafki den gebildeten Menschen aus.

Bourdieus Arbeiten, die anschaulich soziale Fragen behandeln, ohne die komplexen Zugänge zur Ökonomie und politischen Machtfragen zu verlieren, gehen den Wirkungszusammenhängen auch in ihren historischen Folgen nach. Dieser empirische Zugang bewahrt Bourdieu davor, in ein zynisches Behandeln von Problemen im Sinne von unberührter Akzeptanz abzukippen. Diese im Alltag häufig zu beobachtende Beziehungslosigkeit oder Verantwortungslosigkeit gibt sich als über den Dingen stehend. Eine solche zynische Haltung ist nun keineswegs eine „Schwester der Ironie", um die Widersprüchlichkeiten erträglich zu halten und keinem falschen Idealismus zu verfallen (Tenorth 2001). Eher verweist Zynismus auf überhöhte Ansprüche, die nicht realisiert werden konnten, aber unverarbeitet mit aggressiv beleidigtem Grundton als Wunde inszeniert werden. Es fehlen positive Gefühle. Die Ironie, wo sie auch Selbstironie ist, versucht eine erkennende akzeptierende Versöhnung. Der Zynismus kommt als nachgezogene Strafe oder auch als Neid daher und bremst Aktivitäten. Er wird im Handeln zur selbsterfüllenden Prophezeiung. Besonders gut ist das in Mozarts Oper „Cosi fan tutti" demonstriert. Es ist der sich selbst mit seinen verletzten Gefühlen nicht verstehende Don Alfonso, der seine Gefühle nicht kennt, sich aber überheblich über andere stellt und anderen gleiches Leid zufügen möchte. Er vermittelt allen im Spiel nicht neue Weisheit, sondern ein Stück Gift aus seinem Herzen, weil er anderen kein Glück gönnt. Neid und Zynismus gehören also zusammen. Ein zynischer Pädagoge/Eine zynische Pädagogin kann deshalb allenfalls für großspurige Narzist/innen passend sein, für die er/sie als Dämpfer/in wirkt. Ansonsten kann ein/e Erziehungs- und Sozialwissenschaftler/in nur Anwalt/Anwältin von Entwicklungsfähigkeit, d.h. von Offenheit sein. Hier hat er/sie die Aufgabe zu fördern und zu fordern, bei nicht beschönigender, aber hoffender Diagnose. So lassen sich Anknüpfungspunkte von Förderung formulieren, Beziehungslosigkeit ist der einzige Zustand, der mit dem Konstrukt der Autopoiese zu erfassen wäre.

Für unsere Fragestellung, welche Rolle Emotionalität im lebenslangen Lernen spielt, lässt sich bei Klafki nachlesen, dass Allgemeinbildung nicht nur kognitive Ansprüche stellt:

> „Es geht nicht um Einsichten und intellektuelle Fähigkeiten, sondern durchaus immer auch darum, emotionale Erfahrungen und Betroffenheit zu ermöglichen, zum Ausdruck zu bringen und zu reflektieren und die moralische und politische Verantwortlichkeit, Entscheidungs- und Handlungsfähigkeit anzusprechen" (Klafki 1996, S. 65).

Deutet man Klafki an diesem Punkt weiter, dann lässt sich daran anschließend ein moderner Bildungsbegriff formulieren, der soziale Verantwortung und Leistungsvorstellungen miteinander verbindet: Es kommt darin die Kenntnis zur Anwendung, dass kognitive Fähigkeiten und Wissen auch zynisch und verantwortungslos genutzt werden können. Es ist keineswegs sicher, dass sich durch den Kampf der Egoismen die besten Lösungen herausschälen. In der Abwägung, im freien Spiel der Kräfte bei Sicherung der Kooperationsfähigkeit, scheint die Entfaltung für alle als höchste Chance von Entwicklungsvielfalt zu liegen. Ein Ausbalancieren im Individuellen wie im Gesellschaftlichen muss immer wieder neu geschehen. Dieses passiert im Streit, in der Angleichung, im Kooperieren. Es geht um das Lösen von Konflikten, um die Herstellung eines ethischen Grundkonsenses, bei der die Vernichtung des Gegenübers geächtet ist (siehe aktuelles Buch über Hass von Glucksmann 2005). Das setzt ein hohes Maß an emotionaler Regulierung und wechselseitiger Lernfähigkeit voraus und führt natürlicherweise emotionale Faktoren in den Mittelpunkt von Lernanstrengungen, damit Individuen lernfähig sind/bleiben.

Durch dieses Wissen verändern sich auch Vorstellungen von Elite. Es ist ebendiese Fähigkeit, die selbstverständlich am demokratischen Austausch festhält, an den Nutzen von Wissen und die Vielfalt der Positionen glaubt und Zynismus und Differenz als Instrument der Statusvermittlung und Ausdruck geistiger Unbeweglichkeit begreift. Bildung ist demnach keine Möglichkeit mehr, um sicher einen höheren Status zu gewinnen und sich abzugrenzen, sondern um Individuen zu fördern, damit diese neue Ideen und Kompetenzen einbringen, neue Produkte schaffen und Erkenntnisse gewinnen. Leistung ist etwas, das man individuell erbringt, aber im vernetzten Handeln für andere mit schafft. Man benötigt also emotionale Potenziale, um die Eigenaktivität gepaart mit inhaltlichen Interessen zu steigern. Dazu gehört die Wertebindung, um zerstörerische Kräfte zu zügeln und seinen Nutzen mit anderen teilen zu wollen. Gebildete Menschen lernen, diese Gegenläufigkeiten in eine Balance zu bringen. Dazu ist emotionale Bildung als differenzierte intellektuelle Leistung unumgänglich.

Hentig (1996) hat sich, ebenfalls in der zweiten Hälfte der 1990er-Jahre, seinerseits mit dem Bildungsbegriff auseinandergesetzt. Er formuliert sechs Maßstäbe, die bereits in ihrem Schwerpunkt emotionale Regulierungsprozesse und/oder Wertmaßstäbe beschreiben. Er nennt als Kriterien:
- Abscheu und Abwehr von Unmenschlichkeit,
- Wahrnehmung von Glück,
- die Fähigkeit und den Willen, sich zu verständigen,
- die Bereitschaft zur Selbstverantwortung und Verantwortung,
- Bewusstsein von der Geschichtlichkeit der eigenen Existenz und
- Wachheit für letzte Fragen.

Hentig möchte, dass den Jugendlichen Ideale vermittelt werden, an denen sie sich realistisch orientieren können. Dabei sieht er den Anspruch dieser Werte am wirkungsvollsten durch Geschichten vermittelt. Als eine ergänzende Zieldimension formuliert er die Notwendigkeit, dass Kinder Aufgaben wahrnehmen, also Verpflichtungen haben, um Verantwortung zu übernehmen. Denn im Arbeiten, in der Aufgabenerfüllung lerne ich, so Hentig, dass ich etwas kann.[5] Bildung zielt bei ihm auf differenzierte

---

[5] Dazu zählt bei ihm auch die Fähigkeit, Feste zu organisieren und zu feiern, fähig zu sein, etwas Neues zu beginnen, also aufzubrechen zu neuen Ufern.

Menschlichkeit, Leistungsfähigkeit und kritische Verantwortungsübernahme in der Gesellschaft. Er verweist dabei auf die universelle Bedeutung klassischer Texte.

Es geht Hentig um eine Bildung als reflexive, differenzierte Vergemeinschaftung, dort wo Klafki die interpersonale Empathie und die emotional verankerten Werte anspricht. Beide zielen aber auf emotionale Regulierung, um ein bestimmtes Persönlichkeitskonzept zu unterstützen, das durch Bildung zum Wohle der Gesellschaft beitragen will. Bildung, gelenkt von Erziehungsabsichten und Konzepten, steuert hier die theoretischen Überlegungen. Der Bildungsbegriff geht im Erziehungsauftrag auf. Dieses ist für schulische Bildungsvorstellungen von hoher Relevanz, es ist aber keine analytische Betrachtung auf die Frage hin, welche Bedeutung den Emotionen bei der Entwicklung lebenslanger Lernperspektiven zukommt. Auch bei Peukert geht es im Spiegel interdisziplinärer Betrachtungen darum, die Bildungsideen als vermittlungsrelevante Möglichkeiten zu konzipieren.

In der Erwachsenenpädagogik haben sich in den letzten 10 Jahren, besonders auch bei der Thematisierung von Emotionen im lebenslangen Lernen, konstruktivistische Theorieentwürfe behaupten können. Konstruktivistische erziehungswissenschaftliche Entwürfe führen nach Ludwig nur begrenzt zur Subjektperspektive, da sie gesellschaftlich indifferent operieren. „Das Verhältnis von subjektiver Deutung und gesellschaftlichen Strukturen bleibt im konstruktivistischen Lernbegriff unbestimmt" (Ludwig 1999, S. 670). Der Autopoiesisbegriff erklärt durch die Annahmen einer selbstreferenziellen und strukturdeterministischen Dimension das Verhältnis subjektiver und gesellschaftlicher Deutungen nicht hinreichend. Die Außenperspektive des/der Lehrenden wird aus seiner/ihrer Sicht beibehalten. Ludwig empfiehlt die holzkampsche Perspektive des Diskrepanzerlebnisses als subjektive Lernperspektive, die dann eintritt,

- wenn das Subjekt eine Bedeutungskonstellation zum aktuellen Lerngegenstand erklärt und
- wenn das Diskrepanzerlebnis als emotional-motivationale Qualität sichtbar wird.

Das Lernarrangement kann nun nicht über die subjektive Befindlichkeit verfügen, auch wenn es hier Einfluss nimmt. Die subjektiven Verarbeitungen und gesamtsituationalen Bedingungen sind, wie Ludwig sagt, nicht verfügbar.

> *„Wer die Lerngründe und Lernbehinderungen des Subjekts im Lehr-/Lernverhältnis verstehen will, ist zwangsläufig auf die Einnahme des Subjektstandpunktes des Lernenden verwiesen und kann sich nicht auf die ontologische Setzung selbstreferentieller Systeme zurückziehen. Mit der Einnahme des Subjektstandpunktes, als Bedeutungs- und Begründungsanalyse werden zugleich die gesellschaftlichen Lernmöglichkeiten und -behinderungen erkennbar, wie sie dem Lernenden subjektiv gegeben sind" (ebenda, S. 675).*

Holzkamp, auf den sich Ludwig bezieht, geht es um die Verfügungserweiterung des Individuums durch Lernen. Diese erschöpft sich nicht in defensiven Lernbegründungen, sondern zielt auf Handlungsfähigkeit im Sinne von Viabilität. In dieser Viabilität ist nicht selbstverständlich die verallgemeinerte Handlungsfähigkeit eingeschlossen. Das Verhältnis von Subjekt und Gesellschaft ist generell als Lehr-/Lern-Verhältnis zu betrachten. So ist das Verhältnis von Lernmöglichkeiten und -behinderungen in den unterschiedlichen Weiterbildungsinstitutionen zu analysieren, um subjektiv zu begründendes Lerninteresse als Voraussetzung für gesellschaftliche Handlungsfähigkeit und Teilhabe beschreibbar zu machen. Konkrete Bildungsarbeit mit Erwachsenen hätte demnach über die Lernarrangements Lerngelegenheiten zu konzipieren, in ihnen „Handlungssituationen und die darin erfassten Widersprüche, Dilemmata, Irritationen, kurz ihre aktuellen Handlungsproblematiken, in vertiefter (d.h. auch theoretisch vertiefter) Weise zu verstehen und (gemeinsam) tragfähige Handlungsproblematiken zu entwickeln" (Ludwig 1999, S. 679). Bildungstheoretischen Überlegungen geht es in diesem Kontext weniger um eindeutige Ziele als darum, Bilder eines reduktionistischen Verständnisses und begrenzter Lernhorizonte durch das Konstrukt der Autopoiesis infrage zu stellen. Bildung wird als offener Prozess betrachtet, gerade wegen der emotional-motivationalen Qualität eines subjektiven Lernprozesses im lebenslangen Lernen. Die Wissensdimension, die Nolda (2001b) als in der Erwachsenenbildung zu kurz gekommen betrachtet, ist dabei noch nicht eingeführt. Emotionale Selbstregulierung, aber auch Beziehungsfähigkeit zu Personen und Inhalten sind die Voraussetzung, um sich fortlaufend für die Veränderung von Wissen zu interessieren. Im Unterschied dazu nimmt Holzapfel keine Kritik an der fehlenden Wissensdimension vor, wenn er alltagsbezogene Kurse in der Erwachsenenbildung/Weiterbildung betrachtet. Er leistet eine theoriegeleitete Analyse, die offenlegt, weshalb für einen bestimmten Typus alltagsorientierter, lebensbegleitender Bildung die Zusammenhänge von Leiblichkeit, Emotionen und Erkenntnisfähigkeit neu zu betrachten sind. Die Arbeit von Holzapfel ist hier wegweisend (Holzapfel 2002).

## 2.6 Der Bildungsbegriff in der Erwachsenenbildung

Bildungstheoretische Diskurse stehen gegenwärtig nur mittelbar in Beziehung zum lebenslangen Lernen, da sie auf die kindliche Entwicklung und auf staatlich strukturierte Steuerung von Schule orientiert sind, Erwachsenenbildung aber außerstaatlich realisiert wird. Überdies wird sie aus anderen Traditionen gespeist und von vielfältigen gesellschaftlichen Interessen- und Verwertungskonstellationen gesteuert. Erwachsenenbildung ist eine selbstorganisierte Form des Lernens, die für Demokratisierung mit und durch Bildung steht. Sie hat nicht nur individualistische Züge, sondern ist rückgebunden an parteiliche, vereins-, organisations- und verbandsbezogene Interessen und setzt davon abhängig jeweils entweder mehr auf Qualifizierung, auf dialogischen Austausch, auf Erfahrungen oder aber auf neue Erkenntnisse und neues Wissen. Sie bietet – eingebunden in die Zeitläufe und in Abhängigkeit von den sich verändernden gesellschaftlichen, kulturellen und individuellen Konstellationen – Programme mit den verschiedensten Lehr-/Lernarrangements und den unterschiedlichsten Wissenstypen an. Es wird entsprechend den Verwertungsebenen im alltäglichen Leben mit differenten, aber ausdifferenzierten Wissensebenen gearbeitet. Forneck spricht von einer speziellen Lernarchitektur, die notwendig ist, um Lernentwicklung selbstständig zu realisieren (Forneck/Wrana 2005). Mit Lernarchitektur beschreibt Forneck die Kontextkonstruktionen, um so eingebettet dann selbstgesteuert gesteuert zu lernen.

Die Finanzierung der Erwachsenenbildung/Weiterbildung ist fragil, obwohl die Beteiligung der Teilnehmer/innen und die Angebote seit Ende der 1980er-Jahre explosionsartig gestiegen sind (Körber u.a. 1995, Expertenkommission Finanzierung Lebenslanges Lernen 2004, Kuwan/Thebis 2005) (gegenwärtig zeigt sich aber die Stagnation von Angeboten und Beteiligung). Für die berufliche Weiterbildung gibt es Finanzierungskonzepte auf Bundesebene, die besonders mit der Arbeitslosenentwicklung in Beziehung stehen und berufliche Neuqualifizierung anbieten. Dieses ist mit der Einführung des Hartz-IV-Gesetzes (drastisch) zurückgegangen. Erwachsenenbildung liegt in der Zuständigkeit der Länder. Die Volkshochschule als einzige Institution hat einen umfassenderen Bildungsanspruch für jede und jeden im Fokus. Sie bedient verschiedene Wissensebenen vom alltäglichen Lernen über wissenschaftliches Wissen bis hin zu handelndem Lernen und umfasst allgemeine, kulturelle, politische und berufliche Weiterbildung. Die Volkshochschulen sind im Unterschied zur betrieblichen Weiterbildung öffentlich für jeden zugänglich, sie sind aber ebenso lebensbegleitend angelegt und individualistisch ausgerichtet.

In der Volkshochschule:
- werden dialogische Erfahrungsaustausche angeboten,
- findet sich eine breite Palette selbsttätiger kreativer Bildung,
- gibt es für verschiedene Bereiche Kompetenzangebote,
- kann man systematischen Lernangeboten mit Zertifikaten folgen,
- gibt es die Möglichkeit, Bildungsprozessen zur Auseinandersetzung mit neuen Forschungsergebnissen zu folgen,
- trifft man auf Wissens- und Kompetenzangebote für die Lösung einer ganzen Breite von Alltagsproblemen, die sich in jedem Lebenslauf einstellen.

Bildung und Lernen im Lebenslauf meinen also „Abrufbildung" in ihren ganzen, breiten Facetten. Die Volkshochschule vergibt heute zunehmend stärker Zugangsberechtigungen zu beruflichen Handlungsfeldern und Status, und sie wird in Zukunft auch berufliche Rollen prägen. Sie bietet Reflexionen und Lösungsalternativen bei Problemen, Wissen und Kompetenz an, um Bildung für eine selbstverantwortliche Anforderungsbewältigung in den Wechselfällen des Lebens in allen Lebensfeldern zu nutzen. Dazu gehört gerade die kreative, in Muße stattfindende Beschäftigung mit neuen Themen, um die individuellen Perspektiven zu erweitern, sich neu zu platzieren und einen subjektiven Kurswechsel vornehmen zu können.

Erwachsenen- und Weiterbildung bietet also in einer Gesellschaft den Menschen zur individualisierten Verantwortungsübernahme Wissens- und Kompetenzressourcen an, um für sich selbst im umfassenden, selbsttätigen Sinne entscheiden und handeln zu können. Sie ist Ausdruck eines aktiven subjektiven Gestaltungspotenzials und handelt unter dem Anspruch des Gemeinwohls. Deshalb war und ist Erwachsenen- und Weiterbildung eine Institution der Demokratie. Wichtig ist dabei, dass es keine mehr oder weniger nützliche Bildungspartizipation gibt. Jede Bildungspartizipation ist eine Aktivität, sich selbst zu verändern und an sich zu arbeiten, und hat Auswirkungen auf das Gesamtbefinden und auf die gesamten Aktivitäts- und Urteilspotenziale, die in der Gesellschaft zum Tragen kommen. Allerdings ist Erwachsenen- und Weiterbildung widerständig, das heißt, sie ist in ihren Wirkungsmöglichkeiten nicht unmittelbar plan-, einfüg- und messbar. Nur insoweit ist Erwachsenen- und Weiterbildung subjektiv selbstgesteuert. Sie ist Ausdruck der gesellschaftlichen Kultur im Allgemeinen und nicht begrenzt auf technisch trainierbares Handeln und „Wissenseinrichterung". Bildung verweist auf Urteilsfähigkeit und Gestaltungsmöglichkeit in einer jeweiligen Gesellschaft, nicht nur auf Ausführungen von vorgegebenen Arbeitsverrichtungen und gelenkten Denkströmungen. Bildung lässt sich nicht in diesem Sinne „entwickeln", man kann aber Vorrichtungen treffen, das heißt Institutionen sichern, in denen von allen Individuen Bildung nachgefragt werden kann. Ohne Absicherung und Weiterentwicklung von Institutionen für lebenslanges Lernen wird es nur für eine kleine Schicht der Bevölkerung Lernchancen geben.

Dazu ist es notwendig, mit Blick auf das 19. Jahrhundert daran zu erinnern, dass für die Masse der Bevölkerung zu dieser Zeit erst die Volksschulbildung realisiert war. Es gab also keine anderen Möglichkeiten, an Bildung zu partizipieren. Der Mensch entwickelt sich nicht aus sich heraus. Die berufliche Laufbahn war durch die gesellschaftliche Situation des Vaters vorstrukturiert. Für die breite Bevölkerung gab es nur geringe Voraussetzungen für die Entfaltung individueller Bildungsbiografien (Tews 1981, Lundgreen 1981, 2000).
Die Volkshochschulbewegung wollte für alle Erwachsenen Bildung zur Verfügung stellen, damit sie sich allgemeine Bildung aneignen und sich als Bürger/innen in einer Demokratie einbringen konnten.
Bildung in Form von Wissen sollte dazu genutzt werden, den Demokratisierungsprozess für alle Schichten der Bevölkerung voranzutreiben. Die in der zweiten Hälfte des 19. Jahrhunderts erstarkende sozialdemokratische Partei hat sich über mehrere Parteitage für diese Entwicklung eingesetzt, da an Bildung zu der Zeit nur partizipierte, wer Macht und Einfluss hatte. Bildung war Ausdruck von Prestige und Status. Erwachsenenbildung hingegen konstituierte sich in der damaligen Zeit vorrangig, um politische Bildung für die breiten Arbeiter- und Angestelltenschichten zu ermöglichen, um Wissen zu erwerben, an das gesellschaftliche Teilhabe und Macht geknüpft waren. Erwachsenenbildung reagierte somit wirksam auf den Ausschluss der Massen von schulischer und universitärer Bildung.
Das liberale Bürgertum war ebenso sensibel für den Zusammenhang von Bildung und Macht und verlangte darüber hinaus für immer mehr Arbeiter und Angestellte eine verbesserte berufliche Qualifizierung. Die Popularisierung von wissenschaftlichem Wissen wurde über die „Gesellschaft zur Verbreitung von Volksbildung" organisiert und zielte darauf ab, der Masse der Bevölkerung den Zugang zu neuem Wissen zu ermöglichen. Wissen war das Zauberwort, um der Demokratie im Wartestand fundierte Triebkraft zu geben. Das Volk sollte durch Bildung auf Demokratie vorbereitet werden.

Doch das liberale Bürgertum hatte gleichzeitig Angst vor der starken Sozialdemokratie. Eine Verbindung der Interessen des liberalen Bürgertums und der Sozialdemokratie lag in der Anforderung an Wissen und Können in der Ausbildung der Arbeiter und Angestellten für die sich ausdifferenzierende Industriegesellschaft. Es sollte möglichst flexibel nah an den Produktionsstätten, nah an der Industrie erfolgen. Die berufliche Bildung blieb dabei durch Handwerk und Industrie geregelt und ausgeführt. Das gegenwärtige Desinteresse des Handwerks und der Industrie an Ausbildung hat für die aktuelle Entwicklung Auswirkungen, die in ihren Ursachen und Wirkungen nicht deutlich genug analysiert sind. Das gilt übrigens auch für die Folgen, die daraus für das lebenslange Lernen erwachsen (vgl. Kuwan/Thebis 2005).

Was diesen historischen Kontext betrifft, übertrugen sich bis in die zweite Hälfte des 20. Jahrhunderts die feudalen Vorstellungen, geradezu ideologisch überhöht, in die Polarisierung von Bildung und Qualifizierung. Wer sich auf die Realien des Alltags, also auf einen Beruf, vorbereiten sollte, genoss die beruflichen Ausbildungswege, wer aber zu höheren Aufgaben berufen werden sollte – und dieses beschloss die Familie –, nahm an einer humanistischen Bildung teil. Hohe Geltung hatten hier die Persönlichkeitsqualifizierung, die Vorbereitung auf umfassende gesellschaftliche Leitungsaufgaben, die Selbstbestimmungsfähigkeit und die komplementäre Verarbeitung von neuen Wissenssystemen, das Sprachenlernen – allerdings mit deutlicher Vernachlässigung naturwissenschaftlichen Wissens. Auch hierin zeigt sich eine deutliche Trennung von der Moderne, mit der Folge, dass naturwissenschaftliches Wissen nicht in den Bildungsbegriff mit integriert wurde. Die Subjektentwicklung steht in der Bildungstheorie im Mittelpunkt, sie zielt auf individuelle Selbsterziehung und nicht auf die Gestaltung der Gesellschaft. Dieses war die Antwort auf den Feudalismus.

Die Erwachsenenbildung nahm diesen Bildungsbegriff mit auf, kultivierte ihn besonders in der Volkshochschule, gab ihm aber eine deutliche politische Dimension. Ziel war es, Wissen für die Bevölkerung zur Verfügung zu stellen, um die Demokratisierung politisch wirkungsvoll voranzutreiben. Die Volkshochschule blieb neutral, ihr ging es und geht es allerdings darum, die verschiedenen Positionen, die in einer Demokratie selbstverständlich sind, in der Erwachsenenbildungsinstitution behandeln und diskutieren zu lassen. Strzelewicz, Raapke und Schulenberg haben diesen Zusammenhang – wie er sich auch bei Dahrendorf findet – beispielhaft analysiert und beschrieben (Strzelewicz/Raapke/Schulenberg 1966).

Bildung zielt darauf ab, die Individuen in den Stand der eigenen Urteilsfähigkeit zu bringen, ihnen ein analytisches Werkzeug und systematisches Wissen zu geben. Bildung wird im Kontext von Erwachsenenbildung nicht mit Prestige und Image im Zusammenhang gesehen, wohl aber mit Wissen, Können und Erkennen. Bis heute ist zu fordern, dass Bildung im liberalen Sinne jedem Individuum die Entwicklungschancen zu bieten hat, die ihre/seine Interessen, Aktivitätspotenziale und Intelligenz bereithalten. Wobei zu betonen ist, dass diese Entwicklungsmöglichkeiten nicht mit

Schule und Ausbildung abgeschlossen sind. Dieses dient dann, so die berechtigte Annahme, dem Wohle aller. Es ist das liberale Modell individueller Entfaltung, gestützt durch Bildung, das nur für alle einlösbar ist, wenn es soziale Abstützungen bereithält und jeder/jedem einen Zugang zum lebenslangen Lernen sichert.

Vom Individuum werden heute trotz begrenzter, gesellschaftlicher Unterstützung Selbsteinschätzung, Selbstverantwortung, Entscheidungsverhalten, Aktivität, Motivation und Durchhaltevermögen erwartet (vgl. Kap. 4). Alles dies verweist auf komplexe emotionale Dispositionen, also auf emotionale Kompetenzen, die notwendig sind, um für sich selbst Wege durch und mit Erwachsenen- und Weiterbildung zu finden. Die psychischen emotionalen Dimensionen als individuelles Weiterbildungsdispositionsverhalten spielten bisher keine Rolle. Die gesellschaftlichen ideologischen Barrieren der Partizipation aller an Bildung bestimmten die Diskurse bis weit in das letzte Drittel des 20. Jahrhunderts. Es geht weiterhin um die Einlösung des Aufklärungsanspruchs, des Rechts auf Bildung für alle gesellschaftlichen Schichten, auch in lebenslanger Perspektive.

Hierauf sind aber die gesellschaftlichen Gruppen und Milieus unterschiedlich vorbereitet (siehe Tippelt u.a. 2003, Barz 2000). In den 1920er-Jahren, als das konservative Bürgertum sich nicht zur positiven Bejahung und Verteidigung der Demokratie durchringen konnte, sondern Sorge hatte, dass die Sozialdemokraten zu viel Einfluss bekamen, setzten sie sich für die Erwachsenbildung als Volksbildung ein. Hier spielte bei einigen Vertretern (z.B. Flitner 1982) die musisch-emotionale Bildung eine große Rolle, um durch die „Volksbildung" Vergemeinschaftung zu erreichen und einer pluralen Demokratie zu entgehen. Emotionale Bildung als Volksbildung war eigentlich als Ersatz für Wissen und politische Bildung gemeint, nicht um das Subjekt besser zu verstehen und es zu fördern. Es ging nicht um eine intellektuelle Förderung, um die Förderung von Wissen und Können, sondern um emotionale Bildung als Gemüts- und Herzensbildung (Schulenberg 1957, Strzelewicz/Raapke/Schulenberg 1966, 1973). Die Polarisierung zwischen Gefühl und Verstand wiederholt sich hier also konkret im Bildungsbegriff. Der gute, freundliche Mensch in einer ständisch organisierten Welt, in welcher jeder seinen Platz hat, bestimmte das konservative Volksbildungsverständnis, das als volkstümliche Bildung (Glöckel 1964) in den 1950er-Jahren der alten Bundesrepublik für die Volksschule noch einmal Wiederauferstehung feierte.

Herzensbildung steht für begrenzte Bildungsangebote, für das Erfahrungslernen im Sinne von emotionaler Dienstleistungskultur. Damit wird aber unter der Hand ethisch verantwortliches Handeln im Sinne von Gemeinsinn, Von-sich-absehen-Können und von Gemeinwohl ebenfalls diskreditiert (siehe Tietgens 1958a/b, 1960; VHS-Loseblatt-Sammlung: Stichwort Politische Bildung, Nr. 60.035, 61.100, 61.500, 62.110–62.119 etc.). Der weise, faire, ja anständige Mensch wird zum dummen, naiven Menschen gemacht, der nicht nachhaltig genug seine Interessen vertritt, eben nicht destruktiv genug, cool ist. Ihm wird das antidemokratische, hochmütige Konzept eines herrschsüchtigen, zu bewundernden „Gewaltmenschen" entgegengesetzt, dem historisch trotz aller geforderten Unterwerfungen eine Bedeutung gegeben und ein Sündenbock zur Verfügung gestellt wurde.

Diese Denkweise war es, die in den 1920er-Jahren neben anderen historischen Entwicklungen die Akzeptanz eines nationalsozialistischen Denkens ungewollt vorbereitete. Emotionen wurden dabei nicht als Möglichkeit zur Kultivierung, sondern als (im Gegenteil) Manipulierung verstanden und missbraucht. Man spielte mit den Bindungsemotionen der Massen und unterwarf diese so. Die Rationalität und die Achtung vor dem einzelnen Menschen erhielten keinen Raum. Es wurde mit Ängsten, Befürchtungen und Größenwahn operiert. Noch einmal wurden die Emotionen als manipulative Größe selbst diskreditiert. Die Praxis der Nationalsozialisten und Rechtspopulisten der Gegenwart scheint diese Möglichkeit(en) von Emotionalität, wenn die Individuen keine differenziertere Basis für ihre Entscheidungen haben, zu bestätigen (vgl. Kap. 4).

In Zeiten, wo die Emotionen ausschließlich im politischen und öffentlichen Raum angesprochen oder psychologisiert werden, wird das Wechselspiel von Emotionen und Kognitionen bei der Urteilsbildung außer Kraft gesetzt. Bei der Herzensbildung in der Weimarer Republik geht es, soweit sie sich als Volksbildung sah, um eine Abgrenzung zur höheren Bildung. Gleichfalls hatte man sich in dieser Zeit nur in einigen Städten von einer getrennten niedrigen Mädchenbildung ohne Zugang zur Universität entfernt. Mit dieser Positionierung folgte man der im 19. Jahrhundert auf die Geschlechter fokussierten Dichotomisierung zwischen Gefühl und Verstand, Frau und Mann, Volk und Bürgern weiterhin. So war es nicht verwunderlich, dass für das Volk die Gefühlsbildung als Herzensbildung übrig blieb. Sie war eine Befriedungsstrategie, die letztlich die Zugänge zur höheren Bildung verwehren wollte. Das gemeinsame Musizieren und Singen als gemeinschaftsstiftendes Erleben war deshalb bei einigen Vertretern der Volkshochschulbewegung das Ziel bildungsbürgerlicher Vorstellungen für die Volkshochschule.

Die von Tews aus einem liberalen Bewusstsein geprägte Aufstiegskonzeption für die Erwachsenenbildung während des Übergangs vom 19. zum 20. Jahrhundert und in der Weimarer Republik wurde abgelehnt und quasi ständisch beantwortet. Jeder sollte in seiner Schicht – in seinem Milieu, hier dem Völkischen – beheimatet und befriedet werden. Man bemühte sich um die Unterstützung und das Verstehen von Volkskulturen. Diese Bewegung schaffte es sogar, das liberale Konzept zur Verbreitung von Volksbildung als das konservative Konzept, das nur auf Wissen setzt, zu diffamieren und sich selbst als die neue Richtung zu beschreiben.[6] Als fortschrittlich, dem Volke zugewandt und sich nicht auf wissenschaftliches Wissen orientierende Bildung etablierte sich die intensive, in Arbeitsgemeinschaften arbeitende Volkshochschule, die Individuen zur Volksgemeinschaft „bilden" wollte. Gefühle wurden hier als Inhalt im dualistischen Verständnis zum Wissen gesehen. In der NS-Zeit hatten diese Konzepte – wie ausgeführt – ihren Höhepunkt. In der Herzensbildung, wie sie in der empirischen Studie von Strzelewicz, Raapke und Schulenberg (1966) klassifiziert wurde und in den 1960er-Jahren in der Bevölkerung bereits nicht mehr nachgefragt war, realisierte sich diese begrenzte Perspektive auch nach dem Nationalsozialismus.

---

[6]  Für mich übernimmt das Selbststeuerungskonzept heute eine ähnliche Funktion.

Gefühle und Emotionen stehen auch im Konzept der Herzensbildung für das Niedrige, das nicht Erkenntnisfähige, das nicht Selbstständige, auf jeden Fall nicht mit der wahren Bildung Kompatible.

Erst in den 1960er-Jahren des 20. Jahrhunderts gab es eine deutliche Zäsur für die Erwachsenenbildung. Bildung wurde nicht nur als kompensatorische und als politische Bildung begriffen, sondern als Anspruch an erweitertes Weltverstehen in einer sich verwissenschaftlichenden demokratischen Gesellschaft (Deutscher Ausschuss für das Erziehungs- und Bildungswesen 1960).

Herzensbildung – d.h. volkstümliche Bildung – war jetzt als ständisches Relikt identifiziert. Der Begriff Erwachsenenbildung rückte den einzelnen Erwachsenen stärker in den Blick.

Erwachsenen- und Weiterbildung wurde in diesem Prozess sukzessiv, verstärkt in den 1970er-Jahren, vor allem in den sozialdemokratischen Ländern durch verschiedene Ländergesetze gefördert, hat aber den pluralen interessenbezogenen Charakter außer in den Volkshochschulen nie aufgegeben. Der interessenbezogene Charakter von Weiterbildung hat sich in den 1990er-Jahren noch einmal im Sinne „beigeordneter Bildung" nicht nur gehalten, sondern weiterentwickelt. Das heißt, Institutionen und Organisationen, die vorrangig anderen Zwecken dienen (z.B. produzieren, ausstellen), nutzten die Weiterbildung ihrer Angehörigen oder potenziellen Besucher/innen zur Optimierung ihrer Organisationsziele. Nur durch die Anbindung der Erwachsenen- und Weiterbildung an andere institutionelle Zwecke ist sie in vielen Fällen erst wirksam und auch bezahlbar (Gieseke u.a. 2005). Die Anwendungskontexte sind unmittelbar gegeben.

Neue Konzepte der Durchlässigkeit zwischen Schule und Erwachsenenbildung sind zwar immer wieder versucht, aber nie umgesetzt worden, da die schulischen Systeme äußerst skeptisch auf die völlig veränderten Lernkonzepte in der Erwachsenenbildung schauen und sich Lernen eben nur als schulisches Lernen vorstellen können.

Dieses gilt bis in die Erziehungswissenschaft hinein. Andererseits hat sich gerade die ausdehnende betriebliche/berufliche Bildung, die auch Teile allgemeiner Bildung integriert (Gieseke 1996), für neue Lernarrangements geöffnet, ja ist in den 1990er-Jahren zum Vorreiter dieser Entwicklung geworden. Diese methodisch reformierten Lehr-/Lernarrangements sind besonders durch eine aufmerksamere Berücksichtigung emotionaler Einflüsse und Bedingungen bestimmt. Dort, wo über neue Lehr-/Lernkulturen diskutiert wird, bekommt auch der emotionale Faktor Bedeutung (Arnold/Schüßler 1998, Pätzold/Lang 1999, Dietrich 2001, Dietrich/Herr 2005, Heuer/Botzat/Meisel 2001). Da man inzwischen nicht mehr damit rechnen kann, durch die Erstausbildung für die berufliche Tätigkeit vorbereitet zu sein, wird im Sinne von beruflicher Weiterbildung mehr auf erwachsenenpädagogisches Wissen zurückgegriffen. Emotionale Faktoren kommen hier in ganz anderer Weise in den Blick. Man wird den bildungsbiografischen Verläufen zu folgen haben, um die Interessenpotenziale und die Problemlagen im individuellen Bildungsverlauf zu diagnostizieren. Aus unserem jetzigen Wissen heraus bedeutet dies: Je weniger differenziert eine

Grundausbildung ist, umso höher werden die Anforderungen, diese neben anderen Alltagstätigkeiten im späteren Lebenslauf nachzuholen. Kurzfristige Umschulungen und/oder funktionsbezogene Ertüchtigungen wirken hier nicht kompensierend. Sie können in diesem Sinne bildungstheoretisch auch dequalifizierende Auswirkungen haben, weil der Lernverlauf keinen individuellen Progress garantiert, sondern eine handlungsbezogene Spezialisierung, die nicht häufig genug oder zu wenig Schlüsselqualifikationen mit einschließt (Gieseke 1994, Siebert 2001).

Hinzu kommen auf jedem Bildungsniveau und in jeder Berufssparte ergänzende, weiterführende Anforderungen, die über Qualifizierung zu einer Kompetenzerweiterung führen müssen, um weiterhin beruflich handlungsfähig zu bleiben. Dieses gilt inzwischen für alle Lebensbereiche. Eine solche Entwicklung führt zu hohen Anforderungen an die Erwachsenenpädagogik in Forschung und Theorie, um durch Bildung und Qualifizierung im Lebenslauf keine Infantilisierungen und/oder Selbstwertschädigungen bei den Individuen zu erwirken, aber gleichzeitig realistische subjektive Perspektiven entwickeln zu können. Diese selbststeuernden Prozesse benötigen einen besonderen Takt, Diagnostik, interpretierende Begleitung, Selbsttätigkeit und Förderung. Die gegenwärtigen Entwicklungen in der Weiterbildungspolitik und in der beruflichen Bildung signalisieren nicht durchgängig höhere Qualifizierungsansprüche, sondern setzen ihre Förderungen beim informellen, aktiven und erfahrungsorientierten Lernen am Arbeitsplatz an. Hier klingt eine Unterforderung an, die zu einer Ausgrenzung ganzer Milieus bei der Partizipation an Wissen über technologische Veränderungen führt. Auch so kann Arbeitskraft billiger werden, aber nicht sinnvoller einsetzbar unter vielfältigen und wechselnden Bedingungen.

Daneben versuchte man, Humanressourcen zu erschließen, dies geschieht z.B. über Portfolios und Assessment-Center. Sennett spricht von Fähigkeitsschablonen, die identifiziert werden sollen (Sennett 2005). Aber es geht nicht um neue Wissenspotenziale, die sich beim Individuum entfalten können, sondern um Wissensmanagement als Wissensvernutzungsstrategie. Das Individuum mit den vorhandenen Potenzialen ist die Ressource. Erwachsenenpädagogisch ist diese Differenz zu bisherigen Bildungs- und auch Qualifizierungszusammenhängen noch nicht durchdacht. Besonders in den neuen Lernkulturen der Unternehmen sind Wissensmanagement, Kompetenzentwicklung und Wissensvermittlung in einem neuen Spannungsverhältnis zu sehen.

Eine Neuaktivierung und -formulierung des Bildungsbegriffs für die Erwachsenenbildung hat Meueler (1993) vorgelegt. Er grenzt diesen von funktionalen Instrumentalisierungen ab. Bildung meint in seiner Auslegung nicht, dass Individuen als Teil im Getriebe eines Ganzen funktionieren und zu funktionieren haben. Bildung wäre dann Selbstfunktionalisierung, um sich im System zu platzieren. Es geht Meueler stattdessen darum, die Widerständigkeit und den Eigenwillen des Subjekts gegen Anmaßungen und Zumutungen zu erhalten. Denn in der Widerständigkeit des Subjekts und in der Fähigkeit, die systemischen Zumutungen zu überschreiten, liegt nach Meueler der herausragende Moment für die gesellschaftliche – und das meint auch für die systemische – Entwicklung. Er hat einen empathischen, politischen Bildungsbegriff, der die ökologische Perspektive in der globalisierten Welt aufnimmt. Erst in der widerständigen Auseinandersetzung mit der Wirklichkeit wachsen Kreativität und Produktivität, erst im nachvollziehenden oder erlebten Begreifen von Leid entwickeln sich Potenziale. Das heißt, wo es keine Möglichkeit mehr gibt, sich an Vorgegebenem abzuarbeiten und so Gegenpositionen zu entfalten und zu beziehen, verflachen die Perspektiven. Meueler beobachtet gegenwärtig, dass der Widerspruch und Widerstand in der Marktgesellschaft durch Marketing vereinnahmt wird. Auch systemische theoretische Betrachtungen anonymisieren Verantwortlichkeiten und damit die Möglichkeit zur kritischen Auseinandersetzung (Meueler 1993, S. 87). Diese Position wird bestätigt durch Naomi Klein (2005). Das Individuum als handelndes Subjekt zu interpretieren meint demnach nicht, dass das Subjekt frei und unabhängig agieren kann. Der Begriff „Subjekt" verweist auf das Untergeordnete, unter einem gesellschaftlichen System. Das „Subjekt" meint die Unterordnung unter etwas, es ist also untergeben, preisgegeben, ausgesetzt. Das Subjekt ist auch der Natur unterworfen und genetisch programmiert. Aber der Mensch ist nicht in Gänze Opfer – das macht menschliche Natur aus –, und diese Überzeugung schließt damit an den älteren Bildungsbegriff an. Das Subjekt muss sich selbst formen und entwickeln, um als menschliche Natur wirken zu können. Als Theologe formuliert Meueler, dass das Selbstbewusstsein sowohl Freiheits- als auch Todesbewusstsein ist. Das selbstbewusste Subjekt sieht seine Grenzen, aber sieht auch die Möglichkeit, Zeit bis zu seinem Lebensende zu gestalten und so Einfluss auf die Umwelt zu nehmen. Die gesellschaftlichen Systeme sind von Menschen geschaffen und können von ihnen vernichtet werden. Der Mensch ist danach Objekt, gegenwärtig der Marktgesetze, Opfer struktureller Gewalt; er ist aber gleichzeitig Subjekt, das Freiheit nicht nur hypothetisch erkämpfen kann, sondern es, historisch betrachtet, immer wieder getan hat.

Die komplexesten Strukturen und Systeme haben diesen Prozess nie aufhalten können. Wissen und Emotionalität für sich genommen, reichen dazu nicht aus (Hartkemeyer 2001, 2002). Die Rationalität und die Vernunft sind für diese Prozesse keine steuernden Momente. Entscheidend sind die bewertenden Orientierungen zur Steuerung zukünftiger Projekte unter differenzierter Verwertung von Wissen. Dieses geschieht nicht eindimensional, aber auch nicht organisch oder systemisch ausgleichend. Die Autopoiesis ist ebenso nur eine Dimension des Lernens und der Wirklichkeitsaneignung und verweist eher auf die Beschränkung von Wissensaneignung. Sie charakterisiert nicht den offenen, selbsttätigen Menschen, der auf Austausch angewiesen ist. Die autopoietischen Konzepte, soweit sie systemtheoretisch geerdet sind, vergessen gerade diese durch die Emotionen gesicherten Bedingungen von Beziehung, Erziehung und Bildung. Kein Individuum ist etwas allein durch sich selbst, sondern ebenso durch andere, durch Beziehungen (ebenda, S. 97). Dabei wird deutlich, dass auch Meueler nicht von einem tief liegenden authentischen Selbst ausgeht. Das Innere des Menschen ist nicht eine „geschützte Höhle", sondern es bleibt rückgebunden an die gesellschaftlichen Entwicklungen. In seinen 32 Annahmen zur subjektfördernden Erwachsenenbildung betont Meueler auch gefühlsrelevante Momente. So, wenn er fordert, subjektorientierte Erwachsenenbildung müsse bewusst gegen Gefühle der Ohnmacht, der Isolation und der Sinnlosigkeit steuern. Lernen ist bei ihm keine Frage von Spaß. Der Weg zur geistigen Arbeit ist Anstrengung und harte Arbeit und verlangt innere Disziplin. Indem man zum Objekt von Lernanstrengungen wird, verliert man nicht seine Autonomie, sondern gewinnt eine höhere. Das Angewiesensein auf Austausch und auf Zwischenmenschlichkeit wird bei Meueler thematisiert, aber auch die Bedeutung von Flow-off-Aktivitäten, damit sich in der Mühsal des Lernens die Lust entfalten kann. Flow-off-Aktivität meint, sich in eine Sache zu verlieren, sich auseinanderzusetzen, sich zu freuen und zu ärgern, sich also emotional intensiv einzulassen. Meueler geht so weit zu sagen, die Flow-off-Aktivitäten seien das Elixier jedes Lern-, Bildungs-, Aneignungs- und Veränderungsprozesses mit weitreichenden Wirkungen. Es ist eine freie, lustvolle Bewegung, sie meint aber nicht Anstrengungslosigkeit. Meueler malt also sehr differenziert ohne Schönfärbungen die Wege zur Nutzung der uns gegebenen Bildungsfähigkeit aus.

Diese pädagogischen Beziehungs-, Aneignungs- und Vermittlungsprozesse sind erst begrenzt erforscht. Auf jeden Fall ist es aber mit Kenntnis der Praxis des Lehrens und des Lernens Erwachsener eine völlige Illusion, eine selbsttätige Lerntätigkeit anzunehmen, wenn sie das milieubezogene, informelle oder sozialisatorische Lernhandeln überschreiten soll. Hier gibt es einen Bruch zwischen theoretischen Angeboten, welche Selbstreferenzialität und Autopoiesis beim individuellen Lernen unterstellen und welche gleichzeitig als Beschreibung und Aussage für pädagogische Prozesse genutzt werden. Der Fehler liegt in der Eins-zu-eins-Nutzung sozialwissenschaftlich oder neurobiologisch theoretischer Aussagen für die Beschreibung pädagogischer Prozesse. Diese Interdisziplinarität misslingt, da sie keine eigenständige pädagogische Perspektive aufnimmt. Wir stehen hier zudem vor methodischen Problemen: Sozialwissenschaftliche Verfahren bringen für diese interaktive Dimension des Lernens und der Bildung bisher keine gegenstandsadäquate Verfahren ein. Diese Arbeit müssen die Pädagoginnen und Pädagogen selber leisten, wenn die Pädagogik als Bezugswissenschaft für lebenslanges Lernen weiterhin wirken will. Es sei denn, auch die theoretischen Spiele sind virtuelle Initiierungen, ohne vorantreibendes Erkenntnisinteresse oder Verwertungswissen.
Erwachsenenpädagogische Theorieentwicklungen, die in den letzten 10 Jahren durch den Konstruktivismus bestimmt waren und sich großer Beliebtheit erfreut haben, reichen aus meiner Sicht nur dafür aus, die Begrenzungen der Lernhorizonte der Individuen beschreibbar zu machen und sie anthropologisch, eben im Konstruktivismus, einzubetten. Erklärungsbedürftig bleiben alle Verläufe, die vor allem externe Einflüsse für Aneignung und Lernen sichtbar machen. Individuelle Aktivitätspotenziale sind ebenfalls konstruktivistisch nicht ausreichend begründbar, auch wenn Siebert und Arnold, ihre Vertreter, die emotionale Dimension für Lehren und Lernen in einigen Aspekten aufgenommen haben. So Siebert in seinem Buch zum didaktischen Handeln, wenn er das Thema Emotionen unter drei Aspekten behandelt:
- Können Emotionen gelernt werden?
- Inwieweit beeinflussen Emotionen kognitive Auseinandersetzungen mit einem Lerninhalt und
- die Emotionalität der Lehrenden (Siebert 1996/2000, S. 100 ff.)?

Arnold hat aus dieser Perspektive mehrere umfangreiche Arbeiten vorgelegt (Arnold 2003a, 2005), in denen der Einfluss von Emotionen auf Bildungsprozesse behandelt wird. Dabei geht Arnold besonders den Lernwiderständen (siehe dazu Häcker 1999) nach. Lernwiderstände äußern sich danach als Umdeutungen sozialer Realität. Sie gestalten Interaktions- und Aushandlungsprozesse. Der Lernwiderstand wird dabei nicht negativ bewertet, sondern wird als Ausdruck von Subjektivität, als holistische Stellungnahme des Subjekts interpretiert (Arnold 2000). Im Rückbezug auf Ciompi geht Arnold von einer psychosozialen Trägheit des Lernens aus, sodass die subjektiven, affektiv-kognitiven Bezugssysteme Wirkung haben und hier ein Identitätslernen anzuknüpfen ist. In einem weiteren Text stellt Arnold (2001) den Zusammenhang zwischen Lernwiderstand, Störungen, Vermeidungslernen und den individuell verwurzelten Lernmustern her (wobei er sich auf Mader bezieht). Ebenso erweitert er seine bisher formulierten Positionen zum selbstgesteuerten Lernen und bringt sie unter dem Fokus nachhaltigen Lernens in Bezug zum situierten, konstruktiven und kooperativen Lernen ein. Für ihn stehen besonders das erweiterte Deutungslernen und das Identitätslernen als Anforderung an eine „Emotionspädagogik" im Mittelpunkt.

Am weitreichendsten sind die Überlegungen von Mader, ebenfalls (siehe Kap. 4) auf der Promotion von Sauermann (1993) und der Arbeit von Fiehler (1990) begründet. Er geht, wie ich auch, im Folgenden von Emotionsmustern aus, im Sinne stabiler, emotionaler Schemata, die „als dispositionale Strukturen Lernen vorantreiben oder behindern" (Mader 1997, S. 91). Gerade die Biografieforschung im Kontext der Altersbildung, zu der Mader arbeitet, legt offen, dass es eine Notwendigkeit gibt, habitualisierte Schemata zu überdenken. Es werden im Laufe der Biografie gegensätzliche oder modifizierte Schemata notwendig, wenn man nicht, „um der Vertrautheit willen in der schlechteren Wirklichkeit verhaftet" (ebenda, S. 95) bleiben möchte. Sowohl im familiären als auch im institutionellen Handeln spielt dieses eine herausragende Rolle. Selbst die Nutzung einer institutionellen Ressource, wie Mader die Weiterbildungsinstitution nennt, ist darauf angewiesen, dass ihr Besuch als emotionales Orientierungsmuster verankert ist (ebenda, S. 96). In einem weiteren Beitrag arbeitet Mader (1991) aus psychoanalytischer Sicht die Bedeutung des Unbewussten heraus und bestimmt in überzeugender Analyse, welche psychischen Ebenen mit Bildung und Lernen zu bearbeiten sind und welche psychischen Ebenen, die nur unter Therapie anzugehen sind, nicht in Weiterbildungssituationen behandelt werden sollten. Das gilt auch, wenn der/die Lehrende über vorhandenes methodisches/interdisziplinäres Wissen verfügt. Bildung/Lernen bedienen in diesem Sinne die Oberflächenstrukturen von Gruppenprozessen. Auch die Ebene der Übertragung und Gegenübertragung findet psychoanalytisch gesprochen in jeder Lernsituation statt. Dadurch stellen sich Beziehungsstrukturen her, die zum Ferment der Bildungsprozesse werden. Die so entstehenden Beziehungen in Lehr-/Lernsituationen können sowohl zu zerstörerischen als auch zu förderlichen Impulsen werden. Deshalb spielen ethische Prämissen für das Lehr-/Lernarrangement, sogenannte Gefühle des pädagogischen Takts (der Empathie), eine Rolle. Das Individuum mit seinen verschiedenen Schichten individueller Selbstbetrachtung, Handlungen und Empfindungen wird psychoanalytisch aufgeblättert, und Mader macht nachvollziehbar, wie wenig es schnelle und eindimensionale Antworten geben kann. Deshalb ist auf mindestens zwei erwachsenenpädagogisch zentrierte Emotionsforschungsperspektiven hinzuweisen:

a) Emotionsforschung zu Lehr-/Lernkonstellationen:
- Emotionen und Kursleiter/innen-/Berater/innenverhalten,
- Erworbene, auf Lernen bezogene Emotionsmuster,
- Emotionen und ihre Bearbeitung in den Kursen (bezogen auf Inhalte und Personen).

b) Anforderungs- und Wirkungsanalysen zur Entwicklung und Nutzung emotionaler Kompetenzen:
- in Dienstleistungsberufen,
- in Verkaufsberufen,
- in der Personalführung (vgl. Gieseke 1995).

Solche empirischen Studien sind äußerst mühevoll und bedürfen noch methodischer Entwicklung. Sie scheinen auch dann erst förderbar zu sein, wenn das Interesse von Emotionen bildungspolitisch auf der Agenda steht. Notwendig bleiben solche Studien gleichwohl.

## 2.7 Zusammenfassung

Emotionen sind bisher ein gesellschaftlich verweigertes, abgewertetes Thema gewesen. Bildung erschien als Synonym für Rationalität, Bekämpfung der Irrationalität und der Gefühle, die für Unwissenheit standen. Diese Hierarchisierung hat die menschlichen Gefühle zu einem Tabuthema in der Wissenschaft gemacht, das – quasi als „Sündenbock" – auf die gesellschaftlich ausgegrenzten Sozialgruppen übertragen wurde:

- so das „Weib", als Hort der unwissenden Gefühlswelt,
- so die unteren gesellschaftlichen Schichten.

Beiden Gruppen gestand man nur die „Herzensbildung", die Vergemeinschaftung zu, aber nicht die Partizipation an Bildung im umfassenden Sinn. So konnten ohne großen Widerstand, da die betroffenen Gruppen diese Prozesse nicht durchschauten, Emotionen generell auf die abgewerteten gesellschaftlichen Milieus, vor allen Dingen die Frauen, projiziert werden.

Die großen Psychologisierungswellen, besonders der 1980er-Jahre, führten zu einer Auseinandersetzung mit und zur Abgrenzung von Therapie und Bildung. Auch hier wurden die Emotionen als Krankheitsaspekt oder Ausdruck fehlgelaufener Sozialisation, aber nicht als biologisch bestimmtes, sozialkulturell überformtes Informationssystem für das Individuum gesehen. Die schützende, rettende Dimension von Emotionen, aber auch ihre manipulative „Vernutzung" unter bestimmten Bedingungen wurde sichtbar. Für die Förderung von Lernprozessen, aber auch als Lernwiderstände sind Emotionen inzwischen in der erziehungswissenschaftlichen Literatur bekannt. Erst aber die neurobiologische Forschung (vgl. Kap. 3) veränderte nachhaltig, gerade auch für Bildungsprozesse, die Bedeutung von Emotionen. Die Brückenfunktion von Emotionen, für Lehr-/Lernprozesse und Entscheidungsprozesse an Weiterbildung zu partizipieren, wird sichtbar.

# 3 Aspekte einer Psychologie und Neurobiologie der Emotionen

## 3.1 Struktur der Emotionen

Emotionen und Gefühle sind Begriffe, die sich auf Gleiches beziehen, aber deutlich separiert genutzt werden. Gefühle sind mehr dem poetischen, literarischen und persönlichen Reflektieren vorbehalten. Emotionen markieren eine forschungsorientierte, theoretische Betrachtung des gleichen Bereiches. Wenn ich Trauer oder Freude wissenschaftlich oder poetisch, persönlich betrachten will, wende ich mich der Trauer oder der Freude in spezifischer individueller Weise zu, ich werde auch dann die wesentlichen Merkmale/Charakteristika benennen und herausarbeiten, aber sie dienen dann dem Ausmalen der Situation, einer Stimmung. Die wissenschaftlichen Zugänge versuchen, die Bedeutung des Gefühls/der Emotionen für sich, an sich und in Funktion zum Handeln und Denken zu bestimmen. Anthropologische, philosophische, soziologische und psychologische Arbeiten nehmen spätestens seit den 1990er-Jahren einen Umfang an, der kaum noch einzuholen ist. Die pädagogische Bearbeitung, wie auch die erwachsenenpädagogische Reflexion, ist vorhanden, aber gering.[7] Uns interessieren die Emotionen aus der Perspektive der Erwachsenen- und Weiterbildung als lebenslanges Lernen im Zusammenhang mit der Bildungsbiografie. Da es aber insgesamt bisher einen begrenzten Reflexionshorizont für Emotionen in der Pädagogik gab, müssen wir uns Einblicke in die Emotionsforschung gewähren, soweit sie Bedeutung für unsere Fragestellung haben.

Izard (1994) beschreibt Emotionen mit einer differenziellen Emotionstheorie. Dabei unterscheidet er 10 fundamentale Emotionen (Interesse – Erregung, Vergnügen – Freude, Überraschung – Schreck, Kummer – Schmerz, Zorn – Wut, Ekel – Abscheu, Geringschätzung – Verachtung, Furcht – Entsetzen, Scham/Schüchternheit – Erniedrigung, Schuldgefühl – Reue), Triebe, Körperempfindungen (Hunger, Durst, Müdigkeit – Schläfrigkeit, Schmerz, Sexualität), affektiv-kognitive Strukturen oder Orientierungen (Introversion – Extroversion, Skeptizismus, Geltungsbedürfnis, Vitalität, Ruhe/Gelassenheit) sowie Affektinteraktionen (Emotion und Emotion, Emotion und

---

[7]  Arbeiten in diesem Bereich haben u.a. Arnold (2005, 2003a) und Holzapfel (2002) vorgelegt.

Trieb, Emotion und affektiv-kognitive Strukturen, z.B. Interesse – Vergnügen, Interesse – Sexualität, Interesse – Introversion etc.). Emotionen lassen sich danach nicht als einen globalen Begriff fassen:

*„Die differenzielle Emotionstheorie definiert Emotion als einen komplexen Prozess mit neurophysiologischen, neuromuskulären und phänomenologischen Aspekten. Auf der neurophysiologischen Ebene ist Emotion primär definiert als Muster elektrochemischer Aktivitäten im Nervensystem, speziell im Kortex, im Hypothalamus, in den Basalganglien, im limbischen System, im Nervus facialis und im Nervus trigeminus" (Izard 1994, S. 67).*

Emotionen sind als Funktion des animalen Nervensystems mit dem vegetativen Nervensystem verbunden. Dadurch wird die Körperlichkeit von Emotionen verstärkt, die sich besonders prägnant in emotionsgebundenen Gesichtsausdrücken transportieren kann.

*„Auf der phänomenologischen Ebene ist Emotion im Wesentlichen motiviertes Erleben und ein Erleben, das unmittelbar Sinn und Bedeutung für die Person hat. Das Emotionserleben kann einen Prozeß im Bewußtsein darstellen, der von Kognition völlig unabhängig ist" (Izard 1994, S. 68).*

Für Izard sind Emotionen ein System, das auf andere Subsysteme der Persönlichkeit wirkt. Emotionen wirken auf motivationale Systeme, sie wirken nach Izard als Verstärker und als Dämpfer. Freude, Furcht, Interesse, Kummer und Zorn können auf Triebe und ihre Umregulierungen, auf ihr Entfachen einwirken. Allerdings, und hier verweist Izard auf Tomkins (1962), gibt es auch Freiheiten des Emotionssystems, die insbesondere die individuelle Freiheit des Menschen markieren. Emotionen unterliegen keinem Zyklus, Emotionen sind frei in der Zeit. Emotionen sind frei in ihrer Intensität, und sie sind auch frei, was ihre Dichte betrifft (Dichte hier verstanden als das Ergebnis von Intensität und Dauer). Freiheit der Emotionen heißt auch, in Möglichkeiten zu investieren, also Wirklichkeit zu antizipieren. Hier stellt Izard besonders die Bedeutung für Lernprozesse heraus. Das Emotionssystem ist weiterhin frei in der Objektwahl, Emotionen können monopolistisch investiert werden, dabei sind freie Kombinationen mit verschiedenen Emotionen möglich. Es besteht eine große Freiheit, Emotionen zu verstärken und abzuschwächen. Hier gibt es eine außerordentliche Vielfalt der Ersetzbarkeit von Objekten. Gerade darauf bezieht sich auch die Sublimierungstheorie von Freud, die das Verhältnis von Emotionen und Triebstruktur, noch nicht in der Weise differenziert, in den Blick nimmt. Andererseits hat man von Restriktionen im Umgang mit Emotionen auszugehen: Das Emotionssystem ist schwer zu kontrollieren. Das betrifft sowohl die Kontrolle der Emotionen, so im Gesichtsausdruck, als auch letztlich als Triebkontrolle (Nahrungsbedürfnis). Wo spezifische Emotionen sich verbinden mit einem Trieb, sind Freiheiten eingeschränkt. Das gilt auch für das schnelle Auslösen von Handlungen. Wenn eine Emotion in Bewegung gesetzt wird, arbeitet das gesamte Emotionssystem mit. Wenn man in Angst versetzt, aufgehetzt wird oder wenn man sich spontan ergreifen lässt, bedarf es großer Mühen, sich wieder auszubalancieren. Ebenso wirken vergangene Emotionserlebnisse nach, die über Muster abgespeichert sind und immer wieder besonders in ähnlichen Situationen abgerufen werden.

Es existiert eine Unzahl an Definitionen zu „Emotionen". Besondere Beliebtheit gerade auch in der Angst- und Stressforschung hatten Kognitionstheorien zu Emotionsäußerung von Lazarus u.a. (Lazarus/Averill/Opton 1977). Danach wird eine Emotionsäußerung erst nach einem kognitiven Vorgang möglich. Informationen werden dadurch zu emotionsauslösenden Sachverhalten. Dieses geschieht auch mit Wiederholungseffekt, wenn kognitive Verknüpfungen von ankündigendem und emotionsauslösendem Sachverhalt hergestellt werden. Kognitiv vermittelte Emotionsauslösungen können dann übergehen in „automatisierte Kurzschlussmodelle mit habitualisierender Wirkung". Nach diesem Muster werden kognitive Prozesse und anschließende Verkürzungen zu einer bestimmten Wahrnehmung und Emotion führen. Berührungspunkte gibt es hier zur Attributionsforschung von Weinert. Auch hier werden bestimmte Ergebnisse und Prozesse in Beziehung gesetzt zum Subjekt, in der Regel zu sich selbst, wobei die ausgelöste Emotion das Ergebnis der Attribuierung präzisiert (siehe dazu Pekrun 1988, S. 104 ff.).
Pekrun und Ulich geht es nun in ihren begrifflichen Definitionsvorschlägen darum, Emotionen nicht zur generalisierten Grundlage aller psychischen Grundlagen zu erklären, sondern die spezifischen Dimensionen herauszuarbeiten. Anstelle einer Komponentendefinition stellen sie den subjektiven Aspekt des Erlebens in den Mittelpunkt, da er bei allen Definitionen vorhanden ist (Pekrun 1988, S. 98; Ulich 1989, S. 32). Hier besteht im Übrigen auch eine Anschlussfähigkeit zur Kulturwissenschaft und zur Rezeption in Ästhetikdiskursen (z.B. Kutschera 1998).
Bestimmte Emotionen – eben Einzelemotionen – stehen nicht im Zusammenhang mit einem Verweis auf objektive Größen. Es handelt sich nicht um die Repräsentation von äußeren Sachverhalten, so wie bei Kognitionen und bestimmten Wahrnehmungen. Emotionen sind deshalb für Pekrun eine spezielle Klasse von Erlebensprozessen (Pekrun 1988, S. 98). Natürlich lassen sich damit Verbindungen herstellen zu anderen Bereichen, so zu physiologischen Prozessen, zu Kognitionsprozessen, zur Ausdrucksmotorik etc. Als besonders ausgearbeitet wird die Angst- und Depressionsforschung betrachtet, gefolgt von der Ärgerforschung. Aber auch Pekrun kommt nicht daran vorbei, drei Komponenten in Emotionskonstrukten zu benennen:
a) „einen für die jeweilige Emotion spezifischen, nicht-repräsentatorischen Erlebensanteil (affektive Komponente);
b) für die jeweilige Emotion spezifische Kognitionen (kognitive Komponente) und
c) Wahrnehmungen physiologischer und expressiver Abläufe (körperperzeptive Komponente)" (Pekrun 1988, S. 99).

Mithilfe der jeweiligen Emotion wird ein feinmaschiges „Spinnennetz" hergestellt, das alle körperlichen und psychischen Funktionen miteinander verbindet. Dadurch scheinen die Emotionen so wirksam, so wenig greifbar oder nicht beschreibbar und praktisch mit dem jetzigen Methodenrepertoire nicht ausreichend in den Prozess-

und Wechselwirkungsbezügen erforschbar. Nicht ohne Grund fragt Pekrun unmittelbar danach, wo die Bezüge und die Abgrenzungen zur Motivation liegen. Er grenzt wie folgt ab: Emotionen bestehen für ihn im Erleben affektiver Erregungen, Motivationen sind deklarative Kognitionen (Handlungswünsche, Absichten) zur Aktivierung von Verhaltensprogrammen. Sie sind unterschiedliche Klassen psychischer Prozesse für ihn. Emotionen können, und deshalb sind ihm diese Unterscheidungen wichtig, nicht nur von Kognitionen ausgelöst werden. Wahrnehmungen, physiologische Prozesse etc. erwirken in gleicher Weise in spezifischen Kombinationen emotionale Empfindungen. Wenn Emotionen nur als Folge von Kognitionen sichtbar werden, kann es zu Tautologien kommen, dann sind die Emotionen Teil von Kognitionen oder die Kognitionen als Ergänzung oder als Bestandteil von Emotionen zu fassen.

Ulich beschreibt es so: Emotionen zeigen leiblich-seelische Zuständigkeiten, und je nach Fragerichtung betont man die subjektive Erlebniskomponente, die neuro-physiologische Erregungskomponente, eine kognitive Bewertungskomponente, eine interpersonale Ausdrucks- und Mitteilungskomponente (Ulich 1989, S. 32).

So überfällt einen, wenn man als Erwachsener wieder Klassenräume betritt, um in dieser Umgebung einen Kurs zu absolvieren – weil man nicht so gute Erfahrungen gemacht hat –, vielleicht Angst, vielleicht Unwohlsein. Die alte Atmosphäre, wie man sie emotional in den besagten Kurzschlussmodellen abgespeichert hat, ist präsent (Schmitz 1992, 1998). Alte Erlebnisse sind gegenwärtig: Die Lehrperson, unterstützt durch einen schulischen Lehrerstil, und meine habituelle Gefühlslage, die ich in innerer Zwiesprache mit meinem Verstand zu korrigieren denke, werden durch aktuelle Eindrücke wieder aktiviert. Mein Herz schlägt schneller, ich bekomme ein klammes Gefühl, Schweiß bricht aus, oder Beklemmungen machen sich breit. Ich bewerte die Situation in meiner Selbstdarstellung als typisches Sich-zurückversetzt-Fühlen in eine Schülersituation, die ich beim Betreten des Klassenraumes und dem Auftreten der Lehrperson festmache. Alte Erfahrungen und neue Eindrücke fügen sich zusammen und führen zu Gesprächserlebnissen in dieser ersten Stunde in einem Sprachkurs, der ein Neubeginn für mein unterlassenes Sprachenlernen ist. Dieses ängstliche Unwohlsein erzeugt eine Grundstimmung, die Altes mit Neuem verbindet. Es wird viel von den Lehr-/Lernarrangements abhängen, was daraus wird.

Nehmen wir einmal die gleiche Ausgangssituation mit einer ängstlich-abwartenden Grundstimmung an, so ließe sich auch denken, dass der Seminarraum nicht an einen Klassenraum erinnert, es sich um ganz andere Gebäude handelt, dass die Lehrperson in ganz anderer Weise das Gespräch sucht, mir positive neue Erfahrungen möglich macht und konkrete Hilfen gibt, aber auch neue Spielräume lässt, sodass sich Freude über meinen selbsttätigen Einstieg entwickeln kann. Ich nehme einen ersten Zugang zu einer neuen Kompetenzmöglichkeit mit. Sie ist nicht außer Reichweite. Es lohnt sich neu für mich, sich zu engagieren. Ich entwickele Interesse. Meine Möglichkeiten erweitern sich. Ich hatte ein anderes Erlebnis, und ich konnte dadurch eine neue Beziehung aufbauen.

Chodorow (2001) macht vor einem psychoanalytischen Hintergrund in diesem Sinne deutlich, dass Kindheitsmuster, und das meint vor allem Emotionsmuster, nicht nur nachwirken und dann – quasi in Autopoiesis – sich im Schirm der Übertragung entfalten. Kindheitsmuster bleiben und verändern sich, sie aktivieren sich anders und neu in späteren Lebensphasen. Sie stehen in Relation zur Gegenübertragung. Nur wenn mein Gegenüber in der Beziehung ein gutes Gelingen will, dies aktiv anstrebt, kann es mir auch gelingen. So wie das Selbst im Beginn der Entwicklung aus Zweier-Person-Konstellationen heraus entsteht, so ist die Schaffung des Selbst und die Veränderung eine von Emotionen getragene beziehungsabhängige Entwicklung. Emotionen sind dabei wiederum Träger, Botschafter und Inhalt in einem. Chodorow bezieht sich auf Loewald, der auch die Beziehung von innen und außen als Prozess der subjektiven Entwicklung nicht als eindeutig gegeben betrachtet. Sie sind in einem lebenslangen Prozess zu sehen, wenn, so Chodorow, „neue Bedeutungen und Objekte entweder innerhalb der eigenen Person oder in der äußeren Welt als internales Selbst oder internale andere wahrgenommen werden" (Chodorow 2001, S. 53). Persönliche Bedeutungen sind in den frühen Lebensphasen nicht sprachlich, aber nicht ohne Sinn. Sprache und Kognition sind von Beginn ihrer Entwicklung an von Emotionen durchdrungen und werden in interpersonellen Kontexten, aber auch in intrapsychischen (objektbezogenen) Kontexten verortet. Lebendigkeit und Entwicklung – als emotionaler Ausdruck – suchen ihre Bahn über Fantasien, Introjekte und Projekte, immer aber entsprungen aus einer Beziehungsmatrix. Emotionen, die sich als Erlebensqualität herausstellen, werden zu Schlüsselerfahrungen für meine subjektiven Lernkontinuitäten oder Abbrüche. Sie sind Ergebnis von Bedeutungszuschreibungen, die sich aber vor allem über Beziehungen entwickeln. Das Ich als eigentätiges Lern- und Entwicklungsprodukt ist entstanden aus vielen „Wirs". Es kann nur „Ich" über das „Wir" werden. Die Präsenz des „Wir" kann sich verändern.

In verschiedenen theoretischen Kontexten wird die Erlebenskomponente in der Definition von Emotionen herausgearbeitet und in ihrer Bedeutung beschrieben. Gleichwohl bleiben die Definition und Beschreibung von Ulich die beliebtesten, da sie eine Merkmalsvielfalt von Emotionen besonders deutlich herausarbeiten.

Ulich hat Bewusstseinsinhalte, die wir als Emotionen oder als Gefühl bezeichnen, mit folgenden Merkmalen charakterisiert:
1. „Beim Erleben eines Gefühls steht die leib-seelische Zuständigkeit einer Person im Zentrum des Bewusstseins."
2. Grundlage dieses Zustandsbewusstseins ist Selbstbetroffenheit. Die Person erlebt etwas bezogen auf sich. Das Individuum setzt sich in Beziehung zu etwas. Nach Heller entscheidet die Spezifik des Involviertseins über die Gefühle. Dabei ist das Gefühl aber keine Begleiterscheinung, sondern es ist der Handlung immanent.
3. Emotionen sind spontan, sie erscheinen wie von selbst, spontan ohne Anstrengung. Sie sind also unmittelbare Äußerung des Selbst.
4. „Im Erleben von Gefühlen erfährt sich die Person eher als passiv, als Ausgeliefert-Sein, als ‚Erleidende', auch bei positiven Emotionen wie Freude und Glück."
5. „Das Erleben einer Gefühlsregung ist oft mit einer inneren, von außen oder nur von innen wahrnehmbaren Erregung oder Aufregung verbunden."

6. Die aktuellen Gefühlsregungen sind selten vorgeprägte, vorgeformte Wiederholungen, Gefühle erscheinen immer ad hoc konstruiert, obwohl bei ähnlichen Sozialisationsbedingungen einige Emotionen sicherer zu erwarten sind als andere.

7. „Emotionen als die ‚grundlegendste' Bezogenheit der Person auf die Wirklichkeit geben mehr als andere psychische Erscheinungen dem Bewusstsein Kontinuität (Izard). Stärker als im ‚Wissen', im ‚Wollen' oder im ‚Handeln' erlebt die Person in ihren Gefühlsregungen sich als mit sich selbst identisch."

8. „Die ‚Funktion' von Emotionen besteht darin, daß sie erlebt werden (Mandler) … Emotionen sind also ‚selbstgenügsam', sie bedürfen keiner Zwecke außerhalb ihrer selbst."

9. „Das Ausdrücken und Verstehen von Emotionen läuft – im Vergleich zu anderen psychischen Erscheinungen – bevorzugt auch über nicht-verbale Kommunikationskanäle."

10. „Im Vergleich zu anderen psychischen Erscheinungen ist bei der Entwicklung von Emotionen die Verwobenheit in zwischenmenschlichen Beziehungen besonders stark" (Ulich 1989, S. 34–40).

Der erlebende, interpretierende, sich involvierende Bezug zur Welt, also die Lebendigkeit des Individuums in Beziehungen zu anderen, wird in den Emotionen des Individuums zum Ausdruck gebracht, egal ob diese in den Handlungen und im Denken eingelassen sind oder nicht. Lernen und Bildung ist im Grunde ohne diese Perspektiven als individuelle Entwicklungsmöglichkeit, als die Verknüpfung des Ichs mit der Welt (im humboldtschen Sinne) nicht denkbar. Emotionen im so definierten Sinne eröffnen eine erweiterte Perspektive auf Bildung. Erst mit dem Bedürfnis, die anderen zu verstehen, die anderen zu lieben – übrigens der einzige Weg, sich zu lieben und zu verstehen –, beginnt Bildung (siehe Cesare Pavese). Diese entwickelte Wertschätzungsfähigkeit ist Ergebnis von Erziehung. So entfunktionalisiert sich die Betrachtung, indem sie Intelligenz, Schulabschlüsse, Zeugnisse, gesellschaftliche Wissensbedarfe und ihre curriculare Strukturiertheit etc. nicht allein in den Blick nimmt. Bildung, wenn man sie nicht als eine letztlich abgeschlossene Aufgabe in der Kindheit und Jugend betrachtet – und ein solcher Standpunkt wird wohl inzwischen durchgängig als überholt angesehen –, lebt von den selbstgegebenen Perspektiven, die sich mit Lernen im Lebenslauf verbinden. Ebenso spielen Aktivierungs- und Motivierungsmöglichkeiten des/der Einzelnen, aber natürlich vor allem zur Verfügung gestellte gesellschaftlich-institutionelle Möglichkeiten eine Rolle. Die Emotionen sind dann sowohl als habitueller Ausdruck, als Seismografen der Verarbeitung von neuen Eindrücken als auch als Orientierung gebende, bewertende Instanzen zu sehen.

Bildung im lebenslangen Lernen ist in hohem Maße auf bewertendes und rasch erschließendes Vorgehen angewiesen. Niemand gibt mir Wege durch den Weiterbildungsmarkt vor. Nur begrenzt gibt es eindeutige curriculare Vorgaben, sie erfassen allenfalls einen Kurs, eine gezielte modularisierte Wissenseinheit. Aber auch dann steht Weiterbildung unter subjektbezogenen Wahl- und Verwertungsentscheidungen, die sich in Bezug nehmenden und lenkenden, auch emotional gebundenen Äußerungen bündeln. Ganz Subjekt und Persönlichkeit ist man in seiner auch durch Bildung ausdifferenzierten Gefühlswelt, in der Wissen genutzt wird, ja unumgänglich ist.

Die Vielfalt der Komponenten, die Emotionen ausmachen und ihre Steuerbarkeit im Außenausdruck komplizieren, die die Greifbarkeit und auch Durchstrukturierung des Themas Emotionen schwer machen, sind nicht zu übersehen. So gibt es eine große Anzahl von Systematisierungsansätzen. Autoren aus der amerikanischen Literatur bündeln ein Konzentrat von 10 Emotionen als grundständige Emotionen, denen sich, ausdifferenziert durch Sozialisation und Lernen, andere Emotionen zuordnen lassen (siehe dazu Izard 1994 bzw. Kap. 3.1 in diesem Band).

Ekel/Widerwille sind wahrscheinlich am wenigsten verwoben mit Lernprozessen. Aber alle anderen Gefühle verbinden sich auch mit Bildungsbiografien und Lernerfahrungen. Schmidt-Atzert (1980) unterscheidet nach der Verarbeitung von 60 Emotionen folgende Grundemotionen: Freude, Lust, Mitgefühl, Unruhe, Aggressionslust, Traurigkeit, Neid, Angst, Verlegenheit, Zuneigung, Sehnsucht und Abneigung. Rost unterscheidet Emotionen mit einer erweiterten Akzentsetzung: soziales Bindungsgefühl, sexuelle Lust, Wut/Ärger, Angriffslust, Selbstbewusstsein, Rivalitätsbewusstsein, Scham/Schuldgefühl, Angst, Traurigkeit, Sinnenfreude/Körpergefühl, Neugier/Interesse und Ruhebedürfnis (Rost 1990, S. 41).

Nach McDougall (1933) haben diese primären Emotionen drei Komponenten: Erkenntnis, Affekt und Streben. Wenn ich z.B. Trauer über einen Verlust in meiner Selbstakzeptanz beim Lernen einer Fremdsprache erlebe, geht darin eine Erkenntnis über mich ein, die sich vielleicht in einer Mutlosigkeit und Niedergeschlagenheit ausdrückt und mit hoher Wahrscheinlichkeit dazu führen wird, dass man sich nicht ans Lernen herantraut. Denkbar wären aber andere Reaktionen auf das gleiche Phänomen, wie etwa Aggression, Neid etc. – und zwar deshalb, weil man vielleicht erkennt, dass man aus einer bestimmten, aber entscheidenden Welt ausgeschlossen ist.
Immer sind die individuellen Handlungsmuster gespeichert, aufgefüllt mit emotionalem Wissen. Diese scheinen wirksam zu werden und nehmen Einfluss auf die folgenden Lernprozesse. Lernberatung stößt genau auf diese emotionalen Erlebnisse, die aber deshalb noch keineswegs für den/die Einzelnen kommunizierbar sein müssen. Es hängt von den kulturellen Kontexten und der vorhandenen Akzeptanz von Gefühlsausdrücken ab, inwieweit individuelle Selbstentäußerungen im Emotionalen zugelassen sind oder kulturelle Stereotype als Überformung emotionaler Erlebnisse handlungswirksam werden. Für eine lebendige, individuelle Lernbiografie scheint es von hoher Bedeutung für das subjektive Handeln zu sein, den unmittelbaren Zugang zu den eigenen Emotionen zu erhalten. Die Zuschüttung dieser individuellen Potenziale schafft zwar einen angeglichenen Sozialcharakter, der die subjektive Gleichgültigkeit, die Enge im Denken stützt und zugleich dem gewünschten Sozialcharakter entsprechend Normerfüllung erhöht (Belege: Pietismus, evangelikales Christentum, Erziehung in Diktaturen, Mediengesellschaft). Für die neu ausgerufenen lernenden Gesellschaften, für die Wissensgesellschaft, sind solche Dispositionen von Konformi

tät und Gleichgültigkeit im Sinne von Selbstentwicklung tödlich.[8] Aufmerksamkeit verdient die öffentliche Medienkultur unter der Frage, inwieweit sie auf eine Einförmigkeit zielt, die selbst dort mit den Kategorien „gut" und „schlecht" arbeitet, wo es nur um individuelle Interessenunterschiede geht. Wo kein Lerninteresse in einer individuellen Dynamik verankert ist, gibt es keine Lerngesellschaft mit Verantwortungsübernahme, sondern Konformitätsentwicklungen, zu der auch partielles Lernen auf Druck gehören kann.

Für eine übergreifende strukturierte phänomenologische Betrachtung der Emotionen in ihrem primären und sich sekundär ausdifferenzierenden Charakter ist die Theorie der Emotionstypen von Mees hilfreich. Die Klassifizierung von Emotionen steht bei ihm unter der Maßgabe, dass Emotionen vor allem für Bewertungen eine tragende Aufgabe haben. Sein Schema der Emotionen (Mees 1991, S. 55) nimmt, wie er selbst sagt, eine Unterteilung danach vor, wie die Welt unterschiedlich von den Individuen aufgefasst wird (ebenda, S. 54). Die Anbindung von Emotionen an Konstellationen, Situationen und Ereignisse führt zu emotionalen Bewertungen, und zwar bezogen auf drei Richtungen:
- Personen und Objekte werden, was ihre Fähigkeiten und Merkmale betrifft, eingeordnet und durch Gefühle begleitet bewertet,
- das Tun oder Lassen von Personen wird nach Normen, Rechten und Standards bewertet und von entsprechenden Gefühlen getragen,
- Ereignisse, die sich auf Wünsche/Ziele beziehen, erzeugen Gefühle, die Einfluss nehmen auf die bewertende Einordnung des Ereignisses.

In Lern- und Bildungsprozesse von Individuen sind in der Regel noch Personen involviert. Auch beim Lernen am Rechner mit CD-ROMs oder durch E-Learning arbeitet man mit Datenträgern oder Programmen, die von anderen Personen geplant und erstellt wurden, welche somit indirekt, entfernt beteiligt sind. Die Lernergebnisse habe ich in Beziehung zu setzen zu meinen Lernanlässen, die von Wünschen geleitet waren. Für die zukünftige Weiterbildung und für das eigene Lern-/Weiterbildungsverhalten sind die sich dabei entwickelnden Emotionen von weitreichender Bedeutung. Die Prozesse des Involviertseins ins Lerngeschehen zeichnen sich als herausragender Faktor aus. Enge Beziehungen zum Aspekt der Wünsche/Ziele sind bei Mees berücksichtigt. Die Spezifik für lebenslange Lernprozesse ist die Unterstellung von Entwicklungsfähigkeit auch bei der Transformation von Emotionen. Es gibt keine Annahmen von Endgültigkeit. Bildung als unabgeschlossener Prozess unterstellt aber nicht ein stetiges (quasi aus sich heraus entwickelndes), voraussehbares Tun. Bildung als Blackbox, als offener Prozess, ist immer noch für Überraschungen gut. Die Vielfalt der Emotionen, die sich dabei steuernd, destruierend, aufhaltend, fördernd, tötend einmischen, gilt es deshalb behutsam zu beobachten.
Wir stehen hier erst am Anfang unseres Wissens. Die besondere Kunst liegt nicht in holzschnittartigen Diagnosen, sondern in der feinen Kenntnis der Widersprüchlich-

---

[8]  Siehe hierzu kritische Auslegung von Liessmann 2006.

Gesamtstruktur der Emotionstypen

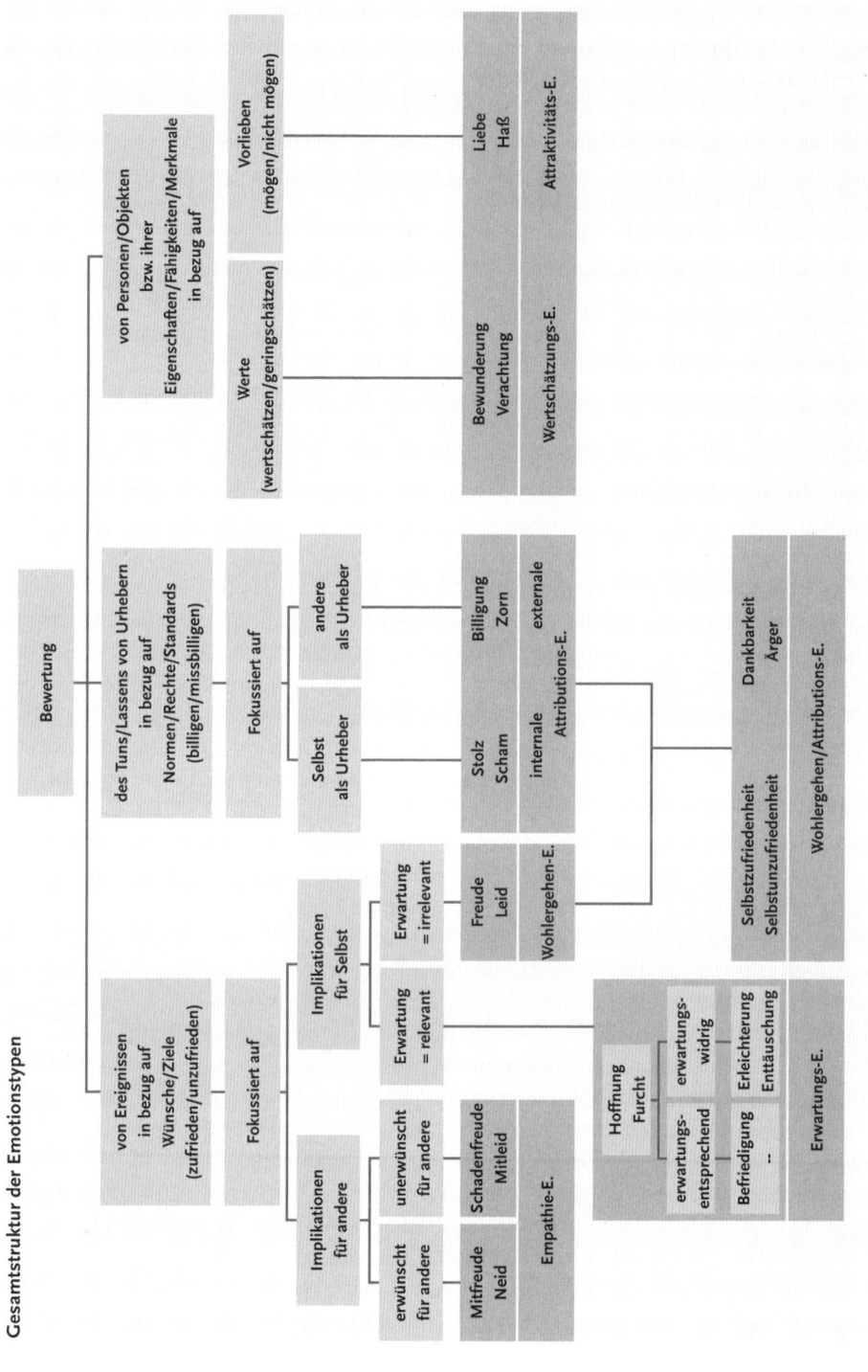

(Mees 1991, S. 55)

keiten, der individuellen Lagen unter Nutzung der großen Linien des Wissens. Das folgenreiche Wissen liegt darin, den individuellen Fall zu erschließen. Lernergebnisse haben auch immer gesellschaftlichen Charakter, das Tun und Lassen, die Personen wie auch die Erfolge werden bewertet. Für lebenslanges Lernen ist nun gerade für diese hier wirksamen Emotionen wichtig, dass sie für das künftige Handeln nicht abschließenden Charakter haben. Emotionen bleiben aber ebenso situationsbezogen, auch wenn die Erlebnisse in den sich aufhäufenden Emotionen Schemata mit Langzeitwirkung herausbilden (siehe Kap. 4). Besonders gilt dieses, wenn eine kulturelle, gesellschaftliche Kraft hier prägend wirkt.

Mees unterscheidet also zwischen ereignisfundierten Emotionen, Attributionsemotionen, Beziehungsemotionen und Verbindungsemotionen.

Ereignisfundierte Emotionen sind mit Zufriedenheit und Unzufriedenheit verbunden und werden von den Emotionsgruppen Empathie, Erwartungsemotionen und Wohlergehensemotionen getragen. So ist die Erfüllung oder Nichterfüllung bestimmter Erwartungen in ihrem Ergebnis von Gefühlen begleitet. Hoffnung, Furcht, Befriedigung, Erleichterung, Enttäuschung sind in diesem Sinne Erwartungsemotionen. Wenn diese Gefühle ereignisbezogen auf andere fokussiert sind, spricht Mees von Empathieemotionen und unterscheidet hier Mitfreude, Neid, Schadenfreude und Mitleid. Wohlergehensemotionen zählen bei ihm ebenfalls zu den Ereignissen im Sinne von Zielen und Wünschen, sich äußernden Emotionen. Leid und Freude sind hier die Eckpunkte für die Gefühlspole.

Bewertungen von Ereignissen, die Wünsche und Ziele betreffen, markieren die durchlaufenden Lern- oder Bildungsabschnitte. Sie setzen Zäsuren, bündeln Bewertungen als emotionale Ausdrucksformen. Der Prozess des Lernens und die sie begleitenden Interaktionen folgen Regeln, Standards. Man ist zufrieden mit sich und anderen oder aber erlebt Zorn und Ärger, auch Scham. Mees spricht in diesem Zusammenhang von Attributionsemotionen und Wohlergehensemotionen. Letztere betreffen auch übergreifende Ereignisse. Lehrende/Mitlernende in der Gruppe sind in die emotionale Bewertung einbezogen, sie werden bewundert, verachtet, geliebt und gehasst. Natürlich muss man sich dabei immer Abstufungen in der Intensität vorstellen. Der Fortgang im Prozess des Lernens, die Aneignung neuen Wissens, dass Überbordwerfen alter Gewohnheiten oder die Bereitschaft, Neues zu integrieren, hängen davon ab, inwieweit ich im meesschen Sinne meine Bewertungsmuster verändere und erweitere. Für Bildungsprozesse ist dabei interessant, dass es für den individuellen Bildungsverlauf, wenn Emotionen in ihrer Bedeutung weniger als Bewertungs- denn als Antriebsmotor gesehen werden, keine Rolle spielt, ob sie negativ oder positiv fokussiert sind. Für viele Menschen sind Neid und Konkurrenz der entscheidende Motor des Lernens, wenn auch das Klima und die Emotionen, die auf das Tun/Lassen und auf Personen/Objekte orientiert sind, sich dadurch in der Regel verschlechtern. Hier wird es dann in den Lernsituationen darauf ankommen, die interaktiven Bedingungen zu regulieren, um Emotionen auszudifferenzieren, also emotionale Kompetenz zu entwickeln (Arnold 2003a).

Emotionale Kompetenz verweist damit darauf, dass die Emotionen nicht nur die individuellen Lernprozesse begleiten, sondern dass in den Lehr-/Lernkonstellationen emotionale Kompetenzen notwendig sind, die nicht nur die subjektive Haltung meinen, und dass insbesondere die Lernatmosphäre neu betrachtet werden muss.

Positive Gefühle, sich selbst und anderen gegenüber, spielen für die individuelle Entwicklung offensichtlich die entscheidende Rolle, wenn auch dosierte negative Gefühle zumindest kurzfristig auf ein Ziel hin lernfördernd sein können. Kreativitätspotenziale sollen im letzteren Fall nicht ausreichend freigesetzt werden können, wohl aber angepasstes Lernverhalten.

Freude und Angst sind entgegengesetzte Emotionen, die die Pole für Lernaktivitäten markieren. In Mees' Schemata gibt es die Angst jedoch nicht, da Angst ein zusammengesetztes Konstrukt ist; wohl aber gibt es die Furcht – als grundständige emotionale Äußerung. Angst als Schulangst, als Versagensangst und Leistungsangst ist derjenige Bereich in der psychologischen Emotionsforschung, der am breitesten untersucht ist. Für Freude trifft das nicht zu. Kann man daher schließen, dass Schule eine Angst machende Institution ist?

## 3.2 Bedeutung von Freude und Angst für Bildungsprozesse

### 3.2.1 Das Beispiel Freude

Jeder kennt das Gefühl der Freude, den Glanz der Augen, das Lächeln oder Lachen. Alles ist heller, farbiger und bunter, man fühlt sich beflügelt, alles geht leichter von der Hand, man fühlt sich im umfassenden Sinne wohl, ist zufrieden. Oft tritt Freude ein, wenn man etwas geleistet und geschafft hat, also am Ziel von Wünschen – insbesondere in Bezug auf eigene Leistung, aber auch auf Gruppenleistungen – angekommen ist. Lernergebnisse, sehr gute Bildungsabschlüsse können Anlass für Freude sein. Aber Izard weist auch darauf hin, dass harte Arbeit und kreatives Erleben kein Erleben von Freude garantieren (Izard 1999, S. 272). Ebenso wenig ist Freude gleichzusetzen mit Spaß. Amüsement und Unterhaltung stehen also nicht im Bezug zur Freude. Sie leben vom Gegensatz zwischen fremdbestimmter Arbeit und Ausgleich und verweisen auf Entspannung. „Lernspaß" will in diese Entspannung Lernen als Nebenbegleitung einführen, macht Lernen so zu einem sekundären Ereignis, verbindet Lernen mit Erlebnis. Es wird eine flache emotionale Ansprache gesucht, ohne dass sich differenzierte Emotionen zu den eigenen Lernprozessen als Selbstregulierung entwickeln können. In den erwachsenenpädagogischen Diskursen geht es dabei um eine Suche nach neuer theoretischer Grundlegung.

Auch Sinneslust beim warmen Bad, im erotischen Erleben, im Genuss von Wein und Essen können von Freude begleitet sein, sind aber nicht selber Ausdruck von Freude. Hülshoff (2001, S. 104 f.), aber auch Izard (1999, S. 272 f.) verweisen darauf, dass wir uns im Zustand der Freude leichter, selbstvertrauter empfinden. Die Lebenskräfte steigen, die vitalen Kräfte, das Selbstwertgefühl wachsen, man lacht – wie überhaupt das Lachen und strahlende Augen besonders charakteristische Ausdrücke der Freude sind. Freude ist ein Gefühl, verstanden zu werden, selbstvertraut zu sein, geliebt zu werden, vertrauensvolle Beziehungen zu haben, gebraucht zu werden, etwas zu können, mitten dabei zu sein. Freude und Interesse sind eng verbunden. Freude unterstützt die Offenheit, die Interessenartikulation und setzt damit Aktivitäten frei. Potenziale für Lernen im Lebenslauf können dadurch zum Zuge kommen. Freude geht nicht nur mit geistigen, sondern auch mit körperlichen Gefühlen der Aktivität, der Dynamik einher.

Gibt es eine Biochemie der Freude? Die Zusammenhänge sind komplexer (noch nicht eindeutig auszumachen), aber Evolutionsbiologen haben eine stärkere Tendenz zur vermehrten Möglichkeit von Freude im Zusammenhang von Liebe und sozialer Bindungsfähigkeit festgestellt. Verwiesen wird auf sogenannte Bindungshormone und das Zusammenwirken der neuronalen Zentren. So können die Endorphine nicht nur Schmerz abblocken und höchstes Wohlgefühl erzeugen, sie führen auch dazu, dass Menschen größere Strapazen ertragen. Die Evolution im limbischen Zentrum unterstützt lustvolle und freudige Erfahrungen. Eccles (1999) sieht im Faktor Freude die Bedingungen für Vertrautheit im zwischenmenschlichen Handeln und im übergreifenden Sinne die menschliche Bedingung für ein Überleben. Heller (1981) verweist darauf, dass Freude nicht auf dem Lustfaktor aufbaut, obwohl Traurigkeit sehr viel mit dem Unlustfaktor in Beziehung gebracht wird. Freude hat nach Heller verschiedenste Formen, wobei keine Freude auf die eigene Person allein fokussiert ist. Für sie ist die ganze Person erfasst, aber immer in Beziehung zu etwas und zu jemandem. Dieses wird für sie am deutlichsten im Involviertsein der ganzen Person in eine Sache. Sie bringt Freude im engen Zusammenhang mit dem Begriff des Glücklichseins. Freude kann sehr unterschiedlich ausgedrückt werden: Man kann zittern und weinen vor Freude, man kann lachen und nur innerlich ausgeglichen genießen (vgl. Heller 1981, S. 134 ff.).

Freude ist nach Kast eingebunden in ein ganzes Emotionsfeld von Zufriedenheit, Heiterkeit, Behagen, Glück, Liebe, Begeisterung, Inspiration, Ekstase und Rausch. Emotionen stehen für sie im Zusammenhang mit unserer Beziehung zu Menschen:

> *„Mit der Emotion der Freude überwinden wir gewissermaßen die Erdenschwere – deshalb gilt sie auch als unernst. Bewegungen der Freude sind Bewegungen in die Höhe, in der Vertikalen. Freude hat mit dem Überwinden der Widerständigkeit des Daseins zu tun und gibt uns die Möglichkeit, über uns hinausgehen zu können" (Kast 1991, S. 46).*

Freude ist nicht unbedingt zielgebunden, geht über uns hinaus, ist eher fantasiegebunden. Man fährt vor Freude aus der Haut. Schon ein entsprechendes Buch zu lesen genügt, um in eine freudige Stimmung zu verfallen. Die Freude ist eine Emotion, die öffnet, die weitergibt. Man öffnet sich für Beziehungen, Kontakte. Wir fürchten uns nicht, verleumden nicht andere, die anders denken, sind nicht paranoid. Es ist das Gefühl eines selbstverständlichen Selbstvertrauens. Man fühlt sich dem Leben gewachsen, kompetent im Umgang mit Schwierigkeiten. Dieses gute Selbstwertgefühl geht in den normalen Zustand über. Man hat ein Gefühl von Freiheit und Leichtigkeit, mit dem man Dinge selbstverständlicher angeht (vgl. Kast 1991, S. 43 ff.). Freude tritt dann auf, wenn wir es nicht erwarten, eben als Produkt unserer Aktivitäten, wenn wir um der Sache willen selbst etwas leisten. Im Bereich des Herausfindens, der Kreativität und der Geselligkeit, aber auch die täglichen Freuden, des Teilhabens sind Ausdruck von Freude und deshalb Nischen des Glücks. Kast stellt sich vor, das die Biografie, die man ab dem 40sten Lebensjahr mehre Male neu gestaltet, auch einmal als eine Freudensbiografie zu schreiben wäre (Kast 1991, S. 55 ff.). Freude und Erinnerung haben viel miteinander zu tun. Aber die aktuelle Wahrnehmung der Situation ist das Entscheidende, um glückliche Situationen als solche zu erkennen und in der Erinnerung zu platzieren.

Freude im Sinne von Bildungswünschen positiv erfüllt zu sehen macht deutlich, wie sie ein Nebenprodukt eines glückhaften Gelingens, einer individuellen oder sozialen Aktivität ist. Aber auch im selbstvergessenen kreativen Tun kann als Ergebnis diese Freude als Ausdruck des Wohlergehens resultieren. Auch wenn Freude temporärer ist, hat sie doch ausstrahlende Wirkung, sie bietet Anlässe zum Weitermachen, sie stärkt einen positiven Blick auf die eigenen Bildungsaktivitäten und eröffnet damit neue Horizonte und kreative Potenziale. Sie aktiviert, stärkt auch das körperliche Wohlbefinden. Freude platziert mein Tun in der Akzeptanz meiner Umgebung oder im totalen Aufgehen in einem Entwicklungsprozess.

Freude und Bildung meinen aber nicht nur Freude über Erfolge, über Abschlüsse oder über gewonnene Erkenntnisse; sondern in Flow-Prozessen, einer intensiven, sich selbst überlassenden, freien Denk- und Aktivitätsbewegung, gelingt das Wohlergehen im Prozess selbst. Bei Mees findet sich auch dieser Zusammenhang wieder, und zwar in dem Wohlergehensgefühl, in der Selbstzufriedenheit. Man geht auf in einer Sache, in einem Thema, überlässt sich den neuen Eindrücken und dem neuen Wissen und schafft neue Verknüpfungen. Wenn man z.B. eine neue Technik oder neues allgemeines Wissen erwirbt und es verarbeitet, diskutiert, verbindet man das Neue mit dem Alten, ersetzt auch altes Wissen. Immer sieht man durch einen Kompetenz- oder Wissensgewinn die Wirklichkeit differenzierter oder neu. Dabei weist Tunner darauf hin, dass sich in diesem Prozess die Gefühle in der Auseinandersetzung mit den Gegenständen ständig ändern, weil sich die Gefühle für den Gegenstand öffnen. Hingabe schafft Nähe zum Gegenstand. Er sieht eine ganze differenzierte Gefühlsbreite von der lustvollen Hingabe an die Reize sinnlicher Erlebnisse bis zum Glück tiefer Einsicht (Tunner 1983, S. 166). Dabei handelt es sich bereits um eine höhere Stufe des Interesses. Besonders Izard sieht Interesse und Freude eng verbunden. In einer seiner empirischen Studien geht er sogar davon aus, dass Freude eine wesentliche Begleiterscheinung von Interesse, und zwar als emotionale Grundhaltung, ist.

Das Emotionsprofil in Interessensituationen weist in Kommunikationsmöglichkeiten folgende Gefühlsanteile in ihren Kombinationen auf: Interesse, Freude und danach Überraschung werden am häufigsten genannt, dann folgen Kummer, Schuldgefühle, Schüchternheit und Furcht, in dieser Rangreihe. Interesse, Freude und Überraschung sind eng gekoppelte Faktoren (Izard 1999, S. 252 f.). Intrinsische Lerninteressen werden also wesentlich von diesen Emotionen – und zwar positiven Emotionen – unterstützt. Dabei zeigt die Untersuchung zu den Bedingungen von Freude, wie vielfältig die Phänomene sind, die zur Freude führen oder ihr folgen (Izard 1999, S. 295). Izard weist aber ebenso darauf hin, dass es auch eine Kombination von Freude und Geringschätzung gibt, die dann zu einem sadistischen Charakter führt. Unter solchen Bedingungen von Freude sind Grausamkeit und Willkür auf der Tagesordnung. Nach Kast freuen wir uns oder sind zur Freude fähig, wenn unser Leben stimmig ist. Schadenfreude verweist auf ein Ungleichgewicht, dass in der eigenen Lebensführung oder in einer zerstörerischen, nicht wechselseitig fördernden Rivalität liegt. Schadenfreude als Folge von Neid, Freude am Quälen anderer spielt hier mit hinein. Diese Schattenseite der Freude, wie Kast sie beschreibt, verdient deshalb Beachtung, weil sie in Arbeitszusammenhängen als Mobbing sichtbar ist, aber auch, weil sie in der Weiterbildung und in der gegenwärtigen Schulwirklichkeit wirkt, weil von Schulabschlüssen zu viel abhängt.

So die Schadenfreude einer 18-Jährigen. Sie sagt:

> *„Ich habe eine Schulkameradin, die hat immer so verdammt gute Noten. Und jetzt hat sie einen Vortrag gehalten, der hat dem Lehrer überhaupt nicht gefallen, schon politisch nicht. Der Lehrer hat auch ganz heftig kritisiert. Das hat mich sehr gefreut. Ich war zwei Tage glücklich. Ich habe gesungen. Meine Mutter hat mich gefragt, ob ich verliebt sei. Ich kam mir gut vor, ich fühlte mich wirklich gut. Wissen Sie, ich weiß eigentlich, daß man Schadenfreude nicht zu haben hat, aber ich kann mir nicht helfen, es hat unheimlich gut getan. Das einzig Ärgerliche ist: Meine Schulkameradin hat unter der Schlappe überhaupt nicht gelitten"* (Kast 1991, S. 88 f.).

Der Mensch, der Schadenfreude auslöst oder zunächst Neid erregt, wird immer als etwas Besonderes beschrieben, dieses muss, so Kast, nicht mit der Realität übereinstimmen, es kann reine Projektion sein. Interessant ist nur die Interpretation von Kast, dass bei dieser Person Neid entsteht, weil sie eine begabte Seite ihrer selbst nicht gelebt hat. Wir sehen einen begabten Menschen, der sich nicht mit einem durchschnittlich begabten Leben begnügt hat. Dieses fordert heraus, die Person wird zum Stachel im Fleisch. Neid steht aber nicht nur im Zusammenhang mit Leistung, auch Aktivitäten, neue Lebensformen, oft auch Bildungsaktivitäten im Erwachsenenalter können bei anderen zu Neid führen. Besonders selbstbewusseinuntergrabend ist neidgetränktes Rivalitätsdenken. Alles wird mit allem verglichen, alles muss immer imposanter und größer werden, immer ist man kleiner im Verhältnis zu anderen. Dadurch wachsen der Neid und sein zerstörerisches Interesse. Freude und Neid erweisen sich als antagonistische Emotionen. Die daran geknüpfte Schadenfreude setzt kein eigenes Handeln gegen das Neidobjekt voraus, anders bei der Freude am Quälen, also beim Sadismus, als lustvolles Zufügen von Leid. Es verweist auf ein Größenselbst, das den Raub der Eigenständigkeit eines Menschen durch Unterwerfung, durch Machtmissbrauch etc. herbeiführt, weil man nur so den eigenen Wert zu heben und die Eigenohnmacht auszugleichen glaubt. Die Freude am Zerstören kann zu Zerstörungsspiralen führen, im Wechsel von Omnipotenz und Abhängigkeitsgefühl zu einer Spirale des Sadismus werden. Identifikationsprozesse scheinen nicht gelungen zu sein, und es entsteht ein überhöhtes Ichideal. Man erstrebt auch das Erleben von Ganzheit, benötigt aber die Unterwerfung oder Zerstörung. Sadismus zieht meist Schuld und Scham nach sich. Die daran geknüpfte Freude hält nicht, sie fordert wieder neue Zerstörung.

Dabei gibt es besonders auch in der Erziehung sowie in Leitungskontexten einen Sadismus frei von Schuld und Scham, da man vermeintlich Ordnung schafft. Besonders etabliert hat sich gesellschaftlich in Deutschland ein kollektiv verbreiteter Sadismus als Freudenhemmer. Jede Leistung wird entwertet, jede Freude wird mit dem Negativen in der Welt oder anderswo beantwortet. Immer wartet der Vorwurf, egozentrisch zu sein, wenn man Freude empfindet und dieses mitteilt. Freude sucht dagegen im positiven Sinne die Verbindung zu anderen, wenn sie nicht aus dem Neid erwächst. Depressionen erbringen keine Rettung und keine positive Lebensgestaltung. Leidenschaftliche Liebe, Begeisterungsfähigkeit dagegen will nicht zerstören. Beides wird aber häufig ausgebremst. Besonders die dafür genutzten feinen Sadismen im Alltag sind es, die auch zur falschen Demut herausfordern, im Sinne eines Rufe-nicht-die-Neider-auf-den-Plan (vgl. Kast 1991, S. 77 ff.).

Ausführungen zur Freude als Kunst von Lebensführung kann man bei Russell (1978) nachlesen in seinem Büchlein über „The conquest of happiness". In philosophischen und in Alltagsdiskursen sowie in den Medien wird eher über Glück, wenn auch Freude gemeint ist, nachgedacht (im Erwachsenenbildungskontext jetzt DIE-Themenheft 1/2006 zu Glück). Russell benennt 6 Stichworte, die zum Glücklichsein führen. Für ihn sind dies Begeisterungsfähigkeit, Zuneigung/Liebe, die Familie, Arbeit, inhaltliche, nicht personenbezogene Interessen, Anstrengung und Resignation im Doppelpack. Man muss sich nach Russell für mehrere Dinge/Fragen begeistern können, um sich langfristig im Leben wohlzufühlen, weil jedes inhaltliche Interesse Anlässe für Freude bietet. Als Hindernisse benennt er die Arbeit und auch die Schule, die Spontaneität einschränken und die Ermüdung und die Langeweile durch die reglementierten, kontrollierten Abläufe wirksam werden lassen. Spontaneität und individuelle Begeisterungsfähigkeit können sich so nicht entfalten. Nicht beliebt zu sein und nicht lieben zu können mindert Begeisterungsfähigkeit und erzeugt Introvertiertheit. „Affection", Liebe, die durch Personen gegeben wird, unterstützt Interessen und Aktivitäten. Aber nur dort, wo eine Wechselseitigkeit in der Beziehung hergestellt wird, können sich Wirkung und Freude entfalten. Der Aspekt Familie wird hier behandelt als Moment des individuellen Rückhalts.

Hier, aber nicht nur hier, kritisiert Russell die mangelnden Entfaltungschancen von Frauen zur Umsetzung und Durchsetzung selbst erarbeiteter Interessen. Arbeit ist nur dann eine Quelle der Freude, wenn man seine Talente entfalten kann. Dieses gelingt nur dann, wenn es eine innere und äußere Unabhängigkeit gibt und man in Selbstrespekt seinen Aufgaben nachgehen kann. Wo in Arbeitsprozessen Demütigungen die Arbeitsformen bestimmen, wo es um autoritäre Muster geht, wo Leistung keine Anerkennung findet, wo man nicht entsprechend seinen Fähigkeiten eingesetzt wird, da kann sich keine aktivierende, schon gar keine auf Begeisterung erdende Freude entwickeln. Für das individuelle Handeln betont Russell daher die Wichtigkeit, an seinen Zielen festzuhalten (Russell 1978, S. 161). Wenn Arbeit interessant ist, gibt sie Befriedigung – und interessant ist sie, wenn Können erprobt wird und Werke entstehen, man also gestalterisch tätig sein kann. Schädlich findet Russell alle Haltungen, bei denen man sich aus opportunistischen Gründen einem Mehrheitstrend anbiedert, der letztlich nur zur Selbstverachtung und zum Zynismus führen kann. Freude, Begeisterung und kreative Gestaltungsfähigkeit bleiben dann (alternativ) aus. Alternativen zur nicht selbstständigen Arbeit sind zusätzliche Interessen. Sie schaffen Raum und Kräfte, um Distanz zur täglichen Arbeit zu gewinnen und doch Aktivitäten zu entwickeln.

Russell hebt besonders auf Ärger, Kummer, Leid, Scham und Enttäuschung, also auf alle negativen Gefühle, die im Zuge des täglichen Arbeitshandelns präsent sind, ab. Zwar gehören seiner Meinung nach Leid und Ängste zum Alltag, sie sollten aber, so weit es geht, minimiert werden. Russell setzt auf Distanzfindung, Einordnung und Entscheidungsfähigkeit, nicht um die negativen Gefühle zu unterdrücken oder sie umzudeuten, sondern um sie als Signale zu begreifen, um Konsequenzen zu ziehen. Ja, er empfiehlt, sich bei negativen Einbrüchen an andere Situationen zu erinnern, wo infolge besserer Erfahrungen auch bessere Gefühle geerntet werden konnten. Deshalb empfiehlt er, neben einem Hauptinteresse immer auch noch Nebeninteressen zu haben, die Ausweichmöglichkeiten zur Verfügung stellen (Vielfältigkeit und Offenheit nach Herbart). Nicht alle Probleme lassen sich über Anstrengung lösen, aber Unglücke sind auch nicht nur als Schicksal hinzunehmen. Russell gibt der Resignation als Lebensmöglichkeit einen Raum, als Weg des Sich-nicht-mehr-Anstrengens. Aber sie darf nicht ihre Wurzeln in der Hoffnungslosigkeit haben, sondern sie muss fußen in einer unbesiegbaren Hoffnung. Nur so gibt die Person sich nicht auf und kann über neue Wege und Möglichkeiten nachdenken. Um diesen Weg zu gehen, ist die Suche nach Wahrheit über sich selbst das für ihn Entscheidende, um festzustellen, was man kann, will und wohin man möchte. Das größte Unglück kommt für Russell aus schadenbringender Arbeit. Dann ist es besser, nichts zu tun. Wer also im Negativen arbeitet – auch wo sie/er es nur um persönlicher Konkurrenz willen tut –, vernichtet, destruiert, fügt ihrem/seinem Umfeld, aber auch sich selbst, in der eigenen Selbstachtung Schaden zu, welcher für alle mit Freudlosigkeit endet. Es wird deutlich, dass Russell den Weg zum Glück nicht in einer Selbstzentrierung, in einer Innenschau sieht und auch nicht in einem passiven Anspruch und individueller Selbstbezogenheit. Leben ist Austausch mit Personen und Inhalten, Leben ist Entwicklung von Können und Gestaltungsfähigkeit. Das heißt für Russell, an sich zu arbeiten und beziehungsfähig im konstruktiven Sinne zu seiner Umwelt zu sein. Besonders glaubwürdig wird Russells Darstellung dadurch, dass seine Beispiele besonders schonungslos den mangelnden Ausgleich zwischen den Geschlechtern in dieser Selbstaktivierungsmöglichkeit, des aktiven, selbstbestätigenden Sichfreuens, herausarbeiten. Im Grunde beschreibt Russell hier einen Prozess des Sich-selbst-Bildens durch permanente Aneignung und Erweiterung seiner inhaltlichen Interessen (Russell 1978, S. 169 ff.) als Quelle von Freude.

Höhler bringt Glück nicht mit Bildung in Verbindung, dieser Bezug ist nicht ihr Thema. Sie arbeitet sich an der Glückssucht als gestaltbares, planbares, besitzmäßig, konsumförmig erwerbbares Gut ab. Glück ist für sie aber ebenso Verzicht und Askese. Glück stellt sie in Bezug zur Liebe, zur Mäßigung und Behutsamkeit. Glück kann sich erst entwickeln im Erkennen, beim Sicheinbetten ins Dasein, wenn wir eigene Grenzen erkennen und die Vergänglichkeit akzeptieren, wenn wir ohne Herrschafts- und Machtinteressen uns als Beschauer/innen auf z.B. Natur, auf Menschen einlassen: Distanz und Anschauung in Liebe. Glück ist dann eine geglückte Grundeinstellung zum Leben: „Glück ist Genuß der Fülle in Bewunderung für diese Fülle: Das gilt für Liebesglück und für die Freude am geliebten Menschen, das gilt auch für den Umgang mit der Natur" (Höhler 1996, S. 226). Glück entwickelt sich nicht im Vergleich, in der Rivalität, auch nicht im „Machthaben", wohl aber im „Schaffenkönnen". Glück verlangt danach Kontemplationsfähigkeit, sich einzulassen und zu distanzieren, sich zu erfreuen.

Kulturelle Erwachsenenbildung, die auf Einseitigkeiten der Lebensentwürfe antwortet, wird deshalb genau aus diesen Bedürfnissen nachgefragt (Gieseke 2005, S. 365 ff.). Erwachsenenbildung generell, die über verschiedene inhaltliche Themen solche Türen öffnet, ohne dass Glück zum Ziel erklärt wird, die wohl aber Bildung um ihrer selbst willen anbietet, ermöglicht Zugänge zu sich selbst und zur Welt, zur distanziert-behutsamen neuen Anschauung. Daseinsfülle ist Glück, also das und dort, wo uns etwas ganz erfüllt. Es verweist auf nichts Elitäres, obwohl Glückstheorien dieses nahelegen. Es gibt aber den Willen zum Glück. Glück erleben können ist im Wesentlichen Realismus. „Denn die Vorstellung, wir bekämen den ganzen Menschen und seine Lebensumstände perfekt in die Hand, ist realitätsblind" (Höhler 1996, S. 243). Es geht um das Balancehalten zwischen Leistungsdenken, Anspruchshaltungen und Bedürfniskontrollen. „Bedürfniskultur ist die Bereitung des Bodens für Glück durch Bedürfniskontrolle" (Höhler 1996, S. 245). Glücksfähigkeit ist dann Ausdruck von Lebensstimmigkeit im kastschen Sinne.
Erwachsenenbildung, die sich offenhält für solche zentrischen Formen von Anschauung, von Wahrnehmungsfähigkeit, von Eigenaktivität, von Betrachtung, kann individuelle Wege zum Glück öffnen, die sich als Aufklärung über die Selbstfindung und Situationsfindung in der Zeit und in den Lebensabschnitten platziert.
Neid, Rivalität, Kampf, Vergleichen, Kontrollieren, Bestimmen, Entwerten etc. bringen einem das Erleben von Glück nicht näher. Auch Spaß, Konsum, Beschäftigung, Rausch, Ekstase, Verzicht als Askese etc. führen nicht dorthin. Auch hier berühren sich Philosophie und Empirie. Man kann allerdings keine Pädagogik daraus entwerfen, sondern eher Orte und Räume dafür – soweit sie Bildung mitmeinen – offenhalten, um Betrachtungen zu ermöglichen.

### 3.2.2 Das Beispiel Angst – Furcht

Furcht ist nach Izard die toxischste aller Emotionen, sie kann töten. Man kann sich zu Tode fürchten. Aber sogleich formuliert er weiter, Furcht sei gleichzeitig auch ein Warnsignal, sie ermögliche Flucht, und zu einem späteren Zeitpunkt der sozialen

Entwicklung könnten durch Furcht soziale Bindungen entstehen, die auf kollektive Verteidigung orientierten. Der Begriff Angst leidet nach Izards Darstellung, und diese Aussage findet sich in allen Bearbeitungen auch anderer Autoren, an einer unklaren Definition. Für Izard ist Angst deshalb eine Kombination von Affekten und affektiv-kognitiven Strukturen (Izard 1999, S. 397). Angst ist eine zusammengesetzte Emotion, die auch erworben wurde.

Furcht gehört für Izard zu den 10 fundamentalen Gefühlen, Angst dagegen zu einem übergeordneten Gefühlsmuster, welches aus mehreren fundamentalen Gefühlen zusammengesetzt ist. Angst ist nach Izard beschreibbar als ein Muster, das neben Furcht, als bewusstem Erregungszustand bei Konfrontation, mit anderen zusätzlichen Gefühlen wie Traurigkeit, Ärger, Schuld und Scham zusammengeht (siehe auch Schwarzer 1983, S. 147; Izard 1999, S. 422). Zur Emotion Furcht gesellen sich nicht Zorn, Schuldgefühl und Schüchternheit, während zur Furcht Interesse, Überraschung und Kummer sehr wohl gehören. Wie das Individuum nun im Sinne von furchtmotivierender Vermeidung und interessenmotivierter Annäherung und Erforschung bei Angst reagiert, ist offen. In offener Gefahrensituation ist die erste Reaktion unumgänglich und gefahrvermeidend, während in komplexen sozialen Situationen interessenmotivierte Annäherung eher einen Schlüssel zur konstruktiven Lösung zu bringen scheint. Das gilt umso mehr, als sich eine Reihe von emotionalen Dispositionen und ihre jeweiligen Verfestigungen durch Sozialisation entwickeln. Furcht wird entweder mit allen Demütigungs- und Geringschätzungsstrategien eingesetzt, oder Furchterleben wird reduziert, und man zielt auf eine Toleranz des Furchterlebens (Izard 1999, S. 412 ff.). Tomkins und Izard haben aber noch andere Interaktionen von Furcht mit Emotionen identifiziert. So gibt es die Furcht-Kummer-Interaktion, die Furcht-Geringschätzung-Ekel-Interaktion, die Furcht vor der Furcht, die Furcht-Scham-Verbindung (ebenda, S. 416 ff.). Interaktionen mit anderen Emotionen – als Formen der Angst – bestimmen die Herangehensweise von Izard.

Freud setzt Furcht und Angst eher gleich, bei ihm wird Angst als fundamentale Emotion Furcht begriffen. Alle Gefahrensituationen, alle Angst haben etwas mit dem Verlust eines Liebesobjekts oder dem Verlust der Liebe zu tun. Freud geht davon aus, dass die Natur der Gefahrensituationen sich verändert. Aus der Gefahr des Objektverlustes heraus wird die Drohung der Kastration bei Männern. Nach der Entwicklung des Über-Ichs kann nach Izard soziale Angst als Furcht-Scham-Interaktion oder Furcht-Schüchternheit-Interaktion zu einem Ersatz für äußere Gefahr werden (Izard 1999, S. 420). Bowbly beschreibt in diesem Zusammenhang die Angstbindung, im Gegensatz zum Begriff Überabhängigkeit als eine Befürchtung, dass die Bezugspersonen unerreichbar und unansprechbar sein könnten (Bowbly 1983, S. 213).

Angst, egal ob man von einer zusammengesetzten Konstruktion ausgeht und Furcht und Angst trennt, gilt als menschliche Grunderfahrung, die sich körperlich, emotional auf der Bewusstseinsebene und in sozialen Interaktionen äußert (Hülshoff 2001, S. 76). Sie ist ein Ausdruck von Enge, sie wirkt lähmend, sie ist ein Gefühl der Ohnmacht, der Hilf- und Auswegslosigkeit. Angst kann die Sicht auf vorhandene Ressourcen zur Lösung eines Problems versperren, eben durch die Perspektive der Enge und der Lähmung. Sie kann aber auch – und darin liegt das Paradoxe oder, bei Hülshoff, Janusköpfige der Angst – im Sinne von Furcht eine Warnfunktion haben und aktivierend wirken, um unbekannte Situationen zu lösen. Wo die Person immer in Angst ist, bildet sich eine habituelle Ängstlichkeit mit dispositionalem Charakter. Angst wird zum Persönlichkeitsmerkmal. Konkrete Angstzustände geben demnach Hinweise auf konkrete komplexe Handlungsbedarfe. Ängstlichkeitsdispositionen finden sich als Besorgnis oder Aufgeregtheit wieder und führen zu bestimmten Handlungsmustern mit letztlich selbstbeschränkendem Charakter.

Die Untersuchungen von Schwarzer (2000) sind es, die vor diesem theoretischen Hintergrund Untersuchungen zur Leistungsangst, zur Schulangst platzieren. Die Angst als Faktor im lebenslangen Lernen findet hier hilfreiche Informationen, die wir uns genauer anschauen wollen (Schwarzer 2000, S. 88 ff.).

Lebenslanges Lernen, Erwachsenenbildung knüpft im positiven wie im negativen Sinne immer an die schulischen Lernerfahrungen an. Diese Erfahrungen werden aktiviert, besonders wenn die Lernarrangements, die institutionellen Konstellationen, ja selbst die Verbindlichkeiten ähnlich sind. Selbst die hochaktiven und erfolgreichen Bildungspartizipient/innen des Funkkollegs, die Kade/Seitter (1996) in ihrer qualitativen Studie interviewt haben, bearbeiten ein emotional nicht verarbeitetes schulisches Trauma bzw. Traumata aus der Studienzeit. Kade nimmt diese Grundlage der Bildungsaktivitäten wie auch die daran geknüpften Wiederholungszwänge in den Interpretationen nicht wahr. Arnold weist übrigens jüngst auch auf diese Interpretationslücke hin (Arnold 2005, S. 224 ff.). Sie besagt: Man konnte aus Sicht der Teilnehmenden entweder nicht studieren, schaffte Abschlüsse nicht oder wählte nicht die richtigen Fächer etc. Man ist daher mit jeder Teilnahme an dem Funkkolleg auf der Suche nach Bestätigung, nach neuer Selbstzufriedenheit. Bisherige Bildungsverläufe haben hier ihre Nachwirkungen. Man möchte seinen Zorn, seine Trauer, vielleicht seinen Neid, aber auch seine Lebensangst bearbeiten, da die zentralen bildungsbezogenen Ereignisse Abschlüsse, Fähigkeiten und deren Bewertungen durch andere sind. Die gesamte Biografie, die immer mehr den Bildungsverlauf als steuerndes Muster erkennen lässt, erhält ihre Fixpunkte durch emotional bedeutsame Ereignisse. Die Gebundenheit an diese fixierten Emotionen erzeugen in der Folge bei den Individuen ein Interesse an Befreiung. Dieses führt zu entsprechenden Bildungsaktivitäten. Behindernd wirken dabei aber eingeschriebene, festgefügte emotionale Markierungen, die trotz Befreiungsinteresse häufig in Wiederholungsschleifen (siehe Kade/Seitter 1996, ebenso Siebers 1996) enden und die alten Gefühle aktivieren (Emotionsschemata, siehe Kap. 4.1.1). Inwieweit nun aber Angst oder andere Emotionen dabei zu treibenden Emotionskonstrukten werden, bleibt unklar.

Hülshoff weist zu Recht auf die hinzukommenden Realängste im Erwachsenenalter, wie Arbeitslosigkeit und Krankheit, hin (Hülshoff 2001, S. 71 ff.). Schlechte Bedingungen am Arbeitsplatz, schlechte kollegiale und familiäre Bedingungen sind ebenfalls deutlicher zu veranschlagen als bislang üblich. Später kommen dann Ängste im Zusammenhang mit der Akzeptanz der Lebensleistung, dem daran geknüpften

Selbstwertgefühl hinzu. Auch der Verlust von Selbstwertgefühl durch vorenthaltene Anerkennung, aber hohem Leistungswillen erhöht das Angstpotenzial. Besonders häufig tritt eine Kombination als angstförderlich auf, die durch Hülshoff am knappsten zusammengefasst ist:

> *„Die Kombination von zu hohen Erwartungen an die eigene Leistungsfähigkeit und hohen Ansprüchen an sich selbst und einem erniedrigten Selbstwertgefühl, oft verbunden mit der Notwendigkeit, von anderen bestätigt zu werden, führt zu massiven Ängsten in ungewissen sozialen Situationen. Interesse am anderen, Neugier auf Fremdes und die Bereitschaft, sich auf andere Menschen einzulassen, erfordern den Mut, hierbei auch Risiken einzugehen. Dieser Mut ist auf ein tragfähiges Selbstkonzept und ein die eigene Persönlichkeit akzeptierendes Selbstwertgefühl angewiesen"* (Hülshoff 2001, S. 73).

Schwarzer unterscheidet theoretisch für seine Interpretationen empirischer Erhebungen zwischen Zustandsangst und Ängstlichkeit. Zustandsangst kann diagnostiziert werden über subjektive Interpretationen von Gefühlszuständen. Die physiologischen Zustände helfen nicht so viel weiter, da sie von den erfassten Hoch- und Niedrigängstlichen anders interpretiert werden. Schwarzer formuliert: „Hochängstliche werten ihre Erregungen eher als Hinweis auf eigene Schwäche oder ängstliche Erregbarkeit, während Niedrigängstliche sie als Handlungsaufforderung werten oder als produktive, handlungserleichternde Erregung deuten" (Schwarzer 2000, S. 90). Hochängstliche achten mehr auf ihre Körpersensationen, während Niedrigängstliche wohl eher die anstehenden Sachprobleme im Auge haben.

Begrifflich ist darüber hinaus hilfreich, dass Schwarzer unterscheidet zwischen „Aufgeregtheit" als Empfindung autonomer Erregung und „Besorgnis" als Wahrnehmung von selbstbezogenen Gedanken. Ängstlichkeit ist im Unterschied zur Angst auf einer allgemeineren Ebene angesiedelt. Angstzustand und Ängstlichkeit sind zwei Aspekte von Angst. Schwarzer vereinigt sie in einer Theorie.

> *„(1) Ein Angstzustand wird ausgelöst, wenn das Individuum eine Situation als bedrohlich einschätzt. Aufgrund sensorischer und kognitiver Rückmeldungen des Organismus wird dieser Zustand als unangenehm erlebt; (2) je bedrohlicher die Situation eingeschätzt wird, desto stärker fällt die Angstreaktion aus; (3) je länger diese Situationseinschätzung unverändert anhält, desto länger wird die Angstreaktion dauern; (4) Personen mit hoher Ängstlichkeit nehmen selbstwertrelevante Situationen als bedrohlicher wahr als Personen mit niedriger Ängstlichkeit; (5) die Auslösung von Angstreaktionen kann sich direkt im offenen Verhalten ausdrücken oder zu innerpsychischen Abwehrvorgängen führen; (6) häufig auftretende Streßsituationen können ein Individuum dazu veranlassen, spezielle Bewältigungshandlungen oder Abwehrmechanismus zu entwickeln, mit denen sich der Angstzustand reduzieren läßt"* (Schwarzer 2000, S. 91).

Interessant dabei ist, dass Ängstlichkeit vor allem bei selbstwertrelevanten Situationen aktiviert wird. Selbstbezogene Gefährdungen wie Prüfungen, Leistungsanforderungen in einem sozialen Zusammenhang (oder: in einen sozialen Zusammenhang

WILTRUD GIESEKE

gebracht) sind angstinduzierend. Die kognitive Komponente bezeichnet Schwarzer Bezug nehmend auf Bandura als mangelnde Kompetenzerwartung. Das Konstrukt Angst entwickelt sich immer situationsspezifisch. Situative Reize, die als gefährlich eingeschätzt werden, sind angstauslösend.

Dies kann bezogen auf Schule an sich, aber auch auf einzelne Fächer oder Lehrer/innen so der Fall sein. Dazu liefert Schwarzer Beispiele. In der Erwachsenenbildung kann entsprechende Angst aber auch schon generell beim Betreten eines klassenähnlichen Raumes beginnen. Es kann sich an Tischformationen im Lehr-/Lernraum oder lehrertypischen Kommunikationsstilen festmachen. Es kann aber auch an bestimmte Lehr-/Lernformen gekoppelt sein oder an bestimmte Gruppenkonstellationen, die an alte Klassenverbände erinnern. So gibt es in der beruflichen Weiterbildung in einigen Vereinen noch die Führung eines Klassenbuchs, die übliche Prüfungs- und Abfragesituation oder demütigende Kommunikationsstile. Allerdings fehlt eine Untersuchung, die danach fragt, welche situationsspezifischen Bedingungen bei welchen Gruppen und Milieus besondere Ängste freisetzen. Hier mag es auch noch generationsspezifische Differenzen geben. Der Hinweis auf räumliche situative Bedingungen als angstauslösend kommt aber nicht von ungefähr. So konnte nach unserer Befragung in einem Modellversuch, wo u.a. nach ärgerlichen und nach freudigen, positiven Erfahrungen gefragt wurde, dem räumlichen Klima, den situativen Bedingungen eine besondere Bedeutung zu. Ängste und Wohlbefinden in der Weiterbildung haben in nicht unerheblichem Maße eine räumliche Dimension (Gieseke 1997).

Bei Schwarzer werden unter Hinzuziehung der Arbeiten von Becker 6 Dimensionen als angstthematische Gruppierungen genannt: Angst vor physischer Verletzung, vor „Auftritten", vor Normüberschreitungen, vor Erkrankungen und ärztlichen Behandlungen, vor Selbstbehauptung, vor Abwertung und Unterlegenheit. Gebündelt kann man unterscheiden zwischen Angst vor physischen und psychischen Angriffen und Angst vor Bewährungssituationen (Schwarzer 2000, S. 101). Die Angst vor Bewährungssituationen ist unmittelbar relevant für die Weiterbildung. Gleichzeitig könnten aber genau diese Ängste, so die Angst vor Auftritten, vor Selbstbehauptung, vor Abwertung und Unterlegenheit, auch selbst Inhalte von beruflicher Weiterbildung sein, weil sie Teil des täglichen beruflichen Alltagserlebens sind.

Geschlechtsspezifische Unterschiede erklärt Schwarzer sehr überzeugend mit geschlechtsspezifisch differenten Selbstkonzepten. Mädchen erhalten danach insgesamt höhere Ängstlichkeitswerte, da sie eher bereit sind, Ängste einzugestehen. Dies wurde durch Beobachtergruppen bestätigt. Angst ist bei Schwarzer nicht negativ fokussiert, so sind für ihn Aufgeregtheit und Besorgtheit Antworten auf erlebte Herausforderungen:

> *„... ist jemand wachsam, sensitiv oder intelligent genug, um Aspekte seiner Umwelt als herausfordernd und bedrohlich beurteilen zu können, so trägt dies zur Entwicklung seiner Persönlichkeit bei. Erlebte Belastungen und das Erfahren von Bewältigungsversuchen mit unterschiedlicher Wirksamkeit ermöglichen den Erwerb von Regulationskompetenz"* (Schwarzer 2000, S. 102).

Gleichzeitig wird Angst als nicht pädagogisch wünschenswerte Atmosphäre angesehen. Schulangst wird dabei nicht nur als Leistungs-, sondern auch als soziale Angst betrachtet. Aber auch für die Schulangst gilt nach Schwarzer, dass dazu die, wie er es nennt, mäßige Dosierung von Angst im Sinne von Aufgeregtheit und Besorgtheit funktional für die Lebensbewältigung ist. Andererseits beeinträchtigt Angst das Wohlbefinden, das Zusammenleben mit anderen und das Lernverhalten. Schulangst ist nicht nur Leistungsangst, sondern vor allem soziale Angst. Dabei entsteht die Angst durch den Vergleich mit anderen, und darin liegt auch die Ursache für die Selbstwertbedrohung. Schwarzer empfiehlt hier, der Gütemaßstab solle in der Sache selbst und in den früheren Bewältigungsergebnissen des einzelnen Individuums liegen. Genau dieses ist auch eine empfehlenswerte pädagogische Position: Schwarzer geht davon aus, dass es eine Frage der Umweltregulation und der Selbstregulation ist, wenn man Lernanforderungen gerecht werden will. Angst ist in diesem Sinne nur als Erregungsquelle, nicht aber als soziale Angst, als selbstbezogene Angst, die Energien durch selbstbezogene Aufmerksamkeit bindet, funktional. Mit einer aufmerksamkeitslenkenden Erregung wird die biologische Funktion als Signalfunktion positiv genutzt, Selbstaufmerksamkeit löst dagegen von der Aufgabenbewältigung ab und ist deshalb nicht produktiv für die subjektive Entfaltung. Kognitive Potenziale sind zu entwickeln, um quasi durch die Angst hindurchzugehen, zur Sachaufgabe und zu Sachanforderungen durchzudringen und sich nicht einschüchtern zu lassen.

In sieben Bündeln tragen Rost/Schermer die Bedingungsvariablen von Leistungsangst zusammen. Dabei wiederholen sich Gründe, die dort liegen, wo sie auch in philosophischen Erörterungen angenommen werden: in der Herabsetzung und Demütigung, in der Nichtbeachtung, im Spott, in der verwirrenden Inhaltsbearbeitung mit Schikanen, in den Überforderungen, in mangelnder Transparenz von Situationen, in hohem Zeitdruck, in Situationen, wo Drohgebärden üblich sind, unter den Bedingungen von Kälte und inkonsistenten Beziehungen sowie bei ungewissen Anforderungen etc. (Rost/Schermer 1998, S. 299). Das heißt immer dort, wo es um Macht und Misstrauen, um Abwertung und Rivalität geht, bereiten sich destruktive Bedingungen der Angst vor. Gerade die Sensiblen, Kreativen haben dann kaum Chancen, ihre Kompetenzen an den Arbeitsplätzen zu entfalten, da sie sich demnach nur mit Abwehrhaltungen beschäftigen können. Das eher robuste, aber eben nicht so kreative Mittelmaß hat so freie Bahn. Es ist deshalb kein Wunder, dass man sich in Managerzeitschriften immer mehr mit dem Kostenfaktor Angst beschäftigen muss.

Bei der Angstbearbeitung ist es wichtig, die Angst als emotionale Information, als Furcht zu erhalten. Sie signalisiert, wo Überforderungen in der momentanen Situation liegen, wo Selbstschutz geboten ist, trotz aller anderen Umweltanforderungen. Teile der gegenwärtigen emotionsregulierenden Fortbildungen gehen hier gerade andere Wege. Der Habitus wird präsentationsschick gemacht, die Körperbewegungen werden durchreguliert, alles konzentriert sich auf die Darstellung der Person, wenig auf die Präsentation der Daten, der Interpretationen. Die „Verpackung" ist Trumpf. Dadurch wird die soziale Angst im Grunde gestärkt. Es geht darum, sich virtuell zu präsentieren, weil das Interesse an Skalierung im Vergleich der Individuen, im Sinne einer „Wer-erreicht-das-höchste-Maß-an-funktional-kühler-Präsentation", zum Lernziel wird. Emotionales Lernen zur Bearbeitung der Angst will aber die Betrachtungsperspektive als gesellschaftlich erzeugte Drohung ernst nehmen.

Krohne (1996) spricht davon, dass das öffentliche Selbst in der sozialen Angst im Mittelpunkt steht, die individuelle Frage ist, was denken andere von mir. Dabei wird in der Angst, die mit einer negativen öffentlichen Selbstaufmerksamkeit arbeitet, operiert. Die soziale Angst ist eine aus den sozial konstruierten Lebensbedingungen der Konkurrenzgesellschaft entstandene Realangst. Sie erfährt ihre Stärkung noch durch Isolation und narzistische Selbstbezogenheit. In der Situation der Selbstbezogenheit als Ausdruck von vergleichsorientierter Angst sieht das Individuum nur noch seine Angst und wird ihr lähmend ausgeliefert. Nicht umsonst füllt sich die psychologische Literatur mit Ansätzen zur Angstbewältigung. Stichworte sind hier das Coping – als Stressbewältigung –, die typbezogenen Reaktionsformen zur Angstbewältigung represser, sensitiver Informationen und Beziehungen. Die meisten schulbezogenen Ängstlichkeiten sind nämlich bezugsgruppenabhängig.

In Studien, in denen die Hochängstlichen mit Niedrigängstlichen in Stresssituationen und Leistungssituationen verglichen werden, zeigt sich, dass Hochängstliche in neutralen Situationen mehr als Mittel- und Niedrigängstliche leisten. Das gilt nicht für konkurrenzschürende Bedingungen. Angst fördert – durch Konkurrenz aktiviert – den Durchschnitt der Nichtängstlichen. Hochängstliche arbeiten dagegen unter diesen Bedingungen bei der Verarbeitung von Informationen langsamer, sie sehen aber Zusammenhänge genauer (Krohne 1996, S. 300 ff.). Insgesamt wird der defensive, selbstwertbezogene Charakter des Vorgehens bei Hochängstlichen in den Studien deutlich. Das robuste Mittelmaß hat also immer gute Chancen, komplexer denkende, sozial aufmerksame Personen durch angstmachende Konstellationen außer Gefecht zu setzen. Zwar wirkt sich Angst insgesamt gesehen negativ auf Leistung aus, aber bereits neutrale fordernde und fördernde Bedingungen minimieren die lähmenden oder aggressiven Bedingungen auch für die Hochängstlichen. Konkurrenz ist danach an sich kein leistungsförderndes Mittel, allenfalls für die, die nur unter der Maxime Kampf und Macht operieren. Das gilt generell, aber ganz besonders noch einmal aus der Genderperspektive. Negative Attributionen, also die Furcht vor Misserfolg, bestimmen zurzeit geschlechtsspezifische Differenzen (Horstkemper 1987).

## 3.3 Emotionen und Kognitionen im Zusammenspiel – neurobiologische Befunde

### 3.3.1 Der Ort der Emotionen

Es sind Naturwissenschaftler/innen, die den Emotionen und Gefühlen (nicht nur Damasio [2000] nimmt eine entsprechende Unterscheidung vor) beim Lernen, Handeln,

Kommunizieren und in den Gedächtnisoperationen einen entscheidenden Platz einräumen. Die jahrhundertelange Auslegung, dass Emotionen im Sinne von irrationalem Handeln auf niedrige Stufen der Gehirntätigkeit verweisen und als archaische Fähigkeiten im Hirnstamm galten, die von den Kognitionen und Denkvorgängen gesteuert werden, wird den neuen Forschungsergebnissen nicht mehr gerecht. Ohne Abstriche an der Bedeutung der Neocortex als dem Sitz des Denkens, des Begreifens, des Zusammenfügens und des Ausdifferenzierens zu machen, haben die Emotionen mehr Einfluss auf das denkende Gehirn als bisher in den pädagogischen Theorien angenommen. Für pädagogisches Handeln im lebenslangen Lernen liegen aus erwachsenenpädagogischer Sicht aber neue Chancen und auch neue Forschungsherausforderungen. Emotionen sind eine eigenständige Größe im Bildungsprozess. Auch der Erziehungsprozess ist neu zu betrachten. Fordern und Fördern bekommen aus dieser Perspektive eine neue Bedeutung, und die Erziehungsaufgaben werden in anderer Weise für die Kindheit aufgewertet. Bildungsbiografische Entwicklungen, Lebensumstände, lernökologische Fragen und der Faktor Zeit bekommen für das Lernen von 25 bis 90 Jahren eine veränderte Bedeutung. Emotionen wirken aber besonders in ihren Ausformungen aus der Kindheit nach. Diese emotionalen Nachwirkungen aus der Kindheit und der Schulzeit benötigen im Hinblick auf ihre langfristigen Auswirkungen mehr Aufmerksamkeit, da sie sowohl auf die Motivation als auch auf die Fähigkeit, sich langfristig auf Lernprozesse einzulassen, Einfluss haben. Emotionale Lernprozesse in der Kindheit haben längere, ja einbrennende Nachwirkungen, sodass nur über langsame Umlernmöglichkeiten im späteren Erwachsenenalter emotionales Lernen möglich wird. Weil dieses so ist, kann man so weit gehen und feststellen, dass die Bildungsbiografien, soweit sie die Lernerfahrungen und das Motivationspotenzial markieren, durch das emotionale Gedächtnis bestimmt sind.

Goleman (2001) sorgte für die größte Popularität des Themas Emotionen, indem er von einer getrennten emotionalen Intelligenz spricht und für den amerikanischen Kontext auf die fehlenden emotionalen, emphatischen Fähigkeiten von vielen Kindern verweist. Seine empirischen Studien belegen ein steigendes Aggressionspotenzial in den Schulen. Er hat daher aus diesem Anlass Konzepte zum Abbau von Aggressionen und zur Entwicklung von Empathie entwickelt und argumentiert für eine höhere gesellschaftliche Bewertung von emotionaler Intelligenz im Arbeitsprozess, weil Erfolg daran geknüpft ist.

Damasio formuliert es so: „... die Vernunft (ist) [W.G.] möglicherweise nicht so rein ..., wie die meisten Menschen denken oder wünschen, dass Gefühle und Empfindungen vielleicht keine Eindringlinge im Reich der Vernunft sind, sondern zu unserem Nach- und Vorteil in ihre Netze verflochten sein könnten" (Damasio 2000, S. 12). Gefühle haben nicht nur negative, sondern auch fördernde Wirkungen auf Denkprozesse. Das heißt, das Fehlen von Gefühlen und Empfindungen kann genauso schädlich sein wie ein Überschwemmtsein von Gefühlen. Die Ergebnisse der Gehirnforschung entziehen der normativen Entwertung von Gefühlen ihre Basis. Die Gehirnzentren sind in einer Weise vernetzt, dass die Basisbereiche des Gehirns, die für die Verarbeitung von Gefühlen und Empfindungen zuständig sind, für das Überleben des Organismus sorgen und praktisch zum gesamten Körper und allen Teilen des Gehirns in Beziehung stehen. Damit, so Damasio, ist der Körper in die Kette aller Vorgänge einbezogen, „die die höchsten Anforderungen des Denkens, der Entscheidungsfindung und im weiteren Sinne des Sozialverhaltens und der Kreativität hervorbringen. Die unteren Organisationsstrukturen unserer Organismen sind also entscheidend an den hohen Vernunftsmechanismen beteiligt" (Damasio 2000, S. 14).

Diese Abhängigkeit der Vernunft von niedrigen Gehirnbereichen macht sie nicht zur niedrigen Vernunft. Empfindungen sind also nicht schwer fassbare psychische Eigenschaften, „sondern vielmehr direkte Wahrnehmungen einer bestimmten Landschaft: der des Körpers" (ebenda, S. 15). Empfindungen beschreibt Damasio dabei als Blick auf einen Teil der Körperlandschaft. Empfindungen werden dann zu Merkmalen von Dingen; Empfindungen, die sich für ihn herleiten von Gefühlen, dienen der inneren Orientierung der Person. Sie stellen eine Verbindung zwischen uns und anderen her. Sie sind Ergebnis eines physiologischen Arrangements, sie zeigen unsere Offenheit zur Welt, die für Einschätzungen, Interpretationen, ja Lernen über Verbindungen genutzt wird. Diese Empfindungen zu haben, also Körperzustände zu spüren, macht das Leben aus. Was wäre, wenn es keine Sehnsucht, keine Trauer, kein Leid, keine Freude gäbe! Dabei wird deutlich, dass die Neurobiologie hier zu dem vorgestoßen ist, was seit Jahrhunderten als „Seele" bezeichnet wird. Dabei interagieren spezifische Gehirnzentren, wobei der Körper das Bezugszentrum für neuronale Prozesse ist, das wir als Bewusstsein erleben.

Geist/Seele/Bewusstsein existieren also für und durch den Körper. Höchste Freude, tiefste Gedanken haben den Körper als Maßstab der Dinge und der Möglichkeiten. Unser Geist interagiert danach als integrierter Organismus. Dem Geist, wenn er existieren will, muss es also um den Körper gehen. Das heißt also, alle geistigen Aktivitäten, nicht nur das Gehirn, sind auf den Körper angewiesen, d.h., sie sind rückgebunden an den Körper. Körper, Kognitionen und Emotionen stellen also ein verbundenes Netz dar. Es sind nach Damasio die sozialen Marker, die neuronale und chemische Signale senden und Modifikationen in den autonomen Steuerzentren, dem autonomen Nervensystem vornehmen, die von den Zentren zur Viscera im ganzen Organismus führen, eine Empfindung hinterlassen und ein Vorstellungsbild schaffen. Sie markieren die sozialen Austauschprozesse.

Vor diesem Hintergrund ist dabei gerade für Kognitions- und Denkprozesse nicht unwichtig, dass Menschen auf einen männlichen und weiblichen Körper verwiesen sind, in dem sie sich zu Hause und akzeptiert fühlen müssen bei allen ihren Tätigkeiten, um Signale, Botschaften und Interpretationen einordnen zu können. Eine Gleichheit als Geschlechtslosigkeit bleibt ohne diese körperliche Rückbindung für eine sich kreativ entwickelnde Weiblichkeit ohne Fundamente und führt in den Forschungsperspektiven dazu, dass das dominante männliche Geschlecht auch im Forschungskontext die Körperperspektiven eingeschlechtlich auslegt.

Wie hat man sich die Funktionsweisen vorzustellen, ohne dass dabei im umfassenden Sinne von uns auf medizinische Terminologie zurückgegriffen wird und die Prozesse im Gehirn/im Körper bis ins Einzelne beschrieben werden?

Insgesamt geht man von einer Evolution des Gehirns aus. Es ist über Jahrmillionen gewachsen. Dabei haben sich die emotionalen Zentren aus den primitiven Wurzeln des Hirnstammes entwickelt. Der Neocortex – das Denkende – ist eine große, gefaltete Masse und hat sich ebenfalls über Jahrmillionen entwickelt. Der Hirnstamm liegt am oberen Ende des Rückenmarks und reguliert Lebensfunktionen wie die Atmung und den Stoffwechsel. Hierbei handelt es sich um geschlossene Kreise, die stereotype Reaktionen und Bewegungsabläufe absichern.

Das in sich geschlossene, quasi autopoietische Gehirn denkt und lernt nicht, sondern es sind vorprogrammierte Regulatoren, die für das elementare Funktionieren des Körpers sorgen. Das Zeitalter des Reptils soll die Hochzeit dieses Gehirns gewesen sein.

In der Folge verfeinerte sich das Gehirn; Sinneszellen bilden Lappen heraus – olfaktorische Lappen, mit denen man Gerüche wahrnehmen kann. Das heißt, die evolutionären Wurzeln unseres Gefühlslebens gehen auf den Geruch zurück. Jedes Lebewesen hat über den Geruch so gesehen eine molekulare Signatur, die vom Wind getragen wird. Jede/Jeder hat quasi ihren/seinen eigenen Geruch. Man kann jemanden entweder riechen oder nicht, d.h., man kann zu ihr/ihm Beziehungen aufbauen oder nicht. Hieraus entwickelt sich das ursprüngliche Zentrum der Emotionen. Die Zellen werden im Laufe der Entwicklung so groß, dass sie den oberen Teil des Hirnstammes umringen. Mit den ersten Säugetieren können sich die entscheidenden Schichten des emotionalen Gehirns entwickeln. Weil dieser Teil des Gehirns den Hirnstamm umringt, nennt man ihn limbisches System (Limbus = lat. Ring). Besondere Beachtung hat der Mandelkern (die Amygdala) in den neueren Forschungen gefunden. Die Corpora amygdaloidea ist unter der sechsschichtigen Großrinde mit einem sechsschichtigen Isocortex (auch Neocortex genannt) in dem drei- bis fünfschichtigen Allocortex platziert. Dazu gehören die Riechrinde, der insuläre Cortex, der cinguläre Cortex (Teile des Mandelkern-Komplexes), die Amygdala, die Hippocampus-Formation und die benachbarte entorhinale, perirhinale und parahippocampale Rinde (Roth 2001, S. 98).

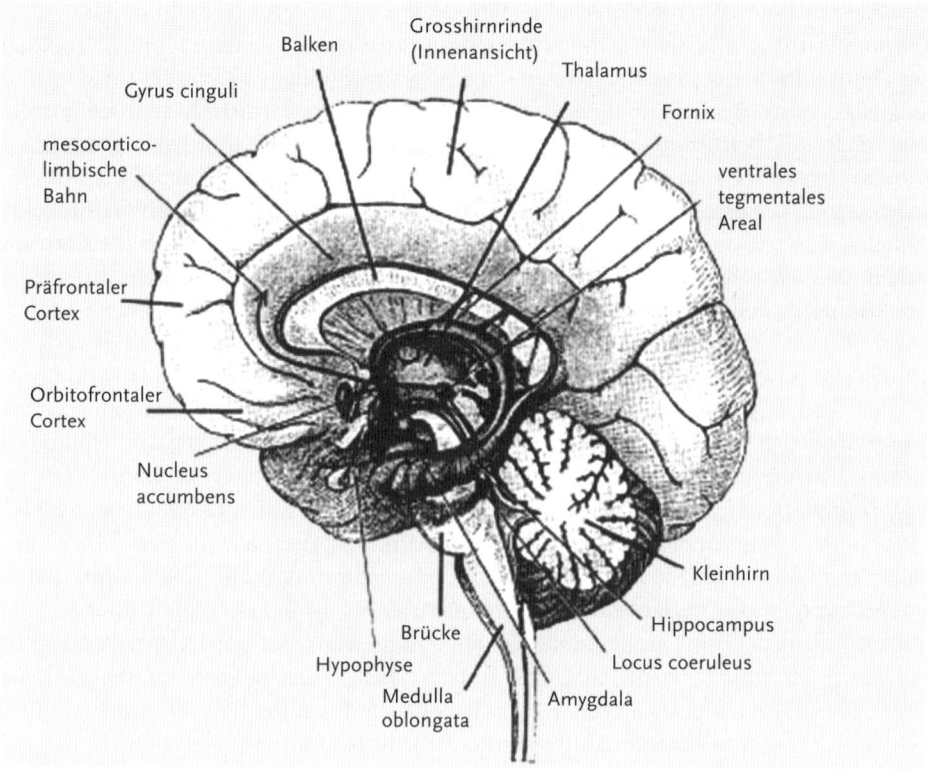

(Roth 2001, S. 234)

> *„Die Amygdala ist eine kleine Region im Vorderhirn, die von den ersten Anatomen wegen ihrer Mandelform so genannt wurde. Sie war eines der zum limbischen System gerechneten Areale, und man hatte ihr seit langem eine Bedeutung für verschiedene Formen emotionalen Verhaltens zugeschrieben"* (LeDoux 2001, S. 169).

Die Nervenzellen sind für das Gehirn die Grundbausteine. Sie sind Generator, Filter, Verstärker oder Abschwächer. Zahlenmäßig sind erregende und hemmende Synapsen gleich stark. Furchtkonditionierungen, die LeDoux bei Ratten vornahm, führten über die zentral aktivierende Amygdala zu potenzierten Schreckreaktionen. Wichtig zu wissen ist, dass Furchtkonditionierungen schnell erfolgen, aber nur ein langsames Vergessen möglich ist. Davon unterscheidet sich das vergesslichere deklarative Lern- und Gedächtnissystem von Cortex und Hippocampus (vgl. auch Roth 2001, S. 295).

Innerhalb des Isocortex unterscheidet man verschiedene Areale, die mit sensorischen, visuellen und auditorischen Vorgängen zu tun haben, daneben auch kognitiv-assoziative Areale, die mit komplexer bedeutungshafter Wahrnehmung, mit Vorstellungen und Erinnerungen zu tun haben, sowie exekutive Areale, die mit Verhaltensplanung und -vorbereitung zu tun haben (präfrontaler Cortex und limbische Areale). Diese

Areale sind zuständig für Emotionen, Motivationen und Verhaltensbewertungen. Für die emotionstheoretische Betrachtung ist in den neueren Untersuchungen neben der Amygdala besonders der im frontalen Lappen befindliche präfrontale und orbitofrontale Cortex des frontalen Augenfeldes von Interesse. Der präfrontale Cortex hat allgemein mit zeitlich-räumlicher Strukturierung von Sinneswahrnehmungen und entsprechenden Gedächtnisleistungen zu tun. Er bewahrt verhaltensrelevante Informationen im Arbeitsgedächtnis, während der vordere Gyrus nach Roth die korrekte Verhaltensantwort gibt (Roth 2001, S. 253). Hier finden Planungen, Entscheidungen, Fehlerkorrekturen und -beseitigungen statt, handlungsbezogene Bezüge, Erkennen von Schwierigkeiten und Gefahren, das Überwinden von starken Gewohnheiten gelingt hier. Der orbitofrontale Cortex ist der einzige isocorticale des limbischen Systems (über den Augenhöhlen), er steht in Verbindung unter anderem mit dem Hippocampus, dem thalamischen Kern und der Amygdala. Dabei befasst sich der orbitofrontale Cortex mit den emotionalen und motivationalen Aspekten der Verhaltensplanung und beantwortet die Frage, ob eine Handlung negative und positive Konsequenzen hat. Interaktionen mit dem subcorticalen limbischen System und anderen Gedächtnissystemen werden hier vollzogen. Läsionen im orbitofrontalen Cortex führen z.B. zum Verlust der Fähigkeit, sozial-kommunikative Kontexte zu erkennen. So ist z.B. bei Kindern die Folge, dass dadurch die Sammlung von angemessenen Erfahrungen verhindert wird. Erwachsene haben Schwierigkeiten bei der Umsetzung gemachter Erfahrungen, ihnen ist die Fähigkeit, Entscheidungen zu treffen, entzogen. Diese Personen gelten nach der Läsion als gefühlskalt und rücksichtslos, ohne dass sie Faktenwissen und die Fähigkeit zu logischen Denkvorgängen verloren hätten.

Es gibt danach keine unbewussten impliziten moralischen Erfahrungen, auf die diese Menschen zurückgreifen können. Wenn die Orte und Räume im Gehirn, wo die im Lebenslauf erarbeiteten, geplanten Grundlagen für soziales Verhalten gespeichert werden, zerstört sind, kann der Mensch auf nichts zurückgreifen. Die komplexen Verarbeitungsvorgänge, die mehr benötigen als Faktenwissen und logisches Denken, sind hier auf Emotionen verwiesen. Diese Forschungsbefunde von Damasio lassen die steuernden Funktionen von Emotionen und ihre Ausdifferenzierungen im Sozialisationsprozess sichtbar werden. Wenn die vorgesehenen Arbeitsspeicher zerstört sind, fallen wichtige Handlungsformen aus.

Damasio hat hierzu Befunde vorgelegt. Neben Untersuchungen an einer Vielzahl von Patient/innen ist der interessante Ausgangspunkt dieser Studien eine „historische" Rekonstruktion zum Fall Gage. Der Bahnarbeiter Gage hatte einen schweren Arbeitsunfall. Eine Stange durchbohrte seinen Kopf, ohne dass er sein Bewusstsein verlor. In der Folge dieses Unfalls gab es nachhaltige charakterliche Veränderungen, auch das Entscheidungsverhalten veränderte sich, sodass er nicht mehr fähig war zu arbeiten, geschweige denn mit anderen verträglich zu leben oder für sich selber zu sorgen (Damasio 2000, S. 57 ff.). Ein anderer Fall, bei dem eine Person durch einen Tumor auch den Verlust des orbitofrontalen Cortex zu beklagen hat, zeichnet sich durch eine Detailversessenheit der Person aus, bei einer gleichzeitig geringen Fähigkeit, die richtigen Personen für die Zusammenarbeit auszusuchen. Die Schädigung eines bestimmten Hirnabschnittes machte diesen Mann handlungsunfähig, d.h., Lernen und Gedächtnis konnten nicht handlungsfähig in Beziehung gebracht werden, obwohl der IQ keine Beeinträchtigung zeigte. Auch war aufgrund neurologischer Befunde nicht mehr von emotionalen Anpassungsschwierigkeiten auszugehen, die erlernbar, d.h. therapierbar wären. Es fehlte ja die neuronale Matrix dafür (ebenda, S. 71).

Wichtig ist dabei, dass alle Tests im Bereich von Logik und Entscheidungsfindungen im Sinne von sachlogischem Vernunfthandeln optimal beantwortet werden konnten. Der Patient zeigt also Dissoziationen, die mit üblichen Instrumenten und Methoden nicht erschließbar waren. Das Hauptproblem dieses Mannes – Damasio nennt ihn Elliot – war, dass er einen Gefühlsmangel hatte. Er konnte mit großer Distanz seine Tragödie erzählen. Er hatte keine Trauer, keinen Überdruss, keine Ungeduld. Er berichtete, seine Gefühle hätten sich verändert, keine Bilder könnten ihn erreichen. Moralische Entscheidungen im Labor konnte er aber ohne Weiteres treffen, er argumentierte auch bezogen auf Dilemmatasituationen auf einem hohen postkonventionellen Niveau. Er hatte also keine Verletzungen der ventromedialen Abschnitte des Stirnlappens, des Speicherbereichs des sozialen Wissens (ebenda, S. 82). Doch diese Ergebnisse standen im extremen Gegensatz zum alltäglichen Leben. Letztlich musste sich Elliot im Experiment nicht konkret in einer Situation entscheiden. Er hatte alles durchgespielt und erfüllt, führte dann aber aus, er wüsste in einer konkreten Situation doch nicht, was er tun solle:

> *„In einigen Fällen könnte das Echtzeit-Geschehen erforderlich machen, daß man bestimmte Informationen – die Vorstellung von Personen, Objekten oder Szenen beispielsweise – über längere Zeiträume im Bewußtsein verfügbar hält, besonders, wenn neue Möglichkeiten oder Konsequenzen auftauchen und Vergleiche verlangen. Ferner wurden in unseren Aufgaben die Situationen und die betreffenden Fragen fast ausschließlich sprachlich dargeboten. Dagegen präsentiert uns das wirkliche Leben Bild- und Sprachmaterial meist stärker gemischt"* (ebenda, S. 83, 84).

Es stellte sich also heraus, dass bei Elliot kein Mangel an sozialem Wissen bestand. Sein Arbeitsgedächtnis funktionierte, ohne Mangel in den logischen Schlussfolgerungen, wohl aber im schlussfolgernden Denken. Gage und Elliot zeigten darin Ähnlichkeiten, dass sie Störungen im Sozialverhalten und in der Entscheidungsfindung aufweisen. Bei Elliot war dieser Prozess von Gefühlsarmut und einem Mangel an emotionaler Reaktionsbereitschaft begleitet (ebenda, S. 85). Diese Gefühllosigkeit macht seine geistige Landschaft nach Damasios Sicht deshalb so unbeständig, „dass nicht genügend Zeit für die Auswahl von Reaktionen blieb, mit anderen Worten eine leichte und keine tiefgreifende Störung des Arbeitsgedächtnisses, die möglicherweise den Rest des Denkprozesses veränderte, der erforderlich war, um zu einer Entscheidung zu gelangen" (ebenda, S. 85). Danach wirken für Damasio, und dieses belegt er noch an anderen Fällen, verschiedene neuronale Systeme zusammen.

Gefühle, Empfindungen, Vernunft und Entscheidungen stehen so in einem Zusammenhang und erwirken im Zusammenspiel Planungs- und Entscheidungshandeln im persönlichen und sozialen Verhalten. Es gibt danach keine rationale Entscheidung, die, wenn sie umgesetzt wird, nicht eingebunden ist in die individuellen, emotionalen Muster. Danach wäre es wissenschaftlich schlicht falsch, in Zukunft davon zu sprechen, man habe eine rationale Entscheidung getroffen. Eher müsste man sagen, man habe rationale Argumente abgewogen und diese hätten unter den Kontextbedingungen von xy zu einer Entscheidung geführt. Die Emotionen bieten sich danach nicht mehr als Gegenpol zu Kognitionen an. Wir haben unsere Argumente und Begründungen vor diesem Wissen neu zu kontextieren.

Roth fasst zusammen: Der „orbitofrontale Cortex lässt sich also durchaus als Sitz der höchsten moralischen Instanz eines Individuums ansehen, insbesondere wenn man bedenkt, dass seine Funktion vor allem darin besteht, subcorticale affektiv-emotionale Zentren zu hemmen. Er ist also eher ein Warner denn ein Antreiber" (Roth 2001, S. 256).

Für LeDoux, der sich mit Furchtkonditionierungen beschäftigt hat, um Wirkungen des impliziten emotionalen Gedächtnisses zu erschließen, ist das Konzept des limbischen Systems kaum zu überschätzen (LeDoux 2001, S. 81). Die Amygdala erhält dabei von vielen Ebenen Impulse. Durch diese Verbindungen ist die Amygdala in der Lage, die emotionale Bedeutung zu bewerten. Hier werden Reize eingebracht und weitere Reize ausgelöst. Die verschiedenen Verbindungen, die nach dem jetzigen Kenntnisstand herstellbar sind, fasst LeDoux wie folgt zusammen:

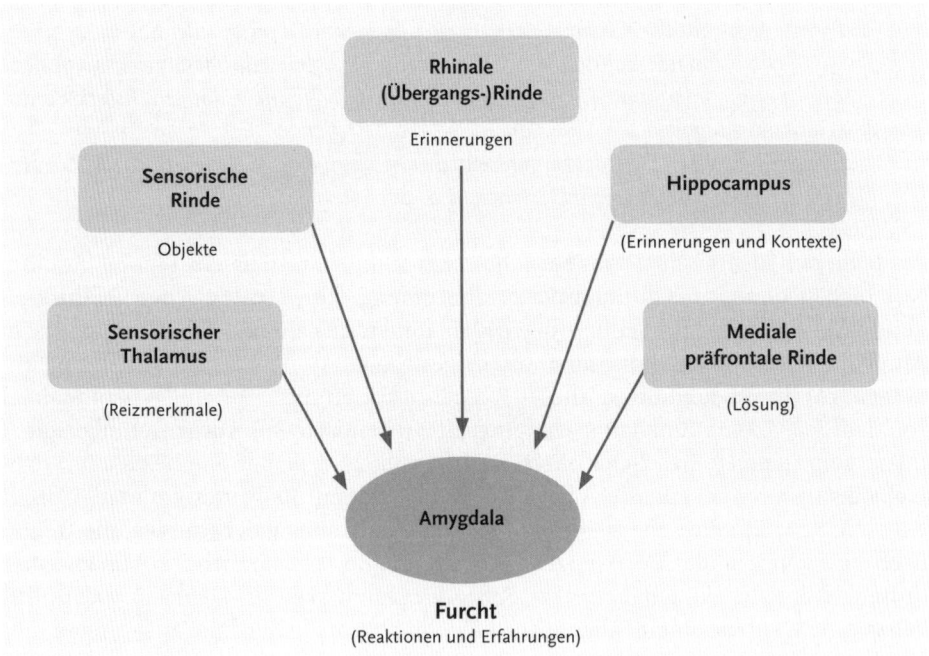

(LeDoux 2001, S. 182)

Die Furchtkonditionierungen können dabei nicht durch den präfrontalen oder orbitofrontalen Cortex kontrolliert werden, da sie in der Amygdala selbst wirken. LeDoux geht davon aus, dass emotionales Lernen unter Umgehung des Iso(neo)cortex stattfindet, denn emotionale Reaktionen können ohne Beteiligung höherer Verarbeitungssysteme erfolgen. Es gibt einen höheren und einen niedrigen Weg zur Amygdala, aber die kortikale Bahn kann die jeweils andere korrigieren. Andererseits spart die Amygdala mit dem kurzen Weg Zeit ein, der über Leben und Tod entscheiden kann. Es kann zu spät sein, den kortikalen Impuls abzuwarten. So gesehen, retten Emotionen Leben im ganz unmittelbaren Sinne. Solche Furchtreaktionen, solche Kurzinterpretationen, die über Furchtkonditionierungen gespeichert sind, führen erfahrungsbedingt zu schnellen Reaktionsweisen der Amygdala. LeDoux gibt der Amygdala bei Furchtreaktionen eine besondere Bedeutung (siehe auch LeDoux 2001, S. 179).

Dass die jeweiligen Gehirnfunktionen nicht abgeschlossen funktionieren, sondern Eigenschaften von integrierten Systemen, nicht von isolierten Hirnrealen sind, bedeutet für LeDoux und Roth, dass die Emotionen keine untergeordnete Größe gegenüber dem darüber gelagerten Neocortex repräsentieren. Eher scheinen auch nach Roth die Gefühle den Verstand zu beherrschen. Der Ausdifferenzierung der Gefühle über interaktive und soziale Beziehungen zwischen Menschen kommt deshalb für die Urteils- und Entscheidungsfähigkeit eine besondere Bedeutung zu. Roth folgert für jeden, der viel mit Menschen zu tun hat, nachvollziehbar: „Menschen, die scheinbar rein verstandesmäßig und unemotional reagieren, sind in Wirklichkeit psychisch kranke Menschen" (Roth 2001, S. 321). Dieses heißt aber nicht, die Ebene des Verstandes und der Einsicht bei der Verhaltenssteuerung zu unterschätzen, besonders dann nicht, wenn ganz neue Wege zu gehen sind, wo es keine Vorgaben, kein emotionales Gedächtnis gibt.

Zu kurz gegriffen wäre allerdings ebenso die Annahme – wie sie auch die kognitive Emotionspsychologie formuliert hat, aus den vielen Verbindungen im Gehirn von einer wechselseitig verbundenen Beziehung auszugehen, die sich dann unter das Dach der Kognitionen bündeln ließe. Zajonc (1980) und die Vertreter/innen der Neurobiologie, aber auch einige Psycholog/innen gehen nicht von wechselwirkenden Funktionen von Emotionen und Kognitionen aus, wie sie Schachter und Singer (1962) beschreiben, die für den bisherigen Diskurs bestimmend waren (LeDoux 2001, S. 75). In den kognitiven Theorien der Emotionen sind Emotionen das Ergebnis von nachgeordneten Bewertungsvorgängen. Ein und derselbe Vorgang mit gleichen Daten kann sowohl Freude als auch Ärger hervorrufen (vgl. Stangl 2002-12-18/19). Die Hinweisreize entscheiden hier über die Emotionen. Bewertungen werden wohl weiterhin mit Emotionen in Beziehungen gebracht, aber die Zusammenhänge im neuronalen Netz sind dabei weniger hierarchisch und auch komplexer organisiert als bisher angenommen. Allein aus der Anforderung zu überleben heraus verfügt das Lebewesen über komplexe Absichtssysteme. Auch hier haben Beschädigungen von Hirnregionen diese Wechselwirkungen offengelegt.

So gibt es die Möglichkeit, dass bestimmte Reize als Objekte wahrgenommen werden, aber die Bedeutung und Bewertung nicht mehr gelingt, wenn emotionale Zentren betroffen sind. Emotionen und Kognitionen agieren – wie bereits ausgeführt – als getrennte Zentren, die erst im Endergebnis zusammenwirken und sich nicht unter das Dach der Kognitionen zusammenfügen, wie es von vielen Kognitionstheoretiker/innen noch vertreten wird. Wir können an diesen sich jetzt überlebenden Theorien beobachten, wie sich historisch präformierte abwertende Deutungen so zur Rolle von Emotionen in Bildungs- und Entscheidungsprozessen – auch wenn man sich um eine Systematik der Emotionen bemüht – erhalten. Die Kognitionstheoretiker – auch wenn explizit die Emotionen untersucht werden – äußern sich auch in der neurobiologischen Forschung eher bedeckt (Batholomäus 2001, S. 176 und Internetpräsentation von Stangl 2002). Deutsche Forscher/innen scheinen sich mit der besonderen Rolle von Emotionen also nach wie vor schwer zu tun.[9] Auch im Anschluss an Damasio wird an einer hierarchischen Interpretation von Kognitionen und Emotionen festgehalten, man spricht von einer Zügelung der Gefühle, einem Kontrollieren des Sozialverhaltens und von Problemlösung.

Die Forschergruppe um Gerd Gigerenzer geht bei ihrem Konstrukt gleich von der Annahme aus, dass es um vernünftige Entscheidungen geht, die Interessen und Entscheidungen leiten. Was aber ist in einer als unsicher beschriebenen Welt vernünftig? Das ist die Ausgangsfrage. Die Forschung konzentriert sich nicht auf das Zusammenspiel von Emotionen oder Kognitionen, sondern man behält die hierarchische Perspektive bei. Die „unsicheren Zeiten" scheinen für emotionale Befindlichkeit zu stehen, genutzt wird das heuristische Prinzip als Ansatz für Problemlösung. Gigerenzer nennt es „Wiedererkennungsheuristik", d.h., es wird für eine Entscheidung auf dasjenige zurückgegriffen, was man bereits kannte. Es werden nicht die gesamten Lösungsmöglichkeiten durchgespielt. In Finanzmärkten sind ähnliche Prinzipien wirksam. Personen, die zwar wenig wissen, aber gute heuristische Fähigkeiten haben, kommen danach weiter: „Less is more." Die spontanen intuitiven Entscheidungen entpuppen sich als die besten – das gilt nach Gigerenzer für den Aktienkauf, in Konsumfragen, im sozialen Verhalten, bei Personenentscheidungen. Emotionale Grundlagen der Entscheidungen kommen in dieser Untersuchung nicht mehr vor oder besser: müssen als heuristische Prinzipien, als intuitive Entscheidungen interpretiert werden. Emotionen werden begrifflich wiederum ausgeblendet, es sei denn, sie werden als entscheidungssteuernd erscheinen, als geringes Wissen, als eher erfahrungsorientiert im Sinne von Wiedererkennungswissen interpretiert. Emotionen werden als diffuses nachgeordnetes Wissen, nicht als über Erziehung differenziert ausgebildete emotionale Kompetenz nachvollzogen. Man kann mit diesem Zugang im üblichen Denken bleiben und weiß jetzt genauer, dass nicht das verfügbare kognitive Wissen genutzt wird, sondern die Erfahrungen das kognitive Detailwissen brechen (Gigerenzer/Todd 1999). Bei dieser Rezeption der Damasio-Befunde werden Emotionen also in der Darstellung umgangen. Sie werden sprachlich, aber nicht inhaltlich ignoriert, doch geht man differenziert auf kognitionszentrierte Entscheidungsmodalitäten ein, die sich auf undifferenziertem Niveau mit den Vorstellungen von Emotionen treffen.

---

[9]  Der historische Einstieg in das Thema „Emotionen" (siehe Kap. 2) hat von hierher kommend noch mal eine Bedeutung.

Entscheidungen in ihrem Interessen- und situativen Bezug brauchen so nicht betrachtet werden, sie fungieren dann auf einem niedrigen und nicht mehr logischen Handlungsniveau, scheinen erfahrungsgesteuert oder intuitiv. Der untergründige Anspruch, dass Entscheidungen auf hohem Niveau immer logisch rational seien, aber deshalb nicht zum Alltag gehören, belässt die Emotionen so undiskutiert. Die Bedeutung von Emotionen erfährt keine neue Sicht und Gewichtung, sondern eine schwer zu verstehende Ausgrenzung mit neuem Akzent.

LeDoux arbeitet heraus, dass die Hirnmechanismen, mit deren Hilfe die emotionalen Bedeutungen von Reizen registriert, gespeichert und abgerufen werden, sich von den Mechanismen, mit deren Hilfe kognitive Erinnerungen verarbeitet werden, unterscheiden, aber auch eine Verbindung eingehen. So werden bei Furchtkonditionierungen heftige Aktivierungen des autonomen Nervensystems freigesetzt, so wie Muskelkontraktionen. Weiterhin wird der Körper auf Flucht- und Kampfreaktionen vorbereitet, Stresshormone werden in den Blutkreislauf geschüttet, Schmerzempfindlichkeit wird unterdrückt, Reflexe werden verstärkt. Der Körper ist so quasi auf Kampf vorbereitet. Lernen, das nicht furchtkonditioniert ist, verfeinert das im Neocortex gespeicherte Wissen, aber auch entsprechende emotionale Signale im limbischen System. Gleichzeitig gilt, dass die emotionalen Bewertungen bei einer Furchtkonditionierung so mit den emotionalen Reaktionen verbunden sind, dass in solchen Fällen Reaktionen praktisch automatisch auftreten. Auf diesem Reaktionsmuster aufbauend, lassen sich in Katastrophen oder bei medizinischen Behandlungen eingeschliffene, trainierte Handlungsmuster erarbeiten, die als kurzgeschaltete Reaktionsmuster genutzt werden können. Die emotionalen Bewertungen sind dabei mit den emotionalen Reaktionen verbunden, und diese Reaktionen treten quasi automatisch auf. Das gilt für die Systeme, die an der kognitiven Verarbeitung beteiligt sind, nicht in gleicher Weise: „Kennzeichen der kognitiven Verarbeitung ist eine Flexibilität der Reaktionen auf der Basis der Verarbeitung. Die Kognition gibt so einen Entscheidungsspielraum" (LeDoux 2001, S. 76) und benötigt mehr Zeit. Wer lebenslanges Lernen will, muss Zeit haben und Zeit zur Verfügung halten und stellen.
Der Bewertungsmechanismus treibt die schnelle Reaktion von bestimmten Emotionen, die dabei von körperlichen Empfindungen begleitet sind. So wird das menschliche Überleben durch schnelle Reaktionsfähigkeit gesichert.

Wo Damasio die Verankerung im Körperlichen für das Denken und Fühlen sieht, verweist LeDoux darauf, dass der menschliche Geist aus Fühlen und Denken besteht, aber Gefühl mehr beinhaltet als Denken (LeDoux 2001, S. 77).
Der trotzdem vorherrschende reflexive wissenschaftliche Ausschlussmodus von Emotionen hat neben historischen Ressentiments auch damit zu tun, dass Emotionen schwer in Worte zu fassen sind. Sie bewegen sich im neuralen, psychischen Raum, der dem Bewusstsein nicht in allem zugänglich ist.
Verbale Reize lassen sich für Konditionierungszwecke nutzen. LeDoux spricht von einem bisher sehr unvollständigen Bild, das der Komplexität unbewusster Prozesse beim Menschen noch nicht gerecht wird. Aufmerksamkeit verdienen diese

Interpretationen durch ihre Nähe zur freudianischen Perspektive und seinem Persönlichkeitsmodell mit der einflussreichen Bedeutung des Unbewussten. Roth bezieht sich u.a. explizit auf diese Position, wobei er das Es bei Freud mit dem limbischen System in Beziehung setzt. Auch gibt er Freud dort Recht, wo dieser davon ausgeht, dass das Über-Ich mehrere Wurzeln hat. Allerdings ist das Bewusstsein nicht nur Ausdruck einer Wahrnehmungsfähigkeit. Für Roth ist das Ich nicht alleiniger Träger des Realitätsprinzips, da die Konstruktivität der assoziativen Cortex besonders groß ist. Dazu trägt die sprachliche Vermittlung bei, die im komplexen Sinne an der sozialen Konstruktion von Wirklichkeit arbeitet, also Wirklichkeit gestaltet und nicht nur Realität erkennt. Die Grenzen, die in einer Überdehnung des Konstruktivismus in der Beharrung auf der Autopoiesis gerade durch die Emotionsforschung aufgezeigt werden, können den Diskurs um Lernen und Bildung im Erwachsenenalter und in der Biografie insgesamt verändern. Die größere Bedeutung von beziehungsabhängigem Lernen wird durch die Emotionsforschung evidenter.

Wie Freud sagt Roth, dass das limbische Erfahrungsgedächtnis realistischer in Überlebensfragen und Lebensproblemen ist als das Bewusstsein (Roth 2001, S. 375). Schon vor diesem Hintergrund kommen Emotionen zur Überwindung von engen Deutungen über Beziehungen eine herausgehobene Bedeutung zu, die bisher noch nicht gewürdigt und im pädagogischen Kontext noch nicht formuliert wurde.

Seine Zuflucht fand das emotionale Wissen in seiner Komplexität unter der Nutzung von Kognitionen in der Ästhetik, in der Kunst und in der Literatur, in der Poesie. Hier liegt der Spiegel der Zeit.

So gesehen hat das limbische System uns bei Wut, Ärger, Liebe und Freude im Griff, aber es erfährt Verfeinerungen durch Bildung und Erziehung.

### 3.3.2 Gedächtnis und Emotionen

Das Gehirn hat mehrere Gedächtniszentren, uns interessieren hier Befunde über den Zusammenhang von Emotionen und Gedächtnis. Begrifflich muss dabei unterschieden werden zwischen deklarativem (explizitem) und nicht-deklarativem (implizitem, prozeduralem, konditioniertem) Gedächtnis. Das deklarative Gedächtnis wird unterschieden in episodisches, autobiografisches Gedächtnis, Wissens- und Faktengedächtnis sowie Bekanntheits- und Vertrautheitsgedächtnis. Das nicht deklarative Gedächtnis ist unterteilt in ein Fertigkeitsgedächtnis, in Gewohnheiten, in Priming, in Kategorisieren, klassische Konditionierung und nicht assoziatives Lernen (Gewöhnung, Habituation) (siehe Roth 2001, S. 151). Priming kann übersetzt werden mit Prägung. Reize und Wörter werden aufgenommen, bleiben unbewusst, sie sind nicht abrufbar. Wenn wir aber mit ähnlichen Reizen konfrontiert sind, kommen sie wieder in den Sinn. Beim Konditionieren wirkt die hohe Prozessgeschwindigkeit. Es arbeitet mit der Ausnahme des Priming relativ langsam, wenig flexibel, aber ist äußerst zuverlässig. Häufig wird deshalb vom impliziten Gedächtnis gesprochen (vgl. auch Markowitsch 1992). Dieses wirkt auch dann, wenn man sich an Personen, Namen etc. nicht erinnert.

**Schema der Einteilung des menschlichen Gedächtnisses**

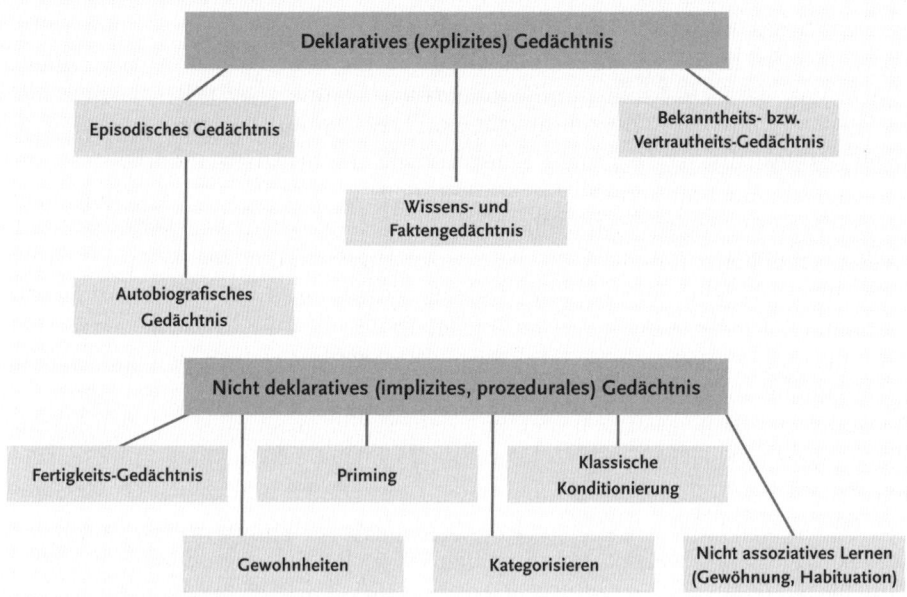

(Roth 2001, S. 151)

Die Teile des deklarativen Gedächtnisses hängen miteinander zusammen und gehen ineinander über. Man könnte sagen, sie stützen sich wechselseitig. Das Nichtdeklarative ist heterogen. Vieles basiert auf langem Training und verselbständigt sich dann im Vorbewussten. Das gilt sowohl für Fertigkeiten als für die Wirkungen von Sozialisationsverläufen. Bekannt ist, dass Amnesiepatienten, deren Gedächtnisstörungen im expliziten deklarativen Bereich, aber nicht im impliziten Bereich liegen, hier sogar neue Fertigkeiten erwerben können. Außerdem bleiben die Fähigkeiten des Schreibens und Lesens, des Radfahrens und des Klavierspielens unbeeinträchtigt. Dieser Gedächtnisteil sichert also eine gewisse Form des Überlebens ab, wenn alle aufgebauten Beziehungen zur Umwelt zerstört sind, vorausgesetzt man hat in der Kindheit und in den folgenden Jahren ausreichende Fertigkeiten, wozu auch handwerkliche und berufliche gehören, erworben. Eine Bildung und Ausbildung, die nur auf Faktenwissen und Interpretationswissen setzt, in der keine Muster habituell eingeübt werden, keine Gedichte mehr gelernt werden, kein Training mehr erfolgt, kein praktisches Können mehr erarbeitet wird, verliert das Gedächtnis die eigenen Fähigkeiten, verliert eine Kultur praktische Kompetenz. Der Vorteil dieses nicht deklarativen Gedächtnisses liegt im langsamen Verlernen.

Das deklarative explizite Erinnern wird vom Hippocampus vermittelt, das implizite Gedächtnis mit zum Beispiel durch Konditionierung erworbenen aversiven Erinnerungen heftet sich jeweils wieder an ähnliche Situationen an. Das heißt, ich produziere mein altes Gefühl neu, wenn ich in ähnliche Situationen komme, ohne dass diese alte Situation mir bewusst sein muss. So sind die Erinnerungen an Schule häufig mit negativen Erinnerungen verbunden, und der Anblick verschiedener Lehrer/innen führt bereits zu Furchtreaktionen. Dieses kann auch bei Vorgesetzten so sein, sodass bereits das Betreten der Klassenräume, der Arbeitsplätze, der Anblick der Gebäude Furchtkonditionen aktivieren. Dieses ist ein Beispiel für räumliches Kontextlernen.

Das heißt, Erinnerungen fallen sehr plastisch aus, wenn sie mit emotionalen Erregungen verbunden sind, aber auch dann, wenn die Aufmerksamkeit stark darauf fokussiert ist. So wird das autobiografische Gedächtnis dort Verankerungen sichern, wo es persönliche Bezüge zu irgendeiner Facette des Themas herstellen kann, wenn es um neues Wissen geht. Neutrales Faktenwissen wird im Gehirn anders gespeichert und ist anfälliger für Vergessen.

Die Sinneseindrücke gelangen über den Gefühlsfilter des Gehirns in den Mandelkern; hier entscheidet sich in Sekundenschnelle, wo die Informationen abgespeichert werden (Markowitsch 2002). Dabei sind die molekularen und zellulären Mechanismen noch nicht in allen Facetten erkannt. Untersuchungen verweisen darauf, dass auch der Erinnerungsvorgang verbessert ist, wenn man sich in ähnlichen Situationen befindet oder daran erinnert wird. Man erinnert sich an Dinge, je stärker sie von emotionalen Zuständen begleitet werden (Eagle 1983, Mandl/Huber 1983). Allerdings dürfen die emotionalen Zustände nicht zu stark sein, überwältigende Eindrücke trüben eher unser Gedächtnis. Auch der rasche, erneuerte Abruf lässt eher hemmende Wirkungen erkennen. Wirkungsvoll ist also die ausgewogene Balance, das emotional anregende Klima, um Behaltenseffekte zu fördern.

Roth und Eagle weisen ausdrücklich darauf hin, dass positive Inhalte im Durchschnitt besser erinnert werden als negative. Emotionale Zustände wirken sich dabei deutlicher auf autobiografische Erinnerungen aus als auf Faktenwissen. Besonders gut wirken sich Emotionen dabei auf das Behalten von Kerninhalten aus. Andersherum wirken dramatische Erinnerungen nachhaltig auf die Erinnerungsfähigkeit einer alltäglichen Situation, in die ein solches Ereignis einbrach. In Erzählungen findet man das dramatische Ereignis eingebettet in präzise erinnerte Alltagssituationen, die etwa so klingen: „Damals, als dieses Unglück passierte, schmierte ich gerade meine Butterbrote ... der Hund bellte, in der Zeitung stach mir die Schlagzeile X entgegen, als ich dann im Radio hörte ... Als würden sich in solchen Schreckenssituationen alle Details fotografisch einbrennen." Das Involviertsein im Hellerschen Sinne (1981) und die negative Irritation als Lernanlass (Otto 2005) sind für solche Behaltensprozesse die wichtigen, auf Erklärung hinweisenden Begriffe.

Der zeitbedingte Verfall von Erinnerungen setzt insgesamt weniger rasch ein, wenn Emotionen an die jeweiligen Informationen gekoppelt sind. Dabei wird das Kerngeschehen besonders gut erinnert, während Nebensächlichkeiten schneller vergessen und häufig durch Konfabulationen aufgefüllt werden. Dieses sind sogenannte falsche Erinnerungen, die häufig aber mit hoher subjektiver Gewissheit einhergehen. Roth verweist darauf, dass das Gedächtnis ein hochdynamisches System ist, das unser Verhalten steuert und Verhaltensplanung ermöglicht. Dazu gehört aber, nicht detailliert Auskunft zu geben. Gleichzeitig ist das Gedächtnis unbewussten Prozessen unterworfen, wobei häufig Umschreibungen vorgenommen werden. Vieles wird in der Rückblende schöner gesehen, als es in Wirklichkeit war.

Vorgenommene Konditionierungen bei Epilepsie-Operierten haben dazu geführt, dass triviale Ereignisse in großer Genauigkeit erinnert werden können, allerdings nur bei Patient/innen, deren Großhirnrinde in einem besonders erregbaren Zustand war. Emotionen sind also praktisch Festhaltepunkte für Fakten und Daten, die erinnert werden sollen.

Besondere Beachtung für das lebenslange Lernen verdient das Phänomen und der Faktor Stress, als Behinderung und Förderung für Lernprozesse. LeDoux weist nach, dass es bei übermäßiger und kontinuierlicher Stressreaktion zur Beeinträchtigung neuronaler Funktionen kommt. Und zwar in den vorderen und medialen Temporallappen, dem Hippocampus, der zuständig ist für Zahlen, Daten und Fakten und die Verbindungen zur Amygdala. Veränderungen in der synaptischen Koppelung sind hier die Ursache für Störungen oder Nichtgelingen oder Erschwernisse in Lernprozessen. Im Erwachsenenalter ist Stress aber in so gut wie allen Arbeitsfeldern als Arbeitsbedingung inzwischen konstitutiv. Muße und Ruhe für die Weiterbildung stehen also nicht im Widerspruch zur beruflichen Weiterbildung, sondern sind geradezu grundlegend, um den überzogenen Stress eine fördernde Entwicklung für das Durchdenken und Entscheiden sowie Problemlösen über einen ausbalancierten Emotionshaushalt zu ermöglichen. Auch scheint sich im beruflichen Alltag das sich anhäufende Wissen unter Stress nicht gut ablagern zu können. Es verliert sich wie unter depressiven Konstellationen. Wie Lernen und Arbeiten aufeinander zu beziehen sind, benötigt noch grundlegende Erörterungen.

Wie die Amygdala aber mit dem Hippocampus zusammenarbeitet, da der Hippocampus die Gedächtnisinhalte nach rein kognitiven Aspekten steuert, ist noch nicht ausreichend bekannt. Man weiß nur, dass bei den motivationalen Komponenten Hippocampus und Amygdala arbeitsteilig zusammenwirken. Der Hippocampus liefert die Details der Erinnerungen und die Amygdala die Emotionen. Die Patient/innen mit Schädigung der Amygdala konnten die Schreckreize angeben, zeigten aber keine Angstreaktionen, nahmen die Ereignisse emotionslos hin. Der Hippocampus meldete, wenn er geschädigt war, keine Informationen über die Reize, zeigte aber deutliche Furchtreaktionen, d.h., das emotionale Gedächtnis funktionierte.

Bei großem, fortdauernden Stress kommt es zur Schreckhaftigkeit und zur Einschränkung des Denkens mit Erstarrungen. Psychischer Stress am Arbeitsplatz, in der Familie, in den Bildungsinstitutionen mit der Höchstform von Mobbing ist dabei geradezu die Voraussetzung für Lernverhinderungen. Ja, bei starken Emotionen – traumatischen Ereignissen – entsteht Stress, der zum Auslöschen von Gedächtnisinhalten, also zu emotional bedingten oder dissoziativen Amnesien, führt. Die Psychoanalyse weiß darüber zu berichten. Zu viel Stress führt zur Verschlechterung der Lern- und Gedächtnisleistungen und in der Folge auch von Arbeitsleistungen. LeDoux formuliert es so, dass die Amygdala bei hohem Stress freie Bahn erhält und nicht mehr aufgehalten werden kann. Die Reize und hormonellen Strukturen setzen die Stopper praktisch außer Kraft, da Gefahr im Vollzug gemeldet wird. Von der Signalwirkung her geht es ums Überleben. In schlimmen Fällen können posttraumatische Belastungsstörungen auftreten. Arbeitsbedingungen und familiäre Bedingungen, die permanenten Stress produzieren, können deshalb folgerichtig als Körperbeschädigung betrachtet werden.

Davon zu unterscheiden ist ein dosierter Stress im Sinne einer motivationalen Anspannung. Ein dosierter Stress führt zum Ausstoß und der Herbeiführung eines bestimmten Cortisolspiegels, der aktiviert, aber ohne den Hippocampus außer Kraft zu setzen, sondern er sorgt im Gegenteil für Veränderung der Dendriten und zur Erhöhung der Synapsenverbindungen. So können wir Vernunft und Einsicht (über den Hippocampus) und Aufregung/Anspannung erleben, die sich zur Abstimmung von Ruhebewahren und leichter Aggression verbinden.

Mobbing, Arbeitsbehinderung, Schikane, fehlende Kommunikation oder üble Nachrede ohne Aussprache sind für alle Lernprozesse im betrieblichen beruflichen Alltag toxisch. Sie führen zur raschen Alterung und erhöhen, weil auch das Immunsystem betroffen ist, die Krankheitsanfälligkeit jeder und jedes Einzelnen. Konzepte der Verbindung von Arbeiten und Lernen verlangen ein sehr gutes Arbeitsklima und förderliche Lernkulturen, die einer Weiterbildungskultur den Weg bereiten. Hierzu fehlt in den Bildungsinstitutionen und den Betrieben noch die Kenntnis.

Roth verweist gerade für lebenslanges Lernen auf ein von Williams entwickeltes Modell des autobiografischen Gedächtnisses. Es besteht aus drei hierarchisch organisierten Schichten: einer Schicht, die lange Lebensperioden betrifft, einer anderen, die neutrale, positive und negative Ereignisse betrifft, und einer dritten, die konkrete Ereignisse enthält. Depressive Menschen bleiben auf der mittleren Bewertungslinie hängen. Sie generalisieren ihre negativen Erfahrungen in unangemessener Weise. Dieses geht mit einer Blockade in der Verarbeitung von Detailwissen einher (Roth 2001, S. 306): „Angst und depressive Zustände wurden schon früh mit einer tiefgreifenden Störung neuropharmakologischer Vorgänge in Verbindung gebracht" (ebenda, S. 307). Erklärt wird dieser Zusammenhang von Duman damit, „dass Depression auf eine gestörte Interaktion zwischen angstmindernden Zentren des Gehirns wie Cortex und Hippocampus und angstfördernden Zentren wie Amygdala und Hippothalamos zurückgeht" (ebenda, S. 308).

### 3.3.3 Bewerten und Entscheiden

Besondere Aufmerksamkeit hat das Arbeitsgedächtnis bekommen, woran der präfrontale Cortex, zum singulären Cortex und ortibitalen Cortex gehörend, welche das Arbeitsgedächtnis mit überwachen, beteiligt ist. Die Amygdala erhält nun Inputs von den Reizen und projiziert sie zurück an alle Stadien der kortikalen Verarbeitung. Dadurch hat die Amygdala Verbindungen zum Langzeitgedächtnis und zum Kurzzeitgedächtnis. Beim Arbeitsgedächtnis wirkt die Amygdala an Belohnung und Bestrafung mit.

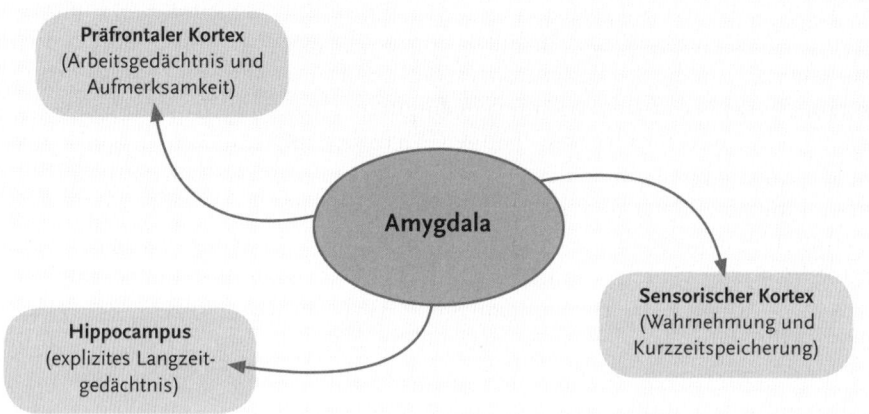

(LeDoux 2001, S. 308)

Die Abwehrzentren der Amygdala können in gefahrvoller Situation die Aufmerksamkeit, die Wahrnehmung und das Gedächtnis beeinflussen. Diese Verbindungen reichen aber nicht aus, um bestimmte Gefühle zu erzeugen. Sie erklären uns nicht, wie das Bewusstsein zustande kommt.

Als Aktivierung löst die Amygdala Erregungen aus, man ist hellwach, die kortikale Erregung und synchrone Aktionspotenziale werden angefeuert. Wenn Reize gegeben werden, schütten die Axonendköpfe ihre Neurotransmitter aus und erregen kortikale Zellen, die dadurch für einlaufende Impulse empfänglich werden. Ohne Erregung bemerken wir nicht, was los ist, zu starke Erregung macht übernervös, ängstlich und damit unproduktiv. Man kann sich dann auf nichts anderes konzentrieren, man wird in einem emotionalen Zustand festgehalten. Die Amygdala wirkt so wechselseitig mit allen Systemen. Im Arbeitsgedächtnis kann nun eine Wechselwirkung mit dem Hippocampus hergestellt werden. Es können „Als-ob-Schleifen" des Handelns durchgespielt werden. Hierzu werden Kognitionen und gespeichertes Wissen abgerufen. Bis eine Bewertung herausgegeben wird, können Folgewirkungen noch einmal durchdacht werden. Das Arbeitsgedächtnis wägt Handlungsfolgen ab und bewertet und aktiviert Handlungen. Das Gleiche wird im Arbeitsgedächtnis im präfrontalen Cortex und im orbitalen Cortex geleistet, wenn Hemmungen und Enthemmungen über Datenzufuhr entwickelt werden. Nur bei Furchtkonditionierung gelingt dies nicht. Hier handelt die Amygdala ohne zusätzliche Schleife. Dabei können sich Emotionen autonom verändern, aus Furcht kann Zorn oder Ekel werden, aus Hass Liebe. Emotionen unterscheiden sich von Gedanken dadurch, dass sie unterschiedlichen Subsystemen zugeordnet werden. Sie beanspruchen mehr Hirnsysteme als Gedanken. Sie haben alle nur ein Ziel: andere Emotionen zu mobilisieren und zu synchronisieren. Sie sind der Motor des Lebens und des Bewusstseins.

Diese autonome und steuernde Wirkung von Emotionen wurde erst dadurch erkannt, dass man nach Läsionen bestimmter Gehirnregionen mit verändertem Verhalten der betroffenen Personen konfrontiert war, wie ausgeführt. Gegenwärtig zeigen Arbeiten ebenso, dass Läsionen des präfrontalen Cortex die Verknüpfung von Empfindungen/ Gefühlen und Denkvorgängen beeinträchtigen. Die von Damasio (2000) beschriebenen und aufgearbeiteten Fälle machen deutlich, dass diese Verknüpfungen für das Entscheiden und Handeln sowie für soziale und normative Orientierungen verloren gehen. In bestimmten Fällen wurden totale Gefühlsarmut und totaler Aufmerksamkeitsverlust, das bedeutet auch Beziehungsarmut, konstatiert (siehe dazu auch Kap. 6). Letztlich waren die Menschen nicht mehr überlebensfähig, da sie aus allen Kontexten fielen. Ihr Faktenwissen und ihre formalen Denkfähigkeiten erbrachten nicht die Bedingung für Entscheidungs- und Handlungsfähigkeit (vgl. Kap. 3.3.1).

Für die Entwicklung des Lernverhaltens und des Bildungsinteresses für lebenslanges Lernen wird der Einfluss von Emotionen und ihre wiederum durch Lernen notwendige Ausdifferenzierung offenbar. Besonders handlungsbezogenes Wissen, das in der beruflichen Weiterbildung einen großen Raum einnimmt, kann sich nur herausbilden, wenn es neben dem Wissen die Handlungsoptionen mitbearbeitet, die Kontextbedingungen reflektiert und individuelles Umsetzungsinteresse mit einbezieht. Vor diesem Hintergrund neurobiologischen Wissens muss es nicht mehr verwundern, dass Wissen und Handeln – sowie Einstellung und Handeln – nicht wechselseitig aufeinander verweisen. Erst der Bewertungs- und Interpretationsvorgang in einer bestimmten Situation führt zu spezifischen Handlungskonsequenzen. Den normativen, sozialen Bildern, die mit Handeln im beruflichen Kontext verbunden sind, kommen für die Wirkung und Effizienz größere Bedeutung zu, als man bisher annimmt. Inhaltliche Kompetenzen kommen nur zur Entfaltung, wenn sie einen individuellen Gestaltungsraum haben und positive Energien freisetzen können. Natürlich kommen genauso destruktive Energien zum Zuge und können sich mit Faktenwissen verbinden. Gegenwärtig verweist die öffentliche Diskussion eher auf negative, einschüchternde und schlechte Klimata, die von Angst um den Arbeitsplatz und inneren Rückzug mit begrenzter Verantwortungsübernahme bestimmt sind und Mobbingkonstellationen heraufbeschwören.

Für lebensbegleitendes Lernen und lebenslanges Lernen gibt die neurobiologische Forschung neue Grundlagen. Sie rückt die Emotionen in eine erweiterte und völlig andere Bedeutung, als bisherige Vorstellungen nahelegten. Die Faktoren Motivation, Selbstregulierung, nicht -steuerung und soziale Beziehungen sind als Grundlage von Lernen neu auszuarbeiten. Die hohe Bedeutung von Normen und Orientierungen für die Wirksamkeit von Lernen, gerade bezogen auf Lebenskontexte, wird sichtbar. Forschung – als pädagogische Forschung –, die diesen Einzelfragen aus emotionstheoretischer Perspektive nachgeht, ist gefragt.

# 4 Das Erlernen und Ausdifferenzieren von Emotionalität – grundlagen-theoretische Überlegungen

## 4.1 Intraindividuelle pädagogische Relevanz von Emotionen – Folgen der Sozialisation

### 4.1.1 Emotionale Schemata und lernrelevante Modi im Prozess der Sozialisation

Eine wesentliche These, die dieses Buch begleitet, liegt in der Annahme, dass sich lebenslanges Lernen als Haltung und Bereitschaft nur in Form einer Offenheit, einer Fähigkeit, Frustrationen zu verarbeiten, sich Neues anzueignen, sich Neugierde zu erhalten, sich umzustellen und neu zu beginnen usw., realisiert. Diese Voraussetzungen sind vor allem von Emotionen abhängig. Auch wenn man der anthropologischen Annahme zustimmt, dass es mit Izard (1994) mindestens 10 grundlegende Emotionen gibt – die gerade auch die sprachlose, interkulturelle Verständigung erleichtern –, so beschränkt sich der Emotionshaushalt der sozialisierten Individuen nicht auf diesen Grundbestand. Im Laufe unserer Entwicklung erlernen wir immer neue Emotionen, oder, besser gesagt, wir differenzieren unsere Emotionen aus, sodass wir für den gesamten subjektiven Entwicklungsverlauf mit Schmidt-Atzert (1980) 60 Emotionen benennen können (Rost 1990, S. 39 – siehe Kap. 8, Anhang 1).

In einer Matrix von Erregung und Ruhe, von unangenehmen und angenehmen Empfindungen betrachtet, sammeln sich die meisten benennbaren Emotionen, egal ob negativ oder positiv, im Erregungsfeld (Rost 1990, S. 40). Emotionen verweisen auf Bewegung und Aktivität. Auch kognitive Prozesse verlangen ein neues Sich-in-Beziehung-Setzen zur Welt, sowohl was das Beginnen, Durchhalten und Abschließen als auch was das Finden von Erkenntnissen betrifft. Es ist ein Rätsel – und vor allem ideologisch zu erklären –, dass den Emotionen bei diesen Prozessen nur begrenzt nachgegangen worden ist. Forschungsmethodische Probleme werden dabei allerdings auch eine Rolle gespielt haben. Der Faktor, dass die Rolle von Emotionen bei der Gewinnung von Lernhaltungen bisher wenig beachtet wurde, verweist auch darauf, dass erst in jüngster Zeit die Ausdifferenzierung der biologisch vorgegebenen Emotionen im Lebenslauf in den Blick genommen wurde. Die Herausbildung emotionaler Schemata als Ergebnis der Enkulturation macht auch erklärlich, dass die emotionalen Haltungen für lebenslanges Lernen erst dann thematisiert werden, wenn diese Anforderungen als neue individuelle Dispositionen in die Lebensperspektive einzubauen sind. Solche emotionalen Schemata haben zwar eine biologische Grundlage, aber um sich entfalten zu können, benötigen sie eine sozialisatorische, erzieherische Grundlegung und Ausdifferenzierung.

Nun ist jedoch der Erziehungsbegriff äußerst negativ besetzt, weil der historische Bedeutungshof nicht auf Entwicklungsförderung und auf Sozialität verweist, sondern auf Einpassung, Ein- und Unterordnung. Es ist bis heute in den schulisch bestimmten Erziehungswissenschaften nicht gelungen, einen öffentlichkeitswirksamen Diskurs über demokratische Erziehung zu führen.

Bildung als Kulturation verweist auf das Stück offenes menschliches Humanum, das in Abhängigkeit von Werten, Wissen und Interaktion Gesellschaftlichkeit in spezifischer Weise herausbildet. Das Individuum kann dabei, das zeigt die Geschichte, in unterschiedlicher Weise gesehen werden und entsprechende Bedeutung haben sowie Verantwortlichkeit eingeräumt bekommen. Aber jede höchste individuelle Verantwortlichkeit, die für den Bildungsbereich unter Selbststeuerung diskutiert wird, kommt ohne Sozialität nicht aus. Kein Mensch überlebt für sich. Ebenso wenig kann durch eine alleinige biologisch-systemische Perspektive übersehen werden, dass das Individuum nicht nur durch systemische Einbindung die nötige soziale Bindung erhält, um sozial eingebunden, individuell das „Notwendige" selbstgesteuert tut. Individuelles und systemisches Handeln scheinen so eins zu werden. Für systemisches Denken erübrigt es sich deshalb, über individuelle Spielräume und Differenzen zwischen Subjekten zu diskutieren. Das Individuum wird von allein Produkt seiner Sozialität, und seine Veränderungsbereitschaft scheint daran gebunden. Der Eigenwert des Individuums verliert seinen Platz, weil die transitorischen Aspekte gerade von Bildung für das Subjekt und seine Beziehungsfähigkeit zu unterschiedlichen Individuen und Menschengruppen nicht im Blick sind. Nur so kann aber individuelle Verantwortlichkeit sichtbar bleiben.

So kann sich keine Vorstellung von selbst- und sozialverantwortlichem Handeln in demokratischen Kontexten entwickeln. Der Konstruktivismus füllt hier eine schamhaft hinterlassene Lücke und verweist wieder alles auf die Biologie, die später aber nicht die Verantwortung für unterlassene Förderpolitik übernehmen kann. Erziehung verbindet sich nur in der Kindheits- und Jugendphase zu Recht mit Lernen und einer entwicklungsbezogenen Bildung. Die Erziehung trägt danach den wesentlichen Anteil zur Verfeinerung und Vervielfältigung im Umgang mit den eigenen Gefühlen bei. Dazu ebenso passend wie unaufgeklärt wird von einigen Wissenschaftler/innen die Lernfähigkeit im späten Erwachsenenalter abgelehnt, weil sie mit Persönlichkeitsveränderung verwechselt wird. Ein Erziehungsanspruch kann aber für das Erwachsenenalter nun keineswegs mehr formuliert werden. Wohl aber kann das Nachdenken über veränderte Handlungsanforderungen und die Möglichkeit, darüber selbst zu entscheiden, was man für adaptionsfähig hält, gelingen. Das Lernen kann sich fortsetzen, die erworbenen Emotionsmuster bedürfen für ihre Veränderungen längere Wege. Da Erziehung und Lernen implizit im Denken vieler verbunden sind, werden dann häufig genau aus diesem Grunde eine individuelle Krise und ein emotionales Ereignis als gelungene Bedingung für Lernen gesehen.

In vielen konzeptionellen Texten erhofft man sich derzeit, ein „heimliches" erzieherisches Lernen über sozialisatorische Effekte zu erreichen. In der Weiterbildung versucht man, erzieherische Aufgaben über das sogenannte informelle Lernen zu verstetigen. In diesen Konzepten geht es darum, dass man überall in der Gesellschaft, im täglichen kulturellen Umfeld, am Arbeitsplatz, also überall dort, wo man handelnd kommunikativ tätig ist, mit Neuem konfrontiert wird und sich das Neue im Prozess aneignet. Es ist das „Learning by Doing", das Lernen „en passant" (Reischmann 1995), es ist das Lernen in Anpassung an die Umwelt, der man sich nicht entziehen kann. Diese Umwelt wurde früher als schichtspezifisch determiniert angesehen. Diese Erklärung hat zwar Grenzen; die Schicht bestimmt nicht das Leben in Gänze. Aber der schichtspezifische Einfluss ist größer als in gegenwärtigen (sozial- und erziehungswissenschaftlichen) Diskursen behandelt. In einer als individualisiert beschriebenen Gesellschaft, die dieses auch zu sein scheint, aber ebenso ihren milieuspezifischen Stempel trägt[10], schleichen sich neue Bildungsbarrieren ein, die für die Weiterbildung den Namen informelles Lernen tragen. Definitionen des aktuellen Diskurses zum informellen Lernen verweisen alle auf das Leben in praktischen Lebens- und Arbeitszusammenhängen (z.B. Dohmen 1997, S. 13 ff., siehe weiter dazu z.B. Dehnbostel 2005, Geißler 2005). Dabei wird nicht berücksichtigt, dass alle neuen Arbeitsplätze im gesamten Dienstleistungsbereich grundlegende Schlüsselqualifikationen und Kompetenzen, die auf Wissen und reflexiv erworbener Urteilsfähigkeit aufbauen, nicht im Praxisvollzug selber erworben werden können. Wer die individuelle Perspektive aufgibt und sie im systemischen Zusammenhang auflöst, betrachtet nicht mehr das Bildungsniveau der/des Einzelnen in der Gesellschaft und seine Fördermöglichkeiten. Am wenigsten können sich die Aktivitätspotenziale in den mittleren Bevölkerungsschichten so auf Veränderungen einstellen. Sie werden stillgelegt.

Die Kultur eines Landes bestimmt das Bildungsniveau und die emotionale Erziehung, die in der gesellschaftlichen Breite vertreten wird. Hieran zeigt sich auch, wie demokratisch eine Gesellschaft letztlich ist und welche Kultur der Emotionen sie herausgebildet hat.
Die gesellschaftlichen und kulturellen Prozesse mögen noch so sehr unter ganzheitlichem Sog im Prozess der Entscheidungsgewinnung stehen und sich als Angleichungshandeln (Gieseke 2000) in verschiedenen Kontexten herausstellen[11], das je-

---

[10]  Der Schichtendiskurs ist übergegangen in einen Milieudiskurs, der mit einer größeren Kategorienvielfalt auf differente Lebensstile abhebt (Bourdieu 1982, Vester u.a. 2001, Tippelt 2003).

[11]  Dieser Begriff beschreibt den Prozess des abgestimmten Planens von Weiterbildungsvorhaben in der Region mit verschiedenen Akteuren.

weilige Individuum darf in seiner Selbstverantwortung und in seiner Wirksamkeit in der Gruppe nicht unterschätzt und kleingeredet werden. Auch Gruppenemotionen, Stimmungen entstehen dadurch, dass sie beim Einzelnen einen Widerhall finden oder aber nur oberflächlich aus Opportunismus mitgetragen werden. Für den Prozess und das Ergebnis von Verläufen und Interaktionen ist dieses von hoher Bedeutung. Wo der/die Einzelne sich mit seinen/ihren Fähigkeiten entfalten kann und sich gefördert und gefordert sieht, gibt es einen Progress für das Individuum und für Sozialität. Aber diese Möglichkeit ist eben sozial bis in die Familie zurückgebunden, und darin liegt auch die Wirksamkeit der Sozialisation. Unsere Biologie gibt dem Individuum eine Offenheit, die der sozialen Entwicklung, der Interessenbildung und der Intelligenzentwicklung einen breiten Spielraum lässt. Wir können alles für uns tun: uns entwickeln, uns bilden, unsere Sozialität leben, aber auch uns selber schaden, uns selber im Wege stehen oder anderen gegenüber destruktiv handeln. Dieser mühsame Erkenntnisprozess lässt sich in der Philosophiegeschichte, in der Geschichte gesellschaftlicher Systeme und ihrer Kriege und auch im Geschlechterverhältnis nachlesen. Bildung und Wissen sind zwar nicht neutrale Größen, sie können die eine oder andere Richtung unterstützen, doch sie eröffnen die Möglichkeit der größeren Erkenntnisfähigkeit über uns selber.

Die Biologie ist dabei nicht der Gegner, sondern unser Ausgangspunkt, unsere Chance, nicht unser Feind. Zu viele Systeme, Auffassungen, Denkschulen, Menschenbilder usw. haben unser beschränktes Wissen über unsere Biologie immer wieder missbraucht und unsere menschliche Natur, die gerade auch durch offene Entwicklungschancen bestimmt ist, dadurch denaturiert. Die Emotionen in ihren komplexen Wirkungen und Bedeutungen sind dabei der am stärksten verleugnete Aspekt menschlicher Natur. An ihnen kann die biologische Absicherung zur Lebenserhaltung betrachtet werden, und ihre sozialisatorische Ausdifferenzierung legt die mögliche Vielfalt der Entwicklungschancen wie auch die Ambivalenzen im Gestaltungsprozess offen.

Die Kunst des guten und richtigen Lebens war immer wieder philosophischen Bemühungen unterzogen (Schmid 1998, vgl. S. 368). Sie kommt auch in der folgenden aristoteleschen Aussage zum Zuge:

> „Jeder Mensch kann ärgerlich werden – das ist leicht –, aber auf die richtige Person ärgerlich zu werden – im rechten Maß, zur rechten Zeit, für den richtigen Zweck und auf die richtige Weise –, das ist nicht leicht" (Aristoteles 384–322 v. Chr.).

Was dann jeweils recht und richtig ist, scheint die jeweilige Kultur vorzugeben, ist eingelassen in die Sozialisationskanäle. Dabei verstehen wir als Sozialisation alle Wirkungen, die zur Ausformung von Denken, Fühlen, Handeln und Sprechen mit entsprechenden Persönlichkeitsmerkmalen führen und den Menschen dazu befähigen, Bedingungen und Formen des sozialen Handelns und Erlebens zu verstehen und daran teilzunehmen. Als sekundäre Sozialisation wird das erweiterte Hinzulernen von neuem sozialen Rollenverhalten beschrieben. Diese Sozialisation wird mit dem Erwachsenenalter verbunden und bezieht sich z.B. auf berufliches Handeln, auf Elternrollen, auf politisches und ehrenamtliches Handeln und Übernahme familiärer Aufgaben. Doch auch diese zu erwerbenden Muster sind verbunden mit Erfahrungen aus der primären Sozialisationsphase (Wittpoth 1995).

In ihrem Beitrag zur Sozialisation der Emotionen beschreiben Ulich u.a. (Ulich/Volland/Kienbaum 1999) emotionale Sozialisation als den Umgang mit den eigenen Gefühlen. Emotionales Erleben wird als Teilaspekt des Selbst bezeichnet. Der Grad des Involviertseins scheint danach die Gefühlszustände zu verdeutlichen. Das Involviertsein ist geradezu Anzeiger für Gefühle (siehe auch Kap. 4.2.1). So besteht nach westlicher Auffassung eine Ethnotheorie, „nach der Emotionen als unabhängig von Kognitionen, als irrational, unkontrollierbar, vital im Ausdruck und typisch weiblich gelten" (Ratner 1999, S. 251). Die theoretische und empirische Abstinenz in diesem Feld wird vor diesem Hintergrund als sekundäre, wenn auch fehlgeleitete Diskriminierung nachvollziehbar, wenngleich sie nicht für eine wissenschaftliche Offenheit spricht (siehe Kap. 2).

Historisches Wissen – besonders auch in Deutschland, vor dem Hintergrund der NS-Vergangenheit – liefert Belege für die Anfälligkeit, sich missbrauchen und manipulieren zu lassen. Dieses macht die umso größere deutsche Distanz zum Thema Emotionen verständlicher. Es besteht ein besonderes Interesse daran, Gefühle regulieren zu lernen und kontextangemessene Gefühle zu produzieren. Das heißt, den jeweiligen Normen entsprechende Gefühle nicht nur haben zu dürfen, sondern sie auch hervorrufen zu können. Die Steuerbarkeit der Emotionen und die Verarbeitung von emotionalen Erlebnissen haben das besondere Interesse der emotionalen Sozialisationsforschung.

Dabei wird theoretisch davon ausgegangen, dass alle Kulturen ihren Mitgliedern kulturelle Typisierungen, kulturelle Schemata zur Interpretation und Bedeutungszuschreibung bestimmter Ereignisse bereithalten. Ulich u.a. führen hierzu aus:

> „Die persönlichen Implikationen eines Ereignisses für eine Person sind also insofern kulturell vor-definiert, als die Kultur einer Gesellschaft mitbestimmt, ‚was gut und was schlecht, was richtig und was falsch und was schön und was hässlich ist'" (Ulich/Volland/Kienbaum 1999, S. 9 f.), das heißt, wie etwas empfunden wird.

Allerdings fehlt in solchen Darstellungen, da sie forschungslogisch noch mit „Wenn-dann"-Strukturen arbeiten, der Hinweis, dass bei systemischen Revisionen und Veränderungen, so z.B. bei der Stalinbegeisterung und der sich auch literarisch niederschlagenden tiefen Trauer um seinen Tod, diese Gefühle im Nu zusammenbrechen. Hier sind also systemische Gefühle erzeugt worden, die die Individuen des Systems im Sinne systemischer individueller Anpassung vermeintlich hatten. Davon sind aber Gefühle zu unterscheiden, die man erlebt hat und die durch Interaktionen im Umfeld eine Ausdifferenzierung und Verfeinerung, also eine Bereicherung, erfahren. Dieses setzt allerdings voraus, dass Gefühle erst einmal akzeptiert werden und dann zwischen Kontextbezug und Eigengefühl eine genauere Abstimmung erfahren. Solche internalen Arbeitsmodelle zur Steuerung eigener Gefühle lernt man im Wechselspiel mit den frühen familiären Bindungspersonen. Die Bindungstheorie beschreibt, wie die hier gemachten Erfahrungen verinnerlicht werden und sich ein sozioemotionales Zusammenspiel herausbildet, das maßgeblich wird für die emotionale Entwicklung. Bereits ab dem zweiten Lebensjahr ist eine Orientierung an sozialen Normen möglich, sodass sich Emotionen wie Scham, Stolz und Schuld entwickeln können. Elterliche Erziehungsvorstellungen greifen hier unmittelbar. Allerdings halten sich Untersuchungen über den sozioemotionalen Bereich von Erziehung in Grenzen, über den kognitiven und motorischen Bereich liegen solche Studien hingegen vor.

Die emotionalen Schemata wirken nun in der Weise, dass besonders den emotionalen Erfahrungen der ganz frühen Jahre eine besondere Formungskraft zukommt. Durch Abstraktion, Generalisierung, Integration und Bedeutungszuschreibung werden sie zu einem Ordnungssystem, zu einer „Mustervorlage für die Vervielfältigung von Gefühlsanregungen" (Ulrich/Volland/Kienbaum 1999, S. 13).
Unklarheit in den Modellen zur emotionalen Sozialisation besteht nun darin, ob sich diese emotionalen Schemata durch Wertorientierungen in den elterlichen Erziehungstheorien formieren und sich dann in emotionalen Reaktionsbereitschaften manifestieren, also in normativen Überzeugungen wirken, die sich konkret in emotionalen Reaktionen in der Eltern-Kind-Beziehung realisieren (vgl. ebenda).

Emotionale Schemata sind demzufolge aus vier Substrukturen aufgebaut:
- Gefühlstypen repräsentieren Konfigurationen von Ereigniswahrnehmung und eigenen Zuständen,
- kulturelle Gefühlsschablonen repräsentieren Relevanzkriterien für kulturkonformes, ereignisangemessenes Erleben,
- emotionale Wertbindungen repräsentieren gefühlsrelevante Wertbezogenheit und Wertreferenzen,
- emotionale Gewohnheitsstärken repräsentieren „Tendenzen emotionaler Schemata, die durch eine bestimmte Klasse von Ereignissen aktiviert werden" (vgl. ebenda, S. 13).

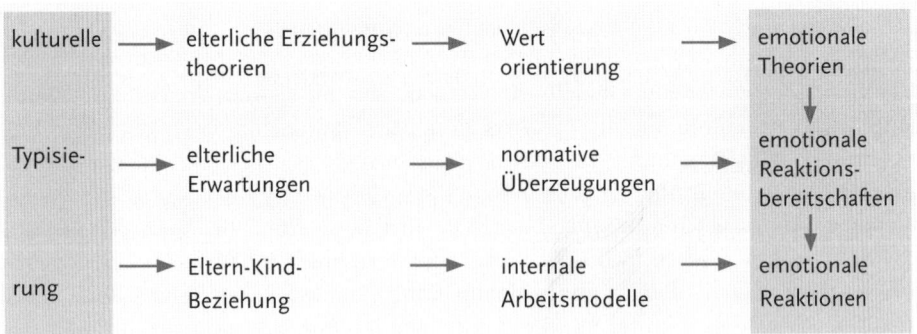

(Ulich/Volland/Kienbaum 1999, S. 9)

Das Kind erscheint in diesem Modell nicht als gleichfalls selbstständig agierender Part. Jeder weiß aber bereits aus seinen Erfahrungen, dass Kinder auch nicht als Säuglinge gleich reagieren, d.h. in Gänze offen sind. Das Individuum ist also nicht total formbar. Es handelt seine Individualität in Wechselseitigkeit aus.

Jeder kennt Beispiele, die zeigen, wie Geschwister differieren, aber trotzdem etwas Gemeinsames in ihren Reaktionsweisen, in ihren Stilen, besonders auch in ihren sozialen und emotionalen Reaktionsweisen haben. Alltagssprachlich heißt es dann, man merkt, aus welcher Familie sie oder er kommt. Dieses ist manchmal schichtspezifisch gemeint, manchmal ist aber auch eine ganz spezifische Familie gemeint.

Die Untersuchungen von Papoušek/Papoušek belegen eine, wie sie es nennen, intuitive elterliche Didaktik, indem sie aufzeigen, wie Eltern die emotionalen Ausdrucksformen des Säuglings aufnehmen, interpretieren und darauf reagieren. Dabei handeln Eltern, jeweils bezogen auf die Aktionen des Säuglings und Kleinkinds, mit stimmlichen und mimischen Mitteln und später mit verbalen Reaktionen (Papoušek/Papoušek 1999, S. 136 ff.). In den Regulationsprozessen des frühen Lebensalters erhält das Kind Anregungen, wird beruhigt, die Mutter spendet Freude über die Reaktionen des Babys, und die Babys freuen sich und stellen Kontrollmöglichkeiten her, wenn die Mutter bestimmte Handlungen nach einer „Bitte" immerzu wiederholt. Die vorsprachliche Kommunikation ist das Puffersystem, mit dem anfängliche wechselseitige Anpassungsprobleme von Eltern und Kindern aufgefangen werden. Eine gut funktionierende und von positiven Emotionen begleitete vorsprachliche Kommunikation kann daher auch extreme Belastungen kompensieren (vgl. ebenda, S. 155, siehe auch Bauer 2002).

Für die im Lebenslauf notwendige emotionale Lernentwicklung sind die Forschungsergebnisse zum emotionalen Ausdruck von Bedeutung. Besonders Goleman (1998) hat darauf aufmerksam gemacht, dass man sich nicht nur von seinen Emotionen lenken lassen kann, sondern seine Emotionen auch lenken können muss, also auf die jeweiligen situativen Bedingungen reagieren muss. Emotionale Kompetenzen verweisen also nicht nur auf das Erkennen und Ausdifferenzieren eigener Gefühle, sondern auch auf die Regulierung eigener Gefühle. Eine weitere Stufe ist erreicht, wenn der kulturelle Kontext, unter dem man handelt, für die Emotionsregulierung gegriffen hat. Emotionale Schemata sind vor diesem Hintergrund so etwas wie subjektive Begrenzungen, die im Lebenslauf nach Erweiterung, Ausdifferenzierung und Reflexion verlangen. Die Nutzung emotionaler Kompetenzen scheint dabei immer wieder neu die Balance zwischen Erleben und Ausdruck eines Gefühls zu fordern. Unsere gegenwärtigen interaktiven Kontexte, die auf individuelle Präsentation setzen, verlangen Emotionsregulierung – z.B. im gegenwärtig geschätzten „Coolness"-Konzept – bereits sehr früh. Es bleibt deshalb die Frage offen, ob solche „Coolness"-Konzepte, die die Gefühlsregulierung bis zur Aufhebung der Emotionen vorantreiben, auch zu Lernblockaden in Form von Desinteresse führen. „Coolness" meint: Nichts berührt mich, alles ist im Griff, alle Gefühle sind bereits im Entstehen reguliert, alles wird zur Performance. Inhalte und Werte treten zurück.

*Affektive LZ sind dann erfolgreicher erreicht, wenn keine in Auseinandersetzung mit d. Gruppe stattfindet.*

In der Emotionsregulierungsphase während der primären Sozialisationsphase wird dabei Folgendes deutlich:

1. Das Erleben von Gefühlen ist als Erkenntnisgewinn für soziale Situationen unmittelbar zugänglich.
2. Die erworbenen emotionalen Schemata dienen bereits als vorregulierte Möglichkeit zur Interpretation.
3. Die in solcher Weise erlebten Zustände lassen sich transformieren und kalmieren, ohne in ihrem Kern als körperlich-seelische Energie verloren zu gehen.
4. Die Transformationen der erlebten Zustände können sich entweder in differenzierter Weise ausdrücken, zurückgehalten werden oder unmittelbar zum Erleben eines universellen Ausdrucks präsentieren.

Nach den Untersuchungen von Holodynski werden diese Abstimmungsprozesse als inter- und intrapsychische Handlungsregulationen zwischen Bezugsperson und Säugling/Kleinkind beschreibbar. Säuglinge verfügen über ein durch Lust und Unlust bestimmtes Erregungssystem, auf das die Bezugspersonen anfangs explorierend, dann immer gerichteter reagieren. In dieser Phase beginnen sich die Gefühle auszudifferenzieren. Die Bezugsperson handelt zunehmend gerichtet, auch ihre Appelle werden zunehmend intentionaler. Beim Vorschulkind zielen die Appelle bereist auf Selbstregulierung, das Kind übernimmt mehr Verantwortung. Beim Schulkind wird bereits unterstellt, dass es sich unter eigener Anleitung reguliert (Holodynski 1999, S. 44). Nun scheint gerade dieses aber unter den gegenwärtigen bildungstheoretischen und -politischen Prämissen zur Überforderung zu werden, da die Selbststeuerungsanforderungen insgesamt unter dem theoretischen Anspruch des Konstruktivismus wachsen. Die Emotionen, die Arbeitsweisen, die inhaltliche Auswahl und die Arbeitshaltung: Alles soll bedenkenlos der Selbstregulierung anheimgegeben werden. Hier treten Überforderungen ein, denn wie schon formuliert, bedarf es für Entwicklungsprozesse positiver Beziehungen und Interaktionen. Die intentionalen Vorstellungen von Bildung und Erziehung werden aufgegeben und einer begrenzten situativen Wirklichkeit überlassen. Demokratische Vorstellungen von Erziehung und Bildung können aber die inhaltlichen Anforderungen an Weiterbildung nicht der individuellen Genügsamkeit anheimgeben.

Holodynski unterscheidet für den Prozess der emotionalen Regulierung zwischen Erlebensprozessen und Ausdrucksprozessen, wobei den sogenannten Emotionszeichen eine besondere Bedeutung zukommt (Holodynski 1999, S. 37):

> *„Eine Emotion erfüllt ihre Regulationsfunktion, indem sie in Form einer spezifischen Konfiguration von Ausdruck, Erleben und peripherphysiologischen Reaktionen der Person selbst und dem Kommunikationspartner anzeigt, in welcher Hinsicht die aktuelle Person-Umwelt-Beziehung transformiert werden soll"* (Holodynski 1999, S. 35).

Zum Beispiel der Ausdruck des Lächelns ist sowohl Symptom für den Sender als auch Appellfunktion für die andere Person. Ein Zeichen hat vor allem Symbolfunktion, ein Lächeln als Zeichen steht neben dem spezifischen Ausdruck eines eigenen Gefühls auch für eine kulturelle Übereinkunft. Über ein Geschenk freut man sich, auch wenn man sich eigentlich nicht wirklich so sehr freut. Es ist die kulturelle Übereinkunft, die bei bestimmten Handlungen bestimmte Gefühle verlangt. Nach Holodynski ist es eine besondere Leistung und Errungenschaft, das Symbol passend verwenden zu können, da es eine besondere Erweiterung der interpsychischen Regulation darstellt.

Es lässt sich also differenzieren: Ist das Erleben ein Zeichen für mich selbst als Person, so ist der Ausdruck ein Zeichen für eine andere Person. Eine erfolgreiche interpsychische Regulation verweist auf einen gemeinsamen Kulturrahmen. In einer Dienstleistungsgesellschaft wird genau diese Fähigkeit zur inneren Spaltung zwischen Gefühlserleben und Gefühlsausdruck als Kompetenzherausforderung gesehen, um sie als erweiterte neue Ressource für Arbeitshandeln zu nutzen.

Kompetenzentwicklungen für die Dienstleistungsgesellschaft werden in Kommunikationstrainings so angelegt, dass die kulturelle Symbolhaftigkeit von den Teilnehmer/innen im Beruf perfekt angewendet wird. Zeichen und Ausdrücke können so auch zu Panzern oder Masken werden, die Kommunikation und eigenes Erleben minimieren und zur individuellen und kulturellen Unbeweglichkeit führen. Die dabei geringste Kritik zielt auf die Künstlichkeit alleinigen symbolhaften Kommunizierens. Die weiter gehende Kritik verweist auf Beziehungslosigkeit und Kreativitätslosigkeit (siehe Hochschild 1990). In den Kulturwissenschaften wird mit dem Begriff „Maskenhaftigkeit" gearbeitet (Bredekamp).

Bildungsprozesse als reflexive Entwicklungen gehen andere Wege. Kommunikationskurse in der Erwachsenenbildung versuchen im Gegensatz zu Kommunikationstrainings im beruflichen Kontext gerade, diese durch Grundlagenforschung aufgedeckte Spaltung zwischen Erleben und Ausdruck wieder aufzulockern, um dem eigenen Erleben eine Chance zu geben. Solche (didaktischen) Konzepte beruhen auf der Annahme, dass im subjektiven Erleben das Neugierverhalten und das Lerninteresse als Offenheit gegenüber der Welt und den Interessen an Veränderung eine Voraussetzung für Gestaltungsfähigkeit sind. Verlangt eine durchstrukturierte moderne Gesellschaft durchregulierte und ausdifferenzierte Emotionshaushalte bei den Individuen, so verlangt die gleiche Gesellschaft für ihre Weiterentwicklung und die Wahrung ihrer Standards offene, lebendige Individuen, die nach neuen Wegen und Erkenntnissen suchen, d.h. regulierte standardisierte Wege verlassen, also offen lernfähig und nicht nur anpassungsfähig sind. Dies ist ein Paradox.

Emotionale Schemata mit ausdifferenzierter Kompetenz und hoher kultureller Symbolfähigkeit werden also genau dort zu Hindernissen, wo sie überreguliert im Alltag der/des Erwachsenen wirken. Wo das Individuum nur Rad im Getriebe ist, im Kollektiven untergeht, begrenzt sich der Lernbedarf auf ein informelles „Sichfügen". Lernbeweglichkeit setzt aber intensives Erleben und ein Interesse voraus. Dieses kann nicht nur durch positive Emotionen wie Interesse und Freude, sondern auch durch Angst ausgelöst werden, die zu einer Problemerkennung und einem daraus resultierenden Lernverhalten führt (Otto 2005).

Ist also die kindliche Entwicklungsphase mit der Ausdifferenzierung emotionaler Schemata befasst, um die Differenzierung zwischen Ausdrucks- und Erlebniskomponente gelingen zu lassen, so verlangt die Phase des mittleren und späten Erwachsenenalters, wenn man die Indikatoren aus der Erwachsenenbildungspraxis und -forschung richtig liest, eine partielle Rückgewinnung der Erlebnisfähigkeit, die sich dabei auch ihren Weg in den Ausdruck sucht, um Interessen und neue Neugier interaktiv entfalten zu lassen (Gieseke 2005). Interessant wären hier mehrere qualitative Studien, so zum Beispiel

- eine Arbeit, die Kommunikationsseminare daraufhin untersucht, welche emotionalen Probleme und interaktiven Anforderungen den/die Einzelne/n in den Kurs führen;
- eine Untersuchung zu Verkehrsformen und Interaktionsregeln im Unternehmen, und zwar auf den verschiedenen Arbeitsebenen und ihren Regulierungsformen;
- eine Exploration von Bildungshaltungen und -interessen bei Teilnehmer/innen und ihrem Zusammenhang mit emotionalen Schemata.

Friedlmeier (1999a) nennt im Anschluss an Thompson ein Bündel an Komponenten, die im Regulierungsvorgang zusammenwirken. Diese unterschiedlichen Regulierungsebenen folgen jeweils eigenen Logiken:

- zentralnervöse Erregungs- und Hemmungsprozesse,
- Aufmerksamkeitsprozesse,
- Deutung emotionaler Anlässe,
- Dekodierung internaler Emotionsindikatoren,
- Zugang externer Bewältigungsressourcen,
- emotionale Belastungen im vertrauten Umfeld und
- Auswahl geeigneter Reaktionsalternativen.

Nach Thompson (1994) weiten sich im Laufe der subjektiven Entwicklung die Verhaltensreaktionen der Kinder und damit auch die Vielfalt der Regulationsstrategien aus. Breite empirische Forschungsergebnisse liegen dazu zwar noch nicht vor, wohl aber Untersuchungen bei Kindern im Bereich des „Coping" und der Bewältigung von „Disstress". Hier wirkt das individuelle emotionale Schema. Man kann dabei bereits altersspezifische Unterschiede im Entwicklungsverlauf unterscheiden. Ein Zusammenhang zwischen Emotionsregulation, sozialer Kompetenz und sozialer Kognition entwickelt sich nach Friedlmeier bereits im Vorschulalter. Selbstausschlüsse oder Ausschlüsse durch Mitschüler/innen in den Schulen fördern soziale Inkompetenz, die immer auch auf Schüchternheit und andere emotionale Dispositionen zurückzuführen sind. So führen negative Selbstzuschreibungen, die sich als Folge von negativen Beziehungen zu Gleichaltrigen festsetzen, zu Bildern und Vorstellungen eines negativen Selbst.

Die Darstellung der emotionalen Schemata nach dem folgenden Muster trägt diesem Wissen bereits Rechnung, indem die individuellen Spielräume unter den kulturellen Codes benennbar werden.

Das eigene Erleben und die kulturellen Reaktionsmuster werden zueinander in Beziehung gesetzt, zur Deckung gebracht oder in der Differenz gehalten. Für das Individuum gibt es dann immer noch mindestens zwei Reaktionsmöglichkeiten: Man drückt seine differenten Emotionen aus und handelt sie anschließend aus, oder aber die eigene Situation und Wertebindung ist so, dass man gelernt hat, die Gefühle von anderen zu respektieren und sie nicht zu verletzen (so z.B. bei Trauer, tragischen Ereignissen).

Beispiel: Bei sehr frühen weitreichenden Verletzungen ist ein intensives trauriges Gefühlsleben einmarkiert, und immer wieder muss gegen diese negativen Erfahrungen gearbeitet werden. Als erstes emotionales Schema legt sich diese Erfahrung über alle späteren Erlebnisse. Wenn die verbalisierten Wertorientierungen aber nicht mit ihren emotionalen Reaktionen übereinstimmen, dann bilden sich emotionale Schemata heraus, die aus der Interaktion gewonnen wurden, aber von differenten eigenen Gefühlen und Werteorientierungen geprägt sind. Es sind dann jeweils komplizierte Balanceakte zu vollziehen, um handlungsfähig zu werden.

Nach Ulich/Volland/Kienbaum (1999) entwickelt sich bei sicheren Bindungen Feinfühligkeit. Man sieht sich selbst als liebenswert und entwickelt Mitgefühl. Bei unsicherer Bindung entwickelt sich weniger Feingefühl, man empfindet sich nicht als liebenswürdig. Bei Ärger und Wut kann es zu unangemessenen Attributionen kommen, sodass es zu Fehleinschätzungen und Fehlhandlungen kommt. Hier wird dann am deutlichsten, dass sich Emotionsmuster herausgebildet haben, die eine, wie es heißt, dispositionale emotionale Reaktionstendenz aufweisen. Das heißt, man kann Situationen nicht ausreichend gut für das eigene Handeln beurteilen. Die erworbenen Schemata wirken so als Begrenzung für den Austausch über Eindrücke und Erlebnisse in interindividuellen Situationen. Für den Lebenslauf bleibt unklar, inwieweit durch bestimmte kritische Situationen solche erworbenen Schemata aufgelöst werden können. Bei fortschreitender Schematisierung und Verfestigung von Erfahrungen durch Abstraktion, Generalisierung, Integration und Bedeutungszuschreibung entstehen eigenschaftsähnliche Ordnungsmanifestationen:

> „... dynamisch-generative Strukturen mit Leerstellen, deren ereignisabhängige Ausfüllung das konkrete Gefühlserlebnis ausmacht. Diese Schemata sind quasi ‚Mustervorlagen für die Vervielfältigung von Gefühlsregungen‘, sie schaffen zwischen unterschiedlichen Auslösern Bedeutungsäquivalenzen" (Ulich/Volland/Kienbaum 1999, S. 13).

Wichtig für diese Schemataentwicklungen ist aber, dass sie nicht auf bewusste und intentionale Informationsverarbeitungen zurückzuführen sind. Sie entwickeln sich implizit und sind von kulturellen Bedingungen sowie sozialen Beziehungen abhängig. Ulich nennt dies dann „selbstreguliert" oder „selbstorganisiert", also zufällig aus vielerlei Konstellationen gespeist. Wenn man diese Selbstorganisationsvorstellungen nun noch einmal für den erwachsenenpädagogischen Konstruktivismusdiskurs heranzieht, wird die Tautologie deutlich. Wenn ich Bildungsprozesse allein über das Konstrukt Selbststeuerung erkläre, beschreibe ich sie als beliebig, als zufällig, als impliziertes Lernen, eben als Sozialisation. Bildung und bewusstes Lernen – auch im informellen Bereich – erhalten so nachgeordnete Aufmerksamkeit. Die interindividuelle Dimension gerade von Bildung und Lernen wird unterbewertet.

Dieses ist für die Erwachsenen- und Weiterbildung im Sinne lebenslangen Lernens besonders nachteilig, da sich im zunehmenden Erwachsenenalter die emotionalen Schemata verfestigen und infolgedessen daraus für Veränderungen eine besondere Notwendigkeit erwächst. Im Zur-Kenntnis-Nehmen der emotionalen Sozialisationsforschung wird aber deutlich, wo pädagogische Konzeptforschung Anknüpfungen findet, die nicht zu einer begrenzten konstruktivistischen Vorstellung von Lernen im Erwachsenenalter führen muss. Wenn Ulich besonders auf die Folgen von Bindungsproblemen in der frühen Kindheit hinweist und so plastisch den sogenannten „Film" beschreibt, der sich über alle späteren Erfahrungen legt, dann wird deutlich, wie weitreichend emotionale Störungen alle Lebensbereiche durchziehen.

Als emotionale Lernerfahrung erwächst daraus ein kompliziertes Streben nach Ausgleich, nicht nur zwischen subjektivem Erleben und sozialem Ausdruck, sondern zwischen verschiedenen Interpretationen einer Situation. Man fühlt sich vielleicht schneller bedroht und verletzt, ist eher in Alarmstimmung versetzt, aber auch genauer im Vorhersehen von Gefahren, da man darauf spezialisiert ist. Gerade solche Personen können auf diese Weise besonders sensibilisiert sein für die Anforderungen im lebenslangen Lernen, wenn sie trotz dieser Beeinträchtigungen genügend Selbstvertrauen und Durchhaltevermögen einbringen können.

Nun geht Ulich (1989) davon aus, dass die Entwicklung von Emotionen ein Leben lang dauert. Emotionsforschungen müssten in Längsschnittstudien angelegt werden, um Regelhaftigkeiten und Veränderungen identifizieren zu können, d.h., emotionale Schemata in ihrer Wirksamkeit für lebenslanges Lernen als dispositive und veränderbare Perspektiven sichtbar zu machen. Forschungsgrundlage sollte das konkrete Erleben im Lebenslauf sein.

Der individuelle Zusammenhang zwischen Erlebnisemotion und Konsequenzen für das Verhalten variiert bereits innerhalb einer Gesellschaft, aber in ganz besonderer Weise zwischen den Kulturen.

Zurzeit dominieren in der erziehungswissenschaftlichen Forschung die Studien zum Leistungsverhalten in Lernprozessen. Man spricht von Leistungsemotionen, die im emotionalen Schema der Person verankert sind (z.B. Pekrun 1991, Pekrun/ Hofmann 1999). Ulich betont bezogen auf den Lebenslauf die Dimension der Belastung. Dieses hat er besonders am Thema von Arbeitslosigkeit herausgearbeitet. Sozialisatorische Prämissen, die generell wirksam sind, stehen offensichtlich im engen Zusammenhang zur generellen Werteorientierung und zu den Aufgaben und Anforderungen, die in sozialen Kontexten gesetzt werden. Unlustgefühle sind zu überwinden. Bei der Autonomiegewährung und Kontrolle in Familie und Beruf wird über die Möglichkeit zur Selbsttätigkeit entschieden, Ziel- und Erwartungshorizonte werden in der Familie auch indirekt vermittelt. Welchen Stellenwert Leistungsrückmeldungen und ihre emotionale Akzeptanz haben, bleibt ebenfalls auszuhandeln. Letztlich wird dieses alles eingebettet in das relevante Selbstwertsystem der Familie, in die Dispositionen der einzelnen Personen.

Internale Arbeitsmodelle und Emotionsregulation in Belastungssituationen

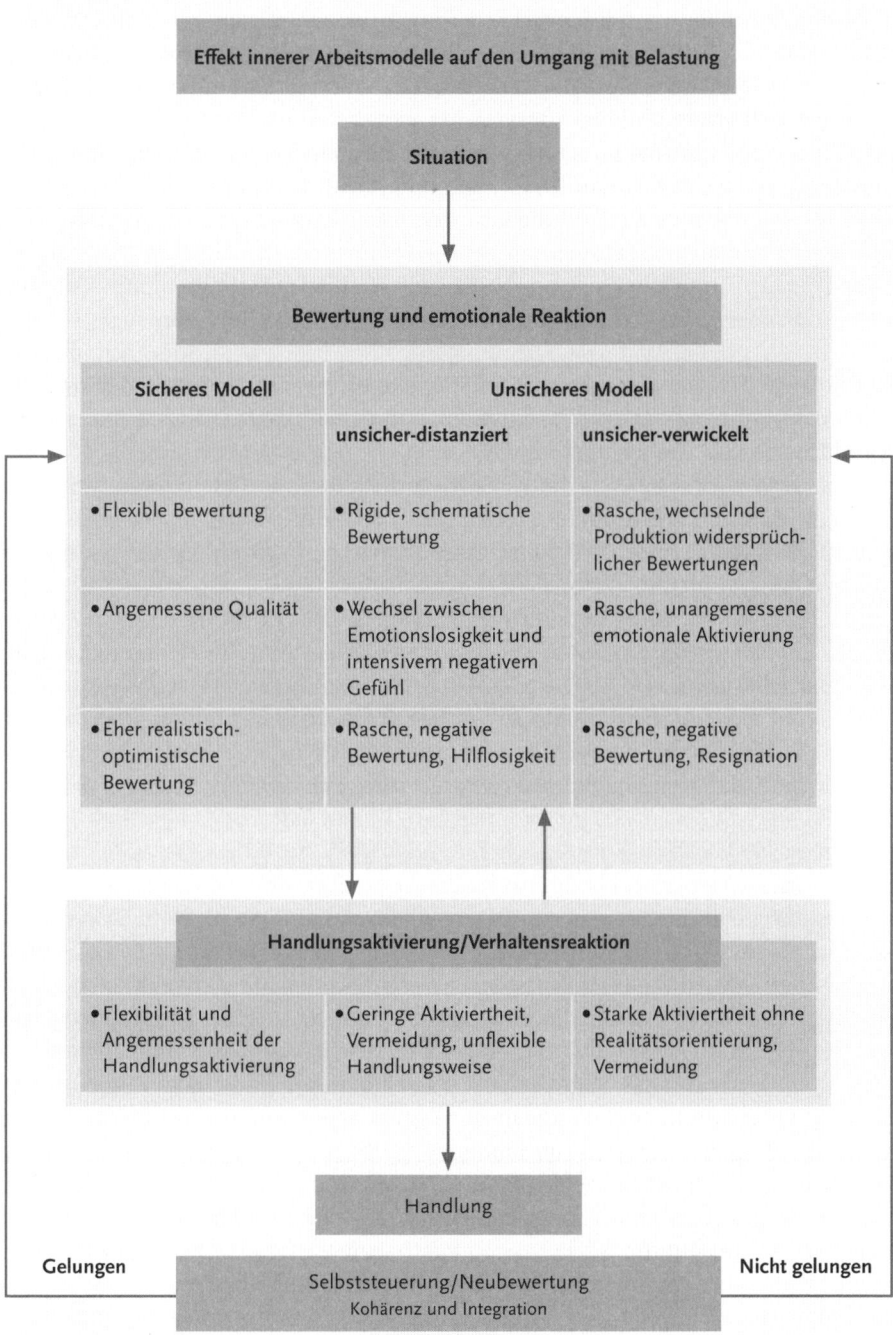

(Zimmermann 1999, S. 236)

Emotionsregulierung als Eingriffshandeln im frühen Sozialisationsprozess hat dabei besondere familiäre und – im umfassenderen Sinne – kulturelle Färbungen. Diese emotionale Regulierung wird nach Friedlmeier sowohl bezogen auf die kindliche Entwicklung als auch bezogen auf die sozialen Anforderungen deutlich. Angestrebt wird – so die Literatur –, dass diese Emotionsregulierung aus eigenem Antrieb heraus, intrinsisch erfolgt.

Nach Trommsdorff/Friedlmeier regulieren Emotionen Interaktionen. Emotionen werden auf umgekehrtem Wege aber auch durch Interaktionen reguliert und moduliert. Emotionen dienen so gesehen zur Herstellung, Aufrechterhaltung und Unterbrechung von Beziehungen. Regulierung zielt immer darauf ab, negative emotionale Zustände in ein individuell akzeptables Ausmaß zu transformieren, auszudifferenzieren und so weit wie möglich in positive Emotionen umzuwandeln.

Die kulturelle Rückgebundenheit, ja Abhängigkeit von emotionalen Schemata wurde u.a. in Form von interkulturellen Untersuchungen von Beziehungsstrukturen zwischen Müttern und Kindern untersucht.

Dabei ist eine wesentliche theoretische Voraussetzung die Feststellung, wo in den jeweiligen Kulturen die Emotionen lokalisiert/platziert werden. In westlichen Kulturen ist das subjektive Erleben das wichtigste Merkmal von Emotionen. In anderen Kulturen, so Trommsdorff/Friedlmeier, sind:

> *„... Emotionen als Qualitäten von Beziehungen zwischen Personen und zwischen Personen und Ereignissen lokalisiert, sie werden auf eine Situation bezogen, und zwar unabhängig davon, ob der einzelne sie im Falle des Auftretens individuell selbst erlebt oder nicht. Diese Auffassung entspricht einer kontextualistischen Perspektive, gemäß der Emotionen als kulturelle Konzepte betrachtet werden, deren Verständnis kulturell variiert und die innerhalb einer Kultur einem historischen Wandel unterliegen" (Trommsdorff/Friedlmeier 1999, S. 276).*

Eine kontextualistische Perspektive muss dabei für die Autoren nicht im Gegensatz zu biologischen emotionalen Grundlagen stehen, da Emotionen nicht als statische Merkmale, sondern als dynamische Prozesse betrachtet werden. Die angeborenen physiologischen Grundlagen reichen aber nicht aus, um die emotionalen Reaktionen einer Person zu bestimmen. Dies gilt nicht zuletzt dadurch, dass Bewertungsprozesse, die kulturell vermittelt sind, für Handeln eine große Rolle spielen. In einer vergleichenden Studie bei amerikanischen und japanischen Student/innen wird der Unterschied bei der Verarbeitung und Wirkung von Emotionen deutlich. So wirkten Emotionen länger und intensiver bei amerikanischen Student/innen und beeinflussten das Selbstwertgefühl. Amerikanische Proband/innen zeigten auch stärkere Handlungsbereitschaft. Japanische Student/innen blieben eher passiv. Dieses hängt mit der Ursachenzuschreibung zusammen. Die amerikanischen Student/innen denken in der Situation von Furcht, dass sie etwas machen müssen, japanische Student/innen versuchen eher, an etwas anderes zu denken. Beide halten aber die Emotionen für stark regulierbar und kontrollierbar (Friedlmeier/Trommsdorff 1999, S. 277).

Entsprechend lassen sich in den Erziehungspraktiken beider Länder Unterschiede ausmachen. Von japanischen Müttern wird im Gegensatz zur westlichen Erziehung eine besonders enge körperliche Nähe und nonverbale Kommunikation hergestellt. Die Empathieentwicklung ist in besonderer Weise mit komplexen Prozessen der Situations- und Selbstwahrnehmung verknüpft, sodass bei japanischen Kindern eine besondere größere Empathie bereits im früheren Alter auszumachen ist (ebenda, S. 283, 285). Im japanischen „jō" fließen verschiedene Bedeutungen zusammen. Damit sind vor allem zwischenmenschliche Gefühle und Zuneigung gemeint (Kojima 1999, S. 295). Diese Vorstellungen und kulturellen Bedeutungen nehmen großen Einfluss auf Vorstellungen von der Kindererziehung. Kinder sollen danach nicht Angst vor ihren Eltern haben, da Angst nicht zum nötigen Respekt führt. Man verheimlicht bei Angst sein schlechtes Benehmen vor den Eltern und wird, wie es heißt, kein guter Mensch. Freundliche und nette Kinder sichern soziale Netzwerke und erarbeiten sich wechselseitig eine breite Unterstützung. Der/Die japanische Erwachsene in der Moderne legt im Anschluss an diese Traditionen auf einen wohlkontrollierten Emotionsausdruck Wert. Weinen und der Ausdruck von Ärger werden deshalb von japanischen Erwachsenen selbst im Vergleich mit koreanischen Erwachsenen stärker unterdrückt. Die selbstregulativen Fähigkeiten von Japaner/innen auf „Disstress" sind ebenso nicht in gleicher Weise entwickelt. Japanische Kinder sind wahrscheinlich noch stärker beschützt und wachsen in einem weniger aggressiven gesellschaftlichen/sozialen Klima auf, sodass in der Kindheit noch keine „Disstress"-Erfahrungen selbstregulativ zu verarbeiten sind. Auch in den Interaktionssituationen unterschieden sich nach der eigenen Studie von Friedlmeier/Trommsdorff die deutschen von den japanischen Müttern. Machten die deutschen Mütter beim Gespräch noch einmal auf die besonderen „Disstress"-Situationen der Kinder aufmerksam, so lenkten die japanischen Mütter das Gespräch hiervon eher ab und führten es auf positive Situationen hin. Insgesamt werden nach seiner Studie bei deutschen Kindern eher selbstbezogene Emotionen, bei japanischen Kindern eher personenbezogene Emotionen deutlich. Unter einem kollektivistischen Kulturkonzept lernen japanische Kinder früh, ihre Emotionen so zu regulieren, dass sie die Harmonie der Gruppe nicht stören. Deutsche Kinder erlernen im Vergleich eher das selbstbezogene Erleben der Emotionen, diese gelten als authentischer Teil der Persönlichkeit, der nicht versteckt werden sollte. Sie lernen so, früher ihre negativen Emotionen selbsttätig zu regulieren.

In den Prozessen interaktiver Sozialisation nimmt die Emotionsregulierung einen großen Handlungsteil ein und erweist sich dabei als durch historische und kulturspezifische Ausformungen geprägt, bei denen das Kind und die Eltern als aktive Partner vor dem Hintergrund situativer sozialer Anforderungen gesehen werden. Die deutschen Mütter unterstützen ihre Kinder darin, ihre Gefühle selbst zu erleben, und ermutigen die Kinder zur Ausbildung eines eigenen Emotionskonzeptes, in dem ihre persönlichen Anteile sichtbar bleiben. Der Aufmerksamkeitsfaktor liegt auf der eigenen Person mit ihren sozialen Interdependenzen. Eine Ablenkungsstrategie, die eher von japanischen Müttern bevorzugt wird, vermeidet die Betrachtung der persönlichen Anteile an der Emotionsentstehung. Eine solche Erziehungsstrategie unterstützt demgegenüber die situationsspezifische Auslegung oder gar Attribuierung von Emotionen.

Für den Zusammenhang lebenslangen Lernens spielen diese Unterschiede eine große Rolle, und zwar im Hinblick auf die Entscheidung, wem oder was ich meine emotionalen Regulierungen zur Aktivierung und Situierung meiner Lerninteressen zuordne. Schreibe ich den situativen Bedingungen oder meiner individuellen Verfasstheit meine Motivierung oder Demotivierung zu? Inwieweit sehe ich mich als mitverantwortlicher Teil? Andererseits spielt die erworbene Bindungsfähigkeit (mit den Varianten: sicher, unsicher-distanziert, unsicher-verwickelt) in meiner frühen Entwicklung eine entscheidende Rolle, in welcher Weise ich angebotene Schemata adaptiere und auf Herausforderungen und Veränderungen im Lebenslauf eingehe.

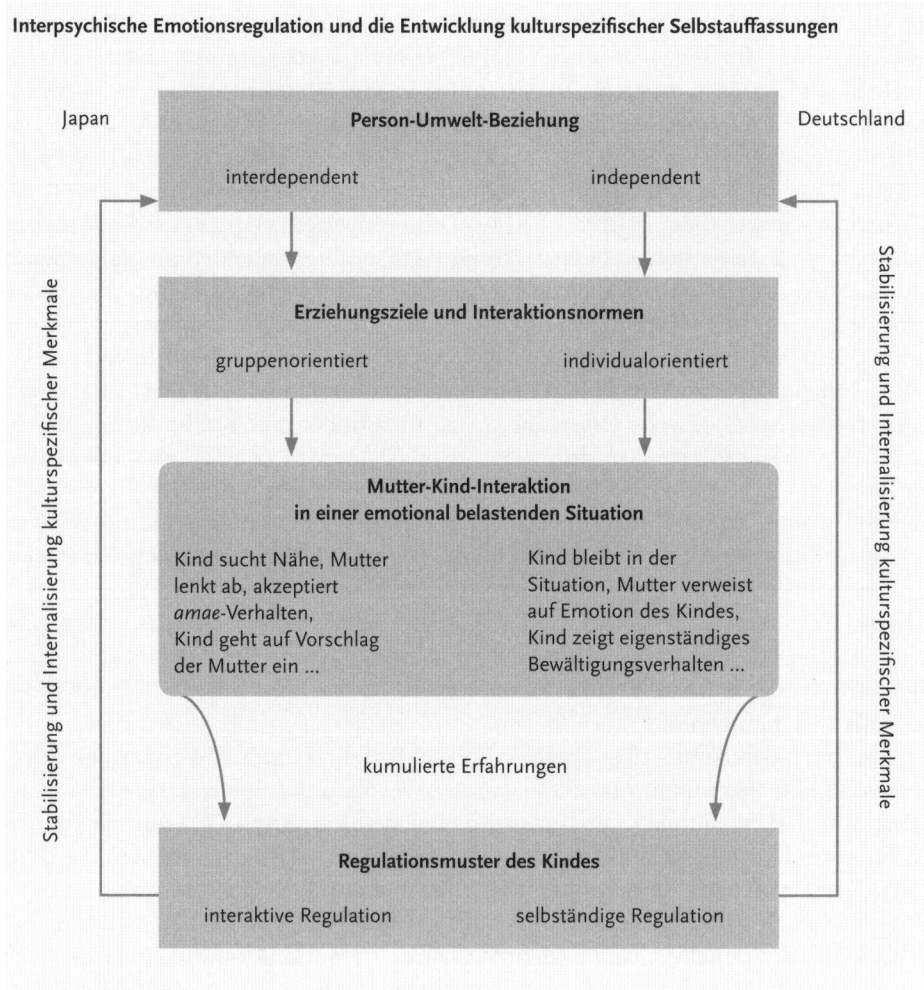

(Trommsdorff/Friedlmeier 1999, S. 292)

Unflexible Handlungsweisen, Vermeidungsverhalten, geringe Aktivität oder realitäts-fremde Aktivität, die Ergebnis unsicherer Bindungen sind, wirken als Behinderung für eine offene flexible Handlungsfähigkeit im lebenslangen Lernen. Die in der Kind-heit erworbenen Muster individueller und sozialer Emotionsregulierung zeigen ihre Auswirkungen bis ins Jugendalter. Über spätere Auswirkungen im Erwachsenenalter ist wenig bekannt.

Weil Offenheit und Stetigkeit sowie Realitätssinn für Handeln eine große Rolle spie-len, sind hier weitere Längsschnittanalysen von großem Interesse. Inwieweit diese Folgewirkungen aus frühen Bindungserfahrungen für Dispositionen lebenslangen Lernens wirksam sind oder ob neue Erfahrungen unter veränderten Konstellationen emotionale Korrekturen zulassen, ist noch weitgehend ungeklärt. Wohl aber kann reflexives Wissen als kognitives Potenzial solche individuellen Diskrepanzen offen-legen, ohne dass korrigierende Folgewirkungen unmittelbar folgen müssen. Inter-views mit Teilnehmer/innen in Selbsthilfekursen ergeben, dass individuelle Stabili-sierungen und Emotionsregulierungen im Lebenslauf möglich sind.

Eine Transferierung von Erkenntnissen in Einsichten scheint leichter möglich als eine Transferierung von Einsichten in Handlungen, in den Erwerb emotionaler Kompe-tenzen. Genau hierzu sind die Erkenntnisse aber auch noch geringer als bisher häufig formuliert. Auf jeden Fall ist die individuelle Fähigkeit zur Selbststeuerung infolge der differenten kulturellen individuellen Bedingungen unterschiedlich entwickelt, sodass Selbststeuerung zur Partizipation in Bildungsprozessen nicht vorausgesetzt werden kann und nicht über Appelle erfolgreich einzuführen ist. Die Arbeitsbedingungen in unserer Gesellschaft, die Verteilung der Lasten von Erziehungsaufgaben und die Partizipation an Arbeit für beide Geschlechter behindern geradezu diese Fähigkeiten. Diese Behinderung setzt bereits sowohl dort ein, wo nicht viel Zeit für die Beziehung beider Elternteile zu den Kindern gegeben ist, als auch dort, wo eine Person – in der Regel Frauen – für diese Tätigkeit abgestellt werden, meistens mit anschließend begrenzten beruflichen Zukunftsperspektiven (Friebel 2000). Auch das Wissen um diese Folgen bleibt nicht ohne Wirkung auf die Interaktionsstrukturen und damit auf das emotionale Schema, das im Umgang mit den Kindern wirksam wird.

Selbststeuerung als emotionale Kompetenz ist deshalb zwar für subjektives Handeln hilfreich – aber sie ist noch kein pädagogisches Konzept, da an ein pädagogisches Konzept und gar an eine Theorie höhere Anforderungen zu stellen sind. Eine solche Theorie hat ebenfalls die Grenzen dieser erworbenen emotionalen Selbststeuerung zu bestimmen. Sie benötigt einen großen Realitätssinn, was Lernhaltungen betrifft, und muss sich durch eine differenzierte Entwicklung und Erforschung von Förder-konzepten ausweisen.

## 4.1.2 Selbstorganisation und Selbststeuerung – emotionale Kompetenzen

Die Selbstorganisation oder Selbststeuerung ist ein vor einiger Zeit eingeführtes Leitkonzept für pädagogisches Handeln, im Besonderen auch für erwachsenenpädagogisches Handeln im lebenslangen Lernen. Bildungspolitisch ist das anfängliche Interesse, diese Konzeptionen für eine Deinstitutionalisierung nicht nur der Weiterbildung zu missbrauchen, verklungen. Der Gedanke war, die Institutionen der Erwachsenen- und Weiterbildung für überflüssig zu erklären, da jede und jeder Erwachsene mehr Verantwortung für seine eigene Bildungsentwicklung übernehmen sollte, also selbstgesteuert lernen sollte. Gleichzeitig bestand der Anspruch, dass vermeintlich normative bildungstheoretische Positionen aufgegeben werden sollten. Die Pädagogik sollte also nicht mehr für ein offenes Menschenbild stehen, sondern zur Unterstützung der als naturgegeben betrachteten, selbstorganisierten Entwicklung alles Organischen, wie im radikalen Konstruktivismus entwickelt, dienen (Maturana 1994). Pädagogik wird in diesen Konzepten zur Unterstützerin und Begleiterin für die Selbstselektion als Bildungsprozess, wie Lenzen (1997) es beschreibt.

Was sind in Kürze die Prämissen dieses Ansatzes, seine Grenzen, aber auch seine Möglichkeiten?

- **Theoretische Grundlagen der „Selbstorganisation" bzw. „Selbststeuerung" in der Pädagogik**

Die Rezeption des Konstruktivismus in der Erwachsenenpädagogik sowie der Systemtheorie in der schulisch orientierten Erziehungswissenschaft in den 1980er- und 1990er-Jahren macht es notwendig, die Vorstellungswelten dieser Theorien zu benennen. Sie wollen die Grundlagen der Entwicklung von Natur, Gesellschaft und menschlicher Erkenntnis beschreiben, um darin die Evolution sozialer Ordnungen zu erkennen. „Evolution" ist in der Systemtheorie das Stichwort für den Aufbau und die Destruktion struktureller Ordnungen. Es geht in dieser Betrachtungsperspektive nicht primär um Wandel und Veränderung, sondern um eine organische Betrachtung von Gesellschaftlichkeit, um Entwicklungen von Leben und um Erkenntnis als eigenständigen, in sich geschlossenen Prozess.

In der Sprache der Systemtheorie nach Luhmann (2002) sind Evolutionen relativ eigenständige, operational geschlossene, selbstreferenzielle Prozesse. Erziehung und Bildung, so Arnold/Siebert (2003) und Treml (1987), sind Motor(en) soziokultureller Evolution. Doch dieser Prozess geschieht aufgrund der theoretischen Annahmen über Entwicklungen nicht mehr instruktiv, sondern diskursiv und lebensbegleitend. Das Individuum wird dabei in Anlehnung an Roth unter Betrachtung der neuronalen Prozesse im Gehirn als ebenfalls in sich geschlossenes, selbstreferenzielles System betrachtet (Arnold/Siebert 2003, S. 85). Diese Abgeschlossenheit, die jedoch zugleich die Möglichkeit zur Selbstreflexion als Beobachtung „zweiter Ordnung" enthält, nennt man „Autopoiesis", d.h. Selbstorganisation. Das heißt, die Individuen und die Natur entwickeln sich über Selbstorganisation. Diese Selbstorganisation ist unter der Prämisse der Autopoiese selbstreferenziell und bleibt damit im eigenen Kreislauf verfangen. Dieses bedeutet: Man bleibt bei sich selbst und in seinen Grenzen; man verändert sich nicht, sondern bestätigt sich. Andererseits gibt es Brücken zu anderen, ebenfalls geschlossenen Systemen durch die sogenannte „strukturelle

Koppelung". Aber auch diese kann nur gelingen, wenn es Gemeinsamkeiten gibt, die durch ein gemeinsames Umfeld im Milieu gegeben sind. Perturbationen sind dann Störungen größeren Ausmaßes, die Veränderungen unbestimmter Art induzieren. Man nimmt Entwicklung durch Selektion vor; aber selektiert wird nach selbstreferenziellen Gesichtspunkten, um das System zu erhalten. Veränderungen sind unter dieser theoretischen Perspektive also mit Evolution gleichzusetzen: als Veränderungen in sehr, sehr kleinen Schritten, über Jahrhunderte und Jahrtausende. Dieses ist deshalb so, weil vieles mit vielem zusammenhängt und keine Ursache- und Wirkungsbeziehungen entscheidend sind, sondern relationale Bedingungen den Ausschlag für Veränderungen geben.

Die besondere Problematik liegt nun in der Rezeption dieser Erkenntnistheorie durch die Pädagogik (siehe besonders Arnold/Siebert 2003, Siebert 2001).

Pädagogische Prozesse und biologische Prozesse werden bei der Rezeption der Systemtheorie in der Pädagogik einander gleichgesetzt. Die Spezifik menschlicher Biologie, die auf Bildung, Lernen und Initiativen von außen angewiesen ist, vereinseitigt sich in systemtheoretisch-konstruktivistischen Vorstellungen pädagogischen Handelns. Die Bedeutung von Lernherausforderungen und -erwartungen als soziokulturelle Perspektive hochindustrieller Gesellschaften, die Bildung und Lernen institutionalisiert haben, wird mit der gegenwärtigen pädagogischen Betrachtung nicht gewürdigt. Es ist keineswegs so, dass Menschen, wenn sie denken, lernen und entscheiden, dieses aus eigener Logik tun (siehe Arnold 2005, S. 174), sondern sie tun es auf der Basis ihrer Lernmöglichkeiten, die die Gesellschaft einer Kultur den Individuen zur Verfügung gestellt hat. Erkenntnistheorien lassen sich also keinesfalls geradlinig in pädagogische Theorien umsetzen. Maturana selbst sieht die menschliche Entwicklung emotions- und kognitionstheoretisch sehr viel offener von historisch gesellschaftlichen Prozessen abhängig, als dieses in der pädagogischen Rezeption geschieht. Nur ist dieses, da er Biologe ist, nicht sein Thema.

Bindungen und Beziehungen als Bedingungen von Lernentwicklungen der einzelnen Individuen, und nicht Selbstreferenzialität und Autopoiese, sind emotionstheoretisch die Bedingungen und Voraussetzungen von Lernen und Lernentwicklung, welche für theoretische pädagogische Betrachtungen in den Vordergrund zu treten haben. Der Mensch lernt nicht allein für sich, sondern ist auf ein Gegenüber angewiesen. Er/Sie sucht relationale Bedingungen, um über sich und seine/ihre erlebte Situationen hinauszuwachsen. Gleichzeitig werden von den Individuen relationale Bedingungen hergestellt, um passgenau in einer Umwelt zu reagieren. Dieses gilt auch für pädagogische Fragen. Dazu liegen aus der erwachsenenpädagogischen Institutionen- und Programmforschung Belege vor, wie über „Angleichungshandeln" in pädagogischen Institutionen, also über Prozesse des Austausches mit der Umwelt, sukzessive Abstimmungen in der Programmplanung, im Bildungsmanagement, im institutionellen Handeln insgesamt zustande kommen (Weick 1985, Gieseke 2000). Prozesse des Angleichungshandelns sind allerdings noch für die gesamte pädagogische Praxis, für mikrodidaktisches Handeln und für Lernkulturen zu untersuchen. Mit Begriffen, wie „strukturelle Koppelung" werden diese Zusammenhänge und Abläufe in der pädagogischen Praxis zu undeutlich beschrieben: Die „strukturelle Koppelung" beschreibt nach Arnold/Siebert schon Lernen. Damit aber wäre Lernen auf Sozialisation begrenzt.

> „Lernen stellt die ‚Strukturkopplung', die Passung zwischen Mensch und Milieu sicher. Zwar untersucht die neurobiologische Forschung zunächst die Erkenntnisprozesse des Individuums, aber durch das Modell der ‚Strukturkopplung' wird gleichsam eine Brücke zur Sozialpsychologie und auch zur Gesellschaftstheorie geschlagen. Zum Überlegen, d.h. zur Autopoiesis und zur Anpassung, benötigen Lebewesen und insbesondere der Mensch ein soziales Umfeld, und zwar nicht nur wegen der Fortpflanzung. ‚Diese soziale Phänomenologie beruht darauf, daß die beteiligten Organismen im wesentlichen ihre individuellen Ontogenesen als Teil eines Netzwerkes von Ko-Ontogenesen verwirklichen, das sie bei der Bildung von Einheiten dritter Ordnung hervorbringen' (Maturana/Varela 1987, S. 209). Voraussetzung für solche Koppelungen ist eine Kommunikationsfähigkeit, die wiederum Sprache voraussetzt. Maturana und Varela erkennen die fundamentale Bedeutung der Sprache für die Selbstorganisation des menschlichen Bewußtseins und eröffnen damit eine Anschlußstelle für linguistische Theorien und sozialisationstheoretische Konzeptionen" (Arnold/Siebert 2003, S. 85/86).

Das Geschäft des Pädagogischen liegt für die konstruktivistische Pädagogik in der individuumnahen, allenfalls gruppenbezogenen Engführung, um strukturelle Koppelung zu ermöglichen. Selbstorganisation und Selbststeuerung führen aber im Erwachsenenalter durch Selbstreferenzialität dazu, das immer schon Gewusste und Gekonnte zu bestätigen (siehe Diskurs zum Erfahrungslernen und Deutungsmusterlernen) (Thomssen 1980, Kejcz u.a. 1979). Eine konstruktivistische Pädagogik muss Konzepte entwickeln, um die strukturelle Koppelung theoretisch und empirisch zu untersuchen, wenn sie sich auf dem erkenntnistheoretischen Boden von Systemtheorie und Konstruktivismus tatsächlich bewegen will. Dieses geschieht gegenwärtig insoweit, als der Lernberatung eine ganz neue Bedeutung eingeräumt wird (Siebert 2001).

Der Konstruktivismus trachtet danach, bei der menschlichen „Evolution" besonders die Sprache voranzubringen und zu gestalten. Die Frage von Inhalten und Wissen wird nachgeordnet behandelt. Mit dem Verweis auf die Sprache wird aber noch eine andere Seite des Konstruktivismus betont. Es gibt keine unabhängig von den Wahrnehmungen vorhandene Wirklichkeit. Jede Wirklichkeit ist konstruiert. So bekommen die Inhalte, die Gegenstand von Lernen sind, etwas Beliebiges. Das Sprachliche erzeugt somit die Vorstellung vom Möglichen, der Entwurf – und nicht mehr die Überlieferung oder das neue Wissen – leitet das Handeln. Mit diesem Satz von Arnold (Arnold/Siebert 2003, S. 83) leitet Siebert die Aufforderung zur permanenten Intervenierung, das – wie er es nennt – „pädagogische Zeitalter" ein. Wobei genau dieses, das Pädagogische als Leitvorstellung, gleichzeitig abgelehnt, ja verdammt wird. Paradox formuliert: Dadurch dass wir wissen, wie schwierig die Situation ist, d.h., wie begrenzt unsere Offenheit für Veränderungen ist, ist Lernen umso stärker in alle Lebens- und Handlungsbereiche zu integrieren. Arbeiten und Lernen sollen

Wiltrud Gieseke

sich über neue Transfer- und Vernetzungsüberlegungen ganz neu durchdringen. Permanentes, lebenslanges Lernen steht so unter einer ganz anderen Betrachtung als in diesem Kapitel bisher beschrieben. Realistisch an dieser Vorstellung ist dabei auf eine ganz neue Weise, dass die Mühsal des Lernens sichtbar wird, wenn auch anders verpackt. Die spezifische individuelle Sicht und Betrachtung, das individuelle Tempo, der individuelle Beratungsbedarf als Lernvoraussetzung sind in den Blick gekommen. Das momentan Wichtige und die dabei vorhandene Verkettung und Zirkularität von Erfahrungen werden dadurch sichtbar. Es ist die Selbstorganisation des Lebendigen, wie Arnold/Siebert formulieren:

> *„Wir erkennen, um handeln zu können, um dadurch zu überleben, und um zu überleben, müssen wir anpassungsfähig bleiben, ohne daß unsere biologische Organisation gefährdet wird" (Arnold/Siebert 2003, S. 83f.).*

Nach Arnold/Siebert zeichnet sich die Notwendigkeit ab, das Handeln der Menschen in einer Weise neu zu bestimmen, die dieser realen Selbstorganisation Rechnung tragen soll. Das Politische, das Gesellschaftliche und die Institutionen – auch wenn man sie in konstruktivistischer Sicht als Ergebnis von Selbstorganisation und gesellschaftlichen Lernprozessen interpretieren könnte – werden allerdings merkwürdig ausgeklammert. Wie hoch ist im selbstreferenziellen Modus des Bildungssystems das Bildungsrecht aller für die Erwachsenenbildung veranschlagt? Mit der Aussage, dass Erziehung sowie Aus- und Weiterbildung eine gegenwärtig neue evolutionäre Funktion erhalten (Arnold/Siebert 2003, S. 83), ist dieses nicht beantwortet. Die Aufrechterhaltung der Autopoiese und die Anpassungsfähigkeit des Individuums sind entscheidende Bezugspunkte der Theorie. Beides wird durch Sozialisation gelöst. Im Bezug zu Capra und Roth sehen Arnold und Siebert eine Gemengelage zwischen Binnenprozessen und Außenimpulsen, die vielschichtig miteinander verbunden sind. Gehirn und Milieu sind in der Logik dieser Theorie also vielschichtig miteinander verwoben!
Maturana und Varela (1984), die derzeit führenden Neurobiologen, messen nun für die Ausfüllung der strukturellen Koppelung den zwischenmenschlichen Interaktionen, also der offenen Sozialität der Gesellschaftlichkeit, für Erkenntnisprozesse eine zentrale Bedeutung bei. Die Autoren sprechen von Liebe als entscheidendem Faktor für die menschliche Entwicklung. Roth unterscheidet dabei zwischen den selbstreferenziellen Operationen des Nervensystems und den Beziehungen des Organismus zu seinem Milieu. Die Beziehungen des Organismus zum Milieu werden aber hergestellt durch die von Menschen geschaffenen sozialen Strukturen in der Gesellschaft, die Produktions- und Arbeitsformen als auch die institutionellen Bildungsstrukturen und die Kultur einer Gesellschaft. Lernen ist dann ein Ergebnis, das nicht nur vom individuellen Handeln abhängt, sondern auch von den gesellschaftlich zur Verfügung gestellten Ressourcen, z.B. in der Weiterbildung. Der Begriff „strukturelle Koppelung" erklärt diese Beziehungen bisher unterkomplex.
Siebert betont, wie bereits erwähnt, die Sprachfähigkeit, aber das scheint mir, gerade auch für die Bereitschaft zur Öffnung des Individuums nach außen, zu wenig. Die

Selbstreflexivität kann nur durch Anstoß von außen entstehen, hier kommt man mit konstruktivistischen Vorstellungen nicht weiter. Sprache kann sich aber ebenso darauf beschränken, das Konstruierte als Präsentation der Selbstrefenzialität einzubringen. Sie dient unter der Erkenntnis, hat aber ihren weitreichenden Nutzen in ihrer selbstreferenziellen Darstellung gefunden. Nein, für eine wirksame Begründung von Lernen unter eingeschränkten Bedingungen (d.h. der Einflussnahme der Pädagog/innen auf individuelle Lernprozesse) kommen andere Faktoren hinzu, unter denen ein entscheidender Aspekt die Emotionalität und damit die Beziehungsfähigkeit ist. Von ihr hängt praktisch die paradoxe, relative Offenheit der Autopoiese ab. Sprache als der Entwurf des Möglichen nimmt weniger die Ebene struktureller Koppelung auf, sondern kann auch alleinige Selbstpräsentanz sein. Lernen als ganzheitlicher Prozess, der sich gleichwohl um analytische Differenzierungen kümmert, aber auf Beziehungsfähigkeit angewiesen ist, benötigt eine neue und keine sozialisationstheoretische Verengung in der Betrachtung. Die Ansprüche verlagern sich, sie sind nicht mehr naiv in der Handhabung der „Blackbox" Lehren/Lernen befangen.

Wir merken also bei diesen kurzen theoretischen Innensichten zur konstruktivistischen Erwachsenenpädagogik, dass mit dem Konstruktivismus in viele Richtungen argumentiert werden kann. Ich kann damit die abnehmende Lernfähigkeit, die permanenten Lernanforderungen, das permanente informelle Lernen und sowohl die Abschaffung als auch die sehr viel bessere Ausstattung von Bildungsinstitutionen begründen. Entsprechend breit sind zurzeit die Aktivitäten, entsprechend unspezifisch und offen. In alle Richtungen kann sich das entwickeln, was Selbstorganisation jetzt als Lernbegriff meint.[12]

Wir wollen jetzt auf einige Rezeptionsaspekte zum Konstruktivismus in praxisnahen Entwürfen eingehen.

### a) Die grobe Rezeption – gegen den „Trichtereffekt"

Bei dieser Polemik wird damit gearbeitet, dass die Individuen alleine und selbstständig lernen, dass man ihnen nichts vermitteln kann. Sie sind selbstreferenzielle Systeme, also nicht von außen beeinflussbar, und sie suchen sich individuell und unabhängig von der Umwelt ihren Weg. Das Lernen als Sonderbegriff zur Sozialisation wird so obsolet. Eine Entwicklung von Wissen, von Reflexivität, Differenz und Argumentationsnotwendigkeit der Sache wegen stellt sich nicht.

Meistens wird dabei gegen die in der Erwachsenenbildung kaum vorhandene sogenannte „Trichterpädagogik" argumentiert. Absichtsvolles pädagogisches Handeln gilt als wirkungslos, als kontraproduktiv (siehe dazu: Arnold/Schüßler 1998, S. 19–26; 66–68; 72–77).

Besonders betont wird dagegen die Bedeutung informellen Lernens. Das Individuum wird bei diesem Lernen als aktiv beteiligt interpretiert, es muss sich in sogenannten

---

[12]  Von Ludwig (2005) und Pongratz (2005) liegen interessante kritische Auseinandersetzungen vor, die nach Abschluss des Manuskripts noch gelesen, aber nicht mehr integriert werden konnten.

„Driftzonen" (Kösel 1995) bewegen können. Es müssen also Lernarrangements geschaffen werden, die individuelle Lernförderung erbringen oder eben eine erweiterte Wahlvielfalt für Anschlusslernen ermöglichen, damit Selektionen produktive Unruhen, die lernwirksam sind, möglich werden.

Nun kann man allerdings nicht feststellen, dass die bisherige Bildungspraxis unwirksam war. Häufig genug wirkt auch der Konstruktivismus, wie er in der pädagogischen Literatur verkündet wird, wie eine Heilsbotschaft, da sich die Theorie allumwölbend gibt. Sie verkündet die absolute Freiheit des Individuums und unterschlägt den derzeit ebenfalls als durchschlagend angenommenen Milieudeterminismus. Der Konstruktivismus stützt zumindest nicht eine Bildungstheorie, die auf einen höheren Wissensbedarf, auf die reflexive Auswertung von Erfahrungen und ihre situative Transferierung setzt. Die den Konstruktivismus rezipierenden Pädagog/innen nehmen allerdings in der Praxis bereits breite Auslegungen zum Stichwort Selbststeuerung vor (vgl. Arnold 2003c), die im Folgenden beschrieben werden sollen.

### b) Pädagogische Auslegungen zur Selbststeuerung – Herbeiführung von „struktureller Koppelung"

Selbstgesteuertes Lernen setzt bei Erwachsenen voraus, dass sie bereits ein reflexives Verhältnis zu ihrem Lernverhalten und zu ihren Lerninteressen haben. Wir befinden uns hier aber erst am Anfang der Entwicklung einer umfassenden erwachsenenpädagogischen Theorie der Selbststeuerung: Man könnte sagen, es gibt eine neue Wende[13], und zwar die Wende hin zum lebenslangen Lernen unter den realistischen Vorzeichen von der Begrenztheit der Einflussnahme der Pädagog/innen auf individuelle Lernprozesse, aber unter einer neuen Anforderung an beratende Begleitung und offene Lernarrangements. Die Erwachsenen- und Weiterbildung hat die paradoxe Situation zu verarbeiten, dass vielen Pädagog/innen einerseits die Illusion genommen wird, direkt etwas bei den Lernenden bewirken zu können, dass aber andererseits die Anforderungen an die Gestaltung von Lehr-/Lernprozessen steigen, da Pädagog/innen wegen der Unwegsamkeiten im Prozess der strukturellen Koppelung den Lernprozess individuell durch Schaffung von passenden „Driftzonen" unterstützen sollen, ja offensichtlich müssen.

Ein betriebswirtschaftlich organisiertes Qualitätssicherungssystem optimiert derweil die Institutionen und Netzwerke. Trotz der angeblich für das Individuum größeren Freiheitsgrade nehmen dabei die Kontrollen und Tests durch die verschiedenen Entscheidungsinstanzen – geknüpft an individuelle Beratungen als Steuerungsimpulse – zu. Das Individuum lernt zu lernen, sich selbst und seine Freiheit unter Nutzung selbst nachgefragter Hilfen zu steuern. Hierbei gibt es Begründungsunterstützungen aus der Philosophie. Die individuelle Mündigkeit ist nach Schmid die Mündigkeit zur lernenden Selbstregulierung (Schmid 1998). Lehre kann diese Prozesse nur unterstützen, nicht mehr vermitteln. Fremdkontrolle wird zur Selbstkontrolle. Nur so kann die starke Polemik von Siebert (2001) gegen systema-

---

[13]  Der „Wendebegriff" ist in der Erwachsenenpädagogik sehr beliebt, er leitet immer neue Sichtweisen ein, die häufig bildungspolitisch fokussiert sind.

tisch vermitteltes Wissen verstanden werden, das seiner Meinung nach die rekursive, selbstgesteuerte Aneignung von Wissen nicht beachtet. Er hat in seinem Buch eine Zusammenstellung vorgenommen:

> „1. Selbstgesteuertes Lernen ist kein exakter, operationalisierbarer Begriff, sondern eine Metapher, die Interpretationsvarianten zulässt und Interpretationsfantasie freisetzt.
> 2. Selbstgesteuertes Lernen speist sich aus unterschiedlichen Denktraditionen (Emanzipationspädagogik, Entschulungsdebatte, Kognitionswissenschaft etc.).
> 3. Neu ist nicht so sehr das selbstgesteuerte Lernen, sondern die Aufmerksamkeit und das ökonomische Interesse daran.
> 4. Eine dualisierende Gegenüberstellung (zum Beispiel selbstgesteuert versus fremdgesteuert) ist eher verwirrend als klärend. Auch ist selbstgesteuertes Lernen nicht per se erfolgreicher als angeleitetes Lernen.
> 5. Tendenziell gilt: Wer kontinuierlich an institutionalisierter Weiterbildung teilnimmt, verfügt auch über effektive Selbstlernkompetenzen.
> 6. Manche Lernziele lassen sich wirksamer allein erreichen (zum Beispiel Vokabellernen), andere Lernziele erfordern institutionalisierte Angebotsformen (zum Beispiel Rhetorik, Kommunikation).
> 7. Der Computer als Lehr-Lern-Medium und als ‚Ersatz' für seminaristische Weiterbildung wird (noch?) überschätzt.
> 8. Die Stärkung der Selbstverantwortung des Lernens sollte nicht mit einem Abbau öffentlicher Verantwortung für Weiterbildung verbunden sein.
> 9. Eine finanzielle Entlastung des Staates und der Wirtschaft ist von dem Konzept des selbstgesteuerten Lernens nicht zu erwarten.
> 10. Die institutionalisierten Lernkulturen verändern sich ständig (zum Beispiel Beratung, Netzwerke, flexible Angebote etc.), wobei nicht alles, was als neu angeboten wird, tatsächlich neu ist" (Siebert 2001, S. 27 f.).

Als zentrale Metapher der Selbstorganisation gelten dabei das Netzwerk und das Organisationslernen. Netzwerke sind gewissermaßen die Muster des Lebens. Sie sollen, konzeptionell gedacht, Organisationen und Institutionen anregen, ihr Vorgehen selbstgesteuert auszurichten. Realistischer wäre es dann aus konstruktivistischer Sicht aber doch, die Selbstreferenzialität der Institutionen zu sehen und auf die Netzwerkbildung als selbstorganisierbare Möglichkeit zu setzen. Maßnahmen für verordnete Vernetzungen sind der Theorie nach eher unorganisch, wenn sie lebendige Strukturen schaffen wollen.

Für die Bildung Erwachsener ist dabei wichtig, dass die Aneignungsperspektive gegenüber der Vermittlungsperspektive betont wird. Spätestens hier sollte deutlich werden, dass selbstgesteuertes Lernen biografieabhängig ist, dass soziale Kontexte notwendig sind und dass Lehren und Lernen nicht entkoppelt, sondern in einer fördernden Beziehung gesehen werden. Emotionstheoretisch kommt es zur individuellen Lernentwicklung nur, wenn eine ausreichende Beziehungsfähigkeit vorhanden ist und als Neugierverhalten im lebenslangen Lernen weiterwirkt. Der Netzwerkbegriff beschreibt aus dieser Perspektive die Zusammenhänge unklar.

Mit der „Ermöglichungsdidaktik" ist der einzig sinnvolle Zugang aus konstruktivistischer Sicht in die Erwachsenenpädagogik eingebracht, da er zumindest das subjektbezogene Beziehungsinteresse zulässt (Arnold 2003c, 1999, 1996; Arnold/Schüßler 1998).

- Alternative Ansätze für eine Theorie des Lernens Erwachsener durch Beziehungsfähigkeit

*a) Deutungsresistenz und neue Lebensherausforderungen*

Es gibt in der Erwachsenenbildung aus der Begleitforschung von Modellversuchen einige Ergebnisse, die eine hohe Deutungsresistenz bei Erwachsenen belegen. Man lernt im Großen und Ganzen, um seine Meinungen, An- und Einsichten zu bestätigen oder leicht zu ergänzen, sie aber nicht grundlegend zu revidieren. Das Anschlusslernen und das Neulernen machen deshalb weniger Mühe als das Umlernen (Kejcz u.a. 1979, Kade/Seitter 1996, Meier 1998). Die vorliegende Deutungsmusterforschung gibt mit einer pädagogischen, eigenständigen Begrifflichkeit sehr hilfreich Auskunft über die besonders schwierigen Bedingungen des Erwachsenenlernens (Dybowski/Thomssen 1982, Arnold 1985). Informelles Lernen hilft aber auch hier nicht weiter, es kapituliert vor diesen Erkenntnissen und bindet Lernen an das handelnde, situative, tägliche Tun. Besonders lernwirksam sind aus dieser Perspektive dann schmerzhafte Prozesse wie Krisen und Einschnitte im Lebenslauf. Im pädagogischen Diskurs gibt es Hinweise auf die Negativität als Bildungsanlass (Benner 2005). Lernprozesse werden danach ganz im Sinne der Deutungsmusterforschung durch sich verändernde Milieus oder besondere Lebensherausforderungen ausgelöst. Sehr viel deutlicher kommen damit auch die Emotionen in den Blick, aber vor allem in ihrer persönlichkeitsbezogenen Seite. Für die „strukturelle Koppelung" des Individuums mit der Umwelt scheinen Emotionen überdies maßgeblicher auf den Lernprozess Einfluss zu nehmen als andere Faktoren. Sie sind der Öffner, sie bauen Brücken, sie stiften Beziehungen und werden kommunikativ eingelöst.

*b) Emotionen als beziehungsstiftender Einstieg*

Allein auf Grundlage des Wissens, dass offene, beziehungsfähige Menschen besser überzeugen können, also Menschen mit Empathie, Ambiguitätstoleranz, mit Engagement und Interesse, wird deutlich, dass der alte Satz, der/die gute Pädagoge/in müsse eine Persönlichkeit sein, nicht falsch ist. Wenn also die Selbstreferenzialität, die Autopoiesis nicht zur Selbstabkoppelung, zum selbstschädigenden Stillstand, zur Isolation mit Systembruch führen soll, ist der Erhalt von Beziehungsfähigkeit eine Voraussetzung. Dafür sind entsprechende Kontexte zu gestalten. Beratung –, als individuelle Beratung – baut auf dieser Einsicht auf, diagnostische Instrumente wirken hier nur begleitend. Beziehungsfähigkeit zu Personen, Institutionen und Inhalten wird gegenüber der Selbststeuerung zur ausschlaggebenden Größe für subjektive Entwicklungen und Veränderungen und ebenso für Kritik- und Widerstandsfähigkeit, also für Lernfähigkeit.

## c) Aspekte der individuellen Selbsttätigkeit

Das Individuum ist durch viele Veränderungen am Arbeitsplatz und neue Wissensanforderungen herausgefordert. Es benötigt eine hohe Flexibilität und Veränderungsbereitschaft, verbunden mit einer entsprechenden Neugier und Motivation. Selbststeuerung ist in dieser Perspektive die intraindividuelle Fähigkeit, die emotionalen Möglichkeiten zur Selbstorganisation zu entfalten, die die eigene konstruktive Entwicklung unter den Anforderungen des Lebens stärken. Lernwiderstände (z.B. Häcker 1999, Faulstich u.a. 2005) sind bereits ein Thema in der Erwachsenenpädagogik, auch Selbstbeschränkungen als voreilige Genügsamkeit werden als emotionale Disposition für das Erwachsenenalter benannt. Ein psychosoziales Trägheitsprinzip zeigt dabei Wirkungen (Ciompi 1997). Eine empirische Untersuchung verweist hier darauf, dass weniger didaktisch-methodische Arrangements eine Rolle spielen als die Subjektivität der Lehrperson, wenn es im Lernprozess eine gibt (Bingham/Sidorkin 2004). Das heißt, ein Konzept der Selbststeuerung verzichtet auf den entscheidenden, lernfördernden Moment der Interpersonalität. In der philosophischen Position von Schmid heißt es, wenn eine Pädagogik, eine Gesellschaft keine Normen mehr vorgibt und Freiheit selber gestaltet werden muss, ist jeder für seine Bildungsbiografie selbst verantwortlich (Schmid 1998). Dies mag für die allgemeine Erwachsenenbildung noch so einfach formuliert werden können. Anders sieht es aus, wenn der emotionale Faktor maßgeblich wird für berufliches Handeln und Dienstleistungsberufe, wo wiederum Menschen von der Qualität der Arbeit und der dafür notwendigen Ausbildung abhängig sind. Besonders beklagt wird z.B. in der Pflege das zunehmende Fehlen von Empathie, bei gleichzeitiger Zunahme von entsprechenden Arbeitsanforderungen (Albrecht 1994, Aries-Kiener/Zuppiger-Ritter 1999, Burisch 1989, Cherniss 1999, Enzmann/Kleiber 1989). Wie sollte ein Lernen am Arbeitsplatz hier selbstorganisiert gelingen? Hier benötigt man leitende Prämissen, Wissen über Zusammenhänge, Vorstellungen darüber, was eine gute Pflege ist, und eine Beschreibung davon, worin eine emotionale Kompetenz der Pflege besteht. Art, Beobachtung, Reflexion und Interpretation von Situationen und Zielanforderungen stärken die emotionale Kompetenz. Diese benötigt einen hohen Gruppenbezug und sowohl systematisches als auch komplex verarbeitetes Erfahrungswissen (siehe dazu Kap. 5).

## 4.2 Interindividuelle Anregungen für Bildungsprozesse

### 4.2.1 Lernen als abhängige Dimension von Beziehung – lebensbegleitendes Lernen

In der jüngeren Literatur gibt es nur wenige Veröffentlichungen, die sich mit der Erziehung der Gefühle beschäftigen. Dieses ändert sich seit Ende der 1990er-Jahre. Man sieht sich nicht mehr vom früheren Impetus geleitet, dass die Beschäftigung mit Gefühlen der wissenschaftlichen Dignität im pädagogischen Geschäft schadet. Auch wenn es also inzwischen einen Wandel gibt, ist es in diesem Zusammenhang doch interessant festzustellen, dass reformpädagogische Verankerungen negative Attitüden bei Erziehungswissenschaftlern/innen hinterlassen. Aber auch die Vorstellungen von Dilthey, der den pädagogischen Habitus nicht zugängig für eine verwissenschaftlichte Betrachtung hielt, verfehlen die gegenwärtige Entwicklung. Damals gab es noch keine Emotionsforschung. Dilthey formuliert, aus dem Lichte der aktuellen Emotionsforschung betrachtet, interessante Dinge. Ihm – wie auch Humboldt – ging es darum, die Ausbildung eines Gefühls für die physischen Formen, die leibliche Physiognomie, für die Tonfolgen und Intervalle zu thematisieren. Humboldt spricht von der Energeia, dem sichtbaren Gesang, der sichtbaren Sprache, der bewegten Plastik, etwa wie in der Waldorfpädagogik. Es werden Übergänge und symbolische Formen ästhetisch inszeniert. Und Dilthey formuliert:

> *„Wir verstehen einen Menschen nur, indem wir mit ihm fühlen ... Alles Raisonnement tritt nur als sekundär hinzu. Hiermit hängt zusammen, daß in dem pädagogischen Genius Gemüt und Anschauungskraft vorherrschen, gar nicht der Verstand ... Aus diesem Grunde naiven unmittelbaren Verstehens bemerkt man aber bei dem pädagogischen Genie ein Sinnen über Seelenleben, das so lebendig, so voller Realitätssinn ist, daß es gegen die für Erkenntnis unvermeidliche Analyse und Abstraktion widerspenstig verbleibt"* (Dilthey 1974, S. 201 f.).

Kiersch (2000) knüpft hier sein Plädoyer für Empathie an und spricht sich für eine stärkere Beschäftigung mit der vergessenen Schlüsselkompetenz der Einfühlung aus. Er hat dabei noch nicht, wenn auch 2000 geschrieben, die Emotionsforschung in seine Überlegungen einbezogen. Er verweist auf amerikanische Schulforschung, die die Artistik des Einfühlens, die in der „withitness" („with-it-ness") liegt, beschreibt (Kounin 1976). Gemeint ist damit die Fähigkeit, mehrere Beobachtungskanäle gleichzeitig zu öffnen und ablaufende Prozesse hierdurch zu beeinflussen. Als Beispiel muss für Kiersch noch der Showmaster Thomas Gottschalk herhalten, der für ihn der Meister der Einfühlung ist und sein Vorgehen zur Kunst des Talks gemacht hat. Allerdings bleibt die Frage, ob der Talk mit pädagogischer Kommunikation gleichgesetzt werden kann (siehe dazu ebenso Kade 2003).

In der psychologischen Forschung zur Entwicklung von Emotionen ist besonders die frühe Lebensphase untersucht worden. Hier wird die Bedeutung von interpersonellen Beziehungen für die Ausdifferenzierung von Emotionen beschrieben. Für pädagogische Prozesse wird auch in systemtheoretischen Begründungen, so von Papoušek/Papoušek (siehe Kap. 4.1.1) auf das intuitive Verhalten in den Familien gesetzt, das man nicht durch Ratschläge von außen unterbrechen sollte. Besonders für einen gelungenen Ablauf des Familienlebens wird auf entspannte Stimmungen und stressfreie Lebensbedingungen gesetzt. Bewusste Kontrolle würde den Ablauf im Zusammenspiel von emotionaler Ausdifferenzierung, Emotionsregulierung und Symbolbildung über soziale Interaktion stören. Man spricht hier von intuitiven Kompetenzen im elterlichen, mütterlichen Verhalten, denen man einen biologischen Ursprung geben möchte, sie aber gleichzeitig als hochgefährdet durch ungünstige Um-

welteindrücke ansieht. Bereits beim Baby sprechen die Autor/innen von selbstregulativen Kompetenzen des Säuglings, die von intuitiv koregulativen Kompetenzen der
Eltern ergänzt werden. Eine gute vorsprachliche Kommunikation als Pufferzone kann
hier, so die Annahme, anfängliche Anpassungsprobleme lösen (Papoušek/Papoušek
1999, S. 155). Weniger technisch ausgedrückt: Wo es zwischen der Mutter bzw. den
Eltern und dem Säugling eine wechselseitig stützende emotionale Beziehung, einen
fließenden Austausch gibt, da werden die Grundbedingungen für Entwicklung gelegt.
Man spricht von Urvertrauen und von Bindungsfähigkeit. Auf dieser Grundlage werden dann weitere Ausdifferenzierungen der Emotionen und damit auch der Weltsicht
und der Aktivität in der Welt vorgenommen. Vom Urvertrauen als erstem Ergebnis
von Beziehung scheint eine Sicht auf die Welt auszugehen. Auch Regulierungs- und
Differenzierungsfähigkeiten sichern sich hierüber.
Dabei ist bisher in der psychologischen Forschung weiterhin umstritten, inwieweit
es so etwas wie ein Set – wie Holodynski es nennt – von funktionsfähigen Basisemotionen gibt.
Wir haben die Basisemotionen mit Izard in Kapitel 3 vorgestellt. Die mimischen
Ausdrucksmuster kann man allerdings noch nicht bei Neugeborenen, wohl aber bei
siebenmonatigen Babys beobachten. Hingewiesen wurde schon darauf, dass man bestimmte Emotionen wie Scham, Schuld und Verachtung erst im zweiten Lebensjahr
beobachtet (Holodynski 1999, S. 30 ff.). Holodynski findet die Einwände gegen die
umweltabhängige Emotionsbildung von Geburt an besonders durch die sich entwickelnden Mimikmuster widerlegt. Dieses hängt bei ihm von seiner Definition – sowie
auch der vieler kognitiver Psycholog/innen – ab, die im kognitiv strukturierten Sinne
Emotionen als Bewertungen von Ereignissen, Erlebnissen und Abläufen sehen. Holodynski begründet am Beispiel der Traurigkeit:

> *„Der Säugling ist aber aufgrund seiner kognitiven Verarbeitungskapazitäten noch gar
> nicht in der Lage, die für Traurigkeit notwendigen Bewertungsprozesse der Emotions-
> anlässe durchzuführen und den Verlust eines wertvollen Objekts oder den Mangel an
> Wirksamkeit zu diagnostizieren" (Holodynski 1999, S. 33).*

Die Mimikmuster wechseln bei dreimonatigen Säuglingen alle 7 Sekunden. Mit
einem Wort: nach Holodynski verfügt ein Säugling weder über die Emotionsmuster, noch gibt es Motivanlässe, noch gibt es eigenständige Bewältigungsformen. Nur
der Erregungsauf- und -abbau funktioniert. Die Hungerintensität etc. kann Disstress-
reaktionen erzeugen und wird hochgeschaukelt.
Es gibt sodann nach Sroufe (1969, S. 64) Vorläuferemotionen, aus denen sich die
diskreten Emotionen entwickeln. Wir müssen danach für diesen Prozess intra- und
interpsychische Mechanismen der Emotionsregulierung unterscheiden; besonders
bei Erwachsenen werden in der Regel die intrapsychischen Momente betont. Beim
Säugling hat die Interaktion zwischen Bezugsperson und Kind eher Beachtung.
Emotionen haben, wenn sie motivorientiert Handeln regulieren, auch die Funktion,
spezielle Bedürfnisse des Individuums anzuzeigen und gegenüber Ansprüchen und
Appellen auszudrücken. Eine spezifische Konfiguration kommt zum Ausdruck; Er-

leben und peripherphysiologische Reaktionen der Person selbst werden der Person und der/dem Kommunikationspartner/in angezeigt. Eine Person-Umwelt-Beziehung wird hergestellt (siehe Holodynski 1999, S. 37).

**Ausdruck und Erleben als Zeichen, dargestellt als dreistellige Relation von Zeichenträger, Referent und Bedeutung: (a) am Beispiel Freude und (b) verallgemeinert für jede Emotion**

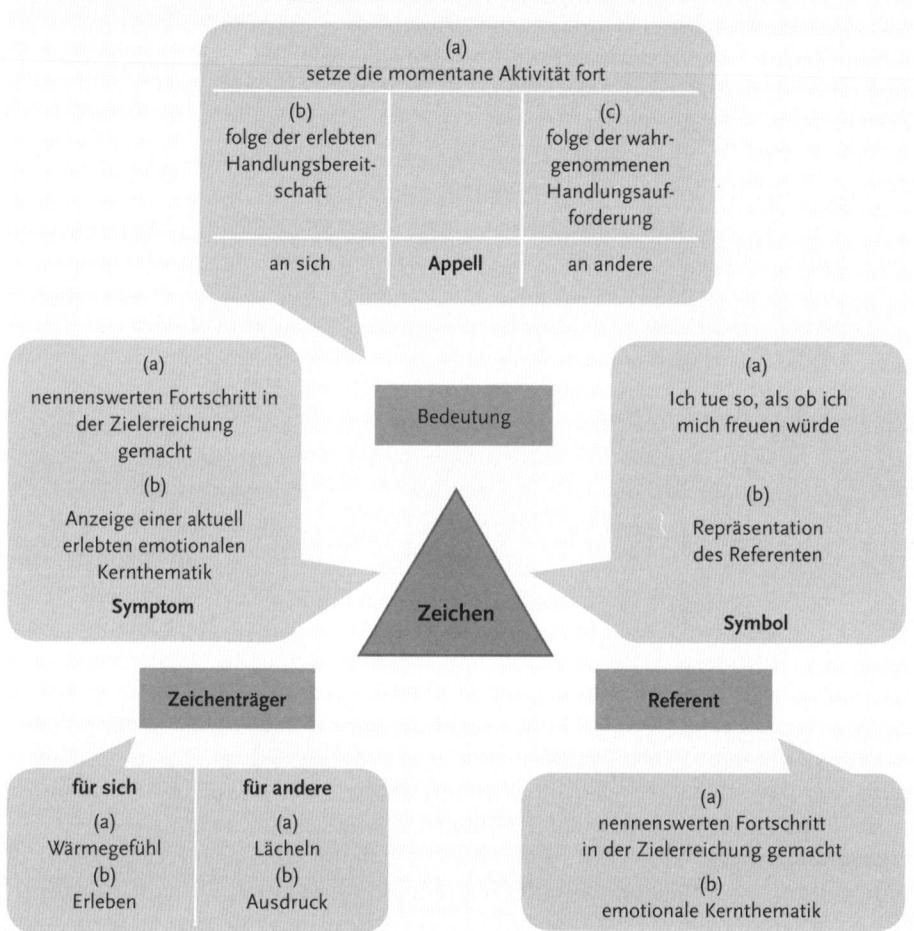

(Holodynski 1999, S. 37)

Jedes Zeichen hat danach unter dem Beziehungsaspekt eine dreistellige Relation (Zeichenträger, Referent, Bedeutung). Das Zeichen stiftet die Beziehung. Es kann ein Symptom, ein Appell und ein Symbol für den/die Referenten/in sein. Es gibt auch den Ansatz, den emotionalen Ausdruck durch Anpassungsfähigkeit mit adaptiven Reaktionen zu versehen (so z.B. Hochziehen der Brauen als Zeichen von Überraschung). Der Ausdruck ist so gesehen das Zeichen für die andere Person, das subjektive Erleben ein Zeichen für die eigene Person. Wichtig dabei ist, dass die Interaktionspartner/innen über ein gemeinsames Interaktionssystem verfügen. Hier sind Hinweise auf interkulturelle Bedingungen, auf das kulturelle Set notwendig, doch gleichzeitig kann nicht übersehen werden, dass sich ebenfalls kulturübergreifende Emotionsmuster finden. Diese können sich auch verselbstständigen.

Im intrapsychischen Regulationsprozess wird also der ontogenetische Ursprung aus der interaktiven Regulation zwischen dem Säugling und seinen Bezugspersonen transferiert. Je differenzierter diese Prozesse sind, desto differenzierter ist auch das emotionale Repertoire eines Kindes. Holodynski formuliert im Rückgriff auf das Muster einer physiologischen Frühgeburt:

> „Diese Unreife in bezug auf seine intrapsychische motorische Regulation kompensiert der Säugling jedoch durch eine besondere Anpassung an eine interpsychische emotionale Regulation und ihre progressive Entwicklung in der Eltern-Kind-Interaktion. Diese Anpassung besteht in einer Reihe von angeborenen sensomotorischen Reaktionsmustern. ... Diese Reaktionsmuster bestehen aus emotionalen Ausdruckszeichen, die der Bezugsperson die aktuelle Bedürfnislage des Säuglings anzeigen" und auf Bewältigung orientieren (Holodynski 1999, S. 39).

Die Ausdruckszeichen erfüllen Symptom- und Appellfunktion. Eltern passen sich auch hier dem Kommunikationsniveau des Säuglings an. Papoušek/Papoušek nennen das, wie bereits in Kap. 4.1.1 erwähnt, intuitive elterliche Didaktik. Das heißt, Eindrucks- als auch Ausdrucksfähigkeit entwickeln sich durch die Interaktion mit den Eltern. Die ungerichteten Ausdruckszeichen verwandeln sich in kontext- und emotionsspezifische Ausdruckssymbole, „das emotionale Verstehen entwickelt sich von der unmittelbaren Erregungsansteckung zu einer echten empathischen Reaktionsfähigkeit und die Handlungen weiten sich von einem Reflexionsrepertoire an vielfältig einsetzbaren Bewältigungshandlungen aus" (ebenda, S. 41). Aus Säuglingsbeobachtungen bei bestimmten Emotionen ist geschlossen worden, dass Bewegungseinschränkungen mit einer Person in Beziehung stehen. Sie sind beeinflussbar z.B. durch Drohmimik. Es gibt also ein Zusammenspiel von Anlass und Emotionsausdruck. Entwicklungsspannen der emotionalen Ausdifferenzierung gehen von Gefühlsansteckung bis zur echten Empathie. Mit der Ausdifferenzierung wächst die Fähigkeit zur individuellen Ausdifferenzierung, zur intrapsychischen Regulierung bis zur Selbstregulierung. Die interpsychische Regulation gibt den Erfahrungshintergrund ab. So gibt es beim Weinen z.B. Trost, das Kind sucht Trost bei der Bezugsperson, im weiteren Leben tröstet das Kind sich selbst. Am Ende kann das Kind seine Handlungen mithilfe seiner Emotionen regulieren und mit verfügbaren Bewältigungsmustern reagieren (siehe Holodynski 1999, S. 44).

Entwicklungsphase von der interpsychischen zur intrapsychischen Handlungsregulation, vermittelt über die emotionale Ausdrucksfähigkeit (A) und emotionale Eindrucksfähigkeit (E)

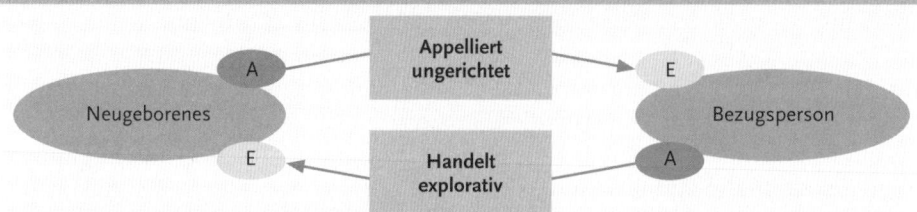

1. Phase: Bezugsperson reguliert das Erregungsniveau des Neugeborenen

Neugeborenes — A — Appelliert ungerichtet → E — Bezugsperson

E ← Handelt explorativ — A

2. Phase: Säugling übernimmt Regulationsanteile in der interpsychischen Regulation

Säugling — A — Appelliert zunehmend gerichtet → E — Bezugsperson

E ← Handelt zunehmend gerichtet — A

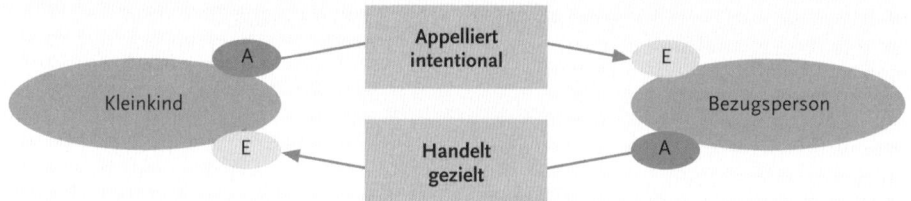

3. Phase: Kleinkind hat gleichwertigen Anteil an der interpsychischen Regulation

Kleinkind — A — Appelliert intentional → E — Bezugsperson

E ← Handelt gezielt — A

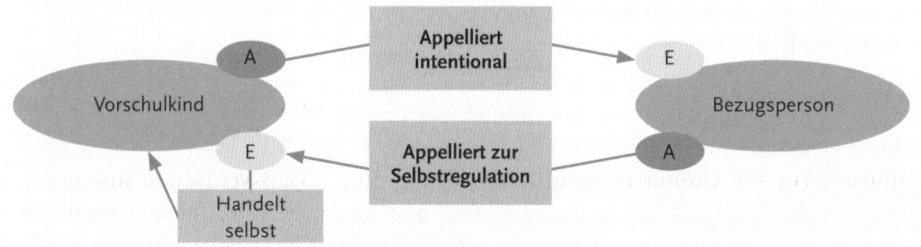

4. Phase: Vorschulkind reguliert sich selbst unter Anleitung der Bezugsperson

Vorschulkind — A — Appelliert intentional → E — Bezugsperson

E ← Appelliert zur Selbstregulation — A

Handelt selbst

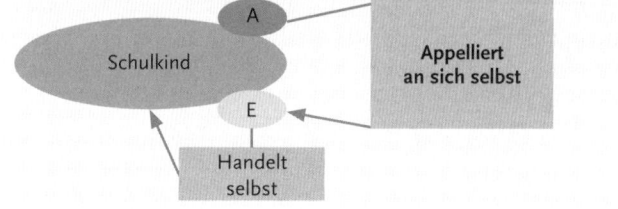

5. Phase: Schulkind reguliert sich selbst unter eigener Anleitung

Schulkind — A

Appelliert an sich selbst

E ←

Handelt selbst

(Holodynski 1999, S. 44)

Diese Selbstregulierungsmöglichkeiten werden von Holodynki bereits im Säuglingsalter gesehen. So kann mit 9 Monaten unterschieden werden zwischen Gefühl und Gefühlsanlass, durch soziale Bezugnahme kann das Verhalten reguliert werden. Die Beziehungsfähigkeit ist als Brücke eine Voraussetzung für die emotionale Steuerung.

Mit der Differenz zwischen Situation, Gefühl und Ausdruckszeichen werden die Abhängigkeiten sichtbar, es lässt sich aber auch die Unabhängigkeit dieser Aspekte verdeutlichen. Das heißt: Erlebte Emotionen müssen nicht mehr unbedingt einen emotionalen Widerhall im Ausdruck nach sich ziehen. So untersuchte Holodynski auch, dass sich der Ausdruck von Emotionen in „Alleinsituation" miniaturisierte. Ausdruckszeichen als Symbole, die für emotionale Zustände stehen, gliedern sich also aus. Holodynski bezeichnet es als qualitativen Sprung, wenn entdeckt wird, dass die wahrnehmbaren Ausdruckszeichen und die eigentlichen emotionalen Erlebnisse gegeneinander abgrenzbar sind. Die gesamte Enthüllungspresse arbeitet zurzeit damit, dass in der durchrationalisierten Welt der Mensch, der diese Trennung perfekt beherrscht, keine Gefühle oder aber passende Gefühle zeigt. Dabei ist gegenwärtig der durchrationalisierte, „coole" Mensch das Ziel, der im richtigen Moment das pflegeleichte, gewünschte Gefühl zeigt. Hier liegen die Übergänge zum kulturellen Anspruch, wo Gefühle als Dienstleistungen eingesetzt werden. Es geht dabei um kalkulierte Beziehungen, die zweckgebunden sind.
Harmlosere Darstellungen dieses Könnens sind kulturelle Akte des Ausdrucks von Gefühlen, so bei der Trauer, der Mitfreude etc. Wir können jetzt auch die erlernte Unechtheit, die künstliche Inszenierung, die Verlogenheit etc. besser erklären, ohne die Bedeutung für die Zugänge zur Wirklichkeit durch erlebte Emotionen zu vernachlässigen.

Die Folgen einer kulturell stilisierten, zweckgebundenen Gefühlsinszenierung können auch neue Verrohungen im Umgang mit Individuen nach sich ziehen. Goleman (2001) stellt Untersuchungsergebnisse aus dem schulischen Alltag vor. Danach können Kinder im Schulalltag nicht mehr Gefühle bei sich und anderen richtig erkennen. Die emotionale Ausdifferenzierung von Gefühlen und intraindividuellen Regulierungen gelingen nicht mehr. Die Gefühle können nicht mehr in einen Ausdruck transportiert und danach nicht gefühlt werden. Goleman hat daher ein Sensibilisierungskonzept für hochaggressive Jugendliche ausgearbeitet und erfolgreich einsetzen können. Über Beziehungen wird in diesem Modell erneut emotionale Regulierung erworben, indem das individuelle Gegenüber begriffen und emotional erfahren wird.

Unbeantwortet bleibt aber bisher die Frage, wie der Lernvorgang von Emotionen geschieht, und weiter gehend, ob die Bedingungen für Lernen als offene Entwicklungsbewegungen im lebenslangen Lernen unmittelbar selbstgesteuert und reguliert ansetzen können – oder ob für eine komplexe Ausdifferenzierungsfähigkeit die interpersonelle Dimension immer gesichert sein muss, da intraindividuelle Entwicklungen vorrangig immer über interindividuelle, also soziale Beziehungen hergestellt werden.

WILTRUD GIESEKE

Es scheint deshalb nicht sinnvoll – eher fahrlässig –, bei nicht Lerngeübten und eher Lernfrustrierten Selbstregulierung und individuelles Lernen zu empfehlen, weil es ergebnislos sein wird oder sich nur im bisher Vorhandenen bewegen kann. Wo es keine anregenden, auffordernden sozialen Beziehungen gibt, kann sich wenig entwickeln. Lernen – gerade auch seine emotionale Verankerung und die anschließende emotionale Selbstregulierung eines weiteren Entwicklungsprozesses – scheint nur möglich über Beziehungsbrücken. Dieses gilt mit großer Sicherheit auch für das Erwachsenenalter.

Es muss etwas existieren, wenn Lernaktivitäten entwickelt werden sollen. Dies beschreibt Agnes Heller (1981) wie schon erwähnt als „Involviertsein". Sie spricht in ihrer Theorie der Gefühle davon, dass das Involviertsein der Schlüssel ist, um Gefühle zu erklären, wobei sie zwischen einem reaktiven und einem aktiven Involviertsein unterscheidet. Involviertsein treibt einen Prozess der Wahrnehmung voran. Es beeinflusst das Gedächtnis und kann Problemlösungen herbeiführen. Die emotionalen Muster einer Kultur steuern damit auch die Lernhaltungen: ob sie eher reaktiv oder eher aktiv sind, ob sie selbst- oder gruppenbezogen sind und auf welche Bandbreite der Ausdrucksformen sie zurückgreifen können. Auch ob behindernde Emotionen selbstreflexiv oder konstruktiv bearbeitbar sind oder frei zur Wirkung kommen, hängt von den individuellen Möglichkeiten zur Selbstregulierung unter bestimmten Interessenorientierungen ab, die sich über individuelle, aber kulturell vorgeprägte Emotionsmuster ausdrücken. Die Fähigkeit zum Involviertsein hat also eine individuelle, eine kulturelle, aber auch eine gesellschaftliche, d.h. eine von aktuellen Konstellationen abhängige Seite. Durch die Veränderbarkeit emotionaler Haltungen durch Einflüsse von außen und durch eigene Steuerungen bleibt die Fähigkeit zum lebenslangen Lernen erhalten.

Sie spricht damit eine emotionale Haltung an, die auf eine intensive Beziehung zu Situationen, Personen oder Gegenständen verweist und Denken und Handeln durchdringt. Für sie ist „involviert sein" das Gleiche wie die Aussage: „Ich fühle." Involviertsein heißt bei ihr, auf ein konkretes Objekt bezogen sein. Dabei unterscheidet sie zwischen Hintergrund und zentraler Figur der Emotion. Ich kann dabei reaktiv und aktiv involviert sein. Jede Art von Involviertsein lässt Emotionen einfließen und führt zu Lernen. Wahrnehmung, Gedächtnis und Problemlösungen bekommen durch dieses Involviertsein ihre Dynamik, ihre Gerichtetheit und ihre Ausdifferenzierungs- und Aktivierungsfähigkeit. Lernen setzt also dieses Involviertsein als wesentliche Moment voraus (siehe auch Kap. 4.2.2).

Heller betont diesen Objektbezug, und in ihm scheint ein Schlüssel zu liegen: Wenn wir die verschiedenen Untersuchungsergebnisse im Zusammenhang betrachten, so müssen wir feststellen, dass dort, wo Objektbeziehungen nicht ausreichend hergestellt worden sind oder ambivalent destruierend erlebt wurden, wo sich also keine sozialen emotionalen Beziehungen im ausdifferenzierten Sinne herausbilden können, da gibt es keine selbstregulierenden Weiterentwicklungen. Emotionen sind als eine tragende Grundkonstante des Lernens – und zwar in ihrer objektbezogenen, individuellen Ausdifferenzierung durch die begleitenden Bezugspersonen – unabkömmlich.

*Lernen seht als Involviersen als wesentl. Moment voraus*

Wenn im Erwachsenenalter eine Entwicklung, eine neue kognitive Ausdifferenzierung beginnen soll, ist sie ebenso von sozialen emotionalen Beziehungen abhängig, die institutionalisierter Kontexte, auch im Sinne von Raum und Ort, bedürfen.

In der Psychoanalyse ist die unmittelbare Beziehung die Voraussetzung für die Auflösung von Neurosen. Das emotionale, aber distanzierte Engagement des/der Analytikers/in im therapeutischen Setting ist ein entscheidender Heilungsfaktor. In Übertragung und Gegenübertragung liegt der Entwicklungsraum für den/die Analysanden/Analysandin, nicht in der kognitiven abgeschotteten Spiegelung. Der theoretische Rückgriff auf systemische Vorstellungen eines geschlossenen psychischen Systems, wo der/die Analytiker/in – und noch weniger der/die Pädagoge/in – keine Rolle spielt, nicht Mitspieler/in ist, ist eine Fehlinterpretation mit weitreichenden Folgen für die Entwicklungsprozesse. Gerade die Neuinszenierung der Neurosen in der Übertragung wird durch Gegenübertragung beantwortet, nachvollziehbar und verlangt nach Korrektur. Es ist nun die professionelle Leistung, das mitgebrachte Muster der Lernenden, der Analysand/innen zu erkennen und nicht Mitspieler/in zu sein im passiven Mitagieren, sondern in der Auflösung alter Muster über ein neues Beziehungsangebot. Dieses kann nicht nur initiiert werden, ja darf es nicht. Wir sind nämlich, wie Loewald (1986) sagt, unlösbar mit anderen Menschen verwickelt, durch sie bestimmt und auf sie bezogen. Lernen heißt, neue Möglichkeitsräume, wie Winnicott (1971, dt. 1974) meint, zu schaffen, psychische und kulturelle Determinismen hinter uns zu lassen und so die kontinuierliche Weiterentwicklung und Veränderung psychischer Prozesse zu ermöglichen. Vielleicht sind die Beobachtungen, dass Erwachsene eine geringere Entwicklungsmöglichkeit haben und ihre Muster eher stabilisieren und bestätigen – auch wenn sie sie behindern –, dadurch bedingt, dass man sich nicht mehr in neuer Weise auf Erwachsene einlässt, ihnen nicht die Zuwendungen und ihnen nicht die neuen intersubjektiven Möglichkeiten anbietet, um intrapsychische Entwicklungen zu machen. Dieses gilt ganz besonders auch für Bildungsprozesse.

Chodorow stellt nachvollziehbar fest:

> *„Doch Interaktion und Konversation selbst, der Übergangsprozeß im Möglichkeitsraum, diese individuelle Geschichte von Phantasie- und Bedeutungsbildung, manifestieren sich im Hier und Jetzt des intrapsychischen Prozesses und der intersubjektiven Interaktion. Keine ist ein für allemal festgelegt, und jeder einzelne Moment in der analytischen Begegnung selbst bringt eine neue Bedeutung hervor" (Chodorow 2001, S. 23).*

Chodorow warnt eindrücklich davor, und dieses ist wichtig für Bildungsprozesse, die kulturellen Schemata in ihrer Bedeutung überzubetonen, gerade auch vor den Möglichkeiten der emotionalen Entwicklung. Die individuellen inter- und intrapsychischen Prozesse über Projektion, Introjektion und Phantasietätigkeit zur Ausfüllung neuer sozialer Räume, zur Schaffung psychischer Realitäten als Begegnung von mindestens zwei Menschen ist für Lernen offensichtlich eine Voraussetzung. Ohne diese Beziehung erfolgt Stillstand. Diese Projektion bzw. Introjektion führt dazu, alte

Erfahrungen zu beleben und ihnen eine psychologische Bedeutung zu geben, sie also zu verändern. Der/Die Analytiker/in hat diese doppelte Ebene von Realität und Übertragungsrealität zu trennen. In der Wirklichkeit sind diese Bilder also auch in Lernsituationen verschwommen. Die Erfahrungen wirken nach, Lernen ist dann, sich diese Erfahrungen zu vergegenwärtigen und ihnen Änderungsnotwendigkeiten zuzumuten. Dieses gelingt über personale Kontakte und Beziehungen, über die sich Lernprozesse eher einleiten.

Welcher Art diese Beziehungen in Lernsituationen im Erwachsenenalter sein müssen, wissen wir noch zu wenig. Kade hat mit der These, neue Erfahrungen im Erwachsenenalter machen zu können, in früheren Veröffentlichungen implizit ähnlich argumentiert, allerdings ohne den emotionalen Faktor zu benennen (Geißler/Kade 1982). Unsere Gefühle sind – wie wir anfangs feststellten – unsere Seismografen. Gefühle sind sinnvoll, sie sind gerechtfertigt durch ihre ehemaligen Bedeutungen. Ohne Beziehungen, über die sich Gefühle ausdifferenzieren, wäre die Welt unklar, leer. Erst über Gefühle und die sich daran koppelnden Wissensstrukturen und Kompetenzen erhält sie Bedeutung. Gefühle zeigen dann im Grad ihrer Ausdifferenzierung, ihrer Ausdrucksfähigkeit, ihrer sicheren Objektbeziehung, ihrer intrapsychischen Verankerung, wie involviert wir sein können, wie viel Neugier und Welt wir zulassen können. Über das Wohlfühlen und die Sinnenausdifferenzierung, über das Nachgehen der Bedürfniswelten zivilisiert sich der Mensch. Bildung ist der wichtigste Motor, alles eindringlich zu begreifen.

Ein einleuchtendes Beispiel für die Bestimmung der Beziehungsdimension für Bildung sind die frühen Geschichten über ausgesetzte Kinder im 18. Jahrhundert, so „die Entwicklung des Victor von Aveyron 1801" (Itard 1972).
In den Schilderungen über das Verhalten der ausgesetzten Kinder lässt sich die ungeheuerliche leiblich-psychische Anpassungsfähigkeit beschreiben, zu denen Menschen in der Lage sind. Es lässt sich zeigen, wie zumeist „zivilisierte" Menschen in ihren gesamten Ausprägungen Ausdruck ihrer sozialisierten Ausformungen sind. Ende des 18. Jahrhunderts wurden häufig kleine Kinder im Wald ausgesetzt, die nicht ernährt werden konnten. Ein Arzt, der damals ein Kind, das mehrere Jahre im Wald eigenständig überlebt hatte, aufnahm, berichtet über Sozialisationsversuche. Eine besondere Bedeutung kam der Kalmierung psychodynamischer Spannungen zu. Die Haushälterin des Arztes hatte die mühevolle Aufgabe ihn/es/sie in die schwierigen Regeln des neuen zivilisierten Alltags menschlichen Zusammenlebens einzuführen. Nur dadurch, dass sich Vertrauen zu dieser Frau entwickelte, konnte das Kind lernen: in einem Bett zu schlafen, Nahrung von Tellern zu essen, sich zu baden und zu waschen, Laute nachzuahmen, Worte nachzusprechen etc.
Die Arbeiten von Nussbaum beschäftigen sich hier ebenso anschlussfähig mit der Gemeinschaftsentwicklung durch ausdifferenzierte Gefühlsentwicklung (Nussbaum 1999, siehe auch Sennett 1998, 2005).

## Beziehung und Lernen: Zusammenfassung

Man kann den Einfluss von Beziehung und Lernen für das Erwachsenenalter theoretisch so zusammenfassen:

- Jede Emotionsregulierung durch soziale Beziehungen/Lernen in der Situation steuert die Aktivitäts- und Motivationsbereitschaft für lebenslanges Lernen.
- Erwachsene verfügen über Selbstregulationen, in denen sie ihre habituellen Emotionsschemata einbringen und sich einzufügen lernen in die alltäglichen Anforderungen. Die Selbstregulation sichert nicht erweiterte Handlungspotenziale, sondern garantiert nur die Einfügung des Erwachsenen in vorfindliche Kontexte.
- Neue Entwicklungen im Erwachsenenalter setzen soziale Situationen mit Aufmerksamkeit auf den Lernverlauf voraus. Spielräume für Interaktionen, in denen Beziehungen hergestellt werden, sind zu konstruieren.
- Ermutigungen und inhaltliche Diskurse, in denen unterschiedliche Positionen und differente Herangehensweisen an ein Thema vorgetragen werden, tragen zur optimalen Entfaltung in Vielfalt bei.
- Einen Rückhalt offenzuhalten und Divergenzen zuzulassen sind Strategien, um offene, neue Konstellationen im Denken und Interpretieren von Erwachsenen zu schaffen.
- Bewertungen verändern sich vor dem Hintergrund komplexeren Wissens und positiver emotionaler Beziehungen.

## 4.2.2 Verstehendes Lernen im Modus von Kommunikation, Interesse und Empathie

Beziehungen stiften sich über Interaktion und Kommunikation. Allerdings sind die hier zu wählenden Formen ebenso von kulturell geprägten Emotionsmustern abhängig, sodass sich von hierher nicht allein eine neue Beschreibung pädagogischer Beziehungsmuster als Unterstützung lebenslangen Lernens herleiten lässt. Andererseits wird die Bedeutung von Situationen als Beschreibungseinheiten zur Konstituierung von Beziehungen deutlich.

Lebenslanges Lernen ist angewiesen auf ein breites, flexibles Angebot der Institutionen, der/die Einzelne muss sich selbsttätig entscheiden und die dafür notwendigen Initiativen ergreifen können. Dies setzt viel voraus: Motivation und Interesse[14] sowie die Fähigkeit, Informationen und Beratung[15] einzuholen, sich zu entscheiden und die Zeit zu strukturieren und kontinuierlich am ausgesuchten Thema, an der Fragestellung oder am Training mitzuarbeiten. Auch in der Weiterbildung am Arbeitsplatz

---

[14] Ich verweise auf die breite Interessen- und Motivationsforschung. Interesse im pädagogischen Sinne ist unterschiedlich definiert worden. Schiefele bezeichnet Interesse „als eine kognitiv-affektiv-motivationale Gerichtetheit der Person auf die erkennende Erfassung von Sachverhalten" (Schiefele 1981, S. 34). Nach Wittemöller-Förster beschreibt der Interessebegriff bei Schiefele den Vollzugsgenuss, darin liege das zweckfreie im Bildungsziel Interesse (Wittemöller-Förster 1993, S. 108). Auch auf Herbart (1965) kann in diesem Zusammenhang verwiesen werden.

[15] Fußnote 15 siehe nächste Seite.

finden solche Entscheidungen in abgestufter Form immer statt. Für lebenslanges Lernen sind also eine Reihe von Schlüsselqualifikationen, fußend in Emotionsvielfalt, erforderlich, unabhängig von flexiblen Institutionen mit entsprechend breiten Programmen. Ohne die Bereitschaft, Lernen als zum Leben dazugehörig zu betrachten, gelingt dieser Prozess nicht. Die steigende Weiterbildungsbeteiligung in Deutschland (Kuwan/Thebis 2001) verweist darauf, dass viele Menschen dies begriffen haben und dass die Fähigkeiten dafür vorhanden sind, das heißt biografisch mehr oder weniger verankert sind. Mader verweist auf emotionale Schemata, die dafür die Voraussetzung in sich tragen, allerdings ist der Mensch nicht eine leicht bewegliche „Masse", es sei denn, man arbeitet mit Angst und Terror (Mader 1997a).

Lernbereitschaft in der nachschulischen und Nachausbildungsphase lässt sich nicht nur mit Motivation und Interesse beschreiben. Aus der Weiterbildungsmotivationsforschung ist bekannt, dass die individuellen Weiterbildungsbedürfnisse gefiltert und kanalisiert werden durch die vorhandenen Möglichkeiten ihrer Befriedigung. Wo kein Angebot ist, entwickelt sich keine Nachfrage, wo keine Anregungen gegeben werden, kann sich individuelles oder Milieuwissen nicht erweitern, es bleibt selbstreferenziell. Lernanforderungen entstehen in der Regel durch Außenanregungen. Allerdings kann man nicht davon ausgehen, dass diese Anforderungen in jedem Fall durch passgenaue Lerninteressen und -haltungen beantwortet werden. Als nötige Grundlage hinzukommen müssen die Erfahrungen aus dem schulischen Lernen, auf die immer wieder zurückgegriffen werden kann. Als besonders hilfreich für selbstständige Suchbewegungen scheinen sich eine positive Bildungsgeschichte und die damit verbundenen Emotionen zu erweisen.[16]

Die Fähigkeit, Emotionen differenziert mitzuteilen oder Emotionserlebnisse angemessen zu beschreiben, ist gering ausgeprägt. Die Menschen sind durch diese eingeschränkte Emotionalität in ihrer Freiheit begrenzt, und die Kombination von Emotion und Verstand beschreibt den Grad ihrer Freiheit. Für Izard (1999) liegt die Freiheit des Menschen in der Komplexität des Emotionssystems: Der nicht vorhan-

---

[15]  Beratung definieren wir als Entscheidungshilfe für die Beteiligung an Weiterbildung vor dem Hintergrund aktueller Anforderungen. Letztere können sowohl Ergebnis subjektiver Interpretation sein als auch – den aktuellen Lebensbedingungen folgend – sich als Existenzfrage stellen. Nach unseren Auswertungen von Weiterbildungsberatungsgesprächen gibt es folgende Dimensionen für den Weiterbildungsberatungsprozess: Informationssuche, soziale/situative Weiterbildungsbedürfnisse und biografische Reflexions- und Umstrukturierungsbedarfe. Jede Nachfragelage erfordert eine andere Form des Beratungsgesprächs (siehe dazu Gieseke/Opelt 2004).

[16]  **Kurze Zusammenfassung siehe vorangegangene Kapitel:** Die Emotionsforschung hat in den letzten 15 Jahren eine Fülle von Literatur hervorgebracht, die inzwischen nur bei langjährigem Studium überblickt werden kann. Wesentliche neue Grundlagen sind in der emotionalen Sozialisationsforschung (vgl. Holodynski 1999, Ulich/Volland/Kienbaum 1999, Pekrun 1988) vorgelegt worden, die die Bedeutung der Gefühlsentwicklung für das Lernen untersuchen. Angst als abgeleitete Emotion ist besonders ausführlich erforscht worden, wobei sich die Angstforschung aber vor allem auf Schulangst und Prüfungsangst bezieht (vgl. Schwarzer 2000, Pekrun/Hofmann 1999, Jerusalem/Mittag 1999). Dabei ist durchaus bekannt, dass ein gewisses Maß von Stress hilfreich sein soll, um gestellte Aufgaben zu bewältigen, während Spaß und Freude eher für kreative, selbsttätige Prozesse von Bedeutung sind. Für diese Gefühle scheinen sich zurzeit eher therapeutisch Tätige oder Kulturwissenschaftler/innen zu interessieren (vgl. z.B. Kast 1991; Höhler 1996).

dene Zyklus der Emotionen – im Gegensatz zur Triebstruktur –, die Variation ihrer Intensität, die Freiheit ihrer Dichte und die garantierte Antizipation sind an Lernen gebunden. Emotionen sind frei gegenüber dem Objekt und erweitern die Freiheit bei der Koppelung von Emotion und Objekt durch Kognitionen (vgl. Kap. 3). Emotionen offerieren Möglichkeiten. Es können sich verschiedene Emotionen koppeln, sie können sich auf eine Sache, ein Objekt konzentrieren, garantieren aber auch die Ersetzbarkeit der Objekte.

Auch bei Freud gibt es die Transformierbarkeit der Emotionen (nicht der Triebe), die zur Sublimierung führen und sich so vergegenständlichen. Die Emotionen und ihr Gedächtnis sind mit dem neuronalen und dem vegetativen System vielfältig verbunden, der Organismus insgesamt ist also betroffen. Emotionen können sich zu polaren Gegensätzen bilden, oder Gegensätze können miteinander oszillieren, auch affektiv-kognitive Strukturen lassen sich vorstellen: So wenn Interesse und Furcht kombiniert sind mit Risikobereitschaft in Gefahrensituationen. Emotionen beeinflussen und regulieren die sich zyklisch entfaltenden Triebe und andere Subsysteme der Persönlichkeit. Angst z.B. gilt als eine auf diese Weise zusammengesetzte Emotion mit kognitiven interaktiven Anteilen. Sie wird häufig verwechselt mit Furcht als entsprechend grundständigem Gefühl (vgl. z.B. Izard 1999; Rachman 2000). Gerade aber in dieser zusammengesetzten Funktion liegt der Hinweis auf ihre sozialisatorische Abhängigkeit, auf ihre Erlernbarkeit, d.h. auf ihre Regulierbarkeit. Gefühle auf dieser Selbstkonstruktionsebene unterliegen also der Veränderbarkeit, der Steuerbarkeit.

Jede Kultur hält spezifische Emotionsmuster bereit, mit denen Gefühle ausgedrückt und artikuliert werden. Sie sind der gesellschaftliche Code, in dem man sich verständigt. Selbst Therapien, wenn sie die emotionale Stabilität der Individuen bearbeiten, können diese gesellschaftlich bzw. kulturell erarbeiteten Codes nicht überspringen, sondern bedienen sich der Emotionsmuster oder bewegen sich in ihnen. Beim lebenslangen Lernen kommt es darauf an, über die Fähigkeit zu verfügen, wechselnde, widerstrebende Gefühle bzw. Widerstände produktiv für individuelle Entwicklung und Bildungswege zu nutzen (Mader 1997a, S. 98).

Neugier/Interesse bewirkt das Aufsuchen neuer Objekte, neuer Handlungsmöglichkeiten; dagegen wird durch die gegenläufige Emotion, die Furcht, das Gefährdungspotenzial stärker wahrgenommen, woraus eine generelle Lähmung entstehen kann, die den individuellen Radius einschränkt. Auch ist in einem solchen Fall die Selbstaufmerksamkeit so groß, dass Signale aus der Außenwelt nicht mehr aufgenommen werden (vgl. Rost 1990, S. 45 ff., Neuauflage 2001; Schwarzer 2000). Andererseits gilt die Koppelung von Furcht und Neugier häufig als besonders anregend (vgl. Kap. 3.2.2).

Neben diesen Befunden der Gestaltbarkeit der emotionalen Regulierung, der Nutzung wechselnder, auch widerstreitender Gefühle besteht das Wissen um relativ stabile, familiär und kulturell bestimmte Emotionsmuster. Diese vermeintliche Widersprüchlichkeit sichert jedoch dem Individuum Spielraum für eigene Entwicklungen, die sich dann in der individuellen Bildungsgeschichte und der Herausarbeitung bestimmter Interessenorientierungen niederschlagen. Je breiter das verfügbare Emotionsspektrum ausdifferenziert ist, je intensiver sich Interessen herausbilden können, umso mehr Möglichkeiten hat das Individuum für die eigene Lernentwicklung zur Verfügung. Angst, depressive Verstimmungen, Unlust und Stress bremsen die Lernmotivation. Die Fähigkeit, sich für neue Erkenntnisse, neues Wissen zu öffnen, wird verstärkt, wenn eine stimulierende, empathische, aber auch auf Selbsttätigkeit und auf wechselseitige förderliche Beziehungsfähigkeit setzende Atmosphäre in den Umwelten und besonders in den jeweiligen Lernwelten vorhanden ist.

Dass Lernen am Arbeitsplatz, besonders als implizites Lernen (Neuweg 2001) oder als informelles Lernen (Dehnbostel 2002a/b, 2004, 2005), möglich und in vielen Fällen eine Grundvoraussetzung für tägliches Handeln ist, muss hier nicht erörtert werden (andere Grundhaltung zu diesen „Konzepten" in Kap. 4.1.2). Die Stressforschung, wenn sie bezogen auf Weiterbildung gedacht wird, verweist auf die große Bedeutung von Muße und Ruhe für die Wissensaneignung. Sie verweist aber ebenso darauf, dass Dauerstress zur Verringerung von Lern- und Gedächtniskapazitäten führt. Weiterbildung benötigt Räume in großer Milieuvielfalt und mit anregendem Charakter, sonst verstärken und verfestigen sich erworbene Emotionsmuster. Ob der Arbeitsplatz ein geeigneter Ort für lebenslanges Lernen sein kann, ist vor diesem Hintergrund allerdings zu bezweifeln. Angstmachende Konkurrenzbedingungen, harte, regulierende Eingriffe, permanente Umstellungen, die den Arbeitsalltag häufig bestimmen, sind nicht dazu geschaffen, flexibles, verantwortungsbewusstes, kompetentes Urteilen und Interpretieren zu erlernen und eine Emotionen strukturierende Lernhaltung auszubilden. Ebenso wenig hilfreich sind jedoch anforderungsarme Umwelten, die wenig Eigeninitiative zulassen (siehe bereits Forschung der 1970er-Jahre Roether/ Juhl/Schöpp 1981).

Warum und auf welche Weise Entscheidungen getroffen werden, welche Emotionsmuster lebenslanges Lernen am besten fördern und in welcher Weise Beziehungen in Lehr-/Lernkontexten im Erwachsenenalter wichtig werden, ist noch nicht hinreichend erforscht. Hinweise darauf sind in der Bildungsbiografieforschung und in Untersuchungen zur Erfahrungsbearbeitung (Arnold 1990, Kejcz u.a. 1979) aus erwachsenenpädagogischer Sicht zu finden. Mit Sicherheit sind aber Beziehungsfähigkeit und Emotionsregulierung, gestützt auf interpersonellen Austausch, Offenheit, aber auch Milieueingebundenheit, für pädagogisches Handeln im lebenslangen Lernen eine unterstützende und stärkende Grundlage. Der Eigensinn von Entwicklung und Bildung im Lebenslauf der Individuen und ihr Angewiesensein auf Beziehung und Austausch, also das Lernen im weitesten Sinne, macht menschliche Kreativität und Vielfalt aus.

Eine sehr interessante Arbeit, die den Zusammenhang von Kommunikation und Interaktion bei der Anwendung und Herausbildung von Emotionsmustern beschreibt, ist die Arbeit von Fiehler aus den frühen 1990er-Jahren. Ihm geht es um die Beschreibung von Emotionen in Interaktionssituationen. Emotionen interessieren hier als Phänomene der Interaktion und ihrer Bearbeitung in der Interaktion. Dieses muss begriffen werden, wenn man wissen will, wie sich Schemata in den konkreten Interaktionssituationen sowie auch in Lernsituationen manifestieren, wie Fiehler sagt. Emotionen sind für ihn in Interaktionen geregelt und zu regeln. Sie werden in den Interaktionen kommuniziert, es sind dynamische Erscheinungen und auch bewertende Stellungnahmen. Emotionen werden in der Interaktion manifestiert, also auf irgendeinem Weg zum Ausdruck gebracht, gedeutet und dann prozessiert, d.h. in der Interaktion beziehungsabhängig eingeordnet, interpretiert, bewertet:

> „Komponenten einer interaktiven Konzeptualisierung (IK) von Emotionen
>
> *(1)* Emotionen *sind primär als* interaktive *Phänomene relevant.*
> *(2)* Emotionen *werden als etwas* Öffentliches *betrachtet.*
> *(3)* Den Emotionsmanifestationen *in der Interaktion können, müssen aber keineswegs* Emotionen *zugrunde liegen.*
> *(4)* In der Interaktion stellen sich den Beteiligten spezifische *Emotionsaufgaben.*
> *(5)* Die Emotionskonstitution *ist eine* regelhafte und geregelte Leistung *von Personen.*
> *(6)* Emotionen *erfüllen primär die Funktion einer* bewertenden Stellungnahme. *Sie sind ein spezifisches Verfahren und eine spezifische Form der Bewertung.*
> *(7)* Emotionen *sind geregelt. Die bewertende Stellungnahme erfolgt in weiten Bereichen auf der Grundlage sozial verbindlicher* Emotionsregeln.
> *(8)* Emotionen *werden in der Interaktion* kommuniziert. *Dies geschieht in wesentlichen Teilen durch Emotionsmanifestationen und ihre Deutung.*
> *(9)* Interaktionsrelevant manifestierte Emotionen können *interaktiv* prozessiert werden.
> *(10)* Emotionen *sind eine spezifische Form des* Erlebens.
> *(11)* Emotionen *sind dynamische Erscheinungen.*
> *(12)* Emotionen *sind – individuell wie interaktiv –* regulierbar.
> *(13)* In der Interaktion wird Erleben auf *verschiedenen Stufen der Konkretisierung manifestiert, bis hin zu abgrenzbaren Emotionen.*
> *(14)* Relevant sind nur *Emotionen, die im Prinzip* berichtbar *bzw.* erfragbar *sind.*
> *(15)* Es gibt interindividuelle Unterschiede hinsichtlich *Emotionen" (Fiehler 1990, S. 44 f.).*

Entscheidend für Fiehler aber ist, dass Interaktionsbeteiligte soziale Situationen konstituieren und prozessieren, in denen sie interagieren.

Bei der interaktiven wie individuellen Verarbeitung der Situation setzt der Weg der Prozessierung ein. Das Verfahren der kognitiven Verarbeitung der situativen Deutung, die Typisierung und das Verfahren der Bewertung wirken zusammen. Dabei handelt es sich natürlich um eine analytische Trennung.

Bewertende handlungsregulative Impulse geben den Ausschlag, sie sind prozesssteuernde Faktoren. Emotionen mit kognitiven Deutungen weisen hier den Weg. Situationen werden gedeutet und typisiert, der/die Interaktionspartner/in ist in seinen/ihren Handlungen und seinen/ihren Absichten zu deuten. Für relevante Situationen gibt es so etwas wie Emotionsregeln. Man kann mit bestimmten Ergebnissen rechnen, denn die Konstituierung einer bestimmten Emotion erscheint nach Fiehler zwangsläufig:

> *„Die Konstitution einer Emotion ist ganz wesentlich deutungsabhängig. Die Deutung und Typisierung der sozialen Situation bestimmt – vermittelt über die passende Emotionsregel –, welche Emotion für die Situation relevant ist und welche Emotion in ihr erlebt wird" (Fiehler 1990, S. 70).*

Fiehler gibt dazu folgendes Beispiel:

> *„Habe ich gekocht und sagt jemand nach dem Essen: ‚Das war aber wirklich ausgezeichnet‘, so hängt das Erleben, das diese Äußerung auslöst, unter anderem davon ab, wie ich diese Handlung auf dem Hintergrund von Person, Interaktion und Situation deute.*
> *Deute ich sie als aufrichtiges Kompliment, dann werde ich mich – entsprechend der einschlägigen Emotionsregel – freuen und vielleicht auch etwas stolz sein. Dieses Erleben läßt mich vielleicht auch antworten: ‚Oh, das freut mich, daß du das sagst. Ich habe mir auch besondere Mühe gegeben.‘*
> *Deute ich die Situation hingegen als konventionelle Erfüllung von Höflichkeitspflichten, so wird dies kein deutliches Erleben auslösen. Vielleicht wird es mich sogar ein wenig ärgern, daß es nicht mehr ist. Antworten werde ich: ‚Danke.‘*
> *Bis zu diesem Punkt wurden die Deutungsleistungen individuell erbracht. Entnimmt der Interaktionspartner meiner Reaktion, daß ich seine Absichten und Handlungen mißdeutet habe, so kann jetzt ein interaktiver Prozeß der Aushandlung der Situationsdeutung beginnen. Beispielsweise: ‚Nein, wirklich, das sage ich nicht nur so. Es war wirklich ausgezeichnet. Einen so tollen Gemüseauflauf habe ich lange nicht gegessen.‘ Etc.*
> *Diskursive Relativierungen vorgängiger Deutungen relativieren auch das Erleben. Verändert diese Aushandlung meine Deutung, so freue ich mich dann doch noch etwas, aber ein Wermutstropfen Ärger bleibt, weil ich denke, daß es Gründe geben muß, daß dies nicht von vornherein unmißverständlich ausgedrückt wurde. Überspitzt kann man formulieren, daß der Kampf um die Deutung der Situation auch ein Kampf um ihr Erleben ist.*
> *Das Erleben ist dabei nicht nur – wie schon erwähnt – von der Deutung der Situation, der Interaktion und den beteiligten Personen abhängig, sondern speziell auch davon, was in der spezifisch gedeuteten Situation fokussiert wird und wessen Perspektive eingenommen wird" (ebenda, S. 70 f.).*

Die Fähigkeit zur Empathie, das heißt das miterlebende Nachvollziehen einer Aussage oder Deutung, kann diesen Prozess der Konstitution von Emotionen als wechselseitiges Verständnis rascher erbringen.

Es sind also soziale Beziehungen von Emotionen, in denen Entwicklungsprozesse geformt werden, und zwar unter Heranziehung von Gefühlen und emotionalen Erfahrungen.

Emotionen, das wird bei Fiehler bereits bewusst vollzogen, sind keine naturhaften Reflexe. Bei Fiehler sind Manifestationen etwa das Gleiche wie Zeichen. Manifestationen von Emotionen bedeuten nicht, dass man eine Situation so ausdrückt, wie man sie empfindet, sondern wie man eine Beziehung sowie personelle Situationen gestaltet. Das kann auch emotionale und ausdrucksbezogene Echtheit einschließen. Der Erlebnisausdruck und/oder die Erlebnisthematisierung bestimmen den weiteren Prozess.

Fiehler unterscheidet vier Typen des emotionalen Geschehens:
1. Emotionsregeln: Diese Regeln kodifizieren, welche Gefühle für einen bestimmten Situationstyp richtig sind.
2. Manifestationsregeln: In welcher Situation welches Gefühl zum Ausdruck kommt, wird festgehalten.
3. Korrespondenzregeln: Man antwortet einem Interaktionspartner in einer Situation entsprechend eingebrachten Emotionen.
4. Kodierungsregeln: Es sind Konventionen, die beschreiben und festlegen, welche Verhaltensweisen eine Emotion manifestieren (vgl. Fiehler 1990, S. 67 ff.).

Diese Regeln formen ein hochkomplexes System, ein Netzwerk von Regeln, die zu bestimmten Regeltypen führen und von einem unterschiedlichen Grad der Allgemeinheit sind. So wird die Welt sozial gestaltbar gemacht.

Wenn das Erleben manifestiert und gedeutet wird, kann danach in der Interaktion entweder
• ein Übergehen der Manifestation,
• eine Gegenmanifestation oder
• eine Prozessierung von Erleben erfolgen.

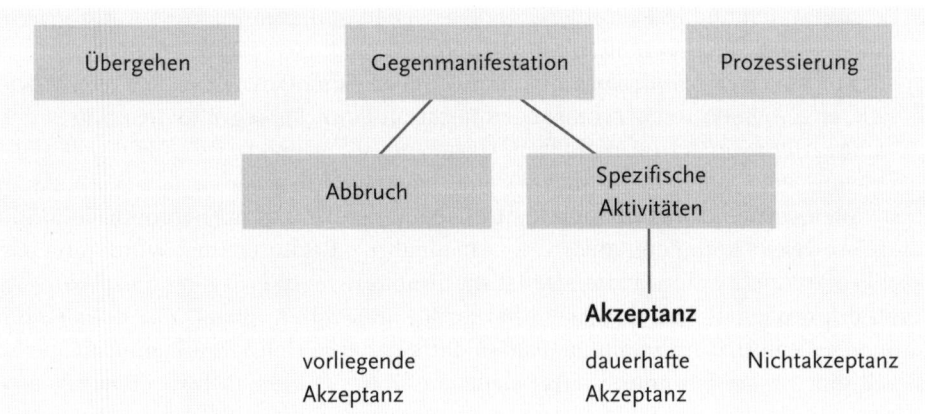

(nach Fiehler 1990, W. G.)

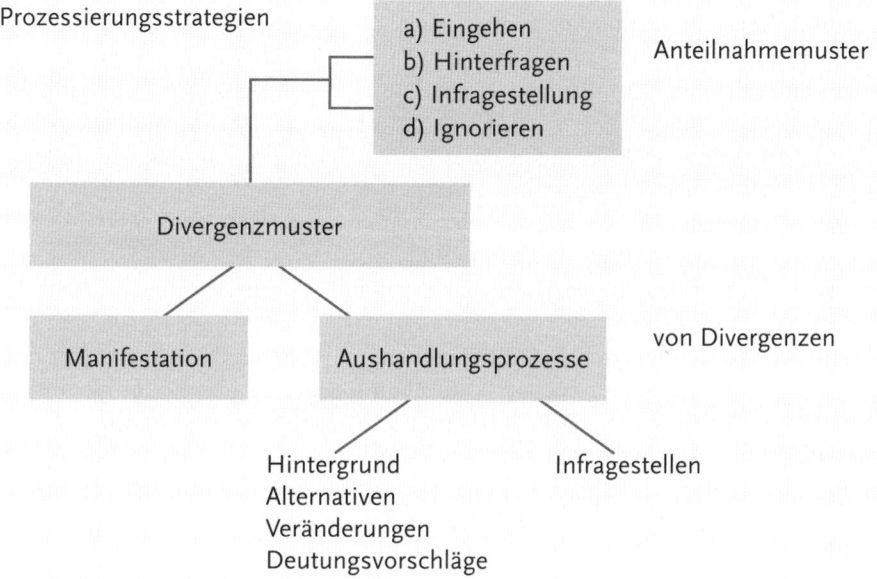

Prozessierungsstrategien

a) Eingehen
b) Hinterfragen
c) Infragestellung
d) Ignorieren

Anteilnahmemuster

Divergenzmuster

Manifestation

Aushandlungsprozesse

von Divergenzen

Hintergrund
Alternativen
Veränderungen
Deutungsvorschläge

Infragestellen

(nach Fiehler 1990, W. G.)

Im Prozessierungsvorgang werden die Emotionen gekoppelt an Wissensfragen bearbeitet.

Was sind nun die bei Fiehler diskutierten Verfahren der Prozessierung?

a) Akzeptanz – hier setzt die emotionale Korrespondenz ein; doch auch bei Nichtakzeptanz gibt es Phänomene emotionaler Korrespondenz.

b) Prozessierungsstrategien sind Reaktionen des Eingehens, des Infragestellens und Ignorierens. Beim Hinterfragen und Infragestellen werden die Divergenzen ausgehandelt und reaktiviert. Ein anderes Erleben, andere Manifestationsformen, andere Beziehungen werden eingebracht.

c) Bei Infragestellungen haben wir es mit sanktionierenden Vorwürfen zu tun, wie z.B. angemessen/unangemessen, zu Recht/zu Unrecht, begründet/unbegründet, rational/irrational, wert/nicht wert.

Das Anteilnahmemuster entwickelt sich beim Eingehen auf eine emotionale Manifestation: Aktivitäten, Thematisierung, Anteilnahme, Bezugsetzung, Würdigung u.a. Ziel dieser Aushandlungsprozesse ist die Emotionsregulierung als Korrektur der Typisierung oder als Sanktion. Dies setzt soziale Situationen voraus, in denen sich Beziehungen konstituieren können: Nur so differenzieren sich Emotionen aus. Solche ausdifferenzierten Emotionen sind besonders für das Durchhalten von Bildungsprozessen von Bedeutung. Dazu bedarf es Regulierungen, die auf Gruppenkonstellationen mit Empathie angewiesen sind. Sonst stellen sich beim individuellen Zurückgeworfensein in Einsamkeit emotionale Selbstläufer und Fehlattributionen ein, mit der Folge von Fehlentscheidungen (siehe auch Bischof-Köhler 1989, Ciaramicoli 2001).

### 4.2.3 Emotionsmuster – emotionale Krisen als biografische und inhaltliche Lernanlässe

War die entscheidende These der letzten Kapitel, dass Beziehungen und interpersoneller Austausch die Voraussetzung für alle späteren intrapsychischen Regulations- und Steuerungsprozesse als auch für daraus abzuleitende Selbststeuerungsansprüche sind, so tritt bei der Frage nach den Veränderungen von Emotionsmustern/der Emotionsschemata die Lernbiografie in den Vordergrund. Emotionsmuster verweisen quasi auf die gewachsenen, verfestigten Reaktions- und Regulationsmuster, wie sie sich durch lernendes Einüben, durch nachahmendes Aufnehmen, durch Ausdifferenzierung zwischen Zeichen und Anlass herausgebildet haben (siehe auch Herzberg 2004). Die Bereitschaft der Individuen, Situationen anzunehmen, zu deuten und zu agieren, um Beziehungen herzustellen und zu kommunizieren, sind ganz wesentlich über erarbeitete Emotionsmuster bereitgestellt. Die interessante Forschungsfrage ist die nach der Erweiterungsfähigkeit im Erwachsenenalter, also nach Bedingungen, Formen und Prozessen des Lernens. Für uns ist dabei interessant, aber noch unbearbeitet, ob es spezielle Emotionsmuster gibt, die das Lern-, Reflexions- und Innovationsverhalten steuern oder daran mitwirken. Festhalten können wir aber bereits, dass Beziehungen und die dabei wirksamen Interaktionen entscheidend sind.

Die Untersuchungen von Kade/Seitter (1996) zu Bildungsbiografien von Funkkollegteilnehmer/innen zeigen, wie nachhaltig emotionale Muster gerade im Umgang mit dem eigenen Bildungsverlauf wirken. Die Traumata des Versagens, der Inkompetenz, der Angst, des verhinderten Rechts auf einen höheren Bildungsabschluss etc. können durch Bildung nicht aufgehoben werden, wohl aber können über Partizipation an Bildung Gegenbeweise zum Stigma erarbeitet werden. Die Traumata und das Versagen können intellektuell beantwortet, aber nicht durch ein verändertes Emotionsmuster aufgelöst werden. Man ist aktiv auf dem Wege, die Verletzungen zu heilen, indem man das kognitive Profil erweitert hat. Nur sehr langsam lassen sich emotionale Schemata umorientieren. Was diese kompensatorischen Bildungsprozesse betrifft, so sichert die kognitive Dimension die Möglichkeit, emotionale Schemata zu mildern, sie abzufangen, ohne dadurch schon persönlichkeitsverändernd zu wirken. Die Option auf Bildung, solange diese in Krisen und Traumata noch erhalten bleibt, sichert Entwicklungschancen. Bildung ist zumindest ein Umweg, auf Traumata zu reagieren, sie ist Teil der Selbstregulierung, die eine Antwort sein will auf bisherige soziale Konstellationen. Man greift also auf Kognitionen zurück, aber die emotionalen Anteile, die handlungssteuernd wirken, sind dadurch nicht in Gänze verändert. Das heißt, es gelingt über Wissen, (also) über kognitive Prozesse, die Beurteilungsbasis zu verbessern und die Handlungsspielräume auszudehnen.
In der referierten Sozialisationstheorie wird sowohl die Bedeutung interpersonaler Kommunikation, also sozialer Beziehungen, als auch die strukturbildende Bedeutung von Emotionen hervorgehoben. Mit der Bildungstheorie wird erklärt, wo die Partizipationsansprüche liegen und welche Bilder oder ausdifferenzierte Reaktionsmuster sich entwickeln. Das sich in der Kindheit herausbildende Muster entscheidet

über Selbstkonzepte, die dann in bestimmten leiblich-seelischen Zuständen aktiviert werden. Hier zeigt sich der Zuschnitt des emotionalen Schemas.

Geschlechtsspezifische Muster in den Selbstkonzepten und der Selbstsicherheit werden in ihrer Differenz, was die Sozialisation betrifft, so begreifbar. Die gleichen Fähigkeiten von Frauen und Männern halten durch kulturell angeeignete Emotionsschemata und die Arbeitsbeziehungskonstellationen eine für Frauen und Männer unterschiedliche Bestätigung und Akzeptanz bereit. Es ist für die einzelnen Frauen ungeheuer schwer, sich in den eigenen Handlungsmustern darüber hinwegzusetzen. Erwachsenenpädagogische Konsequenzen hieraus zu ziehen bedeutet, einen neuen Weg zu gehen, noch einmal anzusetzen

Selbststeuerung als pädagogische Leitlinie ergibt, wie ausgeführt, keinen Sinn, da Emotionsmuster dazu führen, dass sich Handlungsmuster verfestigen und nur biografische Krisen, die als Einschnitte im bisherigen Lebensverlauf erlebt und interpretiert werden, eine neue Offenheit für individuelles Lernen ermöglichen. Es ist keineswegs sicher, dass jedes Emotionsmuster lernförderlich ist, wenn Lernen vor allem Verhaltensveränderung bedeutet. Die Krise ist der emotional tief greifende Einbruch in einen kontinuierlichen Lebenslauf, in ein ausdifferenziertes Emotionsmuster, die auf sukzessive Bestätigung oder vorsichtige Erweiterung setzt. Bildungsbiografieforschung, die sich auf Krisensituationen konzentriert, zeigt, wie sich Emotionsmuster emotionstheoretisch betrachtet unter diesen Veränderungen im Lebenslauf auflösen und/oder sich neu herausbilden. Ebenso zeigt die Bildungsbiografieforschung aber auch, dass sich Handlungs- und Verhaltensschemata wiederholen, auch wenn inhaltliche Wissensgewinne den Erkenntnisradius erweitern. Es gibt eine erstaunliche, persönliche/subjektive Kontinuität bei kollektiven Veränderungen. Studien zur Arbeitslosigkeit und Studien zur Arbeiterbiografie nach der „Wende" beschreiben dieses Phänomen (Siebers 1996, Herzberg 2004). Lebenslanges Lernen interessiert sich für das Sukzessive von Veränderungen und das kontinuierlich Diskontinuierliche. Krisenbezogenes Lernen greift die bisher wirksamen Emotionsschemata an. Nur durch Therapie sind sie jedoch wirklich zu verändern. Eine pädagogische Beziehung aber, die in Arbeitsgruppen, in Lernkursen und in Workshops angebahnt wird, kann zusätzliche Emotionsausdifferenzierungen und die Entwicklung neuer Lerninteressen ermöglichen, da sie neues Wissen, neue Sichtweisen und andere Erlebnisse bereithält. Lernen in Gruppen zielt auf innere Aufklärung und Austausch und erwirkt einen Umweltbezug des Individuums. Selbststeuerung kann nur in begrenzter Weise solche komplexen Lernkonstellationen schaffen (Grotlüschen 2003).

Es ist bisher nicht bekannt, warum Individuen Bildungsentscheidungen treffen, welche Emotionsmuster durchschlagend sind, was sich im Lebenslauf wie und aus welchen Gründen fügt und welche Wirkungen Entwicklungen in der Kindheit und Jugend im gesamten Lebenslauf haben. Für die Fortsetzung der Lernprozesse im Erwachsenenalter stellt sich vor dem aktuellen Forschungshintergrund von Sennett (2005) die besondere Problemlage darin, dass in Zukunft der total flexible, gefügige, selbstgesteuerte Mensch erwartet wird, der von keinen sicheren Bindungen und Beziehungen im Arbeitsleben ausgehen kann. Der rasche Wechsel und das schnelle Interesse an „Fähigkeitspotenzialen", die in der beruflichen Bildung diagnostiziert werden, um sie kurzfristig zu nutzen, bestimmen die aktuellen Entwicklungen und Diskurse. In solchen beschleunigten Institutionen wird zeitaufwendiges Lernen schwierig (Sennett 2005, S. 92 ff.). Sennett beschreibt die individuelle Entmutigung, die damit einhergeht, so, dass in der Vergangenheit erbrachte Leistungen mit Blick auf die Zukunft ignoriert werden und die Individuen das Gefühl bekommen, dass sie, wenn sie im Arbeitsprozess keine Fehler machen dürfen und nicht neues Wissen erwerben können, an der Entwicklung ihrer Fähigkeiten gehindert werden. Sennett sieht die Gefahr einer von den Individuen erlebten Nutzlosigkeit als kulturelles Drama. Jedes Individuum will seine Fähigkeiten ausbilden können und diese weiterentwickeln (Sennett 2005, S. 101 ff.). Die Selbststeuerung als didaktische Empfehlung ist dabei eine Verstärkung des Negativkreislaufes.

Wir benötigen also in der Erwachsenenpädagogik eine erweiterte Handlungskompetenz, die soziale Beziehungen in Bildungskontexten schafft, um Entwicklungspotenziale zu unterstützen. Wir benötigen also Orte des Lernens, in denen soziale Beziehungen sich entwickeln können, die einen entsprechenden Aufforderungscharakter haben, die also nicht negative Selbstkreisläufe verstärken, denn der Emotionshaushalt (Pekrun/Hofmann 1999) ist die entscheidende Bedingung zur Bewältigung oder Nichtbewältigung von Leistungsanforderungen. Wenn mehr Aufmerksamkeit auf lebenslanges Lernen gelegt werden soll, sind beziehungsstiftende Auseinandersetzungen über Inhalte und die Beachtung eingebrachter emotionaler Lernschemata von hoher Bedeutung.

# 5 Emotionen als Inhalte von Bildungsprozessen in der Erwachsenenbildung und für die Personalentwicklung

## 5.1 Psychosoziales Lernen als Bildungsinhalt

### 5.1.1 Regelung von Gefühlen für die Arbeitswelt

#### 5.1.1.1 Tendenzen des allgemeinen Diskurses: Gefühle und Arbeitsleben

Der gestiegene Serviceanspruch der Betriebe und Unternehmen im Zuge der Ausweitung des Dienstleistungssektors führt u.a. dazu, dass die Beachtung von Gefühlen im beruflichen bzw. betrieblichen Handeln generell zunimmt. Aber auch verdeckte Konfliktsituationen durch zunehmende Rationalisierungen (Entlassungen), geringere Bezahlungen bei höherer Arbeitsbelastung und mangelnde Anerkennung von Leistungen (Leistung ist keine Garantie für einen Arbeitsplatz) erhöhen den Anstieg von besonders negativen Emotionen im Kontext betrieblichen und beruflichen Handelns. Dieses geschieht unter mehreren Aspekten:

a) als Erkenntnis, dass Gefühle die Arbeitsabläufe und -beziehungen durchziehen und die Subjekttheorien Erwachsener nachhaltig bestimmen;
b) als Nutzung der Ressource Gefühl(e) für einen effektiven Arbeitsprozess z.B. im Team;
c) als Steuerung der Arbeitsprozesse durch das Management selbst und
d) als neue Konzepte von Organisationsentwicklung, um den subjektiven Faktor in Beziehung zu Veränderungsanforderungen zu setzen.

Dabei ist für den deutschen Diskurs die Studie von Hochschild (1990) mit dem Titel „Das gekaufte Herz: zur Kommerzialisierung der Gefühle" als ein entscheidender theoretischer und empirischer Einstieg zur Kenntnis genommen worden, der besonders den Diskurs „Gefühlsarbeit in Dienstleistungen", insbesondere für den Service und den Verkauf, beeinflusste. Gefühlsarbeit (emotion labour) als Ergebnis von Training, als Teil der beruflichen Qualifikation, als Aspekt von Weiterbildung steht damit im Mittelpunkt der Überlegungen von Kompetenzerwerb – und gleichzeitig in der Kritik.

Andererseits führt der Diskurs dazu, Arbeitsemotionen und Arbeitszufriedenheit unter einem neuen theoretischen Ansatz zu stellen (Brehm 2001, Temme/Tränkle 1996). Angst, Neid, Stress, aber auch Aktivität, Freude und Flow beeinflussen die neuen Arbeitssituationen in besonderem Maße (siehe auch Schwarz 2004 – New-York-Times-Beilage der Süddeutschen Zeitung vom 13.09.2004).

Organisationstheorien sind aktuell in ihren Analysen nicht mehr an Rationalisierungsprozessen von Strukturen und Abläufen interessiert. Sie stellen in ihren Erklärungsmodellen jetzt neben das Rationalitätsprinzip, neben die Effektivität und Effizienz die Emotionalität, den menschlichen Faktor, die Paradoxien und die Wirkungsgeflechte. Die frühere Abwertung von Emotionen in rationalistischen Organisationsmodellen hat sich beinahe umgekehrt: Die Emotionen der handelnden Individuen werden im Rückgriff auf neurobiologische Befunde als Träger und Mittler komplexer Sachverhalte und langfristig angelegter Handlungsmodelle gesehen. Sie sind ein von Kognitionen getrenntes System zur Erschließung der Welt. Aus dem Erleben der Arbeitswelt (Kannheiser 1992) werden Erfahrungen und Bewertungen, aber auch Ausdifferenzierungen (Roth 2004) gewonnen. Eiselen und Sichler sprechen davon, dass im organisierten Zusammensein betrieblichen, beruflichen Handelns Gefühle der Zugehörigkeit, des sozialen Zusammenhalts und der Identität der/des Einzelnen eine maßgebliche Rolle spielen (vgl. Eiselen/Sichler 2001, S. 56). Brehm (2001) malt aus, dass die subjektive Bewertung der Situation eine entscheidende Rolle dafür spielt, ob ein Umweltfaktor zu einem Stressor wird. Die sozialen Beziehungen in Arbeitssituationen entscheiden darüber, ob die individuelle Würde verletzt wird oder nicht. Hier ist dann die Grenze zum Mobbing erreicht.

Angst entsteht, wenn man sich „alleingelassen" fühlt, wenn man sich als unzulänglich erlebt und in unsicheren Konstellationen arbeitet. Soziale Angst entsteht oder wird verstärkt in solchen zwischenmenschlichen Stresssituationen, die selbstwertbedrohend wirken und ebenso Leistungsangst hervorrufen, ja herbeiführen. Gegenwärtig geben ein drohender Arbeitsplatzverlust infolge zunehmender Rationalisierungsprozesse und die damit verbundene Existenzangst den objektiven Hintergrund für negative Emotionsentwicklungen in allen betrieblichen Kontexten ab. Auch das Gefühl von Neid bzw. das Gefühl, selbst Opfer von Neid zu sein, kann Angst auslösen, und zwar mit existenzbedrohenden Konstellationen (Brehm 2001, S. 209 ff.). Üble Nachrede, Intrigen und unterlassene Informationen begleiten diesen Prozess, verbunden mit Einschüchterungen, die sich zum Mobbing ausweiten und dann immer auf Vernichtung zielen (z.B. Cherniss 1999, Mittelstaedt 1998).

Diese Zusammenfassung der Analyse von Brehm hat einen realen Bezug in einer ganzen Hand voll Fällen, die die beschriebenen Prozesse und Zusammenhänge gerade auch bei langjährigen Kolleg/innen und Mitarbeiter/innen wirksam werden lassen.[17] Ebenso können im Arbeitsprozess zwar auch Freude und Stolz, die sowohl tätigkeits-, ergebnis- als auch ereignisbezogen sein können, auftreten; allerdings wird diesen Emotionen häufig oder in der Regel nur eine kurze Zeit eingeräumt.

---

[17] Eine breite Angstkultur trifft alle Hierarchieebenen, aber je höher die Ebene, umso weniger darf die Angst nur im Entferntesten sichtbar oder gar artikuliert werden. Dieses erfordert erhebliche Gefühlsarbeit (emotion work).

Wiltrud Gieseke

Einschüchternde Potenziale in Kooperationen werden unwirksam. Bisher sind Wirkungszusammenhänge zwischen Einschüchterung und Leistung als auch zwischen Stolz/Zufriedenheit und Leistung in den Selbstinterpretationen angemessenen praktischen Führungsverhaltens undeutlich. Auf jeden Fall wird in solchen impliziten betrieblichen Selbstauslegungen die Unternehmenskultur herausgebildet. Dabei wird in der Literatur ein empirischer Zusammenhang zwischen Stolz und Leistungsmotivationen gesehen und die leistungsförderliche Wirkung dieses Zusammenhangs hervorgehoben.

> *„Unter sozialkonstruktivistischer Perspektive vermitteln Organisationen Regeln zur Emotionsregulation, indem die Akteure in einem gemeinsamen Interpretationsprozess Symbole und Metaphern aushandeln, die uns in Form von Unternehmenskulturen und unter dem Stichwort ‚Berufliche Sozialisation‘ begegnen" (Eiselen/Sichler 2001, S. 56).*

An diesem Zitat fällt auf, dass das schon ältere Thema des Betriebsklimas und das Thema der Arbeitsmotivation in dieser Sichtweise im Grunde neu durchdekliniert werden, indem die Forschungsergebnisse aus der Emotionsforschung hier weiterreichende Begründungen liefern (Gonschorrek/Schimmelpfennig 1981). Dies wird im folgenden Schema von Gonschorrek/Schimmelpfenning von Beginn der 1980er-Jahre ersichtlich:

*Inhaltsstruktur:*
**Bedeutung eines guten Betriebsklimas**

**Ein gutes Betriebsklima**

- verbessert die Personal-Anwerbemöglichkeiten
- vermindert den Weggang guter Mitarbeiter/innen
- bildet eine wesentliche Voraussetzung zur Leistungssteigerung
- erleichtert die Konzentration aller psychischen und physischen Kräfte auf die Arbeitsaufgabe, anstatt auf ablenkende Faktoren
- garantiert eine reibungslosere produktive Zusammenarbeit
- reduziert unnötige Fehlzeiten
- hat positive Auswirkungen auf den Gesundheitszustand der Mitarbeiter/innen und der Vorgesetzten

(vgl. Gonschorrek/Schimmelpfennig 1981, S. 139)

Dabei gehen die neuen Ansätze davon aus, dass jede und jeder Einzelne in der Organisation für sich selbst Bedeutung und Sinn herstellt. Diese Theorien gehen in der Einschätzung der Emotionen sogar so weit, zu meinen, „die Furcht vor Chaos und Verlust der sozialen Eingebundenheit stellt die emotionale Energie dar, die Organisationen zusammenhält" (Eiselen/Sicheler 2001, S. 56), oder wie es an anderer Stelle heißt: „Die tiefen Ängste des Menschen vor Ohnmacht und Einsamkeit werden gelindert durch die Zugehörigkeit zur Organisation. Damit werden aber Organisationen zu zutiefst irrationalen und unberechenbaren Einheiten" (Eiselen/Sichler 2001, S. 57). Die Nichtzugehörigkeit zur Organisation ist aber für das einzelne Individuum von noch weitreichenderer Entwertung als angenommen.[18]

Entsprechend hat der amerikanische Forscher der Betriebswirtschaft Fineman Organisationen als emotionale Arenen charakterisiert. Sie zeichnen sich danach durch bestimmte Rollenkonstellationen aus, die ein Eigenleben führen und ein bestimmtes affektives Klima aufweisen. Zwar bringen die Individuen aus ihren familiären Konstellationen sowie aus ihren Milieus eine bestimmte Form der Emotionsregulierung mit; doch wird in der Organisationsforschung konstatiert, dass Organisationen Personen in bestimmte Zustände versetzen. Es wird ein bestimmtes emotionales Setting, eine bestimmte Gefühlsarena vorgefunden, mit der man sich auseinandersetzen muss. Andererseits zielt aber das gesamte betriebliche Setting darauf, keine Emotionen zu zeigen. So schreibt Fineman:

> „Yet, when we look closely, the people presented are emotionally anorexic. They have dissatisfactions and satisfactions, they may be alientes or stressed, they will have preferences attitudes and interests. Often these are notes as variables for manageria control" (Fineman 1993, S. 9).

Auch bei „emotion labour", der emotionalen Dienstleistung, sieht Fineman verengte bürokratisierte Gefühlsregeln. Er stellt besonders deutlich den Zusammenhang her, dass soziale Konstruktionen Organisationen beeinflussen und neue Konstruktionen, aber auch Meinungen schaffen. Unsere sozialen Konstruktionen existieren dabei für uns auch, wenn wir nicht arbeiten, sie werden in den privaten Alltag mitgenommen, sie sind nicht durch die Rationalität der Abläufe im Vollzug bestimmt. Sie sind subjektiv und persönlich – aber sie sind nicht nur individuell, denn es gibt eine Reihe differenter Subkulturen in den Unternehmen. Individuen produzieren nicht nur bzw. stellen nicht nur Dienstleistungen zur Verfügung, sondern „individuals make meaning for themselves, and have their meanings shaped. The profound emotional basis for this is only hinted at" (Fineman 1993, S. 13). Der auf diese Annahmen bezogene soziale Konstruktivismus interessiert sich aber nicht genug, so Fineman, für die existenziellen psychodynamischen Theorien, die hinter diesen Prozessen stehen. Die biografischen Rückbezüge erachtet Fineman als vernachlässigt, so hat beispielsweise

---

18  Siehe aktuelle Diskussion zur Bedeutung von Arbeit für den individuellen Lebenszusammenhang bei W. Engler: Bürger ohne Arbeit. Berlin 2005.

WILTRUD GIESEKE

die Angst tiefere Ursachen. Fineman geht deshalb in organisationstheoretischen Konzepten von einem Zusammenspiel individueller psychodynamischer Entwicklungen und sozialkonstruktivistischen Verstehens aus. In solchen Modellen trifft das Individuum auf eine Organisation, und aus den sich herausbildenden Beziehungen entsteht ein kultureller Innenraum, wobei die Wechselwirkungsbedingungen noch undeutlich bleiben. Sennett (1998) geht noch einer anderen Interpretation nach. Er konstatiert durch die Kurzfristigkeit vieler Jobs eine zunehmende Bindungslosigkeit zur Institution, zum herzustellenden Produkt, zur Aufgabe, was auch Verantwortungslosigkeit im Produktionsprozess bedeuten kann. Dadurch wird erst sichtbar, wie viel Innenraum durch das Zusammenspiel der Individuen in langfristigeren Arbeitszusammenhängen hergestellt wird, um Arbeit gelingen zu lassen (Sennett 1998). Es fragt sich jetzt: Müssen solche Bedingungen in spezifischer Weise durch ein Management neu hergestellt werden, oder sind diese Fragen noch gar nicht im Blick der gegenwärtig vorfindlichen Untersuchungen? Vorstellbar ist auch, dass unter den sich verändernden Bedingungen Entlastungen entstehen; was die Zusammenarbeit betrifft, aber subjektiv Verlassenheit erlebt wird, oder dass, psychoanalytisch gedacht, projektive Aktivitäten sich ausdehnen. Da die Ansprüche an längerfristige Kooperation bedingt durch die Verhältnisse sinken und die Individuen beziehungslos und monadenhaft werden, verlängert man subjektive Interpretationen auch als gültig für andere.

Wenn wir dieses feststellen, wäre der Betrieb bzw. wären Betriebe im Laufe des Berufslebens nach der Familie, dem Kindergarten und den verschiedenen Schulen eine weitere Instanz, die mit differenten Emotionsmustern – verobjektiviert als gelebte Unternehmenskultur – im Lebenslauf eine große psychodynamische Rolle spielt, die sich nicht nur auf das Arbeiten beschränkt, sondern die Gesellschaftlichkeit produziert. Nun gibt es berufssoziologische Studien, die einen engen Zusammenhang zwischen Milieu und Arbeitsplatzsozialisation konstatiert haben. Dieses würde wiederum bedeuten, dass die Milieus sich auf unterschiedlichen Hierarchieebenen wiederfinden, in denen unterschiedliche emotionale Regeln gelten. Man kann nur feststellen, dass diese Zusammenhänge theoretisch im Band „Emotionen und Management" noch nicht herausgearbeitet werden (Schreyögg/Sydow 2001). Der Diskurs ist auch hier erst eröffnet.

In der Organisationstheorie hat sich die Metaphernforschung einen Platz erobert. Weick (1985) hat in seinen Begründungen aber (noch) nicht den Rückbezug zu Emotionsmustern gezogen. Dies tut aber Steger (2001). Er möchte die Metaphernforschung für die Analyse von Emotionen und ihre Bedeutung nutzen. In Metaphern lassen sich charakteristische Eigenschaften von Situationen und Organisationen mit ihren kognitiven und emotionalen Mustern herausarbeiten. Emotionen werden, so meint Steger, konzeptualisiert. Forschungsergebnisse über emotionale Schemata sind hier anschlussfähig. In Stegers Beispielen für Metaphernforschung werden Normen als Entscheidungsregulierung verständlich. Die Charakterisierung erfolgt wieder über Typenbildung von Personen. Mir scheint mit der Metaphernforschung in den hier vorgelegten Beispielen erst der Beginn aufgezeichnet, um im Sinne von Kannheiser (1992) das Erleben als umfassenden Begriff zu platzieren, um Emotionen in Sprache zu übersetzen und zu erfassen. Die Sprache ist insgesamt aber noch kein ausreichendes Hilfsmittel, um zum Erleben einen ausreichenden Zugang zu erwerben. Kannheiser verweist im Rückgriff auf Sandelands auf die neuen methodischen Anforderungen qualitativer Forschung unter Nutzung künstlerischer Ausdrucksformen.

In einer Untersuchung der schweizerischen Chemieindustrie wird noch die Befragung als Methode eingesetzt, in der erlebte Emotionen und sich daraus ergebende Verhaltenstendenzen untersucht werden. Die negativen Erlebnisse beziehen sich nach dieser Untersuchung vor allem auf die Organisation, das Topmanagement und darauf, wie sich diese Veränderungsprozesse umsetzen (vgl. Kiefer/Müller/Eicken 2001). Positive Gefühle werden mit den eigenen Leistungen und dem nahen Umfeld, also dem Team verbunden, hier liegen wichtige Ressourcen. Die Art und Weise der Kommunikation im Hierarchiezusammenhang spielt eine große Rolle.

**Prägende negative Emotionen** (Mehrfachnennungen erlaubt)

| | | Anzahl Nennungen |
|---|---|---|
| Frustration | Prozent von N = 397   39 | 153 |
| Enttäuschung | 29 | 117 |
| Ärger/Wut | 28 | 113 |
| Misstrauen | 28 | 111 |
| Angst/Unsicherheit | 22 | 88 |
| Genug haben/Satt haben | 19 | 75 |
| Abneigung/Widerwille | 18 | 71 |
| Kummer/Sorge | 14 | 56 |
| Unlust/Verstimmung | 14 | 54 |
| Unruhe/Ungeduld | 10 | 39 |
| Traurigkeit/Sehnsucht | 9 | 37 |
| Neid/Eifersucht/Schadenfreude | 3 | 13 |
| Andere | 4 | 16 |

**Prägende positive Emotionen** (Mehrfachnennungen erlaubt)

| | | Anzahl Nennungen |
|---|---|---|
| Stolz/Befriedigung | Prozent von N = 97   44 | 176 |
| Freude/Begeisterung/Lust | 43 | 172 |
| Erleichterung | 25 | 98 |
| Dankbarkeit | 21 | 82 |
| Hoffnung/Vorfreude | 20 | 79 |
| Mitgefühl | 15 | 61 |
| Zuneigung/Zutrauen | 14 | 56 |
| Überraschung/Erstaunen | 8 | 33 |
| Andere | 6 | 23 |

(Kiefer 2002, S. 51)

Diesen Befunden steht häufig ein mechanistisches Organisations- und Menschenbild gegenüber. Das Menschenbild der Organisationen wird sehr schnell am Umgang mit den Emotionen deutlich. Fehlende Wertschätzung und Anerkennung für den einzelnen Menschen führen zum Vertrauensverlust mit allen negativen Folgen (Kiefer 2002). Gerade auch durch eine praktische Adaption der Systemtheorie – auch wenn diese die systemischen Einflüsse als quasi symbiotische Sogwirkungen beschreibt – verstärken sich diese Prozesse der Nichtachtsamkeit noch einmal. In diesem Sinne hat Sloterdijk recht, dass niemand „an Luhmann vorbei kann", weil seine Theorie und die darin eingelassene Ausblendung des Menschen unseren Zeitgeist wiedergibt (Sloterdijk 2000).

Rößer (2000) und auch Krell (2002) sehen weniger den organisationstheoretischen Zusammenhang und das Defizit in der Berücksichtigung von Emotionen, sondern eher die Verwertung der Emotionen als letzte Ressource des Humankapitals. Die Trennung von Person und Arbeitskraft wird als aufgehoben betrachtet. Bereits die Idee der Unternehmenskultur verweist dieser Interpretation nach auf Ansätze zur Steigerung der Effektivität. Ein neues, das Selbst verausgabendes Arbeiten soll Konflikte harmonisieren. Das Thema Gefühle wird von ihnen als Zugriff auf die Subjektivität betrachtet, die Transformation des Subjekts in eine effektive Arbeitskraft ist das Ziel. Sie interpretieren das Nachdenken über die Wirkungen von Emotionalität als eine Integration von Subjektivitätsmomenten für die Firmenstrategie, die sich als Politik der aktiven Partizipation verkauft:

> *„Mit diesem leistungspolitischen und -verdichtenden Zugriff verbunden sind, wie vielfach nachgewiesen (...), multiple größtenteils psychisch bedingte Belastungssyndrome."* *Darauf verweisen auch aktuelle Zeitungsberichte (W. G.). „Zeitökonomische und arbeitsorganisatorische Rationalisierung, gestiegene Anforderungen durch flexibilisierte und mehrdimensionale Mitwirkung und Verantwortungsübertragung innerhalb eines vergemeinschafteten Verpflichtungskontextes, erweiterte Kontrollformen, eine verschärfte horizontale Konkurrenzsituation, Druck zu freiwilliger Mehrarbeit usw. verursachen soziale Kosten" (Rößer 2000, S. 237).*

Zugespitzt ist diese Position darin, dass das partizipative Management gedenkt, Subjektwerdung zu konstatieren, zu kontrollieren und in Verkäuflichkeit zu transformieren, um ihr so Warencharakter zu geben.

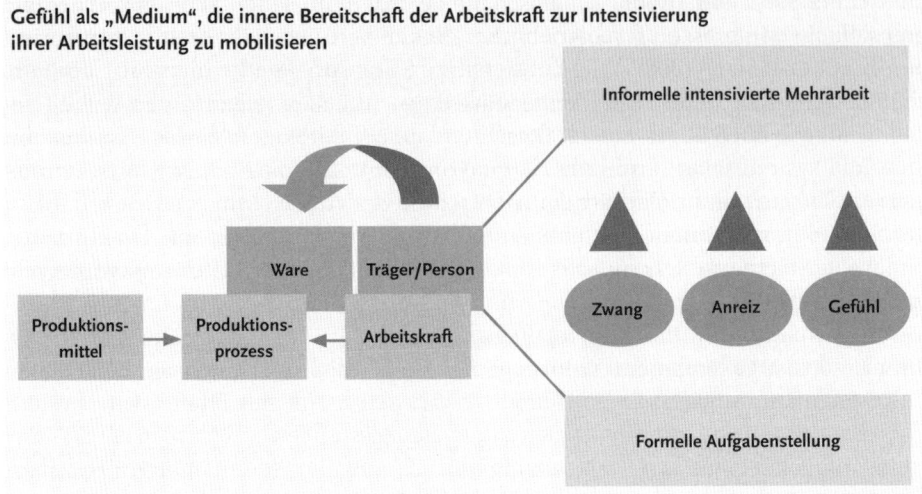

Gefühl als „Medium", die innere Bereitschaft der Arbeitskraft zur Intensivierung ihrer Arbeitsleistung zu mobilisieren

(Rößer 2000, S. 236)

Eingebunden in ein Konzept der Gemeinschaft, das sich über gemeinsame Werte und Normen erschließt, konstituieren diese Ansätze eine gefühlsmäßige, gemeinschaftliche Verpflichtung bei den Mitarbeiter/innen eines Betriebs. In der Konstruktion der Gemeinschaft erfolgt die Eingliederung des Subjekts und der Subjekte in die Verbindlichkeit der Gemeinschaft, um die Freiheit und Ungebundenheit der Ware Arbeitskraft mit Loyalität auszustatten. Wir haben es hier mit einer Domestizierung der Individuen zu tun, die über eine Verschmelzung von Fremd- und Eigeninteresse gesteuert ist. Autonomie und Handlungsfreiheit haben nach dieser Auslegung immer dann ihre größte Entfaltung, wenn die vorgegebene Logik übernommen wird.

Allerdings leitet Rößer ihre Interpretationen noch von einem Bild, d.h. von einem Verständnis, ab, wo Rationalität und Gefühl als polarisierte, eigenständige Bereiche entwickelt werden. Für sie werden über die „Schiene Gefühle" alle diejenigen Themen durchgesetzt, die über Rationalität nicht durchsetzbar sind, die nicht thematisiert werden sollen, bei denen es um die Kanalisierung gewünschter Inhalte geht. Dies ist die Entkoppelung von Gefühlen und analytischem Diskurs. Die Autorin befürchtet eine Theorie der Subjektivität, die von einer Konvergenz ausgeht.

Für eine Pädagogik, die für Mündigkeit und Selbstbestimmung steht, haben die Diskursfähigkeit, die Bedürfnisse sowie die Urteilskraft eine hohe Bedeutung. Eine kritische Erwachsenenpädagogik ist geradezu darauf verwiesen, die Verwendung der Gefühle zu thematisieren. Eine kritische pädagogische Theorie muss nach Rößer analysieren, wie die Person zu ihren Empfindungen kommt und wie diese zu den Anforderungen im Betrieb in Beziehung stehen.

Der Betrieb wird nach dieser Interpretation von Rößer als die totale Institution betrachtet. Nicht nur Krell – auch Dahrendorf (öffentlicher Vortrag) – argumentiert in Richtung einer ähnlichen „Refeudalisierung" der Gesellschaft. Denn eine Kultur der Anbindung eliminiert Freiheiten. Ebenso kritisiert Krell eine Remoralisierung der

Menschen. Sie argumentiert, Leidenschaften würden im „Flow" zum totalen Einsatz menschlicher Interessen für betriebliche Zwecke vernutzt. Für Krell dokumentiert besonders Goleman (1998) diese Entwicklung. Seine Arbeiten kanalisieren, reinigen, aber halten flüssig. Alles wird in eine Kläranlage – wie sie es nennt – von Wohlbefinden und Produktivität verwandelt (Krell 2001, S. 20). Merkmale dieser Nutzung von Subjektivität und Emotionsregulation sind die Kontrolle von Impulsen, das Vermeiden von Fehlern und üblen Stimmungen sowie der Aufbau von positivem Denken und Optimismus. Emotionale Intelligenz ist für Krell ein Filter, um Überhitzung, angstvolle Starre und Überflutung durch Gefühle zu vermeiden, um marktgängige bzw. verwertbare Höchstleistungen zu erbringen. Machtausübung durch Subjektivierung im Sinne von Emotionsregulierung, darum geht es ihrer Meinung nach. In ihrer Lesart ist Goleman ein Kronzeuge für die Möglichkeit, durch die Subjektivierung Macht auf Individuen auszuüben.

Dieses Modelldenken von Krell unterstellt nicht nur die strikte Differenz zwischen Gefühl und Rationalität, sondern es geht von polarisierten Interessenkonflikten aus, die über den emotionalen Faktor neu ausgetragen werden.
Ohne Zweifel werden gegenwärtig auch bei hohem Arbeitsinteresse vorhandene Interessengegensätze im Kapitalismus nicht mehr thematisiert, sie sind ein neues Tabu. Aber mit einer Begrenzung auf diese Betrachtungsperspektive wird man den komplexeren alltäglichen Bedürfnissen der Individuen nicht gerecht, die im täglichen gemeinsamen beruflichen und betrieblichen Alltagshandeln und in dem Erhalt der Selbstachtung liegen. Die Beziehungen und die Gefühle, die sich im Alltagsleben entfalten, bestimmen die alltagsbezogenen Erfahrungen und Weltbilder von Individuen, ihre Aktivitätspotenziale und Selbstbilder. Kühle Rationalität, z.B. als Anspruch, die es nicht als pure Rationalität gibt, da schon in der Bezeichnung „kühl" die Beziehung zum Umfeld eingeht, nämlich keine neutrale, vielleicht abwägende, sondern eine ablehnende, eben kühle Nichtbeziehung gemeint ist. Emotionen sind hier wegreguliert. Unter der Nichtbeziehung entsteht die Angst und die Flucht in die Selbstinszenierung. Der neue „Beziehungscode" ist die abgeschottete Monade. Betriebliches, auch bürokratisches Tun ist natürlich keineswegs interessenlos, es ist eben nicht rein sachlich und funktional, sonst müssten sich doch Begründungen entwickeln lassen, warum die Bürokratie sich so ausdehnt und die Tätigkeiten, die am Menschen orientiert sind, als so gering angesehen und entsprechend schlecht bezahlt und schlecht versorgt sind. Aber auch dort, wo Dinge produziert werden, sinken nach Berichten von Personen, die in der Supervision, im Coaching oder in der Personalberatung tätig sind, die Umgangsformen, die Stile, auch die Fragen von Gerechtigkeit auf das unterste Niveau. Gerade negative, ablehnende, demütigende, herabsetzende Leitungs- und Beziehungsformen überwiegen in diesen Konstellationen.
Leistungsverhalten, Interessenorientierung und Sozialität müssen sich keinesfalls widersprechen, für einen Einklang dieser drei Prinzipien fehlt es aber meist an emotionaler Selbststeuerung und an beziehungsentwickelnden relationalen Bildungs- und Kompetenzentwicklungsmodellen, die jenseits von der Norm allzu persönlicher und intimer Bindungen, von subjektivistisch erschließendem Handeln angesiedelt

sind. Gute Arbeits- und Lernatmosphären leben von Balancen, vom Orientiertsein auf die Aufgabe und auf die Sache, und zwar in wechselseitiger Empathie.

Funktional – auch im Sinne konstruktiver Emotionsregulierung – wäre es, Konflikte durch Transparenz aufzuklären, individuelle Handlungsspielräume zuzulassen, Handlungen im Team zu optimieren, d.h., das Handeln an die Sachaufgaben zu binden und dabei die Interessengegensätze anzuerkennen und aushandelbar zu halten.

Temme (1993, Temme/Tränkle 1996) hat in seiner Untersuchung die Emotionen und Erlebnisse im Kontext von Arbeit im Positiven wie im Negativen erzählen lassen und in qualitativen Einzelfallstudien ausgewertet. Dabei werden in den jeweiligen Erzählungen häufig Bilder und Metaphern benutzt. Temme stellt eine qualitative Vielfalt emotionalen Erlebens fest. Dabei kommt er zu dem Ergebnis, dass besonders hervorstechende, negative wie positive Erinnerungen über lange Zeiträume behalten werden und dadurch auch strukturelle Entwicklungen prägen. Auslöser von Emotionen sind die Arbeitshandlungen, der/die Vorgesetzte, der/die Kollege/in. Beziehungen und Zusammenhänge im Handeln werden über bedeutsame Erfahrungen hergestellt. Eigene Ziele und Wünsche und ihre Bewertung sind vor dem Hintergrund von Veränderungen im betrieblichen Kontext und im Umfeld an diese Erlebnisse rückgebunden. Dabei greift Temme Mees' (1991) emotionstheoretisches Tableau auf, um die beschriebenen Anlässe für eine lange Spurenlegung im Gedächtnis einzuordnen. Individuelle Anerkennung, das Eingebundensein in Arbeitsgruppen und das Rückgebundensein in interessenbezogene Milieus oder Subkulturen stellen diejenigen Verankerungen dar, um die „Gefühlsarena Beruf" und das darin stattfindende betriebliche und organisatorische Handeln konstruktiv und in Beziehung mit den anderen Individuen im Team, in der Organisation, im Milieu selbst zu steuern – ohne dabei den Bezug zu den betrieblichen Anforderungen und den eigenen subjektiven Lebensentwürfen zu verlieren. Individuelle Befriedigungen im Beruf werden offensichtlich im Arbeitshandeln selbst und nicht nur in der Entlohnung und in der Teilhabe an einer Vergemeinschaftung gesehen. Es existiert also generell bei den Individuen eine hohe Bindung zu tätigkeitsbezogenen Anforderungen, zu den beruflichen Arbeitsinhalten, zu dem eigenen Wirkungskreis in der Arbeit. Wenn also die Arbeit hierarchisch durchgesteuert wird, sie weiter dezentralisiert und dabei gleichwohl permanent kontrolliert wird, also kein individueller Handlungsspielraum mehr vorhanden ist, sinkt die Arbeitslust der Einzelnen eher ab, weil nichts mehr an den Arbeitsinhalt gebunden werden kann und so keine Beziehung mehr herstellbar ist (Sennett 1998, Kap. 2 und 4). Die emotionalen und die daran gebundenen rationalen Argumentationsketten müssen sich dann eher auf Abwehr gegen noch mehr Kontrolle, noch mehr Druck etc. konzentrieren.

Es kommt also auf das Verhältnis von individuellen Handlungsspielräumen und rationaler Durchstrukturierung von Arbeit an. Hier liegen die Anforderungen an das Management einer Organisation; aber ebenso sind hiermit die Anforderungen an eine sich generell verändernde Weiterbildung beschrieben, die nicht nur im Kurswesen, sondern im intermediären Raum neue Vorgehensweisen zu konzipieren hat. Verschiedene Konzeptionen, Programme und Arbeitsformen, die sich auch paradox begegnen können, werden verlangt. Erst über solche gegenläufigen, sich wechsel-seitig ergänzenden Bildungsangebote könnte sich eine neue Unternehmenskultur herausbilden, die in Zusammenhängen, Wechselseitigkeiten, im Denken an die/den/das Andere/n denken lernt, da sie dieses in ihren Lernformen selbst initiiert. Nicht eine neue Vergemeinschaftung durch „Corporate Identity", nicht die subjek-tive Ausbeutung, nicht die stromlinienförmige Durchregulierung der Individuen und auch nicht neue Abhängigkeiten in scheinbar flachen Hierarchien können sich in ihrer Einförmigkeit als neue Lernformen – ob nun systematisch oder informell konzipiert – empfehlend in den Vordergrund drängen. Vor dem Hintergrund des aufgezeigten Wechselbezugs von positiver Beziehung, Unternehmenskultur und Arbeitslust – und damit auch von Produktivität – geht es vielmehr um ein gemein-sames Lernen aus den eigenen Widersprüchlichkeiten, um das Denken in Zusam-menhängen von Wissen und Entscheidungen, von unterschiedlichen Befunden, ihren Diskrepanzen zu Handlungsanforderungen etc. Dies ist in der Vielfalt von Lern- und Arbeitsformen zu inszenieren.

Die Lernformen sollten dabei entsprechend differieren, ebenso das Wissen, um die unterschiedlichen Dimensionen von Fachlichkeit aufzugreifen: Hier das Lernen einer Systematik, dort neues Wissen, dazu wieder beispiel- und erfahrungsorientiertes Vorgehen, adaptierendes Annehmen, impliziertes Nachvollziehen, Experimentie-ren – diese Wechselseitigkeit und Vielfalt der Formen sollte in parallelen oder auch in größeren Seminarkontexten oder Projekten oder in Lernstätten erprobt werden. Auch Organisationsoptimierungen durch Wissensmanagement gelingen nur, wenn der Faktor subjektiver inhaltlicher Entfaltung unter Leistungsanspruch und Sozialität zusammengeführt wird (vgl. hierzu Arbeiten von Wilkesmann 2004).

### 5.1.1.2 Führen, Leiten, Motivieren – Konzepte des Managementverhaltens

Das Konzept der emotionalen Intelligenz und seine Bedeutung für das Management und die Leitung einer Organisation ist das, was die größte Empörung im öffentlichen Diskurs auslöst. Emotionen spielen in wirtschaftlichen und ökonomischen Kon-stellationen keine Rolle. Ja, sie dürfen scheinbar keine Rolle spielen, sie sind quasi nicht vorhanden. Es scheint, als würde man ein Tabu durchbrechen, als würde man eine Dammmauer beschädigen, schon wenn man danach fragt, ob und wenn ja in welcher Weise Emotionen in Wirtschaftsorganisationen eine Rolle spielen. Bereits eine wissenschaftliche Frage, die in diese Richtung geht, bekommt den Charakter einer nicht vorhandenen Verantwortlichkeit. – Wie groß muss danach der Einfluss von Emotionen sein? Wie dominant ist die reine, subjektive Interessenbegrenztheit? Welche Auswirkungen haben Emotionen, wenn ich mit Vorgesetzten, Kolleg/innen oder Untergebenen in bestimmter Weise umgehe, auf ihre Verantwortungs- und Leistungsbereitschaft, auf ihre Kreativität, auf ihre Fähigkeiten, aktiv neue Ideen um-zusetzen, reagiere? Gerade auch in Zeiten des Change-Managements wird es darum gehen, nicht nur bestimmte Stile zu pflegen, sondern das Lernen der agierenden Gruppen einzubeziehen. Auch hier fördern sicherlich bestimmte Leitungsstile be-stimmtes Handeln. In diesen komplexen Wirkungszusammenhängen kommen wir nicht ohne Wissen und rationale Erwägungen aus. Dazu gehört auch das Wissen über

Emotionen, darüber, wie man mit Menschen gemeinsam etwas umsetzt und dabei die individuelle Würde der Mitarbeitenden wahrt. Zu vermerken ist dabei aber, dass solche Ansätze einer „Emotionsbalance" von den großen Unternehmen gelobt und auch wohl unterstützt werden.

Die theoretische Grundlegung des Goleman-Ansatzes, der hier für die Bestimmung des Verhältnisses von Emotionalität und Rationalität bei der Führung von Wirtschaftsunternehmen hinzugezogen werden soll, erfolgt auf Basis der Neurobiologie und eigener empirischer Studien, die der Autor zunächst in Schulen und dann in Unternehmen durchgeführt hat (siehe Kap. 3). Im Mittelpunkt des Interesses steht dabei die offene Schleife des limbischen Systems im Gehirn, das Zusammenspiel von Rationalität und emotionalen Feedbacks. Das Entscheidungsverhalten als komplexes Zusammenspiel von Kognition und Emotion ist beim Führungspersonal besonders im Blick, da dieser Personenkreis mit seinen Tätigkeitsanforderungen für die Unternehmen Entscheidungen trifft. Eine ausdifferenzierte Emotionsregulierung in diesem Personenkreis, bei der Nutzung komplexen Wissens, ist für Betriebe überlebenswichtig.
Unsere emotionale Stabilität hängt von der Verbindung zu anderen Menschen ab, von geteilten Werten, von Beziehungen, d.h. von wechselseitiger Akzeptanz, Verbindung, Verpflichtung und Sozialität. Ökonomisches Handeln ist darin eingebunden. Goleman, die Leitfigur dieses Diskurses, stellt weiterhin fest, dass sich die Emotionen an die Personen angleichen, mit denen man zusammen ist. Der Arbeitsalltag hat hier allein in der Zeitdauer prägende Wirkung. Besonders Fröhlichkeit und Herzlichkeit, also optimistische Stimmungen, fördern danach Zusammenarbeit, Fairness und Leistung. In der neurobiologischen Grundlagenforschung findet man dafür Bestätigung. Lachen ist ansteckend und als Reaktion unmittelbar anschlussfähig. Es ist die direkteste Kommunikationsform, da sich die limbischen Systeme unmittelbar anschließen. So formuliert Goleman: „Ein typisches Merkmal eines emotionalen Anführers ist seine limbische Anziehungskraft, die spürbare Wirkung auf das emotionale Gehirn der Menschen in seiner Umgebung" (Goleman/Boyatzis/McKee 2002, S. 29).
In diesem Duktus argumentiert Goleman weiter: Wenn Leute sich gut fühlen, arbeiten sie besser, sie denken komplexer und sind flexibler. Dies trifft auch zu, wenn die Serviceleistung positiv ausgeführt wird. Goleman sieht also die emotional gesteuerte und regulierte Dienstleistungsfunktion als Teil eines solchen entwickelten Beziehungssystems. Das Betriebsklima wird von ihm insgesamt als ein Garant für erfolgreiches Arbeiten gewertet. Ein gutes Arbeitsklima bedeutet nicht, obschon dies in polarisierenden Diskursen gern unterstellt wird, dass der Arbeitseinsatz des/der Einzelnen und der Gruppen sinkt. Eher werden eine höhere Identifikation mit der Arbeit und ein höherer aktiver Selbstständigkeitsgrad erreicht. Mit Beliebigkeitsstrukturen oder mit passiven Steuerungsvorstellungen, hat dieses nichts zu tun. Auch handelt es sich nicht um systemisch-funktionale Steuerungssysteme, die hier wirksam sind und die Individuen gesichtslos werden lassen und ihre Subjektivität ausbeuten. Allerdings haben die Konzepte, soweit sie sich über informelles Lernen durch Führung durchsetzen sollen, etwas mit einem Menschenbild, mit Normen und Werten, aber

auch mit individuellen Freiheiten zu tun, die nicht nur wirtschaftlich-ökonomische Freiheiten sind, sondern subjektive Gestaltung meinen. Das heißt, in den angebotenen und gelebten Beziehungsmustern, die durch Leitungshandeln täglich praktiziert werden, kann eine neue Unternehmungskultur informell gestaltet werden, um bestimmte Arbeitsformen herauszubilden.[19]

Es setzt einen ebensolchen Kollegen und eine ebensolche Kollegin voraus, der/die die Leistung und die Aktivitäten von anderen würdigen kann. Der Unternehmensführung insgesamt wird ein hoher Einfluss zugebilligt. Goleman u.a. unterscheiden zwischen resonanter und dissonanter Führung. Empfohlen wird die resonante Führung. Als Beispiel zur Charakterisierung der Führung beschreibt er folgende Fälle.

> *„Ein Beispiel: Der britische Mediengigant BBC richtete versuchsweise eine Nachrichtenabteilung ein. Die etwa 200 Journalisten und Redakteure dieser Abteilung hatten sich sehr für dieses Projekt engagiert und waren überzeugt, ihr Bestes gegeben zu haben. Dennoch war das Management zu dem Schluss gekommen, dass die Abteilung wieder aufgelöst werden musste.*
>
> *Der Vertreter der Geschäftsführung, den man beauftragt hatte, den Mitarbeitern der Abteilung diese Entscheidung mitzuteilen, eröffnete seine Ansprache mit einem Bericht über die hervorragenden Ergebnisse konkurrierender Operationen und schwärmte von einer Reise nach Cannes, von der er gerade zurückgekehrt war. Ein denkbar schlechter Anfang. Die Nachricht, die er zu überbringen hatte, war schon schlimm genug, doch seine schroffe, fast beleidigende Art löste bei den Mitarbeitern ein Gefühl aus, das über die zu erwartende Frustration weit hinausging. Die Leute wurden wütend – nicht nur wegen der Entscheidung der Geschäftsführung, sondern auch auf den Überbringer der Nachricht. Die Stimmung wurde so bedrohlich, dass es sogar kurze Zeit so aussah, als müsste er die Sicherheitskräfte zu Hilfe rufen, um unbeschadet aus dem Raum zu kommen.*
>
> *Am nächsten Tag wurde ein anderer Manager zu denselben Mitarbeitern geschickt. Er wählte einen völlig anderen Ansatz. Er sprach mit spürbarer Überzeugung von der entscheidenden Bedeutung des Journalismus für die Gesellschaft, von der Berufung, der sie alle gefolgt waren. Er erinnerte sie daran, dass niemand Journalist wird, weil er einen sicheren, gut bezahlten Arbeitsplatz anstrebt, und er appellierte an die Leidenschaft, ja Hingabe, die Journalisten für ihren Beruf empfinden. Am Schluss wünschte er allen das Beste für ihre weitere Karriere.*
>
> *Wie reagierten die Leute, die sich am Tag zuvor in einen wütenden Mob verwandelt hatten? Sie applaudierten begeistert am Ende der Ansprache.*
>
> *Der Unterschied zwischen diesen beiden Managern lag in der Stimmung, die sie vermittelten: Der eine bewirkte Widerstand und Feindseligkeit, der andere Optimismus, ja sogar Inspiration. Dieses Beispiel verdeutlicht eine verborgene, aber wesentliche Dimension von Führung – die emotionale Wirkung von allem, was eine Führungskraft sagt oder tut"* (Goleman/Boyatzis/McKee 2002, S. 19 f.).

---

[19] So zeigt sich am untersuchten Managementverhalten in Weiterbildungsinstitutionen nach Robak (2004), dass die Fähigkeit zum Koordinieren und Vernetzen von entscheidender Bedeutung für das Management ist.

Es scheint aber ein Irrtum zu sein, diese Führungsstile quasi technisch einüben zu können, sie gewissermaßen als „Maske" für den Umgang mit den Mitarbeiter/innen und der Umwelt zu nutzen. Wichtig daran ist, dass es auch so gemeint sein muss. Nicht nur in diesem Fall setzt jedes Führungshandeln voraus, die Menschen und ihre Lagen, ihre Bedürfnisse zu kennen, ihnen Mut für die Zukunft zu geben und die Bedingungen des Handelns offenzulegen, damit dieses nachvollziehbar wird. Denn gerade Entscheidungen die unbegründet sind, erscheinen eben nicht rational-logisch rückgekoppelt, sondern eher durch Interessen, d.h. auch emotional willkürlich, bestimmt zu sein. Über die Emotionen gibt es den Zugang zum rationalen Abgleich, zur Nutzung von Wissen. Allerdings setzt dies natürlich eine entsprechende Emotionsausdifferenzierung voraus, die das Eigene und das andere im Blick hat (vgl. Kap. 4).

> *„Wenn Führungskräfte nicht die erforderliche Empathie aufbringen oder die Emotionen einer Gruppe nicht entschlüsseln können, erzeugen sie Dissonanz und vermitteln Botschaften, die die Empfänger unnötig aufregen. Der kollektive Disstress, der daraus entsteht, beschäftigt die Gruppe und lenkt ihre Aufmerksamkeit von der Botschaft der Führungskraft – oder ihrer Mission – ab.*
>
> *Der zweite Manager, dem die entlassenen Mitarbeiter am Schluss sogar applaudierten, ist ein Beispiel für resonante Führung: Er stellte sich auf die Gefühle der Leute ein und lenkte sie in eine positive Richtung. Was er sagte, beruhte auf seinen eigenen Werten, sodass er authentisch und überzeugend wirkte. Er erzeugte Resonanz bei seinen Zuhörern, sodass sie seine Botschaft positiv aufnehmen konnten und sich zuversichtlich und inspiriert fühlten – selbst in einem schwierigen Moment wie diesem. Wenn eine Führungskraft Resonanz hervorruft, lässt es sich am Gesichtsausdruck der Menschen ablesen: Sie sind aufmerksam und interessiert und ihre Augen leuchten"* (Goleman/Boyatzis/McKee 2002, S. 39).

Resonanz meint: Ertönen, Widerhallen. Der dissonante Führungstyp zeichnet sich für Goleman durch einen Mangel an Harmonie aus, ja er erzeugt Ärger, Angst, Apathie und verdrossene Stimmung. Hier sind bei den Kommunikationspartner/innen Kampf oder Fluchtreaktionen leitend, bei Überflutungen kann der/die Angesprochene weder neutral zuhören noch antworten.
Es gibt natürlich auch Führungskräfte, die subtiler vorgehen und oberflächlichen Charme oder soziale Gewandtheit, auch Charisma einsetzen, um eigene Ziele durchzusetzen und andere dabei auf der Strecke zu lassen. Es ist ein besonders unangenehmer Typ von Unaufrichtigkeit, der mit den Gefühlen – ganz im Sinne von Goleman – spielt, diese aber selbst nicht lebt. Misstrauen und Verstörung, Depression oder Zynismus sind die Antworten der Betroffenen. Der Demagoge/Die Demagogin setzt gegenüber diesem Führungstyp auf abgrenzenden Hass und ein Fürchten-lernenlassen. Er/Sie leitet durch exemplarische Bestrafungen Prozesse der Unterwerfung (das Ausmachen von Sündenböcken) ein. Er/Sie hat Erfolg, aber nach dem eigenen Abgang werden diese eingeübten Formen weitergegeben und ziehen ihre destruktive Bahn. Passivität, Intriganz und Kreativlosigkeit sind die Folgen dieses Handelns im

sozialen Umfeld. Es ist also ein Problem, wenn ein/e Vorgesetzte/r ausschließlich im negativen emotionalen Bereich Resonanz erzeugt. Wenn man nur im negativen Bereich Resonanz erzeugt, laugen die Mitarbeiter/innen aus. Ebenfalls erzeugt gute Leistung, die nur über Konkurrenz gesteuert wird und am individuellen Ehrgeiz anknüpft, nicht neue Kreativität. Man will nur in einem gleichen oder ähnlichen Bereich besser sein. Unter den Mitarbeiter/innen wird mit dieser Vorgehensweise ebenso Dissonanz erzeugt.

Eine resonante Führung setzt Selbstregulierung und die Arbeit an eigenen Wertmaßstäben voraus. Von der Forschergruppe Golemans liegt eine Zusammenstellung solcher Fähigkeiten vor:

**Domänen emotionaler Intelligenz und damit verbundene Fähigkeiten**

**Persönliche Kompetenzen:**
Diese Fähigkeiten bestimmen, wie gut wir uns selbst managen.

### Selbstwahrnehmung
- Emotionale Selbstwahrnehmung: sich der eigenen Emotionen und ihrer Wirkung bewusst sein; sich bei Entscheidungen auch von der Intuition leiten lassen
- Zutreffende Selbsteinschätzung: seine Stärken und Grenzen kennen
- Selbstvertrauen: sich seines Wertes und seiner Fähigkeiten bewusst sein

### Selbstmanagement
- Emotionale Selbstkontrolle: negative Emotionen und Impulse unter Kontrolle halten
- Transparenz: Aufrichtigkeit, Integrität und Vertrauenswürdigkeit vermitteln
- Anpassungsfähigkeit: flexibel an Veränderungen anpassen oder Hindernisse überwinden
- Leistung: der Antrieb, die Leistung zu verbessern, um dem hohen persönlichen Standard gerecht zu werden
- Initiative: die Bereitschaft, zu handeln und Gelegenheiten zu ergreifen
- Optimismus: die positiven Aspekte einer Situation sehen

**Soziale Kompetenzen:**
Diese Fähigkeiten bestimmen, wie gut wir Beziehungen managen.

### Soziales Bewusstsein
- Empathie: die Emotionen anderer wahrnehmen, ihre Sicht der Dinge verstehen und aktives Interesse für ihre Anliegen zeigen
- Organisationsbewusstsein: Interessengruppen, Entscheidungsnetzwerke und ungeschriebene Regeln in einer Organisation erkennen
- Service: die Bedürfnisse von Mitarbeitern, Klienten und Kunden erkennen und erfüllen

### Beziehungsmanagement
- Inspirierende Führung: mit einer überzeugenden Vision lenken und führen
- Einfluss: verschiedene Taktiken einsetzen, um andere zu überzeugen
- Die Entwicklung anderer fördern: die Fähigkeiten anderer durch Feedback und Anleitung verbessern
- Veränderungskatalysator: Veränderungen initiieren, managen und lenken
- Konfliktmanagement: Meinungsverschiedenheiten lösen
- Bindungen aufbauen: ein Netz von Beziehungen aufbauen und aufrechterhalten
- Teamwork und Kooperation: Zusammenarbeit und Teambildung

(Goleman/Boyatzis/McKee 2002, S. 61)

Diese Punkte sind für eine resonante Führung unerlässlich. Das Fundament hierzu ist Selbstwahrnehmung, nur darauf kann Empathie (d.h. zuzuhören, sich in die Lage anderer zu versetzen) aufbauen. Instrumente emotionaler Intelligenz sind:

- die Motivation, Ergebnisse zu erzielen;
- die Fähigkeit, die Initiative zu ergreifen;
- Kooperations- und Teamfähigkeit sowie
- die Kompetenz, Teams zu führen (ebenda, S. 57).

Gearbeitet wird bei diesem Ansatz mit einem Menschenbild, das auf selbstständige, aktive, kreative und motivierte Haltungen setzt, die dem Menschen zugewandt sind. Keinesfalls wird ein einheitliches Bild von den Individuen unterstellt.

**Die Führungsstile im Überblick**

**Visionär**
Erzeugung von Resonanz: Verwirklichung gemeinsamer Träume
Wirkung auf das Klima: äußerst positiv
Anwendung: wenn aufgrund von Veränderungen eine neue Vision erforderlich ist oder eine klare Richtung gebraucht wird

**Coachend**
Erzeugung von Resonanz: bringt individuelle Ziele mit den Zielen der Organisation in Einklang
Wirkung auf das Klima: sehr positiv
Anwendung: durch gezielte Förderung der Fähigkeiten eines Mitarbeiters seine Leistung verbessern

**Gefühlsorientiert**
Erzeugung von Resonanz: verbindet Menschen miteinander und schafft dadurch Harmonie
Wirkung auf das Klima: positiv
Anwendung: um gespaltene Teams zu vereinen, in stressigen Zeiten zu motivieren und Verbindung zu stärken

**Demokratisch**
Erzeugung von Resonanz: Wertschätzung für den Beitrag der Mitarbeiter, bewirkt Engagement durch Einbeziehung
Wirkung auf das Klima: positiv
Anwendung: um Zustimmung oder einen Konsens zu erreichen oder wertvolle Beiträge von Mitarbeitern zu sammeln

**Fordernd**
Erzeugung von Resonanz: Erreichung interessanter herausfordernder Ziele
Wirkung auf das Klima: da oft falsch eingesetzt, häufig sehr negativ
Anwendung: um mit einem hoch motivierten kompetenten Team herausfordernde Ergebnisse zu erzielen

**Befehlend**
Erzeugung von Resonanz: gibt in Notsituationen eine klare Richtung vor und verringert dadurch Angst und Unsicherheit
Wirkung auf das Klima: da oft missbraucht, häufig sehr negativ
Anwendung: in Krisen, um eine Kehrtwende in Gang zu bringen, mit problematischen Mitarbeitern

(Goleman/Boyatzis/McKee 2002, S. 81)

WILTRUD GIESEKE

Dieses Führungskonzept gilt einigen als idealistisch, für andere ist es alter Wein in neuen Schläuchen, für wieder andere würde das Subjekt vereinnahmt, um Interessengegensätze einzuebnen (Schuler 2002, Sonnenmoser 2002). Besonders wird aber immer wieder die Entwicklung solcher neuen Akzentsetzungen als Ausdruck einer Modewelle angesprochen. Mir scheint dieser Vorwurf eher oberflächlich als hilfreich für den Diskurs zu sein, denn die Basis von Golemans Ansatz ist neues Wissen, sind empirische Grundlagen sowohl im sozialwissenschaftlichen als auch im neurobiologischen Bereich. Wirksam für weitere Forschungen bleibt aber der im Text entwickelte Zusammenhang, dass Selbstvertrauen, Flexibilität und die Fähigkeit, mit anderen zusammenarbeiten zu können, für Arbeitshandeln notwendig sind.

Die angestrebte Teamarbeit setzt eine besondere Form von Führung voraus, konzeptionell gibt es hierfür Anschlüsse an die Konzepte von Goleman u.a. (Goleman/Boyatzis/McKee 2002). Die empirischen Befunde von Angehrn (2004), durchgeführt in der Sozialarbeit, in Schulen und in Banken, zeigen, dass die Teamarbeit in der Sozialarbeit am ehesten zu gelingen scheint. Extrovertiertheit von Kolleg/innen sorgt eher für angenehmere Empfindungen, Neurotizismuswerte verweisen eher auf unangenehme Emotionen, aber eine hohe Gefühlsorientierung. Allerdings geht eine extrovertierte Orientierung nicht unbedingt mit einer Zielorientierung im Handeln und mit der Wahrnehmung von Bedürfnissen der Klient/innen und Kolleg/innen einher. Besonders wichtig scheint es zu sein, die spezifischen Bedürfnisse der Teammitglieder an Teamarbeit auszutauschen, damit keine Enttäuschungen entstehen. Von dem Teamleiter/von der Teamleiterin sind Sachaufgabe und Mitarbeiterorientierung unter der Perspektive der Aufgabenorientierung zu bündeln, wenn das Team arbeitsfähig bleiben will. Ein Optimum scheint erreicht, wenn Aktivität, Freundlichkeit und Sachorientierung zusammenwirken. Verträglichkeit, Gewissenhaftigkeit, Bedürfnisbefriedigung und angenehme Erlebnisse sind die produktiv wirkenden Ergebnisse:

> *„Dies wäre ein deutlicher Hinweis darauf, dass sich erfolgreiche Teams an ihren Aufgaben ausrichten und das subjektive Wohlbefinden der Mitglieder ebenfalls mit der Aufgabe verbunden ist"* (Angehrn 2004, S. 310).

Angehrn fasst zusammen, dass „angenehme Emotionen freundliches und zielorientiertes Verhalten begünstigen, während unangenehme Empfindungen gefühlsbestimmtes und unkooperatives Verhalten zu fördern scheinen. Ebenfalls bestätigt wird die Annahme, dass Freundlichkeit und Sachorientierung positiv mit der Leistung korrelieren und dass Gefühlsbestimmtheit und Unfreundlichkeit mit niedriger Leistung einhergehen" (ebenda, S. 309). Emotionen steuern danach Handlungsdispositionen und/oder bereiten spezifische Verhaltensweisen vor. Konkurrenz, Angst, Geringschätzung, Unsicherheit und Arroganz scheinen alle keine guten Ratgeber für Teamentwicklung zu sein. Der Bindungs- und Beziehungsaspekt wird in den Auswertungen von Angehrn aber nicht in der gleichen Weise als persönliche Beziehung, Anerkennung und Beachtung in den Vordergrund gestellt. Golemans Konzept gilt für europäische Kontexte als etwas zu aufdringlich und deshalb wird ihm gegenüber häufig der Verdacht der subjektiven Enteignung eingebracht. Die angehrnsche Untersuchung stellt die Teamaufgaben, die Aufgabenorientierung und die daran geknüpften Bedürfnisse in den Vordergrund der Betrachtungen zum Arbeitshandeln. Dadurch wird das Subjekt konzeptionell nicht verfügbar gemacht, in emotionale Handlungsdispositionen einbezogen und in seiner Rolle, in seiner Sachorientierung angesprochen, um die optimalen Entfaltungsbedingungen der Gruppe und der Einzelnen zu erreichen. Eine positive emotionale Grundorientierung, was die Arbeitsaufgabe und die Gruppe anbetrifft, bleibt also auch dafür unumgänglich.

Die Frage von Macht und Führung stellt sich vor dem Hintergrund dieser Befunde und Konzepte neu. Philosophische und ethische Diskurse sind stärker einzubeziehen, aber für die Philosophie ist die Wirkung von Emotionen, die eher geschlechterpolarisierend und projizierend betrachtet wurden, vor dem Hintergrund der Emotionsforschung neu aufzuarbeiten, wie Martha Nussbaum eindrucksvoll entwickelt hat (Nussbaum 1999, S. 35 ff. u. 2002). Die Entscheidungsfähigkeit, die praktische Vernunft und die Vergegenwärtigung von komplexen Abhängigkeitsverhältnissen für die Realisierung eines guten Lebens ist das Thema. Unter einer neuen Ausinterpretation der philosophischen Überlegungen von Aristoteles arbeitet Nussbaum unter den Fragen nach gutem Leben, nach gesellschaftlicher Verfasstheit, nach der Bedeutung von Arbeit und Gerechtigkeit die Eckpunkte eines solchen guten Lebens aus.

Inwieweit lebensbegleitende Bildung und Kompetenzerweiterung in betrieblichen Kontexten zu einem guten Leben gehören, verweist auf notwendige qualitative Studien zu Bildungsprozessen in diesem Feld, die aber mit einem längeren Zeithorizont angelegt sein müssen. Andere Emotionsstudien zum betrieblichen Verhalten im Zusammenhang mit Führungsverhalten und Motivation interessieren sich eher für die Spannungen und Konfliktlagen zwischen den Mitarbeiter/innen und den jeweiligen Manager/innen. Sie interessieren sich für Reibungsverluste und setzen hier Trainings zur Selbstreflexion ein.
Eiselen und Sichler schlagen den Weg zum reflexiven Umgang mit der eigenen Emotionalität vor. Dabei nutzen sie das Übertragungs- und Gegenübertragungsmodell aus der Psychoanalyse. Übertragung und Gegenübertragung finden danach in allen Situationen statt. So gehen sie davon aus, dass ein/e Vorgesetzte/r die ideale Projektionsfläche von Übertragung und Gegenübertragung ist.
Zwei Fallanalysen dokumentieren das Ergebnis einleuchtend:

> „Fallvignette 1
> Herr Meier ist Ende 30 und seit drei Jahren Abteilungsleiter einer Konstruktionsabteilung eines mittelständischen Unternehmens. In seiner Abteilung arbeiten zwölf Kolleginnen und Kollegen. Vorher war Herr Meier in leitender Position im Konzern Y. Im Bewerbungsverfahren um die Position, die durch die Pensionierung des Vorgängers vakant wurde, hatte er einen internen Konkurrenten, wurde jedoch vorgezogen, da sich die Geschäftsleitung von seiner Einstellung „frischen Wind" erhoffte. Herr Schulz, Mitte 40, sein damaliger Mitbewerber, ist seit seiner Lehre in dem Unternehmen und arbeitet nun als Meiers

*rechte Hand. Nach außen ist die Haltung von Herrn Schulz loyal und zurückhaltend gegenüber Herrn Meier, jedoch hat er des Öfteren den Eindruck, dass Herr Schulz Informationen nur selektiv an ihn weitergibt und entscheidende Details erst im letzten Moment einspeist, sodass schon einige Male eine Fehlentscheidung erst im letzten Moment verhindert werden konnte. Dabei sieht es jedes Mal nach außen so aus, als hätte Schulz umsichtig und überlegt gehandelt, Meier dagegen sei zu voreilig gewesen und verfüge eben noch nicht über die notwendigen Branchenkenntnisse. Diese Situationen machen Herrn Meier ohnmächtig wütend. Diese Wut versucht er zu unterdrücken, da er meist keine Beweise gegen Herrn Schulz hat. Innerlich kocht er jedoch, was er jedoch nicht offen äußert"* (Eiselen/Sichler 2001, S. 60 f.).

Mit dem Übertragungskonzept kann das Gefühlsarrangement aus der interpersonellen Konstellation herausgenommen werden. Die interpersonellen Bezüge werden deutlich. Die emotionalen Reaktionen können als organisationsbezogene rollen- und funktionsbedingte Reaktionen beobachtet werden. Sie können dann als systemimmanente Dynamik behandelt und müssen nicht mehr als Konflikte zwischen Personen interpretiert werden. In diesem Fall ist es die unbewusste Artikulation von Neidgefühlen, die aus der Bevorzugung entsteht. Die Forscher/innen stellen fest, dass es die Vorgeschichte ist, die den Neid erzeugt und nicht die Beziehungskonstellation.

Es handelt sich aber auch hier um einen Trick für eine Distanzierungsfähigkeit. Man möchte die Problembearbeitung dadurch erleichtern, dass man von unbewussten Reaktionen, also von nur begrenzt zugänglichen Gefühlen, ausgehen will. Man unterstellt, dass selten jemand bewusst abgewertet, gekränkt oder missbraucht wird. Dadurch gewinnt die Person, der diese Gefühle entgegengebracht werden, mehr Souveränität. Sie braucht sich nicht persönlich angegriffen zu fühlen.

Einen anderen Aspekt beobachtet Mentzos (1988), nämlich die emotionale Abwehrfunktion von Institutionen. Institutionen übernehmen für uns Aufgaben, die wir dann nicht mehr selbst übernehmen müssen. Zum Beispiel ist Controlling ein institutioneller Ort, hier der Kostenkontrolle. Mögliche Kritik verobjektiviert sich. Neue Wege werden nicht gegangen.

Die Studie zur Rolle des Vorgesetzten wird in Rückbezug auf Sennett als Konzept der Autoritätsablehnung begründet. Sennett (1990) hat in seinen Überlegungen zur Bindung an Autoritäten festgestellt, dass Autoritäten mit hohen Ansprüchen bedacht werden, aber auch mit Angst und Furcht, da sie in betrieblichen Kontexten die individuelle Autonomie bedrohen und die Gefahr der Abhängigkeit der Mitarbeiter/innen identifiziert wird. Verletzlichkeit und Unvermögen im Umgang mit Autorität wird sichtbar, ebenso wie die Gefühle von Scham, Schuld oder Abhängigkeit. Sie treffen Erwachsene in ganz anderer Weise als Kinder und Jugendliche. Sie benötigen deshalb auch individuell andere Zuordnungen.

*„Fallvignette 2*
*In der Buchhaltungsabteilung eines großen Unternehmens arbeiten 16 Mitarbeiter und eine Abteilungsleiterin, Frau Berger. Die Atmosphäre ist nicht repressiv, aber das Verhält-*

*nis der Mitarbeiter zu Frau Berger ist spannungsgeladen und gestört. Die Leistung der gesamten Abteilung ist nicht besonders hoch, häufiger werden Aufgaben nicht fristgerecht erledigt. In Gesprächen hört man nur Geringschätzung. Herr Müller berichtet: ‚Einmal fragte ich sie, wie ich eine bestimmte Sache verbuchen sollte, und sie antwortete mir: ‚Machen Sie das, wie sie es für richtig halten.' Das heißt doch, entweder ist es ihr egal, oder sie weiß es selbst nicht.' Egal, was Frau Berger tut, die Mitarbeiter legen es gegen sie aus: Ist sie großzügig, wird es ihr als Desinteresse ausgelegt, ist sie rigide und streng, wird ihr Despotismus und Willkür unterstellt.*

*Eine Mitarbeiterin, Frau Werner, beschreibt ihr Verhältnis zu Frau Berger: ‚Wir könnten hier viel kollegialer und effektiver arbeiten, wenn nicht Frau Berger, sondern Frau X unsere Vorgesetzte wäre, dann wäre alles viel besser und straffer organisiert. Aber so können wir ja gar nicht anders, als unsere Ziele nicht zu erreichen.'*

*Wenn Frau Berger einen Mitarbeiter bittet, nach der Mittagspause eine Aufgabe zu erledigen, kommt dieser deutlich zu spät aus der Pause zurück, schiebt andere wichtige und unaufschiebbare Tätigkeiten vor, nur um dem Wunsch von Frau Berger nicht nachkommen zu müssen"* (Sennett nach Eiselen/Sichler 2001, S. 66).

Die Ablehnung einer Person bindet demnach. Sennett unterscheidet drei Formen von Ablehnungsbindung:

- Ungehorsam (was die will, machen wir noch lange nicht),
- die idealisierte Ersetzung (wenn sie anders wäre, wäre alles gut),
- die Phantasie des Verschwindens (wenn der weg wäre, wäre alles gut).

Bei der Konzipierung des reifen Umgangs mit Emotionen gehen auch Eiselen/Sichler, wie viele andere Autor/innen, auf den Entwurf einer Philosophie der Lebenskunst nach Schmid ein. Schmid (1998) bietet im Rückgriff auf das Konzept der Emotionsregulierung eine Selbstinterpretation der Freiheit.

*„In Anlehnung an stoische Techniken reguliert das Selbst damit vorweg seine Schwelle zum Zorn und legt seine Disposition strategisch und im Allgemeinen oder taktisch nur für den jeweiligen Einzelfall fest, um sich etwa von einer zu erwartenden Kränkung nicht provozieren zu lassen und Anlässen zum Zorn aus dem Weg zu gehen oder umgekehrt Anlässe zu suchen, wenn es sinnvoll erscheint, in Zorn zu geraten. Das ist bereits Bestandteil des Kunstgriffs der Division: Den Zorn zu zerteilen, ihn aufzuteilen auf verschiedene Stadien. Die Unterscheidung verschiedener Stadien zwischen dem Vorstadium, sodann den ersten Anzeichen, dem Stadium der plötzlichen Aufwallung und dem finalen Stadium der völligen Besessenheit erlaubt den kalkulierten Eingriff in die Einwicklung des Zorns und ermöglicht seinen bewussten Gebrauch"* (Schmid 1998, S. 371).

Auch in diesem Diskurs sind die Begründungen nicht so weit entfernt von Goleman, obschon wir bei der Rezeption von Goleman immer wieder merken, dass er für den europäischen Kontext als zu populistisch empfunden wird. Gerade Goleman hat aber erst den Weg freigemacht für eine andere Perspektive. Vielleicht ist für die kritische Position maßgeblich, dass die Emotionen im europäischen, besonders im deutschen Verständnis nur im negativen Erleben erden, bedingt durch Erfahrungen in Diktaturen oder als Ausdruck rücksichtslosen Eigeninteresses, das keine Verantwortung mehr erkennen lässt. Gefühle werden mit dem Irrationalen gleichgesetzt, das hat sich tief im Sprachgebrauch des Alltags, aber auch in der Politik, im Bildungswesen und im Journalismus eingenistet. Allein eine Inhaltsanalyse von nur zwei Tageszeitungen würde sehr interessante Ergebnisse zu dieser These erbringen. Wissen und Erziehung wurden deshalb im Diskurs der letzten Jahrzehnte beinahe gleichgesetzt, alles andere galt als flaches Moralisieren. Diese Entwicklung pädagogischen Denkens greift offensichtlich vor dem Hintergrund der aktuellen Emotionsforschung zu kurz.

Erziehung in Kindheit und Jugend wird im deutschen Alltagsdiskurs mit Unterwerfung, Demütigung, Qualen und Quälen verbunden. Dieses ist der autoritären deutschen Vergangenheit geschuldet. Man bleibt dabei erneut nicht anschlussfähig an den angloamerikanischen und skandinavischen Diskurs. Der Anspruch an individuelle Entwicklung und Förderung greift nicht als demokratisches Konzept. Das Gegenkonzept zum Autoritären, welches in den letzten Jahren quasi willkürlich gelebt wurde, ist dann nicht Selbstständigkeit und sozial integres Verhalten, sondern Egoismus, Rücksichtslosigkeit, Verschlagenheit, Passivität, geringe Belastbarkeit etc. Die Ablehnung von Erziehung und pädagogischer Intervention ist damit zu eng in der deutschen, vielleicht auch in Teilen anderer europäischer Geschichte verbunden, sodass gegenwärtig die Begriffe verblassen. Besonders unangenehm ist es, wenn eine bereits different arbeitende Weiterbildungswirklichkeit von diesem Negativbild auch noch eingeholt wird und Lernen und Bildung zu nicht mehr sehr geachteten Möglichkeiten verkommen.[20]

Vor diesem Hintergrund sind auch alle Trainings- und Reflexionsangebote zu sehen, die für verschiedene Gruppen in der Personalentwicklung/Weiterbildung angeboten werden.

Für eine lernende Auseinandersetzung mit Autoritätskonflikten in Gruppen, in Teams, mit Leitung wird deshalb von Eiselen/Sichler ein Reflexionsmodell, Intervisionsmethode genannt, vorgeschlagen.

---

[20]  Sowohl ein idealisiertes als auch ein zu negatives Menschenbild unterschätzen gegenwärtig die Bedeutung von Erziehung in der Kindheit als Teil einer Ausdifferenzierung der Emotionen vor dem Hintergrund ethischer Werte, die auf Achtung und Anerkennung von jedem setzt. Letzteres ist in Deutschland – was Arbeitshandeln betrifft – in keiner Weise gesichert. Auch sind die Bildungsprozesse für dieses Feld eher nachlässig behandelt. Die Kompetenzentwicklung wird zu sehr – wahrscheinlich in Ermangelung von Konzepten – auf Erfahrung und informelles Lernen ausgerichtet. Diese Ansätze reichen nicht. Es gibt eine zunehmende Vernachlässigung in der öffentlichen, nicht in der betrieblichen Debatte. Eine öffentlich auch in Zukunft zu verantwortende Weiterbildung, auch wenn sie bildungspolitisch mehr als vernachlässigt wird, ist hier in bisher nie diskutierter Weise gefordert.

**Phasen der Intervision**

| | |
|---|---|
| **Beschreibung** | **1. Fallpräsentation durch Falldarsteller** |
| (ca. 30–45 Min.) | (Vorgeschichte und aktuelle Situation, Rollenbeschreibung, emotionale Situation, bisherige Lösungs- bzw. Interventionsversuche) |
| | *Formulieren des konkreten Beratungsbedarfs durch den Falldarsteller* |
| | **2. Nachfragen aus der Intervisionsgruppe zur Klärung des Fallverständnisses** |
| | Der Falldarsteller hört zu |
| | **3. Antworten durch Falldarsteller** |
| **Diagnose** | **4. Rückmeldungen aus der Intervisionsgruppe** |
| (ca. 20 Min.) | (Assoziationen, emotionale Eindrücke und Interpretationen) |
| | *Ziel ist ein vertieftes Verständnis der Fallsituation, noch keine Problemlösung!* |
| | Der Falldarsteller hört zu |
| | **5. Erkenntnisgewinn für den Falldarsteller** |
| **Intervention** | **6. Handlungsempfehlungen durch die Intervisionsgruppe** |
| (ca. 20 Min.) | Der Falldarsteller hört zu |
| | **7. Ergebnissicherung** |
| | Was ist klarer geworden? Was noch nicht? |
| | Welche nächsten Schritte werden unternommen? |

(Eiselen/Sichler 2001, S. 71)

Das Modell ist interessant, weil es Sensibilisierungen ermöglicht, Reflexion und Perspektivwechsel eröffnet und Rollenhandeln einübt. Eine offene und verletzungsarme Kommunikation scheint möglich. Die Gruppe selbst entwickelt einen Lösungsansatz, wie sie die emotionale und soziale Situation verstehen will.

Die erwachsenenpädagogischen Implikationen sind dabei:

- Es wird eine soziale Distanzierungsmöglichkeit konstruiert und eine begriffliche Beschreibbarkeit herbeigeführt.
- Die Gruppe löst den Fall gemeinsam.
- Man versucht gemeinsam, emotionale Aspekte des Handelns zu verstehen.
- Voraussetzung ist, dass mindestens eine Person einen Beratungsbedarf hat; die anderen Personen nehmen die Rolle von kollegialen Berater/innen ein.

Interessant ist, dass solche und andere psychopädagogisch-soziale Lernarrangements gerade für die betriebliche Weiterbildung, insbesondere für das mittlere und für das obere Management, in anderer Weise typisch seit mehr als 15 Jahren genutzt werden (Gieseke 1996). Allerdings wird bereits gegenwärtig ein Rückgang dieser Techniken und Lernformen beobachtet, da der Erfolg schwer messbar ist. Die Verläufe von Nutzen und Wirkungen benötigen vor dieser Frage größere Beachtung.

Wiltrud Gieseke

Es mag vielleicht auch ein individuelles konzeptionelles Lernen geben, wenn man sich nicht einer Gruppe anvertrauen mag. Es wird dann allerdings auf eine Rückmeldung (durch die Gruppe) verzichtet. Dabei wäre zu fragen, inwieweit nun die Schritte zur Entwicklung einer Lebenskunst nach Schmid hier empfehlenswert wären.

Übungen wie das Vorwegbedenken und die Division und Zerteilung von Affekthandlungen und Zorn können natürlich auch reinigende Wirkungen und müssen nicht nur soziale Funktionen haben.

Auch das Modell von Eiselen/Sichler operiert mit dem Konzept eines rational agierenden Teams, obwohl es von einer Gefühlsarena als organisationsimmanenter Interpretation ausgeht. Es lohnt sich auszuinterpretieren, was wesentliche Kriterien für Arbeitsfähigkeit sind, die durch ein leitendes Management zu bedenken sind:

- Identifizierungsfähigkeit,
- Inhalts- und Aufgabenbezug,
- individuelle und gemeinsame Verantwortung verknüpfen,
- individuelle Interessen erfüllen können,
- Achtung, Anerkennung, Respekt und
- Akzeptanz der Individuen.

### 5.1.1.3 Konflikte regeln, lösen

Ob in Form von Coaching, Supervision, Rollenspielen, Wissen oder Verstehen, es gibt kein so offenes Feld von Weiterbildung unter dem Fokus von Beratung wie im Bereich der Konfliktlösung. Letztlich ist es von Führung und Leitung gar nicht zu trennen. Er ist ganz besonders für die betriebliche Weiterbildung zu einem Schwerpunkt in der Bildungsnachfrage geworden. Aber Weiterbildner/innen selbst fragen, was ihre institutionellen Kontexte und bestimmten Kurssituationen betrifft, ebensolche Kurse nach (Gieseke/Reich 2006, Gieseke 2004a). Brehm sieht hier einen Schwerpunkt zur Förderung emotionaler Kompetenz im Rahmen der Personalentwicklung. Der Personalentwicklungsbegriff – insbesondere der Entwicklungsbegriff selbst – wird inzwischen gern auch für die Weiterbildung verwendet. Er kann aber keinesfalls synonym verwand werden. Im betrieblichen Kontext ist etwas anderes gemeint. Es geht um ein Konzept, „das die Mittel zur Veränderung und persönlichkeitsförderlichen Weiterentwicklung des Mitarbeiters nicht nur in geplanten und systematischen Bildungsmaßnahmen sieht, sondern auch in der Arbeitstätigkeit selbst und durch deren Gestaltung" (Sonntag 1999, S. 18 nach Brehm 2001, S. 214). Dabei wird auf von Rosenstiel zurückgegriffen. Ausführungen dazu, wie entsprechend Einfluss auf den Betrieb zu nehmen wäre, um Emotionen als zu berücksichtigende, anregende, differenzierte Konstellationen zu erkennen, fehlen. Insgesamt geht es um das Erlernen eines reflektierten Umgangs mit eigenen Emotionen und den Gefühlen anderer (vgl. Brehm 2001, S. 216). Ansonsten werden die Bildungsformen aufgeführt, die bereits genannt wurden. Neu ist aber der Einbezug künstlerischen und gestalterischen Lernhandelns als Belastungsabbau für die Emotionsarbeit im betrieblichen oder im Dienstleistungshandeln. Als Nebeneffekt wird auf den dabei reaktivierten schöpferischen Aspekt abgehoben. Unter der Betrachtung von Veränderungen wird am meisten vom Training, von Rollenspielen erwartet, weniger von einer reinen Wissensverarbeitung.

Rollenspiele und Sensitivitätstraining haben dabei die besondere Aufmerksamkeit. Das Rollenspiel wird als die Möglichkeit gesehen, ein Feedback zum eigenen Verhalten zu bekommen, Empathie im Prozess der Rollenübernahme zu entwickeln und neue Sichten auf eine Situation zu erhalten. Das Sensitivitätstraining soll zu einer Änderung von Erlebens- und Verhaltensweisen beitragen, die Wahrnehmungsfähigkeit erhöhen. Hier arbeitet eine größere Gruppe mit einem Trainer oder einer Trainerin zusammen. Sensibilisierung und Abhärtung spielen bei dieser Methode eine besondere Rolle. Auch geht es in diesem Training darum, eigene Emotionen bewusst einzusetzen. Die Manipulation von Emotionen, emotionale Spannbreiten zu erkennen und mit negativen Emotionen gelassener umzugehen sind ebenfalls Ziele dieser Trainings. Man verspricht sich mehr davon als nur fiktive, und zwar reale Situationen nach- und durchzuspielen. Es gibt auch Konzepte, die das Erleben von Emotionen im Sinne von Freude und Stolz, was das eigene Arbeitshandeln betrifft, unterstützen. Unterschiedliche Emotionsqualitäten sollen also bewältigt und persönlichkeitsförderlich bearbeitet werden. Allerdings ist allen Beteiligten bekannt, dass dieses nicht im Schnellverfahren geht. Der Weg dorthin braucht Zeit (Brehm 2001, S. 215 ff.). Gut wären Begleituntersuchungen zu solchen Trainingskonzepten, um die Lernformen in solchen Prozessen und die Lernresistenzen der Teilnehmenden zu verfolgen und um den laufenden Prozess im Arbeitshandeln zu begleiten. Aber ob es dazu Möglichkeiten gibt?

Ein größer werdendes Spezialthema solcher Trainings ist das der Angst, die als Stressor wirkt, besonders unter den Bedingungen von Arbeitsplatzverlust und Mobbing. Zwar wird immer wieder auch auf die aktivierende Bedeutung von Angst als Handlungsfaktor hingewiesen. Aber selbst in betriebswirtschaftlichen Analysen wirkt Angst inzwischen nur noch als Kostenfaktor, nicht nur, was die Gesundheit und ein sich verlierendes Interesse an dem Inhalt von Arbeit, sondern auch was Fehlentscheidungen, fehlgeleitetes Konkurrenzverhalten etc. in der Arbeit anbetrifft. Man spricht geradezu vom Angstmanagement, um die häufigsten Ängste in betrieblichen Kontexten zu mindern. Vergleichbare Angst gibt es übrigens auf allen Hierarchieebenen (z.B. Panse/Stegmann 1997). Zu diesem Thema entwickeln sich derzeit eine breite Ratgeberliteratur und eine Seminarpraxis (Weidner/Kleinschmidt 2002), die manchmal nicht die Dinge aufklärt, sondern mit Gegentricks arbeitet. Eher könnten sich dadurch Gegeneskalationen durch neue Abwehrtechniken ankündigen.

In ganz anderer Weise entwickelt Tietel (2003) ein Konzept von Konfliktlösung zwischen verschiedenen Subkulturen in Firmen, und zwar am Beispiel der Einführung neuer Betriebssysteme. Es geht für ihn um Emotionen und Anerkennung, die er aber nicht auf individueller Ebene in den Blick nimmt, sondern von Subkulturen betrieblichen Handelns her betrachtet, in denen gerade der Interessengegensatz zum Dreh- und Angelpunkt der Betrachtungen wird. Das Konzept und die empirische Begleitung dieses Innovationsvorhabens zur Einführung einer Betriebssteuerung mittels rechnergestützten neuen Betriebsleitsystems führte zu einer Umorganisation aller Arbeitsverläufe. Ein Mangel an wechselseitigem Zuhören verschärfte die Konflikte zwischen Innovatoren, die von Außen kommen, und Betroffenen in der Firma (hier

Busfahrer). Daraufhin wurden nach jahrelangem Tauziehen und Misstrauen neue Konzepte des Aushandelns, des wechselseitigen Voneinanderlernens erprobt. Man suchte nach neuen subkulturübergreifenden Aushandlungsräumen, die als sozio-emotionaler Raum wirksam werden können, um Zwischenräume zwischen organisatorischen Subkulturen als intermediäre Räume zur Verfügung zu haben. Gemeint sind Interaktions-, Aushandlungs- und Dialogräume, in denen die Akteure miteinander interagieren können (Tietel 2003, S. 28 ff.).

Die Raumdiskussion wird von Tietel bei der Konzeptentwicklung im Rückgriff u.a. auf Bollnow und Lewin breit entwickelt. In seinen Raumvorstellungn können Selbst-, Fremd- und Beziehungsdefinitionen zwischen den Interaktionspartner/innen ausgehandelt werden. Als psychodynamisches Grundmuster wird auf die Psychoanalyse von Klein rekurriert und zwischen dem paranoid-schizoiden und dem depressiven Modus der Erfahrungsbildung unterschieden. Der paranoid-schizoide Typ desintegriert, spaltet, der depressive setzt auf Integration. Die Bewegung von einer paranoid-schizoiden Position, deren Wert darin liegt, auf die Desintegration und Sinnlosigkeit hinzuweisen, hin zu depressiveren Positionen wird von Tietel im Anschluss an Britton als kognitive Entwicklung betrachtet. Dieser geht von einem permanenten Oszillieren zwischen diesen Modi aus. Als triangulierendes Drittes wirkt der autistisch-berührende Modus, der so etwas wie die Haut darstellt, also (gewissermaßen) die soziale Haut der Organisation (Ogden 1995 nach Tietel). Es geht um das vorsymbolische Erleben in z.B. paranoid-schizophrenen Inszenierungen, die schwer zu dechiffrieren sind:

> „So hatte ich in einem Beratungsprozeß (siehe Tietel 1999a) sehr früh den Eindruck, daß die Intensität des Mißtrauens und die stark vergiftete Atmosphäre in einem Organisationssegment sowie die schier unüberbrückbare Kluft zwischen Beschäftigten und Leitung, die die Beratungssitzungen permanent zu einem Ort wechselseitiger Vorwürfe und Vorhaltungen werden ließen – eine ausgesprochen paranoid-schizoid geprägte Kultur also –, was in starkem Maße darauf zurückzuführen war, daß im Zuge eines Umstrukturierungsprozesses in der Organisation die angestammten und vertrauten Einheiten aufgelöst und die Arbeit in einer Weise neu organisiert werden sollte, die bei den Beschäftigten das Gefühl hervorrief, daß ihnen der vertraute und liebgewonnene Boden unter den Füßen weggezogen, daß die soziale Haut ihrer gegenwärtigen betrieblichen Lebenswelt beschädigt würde. Die Aussicht, daß sich ein vertrauter und geschätzter Zusammenhang und Zusammenhalt (sowohl räumlich als auch inhaltlich und personell) aufzulösen drohte, löste m.E. tiefe Ängste auf einer autistisch-berührenden Ebene aus und führte zu einem scheinbar unauflöslichen Anklammern an das Bestehende, wodurch (im depressiven Modus anzusiedelnde) Fragen danach, was sie durch die Neuorganisation durchaus auch gewinnen würden, wie sie diese bewältigen könnten und wie sogar manche ihrer einstigen Klagen über Schwachstellen der bestehenden Arbeitsorganisation aufgenommen worden waren, kaum aufgeworfen, geschweige denn in produktiver Weise besprochen werden konnten. Letzteres gelang erst, als die (sich in paranoid-gefärbte projektive Vorwürfe und Anklagen kleidenden) Beunruhigungen im geschützten Raum eines sowohl ‚haltenden‘ als auch reflexiven, d.h. auf verbale Symbolisierung, sowie auf

*(Wieder-)Herstellung eines freieren Spiels zwischen den drei Erfahrungsmodi abzielen-*
*den Settings des Beratungsprozesses aufgegriffen und angesprochen werden konnten"*
*(Tietel 2003, S. 110 f.).*

Der autistisch-berührende Modus trägt also viel zur Erforschung und zum Modus
organisationskultureller Phänomene bei, da er die Bedeutung der wirksamen sozialen Haut, also die Notwendigkeit für die soziale Umgestaltung, reflexiv beachtet.
Wo Institutionen noch sicher, stabil, von Dauer sind und Gemeinsamkeit stiften,
stößt man nicht auf diesen Aspekt. Und wie bereits festgestellt, bedient sich die
Systemtheorie dieses Mechanismus, um die bürokratischen Verläufe zu beschreiben, ohne den Mechanismus selbst als auf Basisemotionen beruhenden Modus zu
begreifen.

> *„Mit der Herausbildung einer die jeweilige soziale Einheit umfassenden sozialen Haut ge-*
> *winnt man in seinem Erleben eine gemeinsame Oberfläche mit der Arbeitsgruppe oder der*
> *Organisation, einen Ort, an dem man ‚fühlt, denkt und lebt' (Ogden 1995, S. 56), einen*
> *Ort, der sich auf einer basalen Ebene durch eines auszeichnet: daß man ‚hierhingehört'.*
> *Ein Ort, an dem man wirken, sich inszenieren, kooperieren und streiten kann, den man*
> *lieben und auch hassen kann, weil er durch die adhäsiven Kräfte der ‚Hierhingehörigen'*
> *einen passiven Zusammenhalt stiftet; einen Ort, dessen soziale ‚Haut' oft bis zum Zer-*
> *reißen gespannt, meist aber doch äußerst haltbar ist. Ein Ort, dessen Geschehnisse einen*
> *unmittelbar ‚berühren' und der im sozialen Feld etwas zur Verfügung stellt, was Winnicott*
> *(1984b, S. 69) mit seinem Begriff des ‚holding', der haltenden Umwelt (zuerst repräsen-*
> *tiert durch die mütterliche Haltefunktion), zu fassen sucht" (Tietel 2003, S. 111).*

In diesem Fall ging es beim einzuführenden Betriebssystem um eine solche Änderung, die bei den betroffenen Fahrern des Verkehrsunternehmens sehr umstritten
war. In der Triangulierung der drei Modi entwickelte sich der Beratungsprozess, der
zur Einführung von Lern- und Gestaltungsräumen der betroffenen Fahrer führte.
Der Misstrauensdiskurs, der diese Veränderung als neues betriebliches Kontroll- und
Überwachungsinstrument begriff, musste überführt werden. Dazu gehörte auch,
dass sich die Fahrer in diesem hier untersuchten Projekt ernst nahmen in ihrer Beteiligung und als Autorität in mitgestaltender Funktion. Den Begleiter/innen und Be-
rater/innen kam eine entscheidende Rolle zu. Man musste sich mit den unterschiedlichen Sprach- und Darstellungswelten vertraut machen, aber auch mit der eigenen.
Zumal es bei den Fahrern nicht zum Alltag gehört, Begründungen zu formulieren
und sie zu Papier zu bringen (ebenda, S. 153):

> *„Zwei Fahrer berichten in einer Gruppendiskussion von den Zumutungen, die das Projekt*
> *am Anfang an sie stellte:*
>
> *Es war irgendwo ja ein neues Gefühl oder ein neuer Denkprozeß, der auch erst mal von*
> *uns verarbeitet werden mußte, eben damit in der Gruppe zu arbeiten, nich, und da denn*
> *auch produktiv am RBL zu arbeiten.*

*Ich glaube, das hat ein paar Sitzungen gedauert, bis man da so ein Gefühl dafür hatte, worum es überhaupt ging und daß man da zusammen sich was dazu ausgedacht hat.*

*Beide Fahrer beschreiben einen doppelten Prozeß:* zum einen ein neues Gefühl oder einen neuen Denkanstoß, *sich etwas in einer* Gruppe *zu erarbeiten, sich zusammen etwas auszudenken, was für Fahrer, die während ihrer ganzen Schicht Kontakt mit Kollegen nur flüchtig beim Ablösen und beim Vorbeifahren und damit also einen relativ isolierten Arbeitsplatz haben, nicht nur eine ungewohnte inhaltliche, sondern auch eine ungewohnte soziale Anforderung war, die* erst mal von *ihnen verarbeitet werden mußte. Zum anderen die Hinwendung zu einer neuen und ungewohnten Sache: ein neuer Denkprozeß auch bezogen darauf, produktiv am RBL zu arbeiten, ein Gefühl dafür zu bekommen, worum es überhaupt geht, und sich so auf die Sache einzulassen, daß es möglich wurde, daß sie sich zusammen was dazu ausgedacht haben. Um mitgestalten zu können, mußten die Fahrer sich in die technisch-organisatorischen Zusammenhänge des RBL eindenken, sie mußten sich der Sache RBL gegenüber öffnen, RBL quasi ‚in sich hineinlassen‘, sich im Denken probeweise dem System ein Stück weit überlassen, um darüber das technische System sich, d.h. ihrer Fahrpraxis und ihrer betrieblichen Eingebundenheit, anverwandeln zu können. Einer der beteiligten Fahrer bringt diese Anforderungen des ‚In-sich-Hineinlassens‘ auf eine gelungene Formel, wenn er vom* geistigen Annehmen der RBL-Maßnahmen *spricht.* Geistiges Annehmen bedeutete *zum einen, sich mit dem RBL-System inhaltlich vertraut zu machen. Um sich aber mit diesem technologischen System und seinen organisatorischen Implikationen auf eine Weise vertraut machen zu können, die die produktive Beschäftigung damit ermöglichte, mußten die beteiligten Fahrer RBL nicht nur in sich aufnehmen, sondern es vor allem auch* annehmen*, d.h. zu RBL zumindest probeweise ‚ja‘ sagen. Auch dies drückt die Redewendung vom* geistigen Annehmen *aus"* (Tietel 2003, S. 154).

„*Doch die Beteiligungsgruppen blieben nicht bei der Überprüfung der bereits von den Technikern entwickelten Komponenten und Konfigurationen stehen, sondern entwickelten aus ihrer Fahrererfahrung heraus Phantasien und Vorstellungen, wie sie das RBL noch anders nutzen konnten, als dies von Seiten des Unternehmens bis dahin vorgesehen war. Für diese Entwicklung stand wiederum der Projektmoderator Pate, der die Fahrer dazu anregte, ihre Erfahrungen ernst zu nehmen und zu überlegen, wie die neue RBL-Technik ihre Tätigkeit als Fahrer unterstützen könnte. Ein Fahrer formuliert die an sie gerichtete Aufforderung durch den Moderator so:*

*Machen Sie sich mal Gedanken, was Sie fordern können, was das RBL können soll für Sie als Fahrer.*

*Beispiele für Fahrerinitiativen sind eine Bus-zu-Bus-Taste, mit der sich Fahrer, die bisher im ‚geschlossenen Funk‘ führen und dies auch weiterhin tun würden (d.h. nur mit der Leitstelle, nicht aber untereinander sprechen konnten), in einem bestimmten Umkreis mit in der Nähe befindlichen Bussen verständigen und abstimmen können, sowie ein in das IBIS-Geschäft aufgenommenes ‚Abwartezeichen vor Engstellen‘, das bewirken* soll, daß sich entgegenkommende Busse nicht an bestimmten Engstellen begegnen und wechselseitig bei der Durchfahrt blockieren. Weitere Gestaltungsvorschläge betrafen die Bedienung des IBIS-Gerätes und die Funktionen des IBIS-Gerätes auf der Strecke, wozu auch Fragen der Arbeitsteilung und Abstimmung mit der Leitstelle gehören. Die in den Beteiligungsgruppen erfolgte Erarbeitung einer fahrerorientierten Anwendungsperspektive realisiert zumindest in Ansätzen, was Susanne Maaß (1995, S. 231) als Ziel einer partizipativen Systemgestaltung beschreibt: ,Die Einbeziehung der Benutzer in Veränderungsprozesse ermöglicht die Nutzung ihres Fachwissens und ihrer Erfahrungen und ein besseres Eingehen auf ihre Bedürfnisse bei der Arbeit; als Form der präventiven Arbeitsgestaltung führt sie zu besseren Systemen, an denen weniger nachträgliche Korrekturen zu erwarten sind und gegen deren Einführung weniger Widerstand geleistet wird.' Diese Effekte hätten sich sicherlich noch umfassender eingestellt, wenn die unmittelbar vom künftigen RBL-Einsatz betroffenen Mitarbeitergruppen bereits zu einem früheren Zeitpunkt in die Planungen einbezogen worden wären. So blieb trotz mancher innovativer Idee das schon bestehende Lastenheft letztlich Dreh- und Angelpunkt des Beteiligungsgeschehens.

Nach und nach entwickelte sich durch die Mitwirkung am Entwicklungsprozeß neben den nach wie vor bestehenden Bedenken bezüglich mancher Kontrollkomponenten des RBL eine Identifizierung der beteiligten Fahrer mit dem zu installierenden System, die in den Gesprächen mit uns in Äußerungen des Stolzes auf ihre kreativen technischen Neuerungen zum Ausdruck kam:

Mensch, und dann hatten wir wirklich tolle Ideen. Wenn ich mal dann denke an Engstellen, daß man sagt, im Display erscheint: ,Abwarten, Gegenzug kommt' – und ja, da stieg die Begeisterung. Das hat man natürlich mit nach Hause genommen und dann auch sofort der Frau erzählt und so weiter.

Äußerungen des Stolzes, bei denen untergründig meist der Vorwurf mitschwang, daß diejenigen im Unternehmen, die für die Planung und Konzipierung technischer Innovationen zuständig sind, sich nicht selbst mehr Gedanken über die Situation derer gemacht haben, die tagtäglich mit dieser Technik würden arbeiten müssen:

Fahrer A: Da sind wir im Prinzip selbst drauf gekommen, die Technik, also sag ich mal die Ingenieur-Seite, die hat da gar nicht dran gedacht.

Fahrer B: Da hat sich wohl nie einer Gedanken darüber gemacht.

Einher mit der gewachsenen Identifizierung mit dem technischen System ging eine stärkere Bejahung des Unternehmens, was sich durch die Tatsache, daß trotz der Verteuerung des Systems um gut 10 Prozent nahezu alle Gestaltungsvorschläge vom Unternehmen akzeptiert und realisiert wurden, noch gefestigt hat:

Unsere Forderungen wurden fast alle verwirklicht. Das ist ein ganz tolles Erfolgserlebnis. Das waren zwar noch mal Mehrkosten, ich meine, das sind fast alles Mehrkosten, aber *im Prinzip wurde es abgesegnet, nich, und da standen die auch hinter uns, muß man ehrlich sagen" (ebenda, S. 155–157).*

Besser kann das Ineinandergehen und das Wechselverhältnis von mitbestimmen, aneignen lernen, sich artikulieren lernen und selbst bestimmen, neue Ideen erarbeiten und eingreifend gestalten nicht dokumentiert werden. Ist das die Vernutzung des Subjektiven, ist das die Förderung von Individuen und das Achten von Individuen, ist das demokratische Führung, oder noch etwas anderes? Es ist die lernende Auseinandersetzung an einem Konflikt. Doch es geht hier nicht um den vordergründigen Konflikt als solches, sondern um den Freiheitsanspruch und das Interesse, Verhältnisse, Systeme zu begreifen und Einfluss zu nehmen, also sich lernend einbringen zu können und wirksam sein zu können. Lernbegleiter/innen in beratender Funktion sind genau dafür notwendig. Erwachsenenbildner/innen benötigen dafür eine Ausbildung! Es geht also darum, aktive, emotional tragende, selbstregulierende und aneignende Möglichkeiten zu haben, um dann unter Anleitung am Gegenstand zu lernen, aber sich darin auch selbstgestaltend zu platzieren. Es geht nicht um das Gegeneinander und Übereinander von Mitarbeiter/innen, sondern um das Miteinander. Darin unterscheidet sich ein solches Konzept im Sinne eines Change-Managements deutlich von anderen Konzepten der Emotionsregulierung und der lernenden Auseinandersetzung mit Veränderungen. Es sind komplex theoretisch begründete Ansätze, Modernisierungsrückstände konstruktiv für alle Seiten aufzulösen.

## 5.1.2 Emotionale Kompetenz für Dienstleistungsberufe

### 5.1.2.1 Dienstleistungen

In Qualitätssicherungskonzepten neuerer theoretischerr Überlegungen (Ehsens/Zech 2002, Zech 2005, Schlutz 2004) wird die Weiterbildung als Dienstleistungsbereich identifiziert. Sie unterscheidet sich dadurch von dem übrigen Bildungssystem, der nicht als Dienstleistungsbereich beschreibbar ist, da es – durch die allgemeine Schulpflicht und die Präsenzpflichten in der Aus- und Hochschulbildung – eine Zwangspräsenz der Bedienten gibt. Sie müssen überdies nicht für die erduldete Leistung zahlen. Dienstleistungen lassen sich nach Nerdinger als „,jene Problemlöse-Tätigkeiten' beschreiben ..., die es erfordern, dass Dienstleister in Face-to-face-Interaktionen an die Bedienten herantreten, mit denen sie nichts weiter verbindet als der Tausch der Leistung gegen Geld" (Nerdinger 1994, S. 54).
Dienstleister/in und Klient/in sind für die Dauer der jeweiligen Ziele aufeinander angewiesen. Die Beziehung und Interaktion zur Problemlösung gelingt entweder über die Face-to-face-Bearbeitung oder über den Bezug zu einer Sache, die mittelbar das Problem eines Klienten/einer Klientin löst.

Ein wesentlicher Motor aber für die Thematisierung von Gefühlen im betrieblichen Bereich, für die Kommerzialisierung der Gefühle in betrieblichen Dienstleistungen sind die Servicedienstleistung und der Verkauf.

Die Tauschbeziehungen, die über Geld geregelt werden, können dabei sowohl die Abhängigkeit der/des Bedienten als auch des Dienstleisters/der Dienstleisterin bedeuten. Der Expertenstatus hat darauf entscheidenden Einfluss. Dienstleistungen mit geringem Expertenstatus und leichter Austauschbarkeit, d.h. auch mit niedriger Bezahlung, schließen eher an die historisch bekannten Bedingungen des Dienens unter feudalen Strukturen an. Das Unterwerfen unter den Willen anderer als Dienen widerspricht der Vorstellung des seit der Aufklärung proklamierten autonomen Subjekts. Es kommt dabei nicht von ungefähr, dass ein Dienen – oder was diesem Verständnis von Dienen am Nächsten kommt – auch mit einer zahlenmäßig weiblichen Dominanz in der Mitarbeiter/innenstruktur besetzt ist. Bei den sich verändernden Bedingungen in der Beschäftigungsstruktur der nächsten Jahre wird die geschlechtsspezifische Aufteilung oder Durchmischung in den Dienstleistungsberufen genau zu beobachten sein.

Die gleichen beschriebenen feudalen Kulturen kannten aber auch ein anderes Dienen, das ein Sich-freiwillig-Unterwerfen meinte, z.B. im Heer, in der Diplomatie etc., wo Dienst als Ehre galt. Dienen bedeutet immer, sich selbst zu demütigen, sich unter den ganzen Willen eines anderen Menschen zu begeben. Hieraus ist das (heutige) *Ver*dienen entstanden. Gleichzeitig bleibt die vorausgegangene Bedeutung gegenwärtig virulent in der Metapher, dass der „Kunde König" ist. Dort, wo der Kunde König ist, wird sein Ego gepflegt, allerdings gegen Bezahlung und ohne persönliche Abhängigkeit von den Dienenden. Bei Dienstleistungen, die durch einen hohen Expertenstatus ausgewiesen sind, so wie die Berufe der Ärzt/innen, der Steuerberater/innen etc. – egal ob das Problem im Individuum selbst liegt oder ein Sachproblem betrifft –, spielt Vertrauen (z.B. Laucken 2005)[21] eine große Rolle, das nicht allein durch subjektiven Zugriff kontrolliert werden kann. Professionelle Strukturen in bestimmten Berufen, die Dienst am Menschen üben, weisen sich durch diesen einen Einfluss ausübenden Expertenstatus aus, wo sogar die Tauschbeziehungen über Geld nicht sichtbar sind. Der Berufsethos und die Sachfragen sollen danach den Prozess der Behandlung steuern. Der Begriff des „Dienens" spielt dabei keine Rolle mehr, es geht um den gesellschaftlichen Wert Gesundheit, der einem eigenen Code und bestimmten interaktiven Rollenskripten folgt.

Die Umstrukturierung professioneller Dienstleistungen, entwickelt aus einer staatlichen oder durch Expertentum abgeleiteten Aufgabe, wird gegenwärtig durch ein Dienstleistungskonzept mit einem externen, aber vorrangig die Organisationsebene betreffenden Qualitätssicherungskonzept aufgefangen. Individuelles Handeln geht dabei in organisatorischem Handeln auf und entwertet den Expertenstatus eher, als dass er ihn neu befördert. Die Anforderungen, was die Lösung von Problemen in der Zusammenarbeit mit Menschen betrifft, sinken aber keinesfalls, nur der Tauschprozess wird neu gestaltet. Gesundheit, Bildung und Recht werden so stärker von den ausgehandelten Tauschprozessen abhängig.

---

[21]  Laucken u.a. haben in einem logografischen Ansatz über Geschichten gelebten Vertrauens „ein Verweisungsgefüge zur Erfassung, Ordnung, Gestaltung und Handhabung sozialer Beziehungsrealität" (Laucken 2005, S.104) vorgelegt. Vertrauen ist dann eine „Nicht-Schaden-Zufügungs-Erwartung", die zu einer bestimmten Umgangserwartung führt (ebenda, S. 102). Vertrauen als Alltagsbegriff verweist auf ein hohes Strukturierungspotential, dass im Umgangswissen als semantische Struktur eingebettet ist.

Ein neuerer Modus des Aushandelns von interaktiven beziehungsabhängigen Problemlösungen wird über Beratung eingelöst. Beratung ist das Konzept für die spezifischen Dienstleistungsbeziehungen, in denen eine Leistung zu erbringen ist, die zu bezahlen ist. Die daraus erwachsenden wechselseitigen Rechte und Pflichten erbringen eine Reihe von interaktiven emotionalen Belastungen und Spannungen, die besonders – was die Weiterbildung betrifft – noch nicht im Ansatz angedacht sind. Rollenkonzepte und kognitive Skripte werden dabei wichtig für beratungsrelevante Aneignungsprozesse. Aber auch für Vermittlungsprozesse stehen neue Regulierungsmodelle an.

Für Nerdinger entscheidend an einer Dienstleistungsbeziehung ist,

> „daß Dienstleister und Bediente zur Erfüllung ihrer Ziele von dem Moment an, in dem sie eine Beziehung eingehen, wechselseitig aufeinander angewiesen sind. Bediente brauchen zur Lösung ihrer Probleme einen Dienstleister, diese wiederum brauchen die Nachfrage nach ihren Leistungen. Aus dieser Konzeption von Interdependenz leiten sich für Dienstleistungsbeziehungen zwei wesentliche Aspekte ab: Zum einen die Frage nach der Zufriedenheit mit der Transaktion, die im Rahmen der Beziehung zwischen Organisation und Bedienten entscheidend wird. Zum anderen wird damit die Beziehungsform thematisiert, die in diesem Ansatz über die Machtverteilung erklärt wird" (Nerdinger 1994, S. 92 f.).

Zufriedenheit und Abhängigkeit bestimmen die Entwicklung von Problemlösungen. Allgemeine gesellschaftliche und soziokulturelle Werte geben dabei für die Form der Beziehungen Grundstrukturen vor. Diese können allerdings eine Überformung durch Milieus erfahren. Emotionen werden vor diesem Hintergrund in der Problembehandlung oder der Ressourcenerschließung sowie der Sachaufgabe entweder zum zentralen Steuerungsmoment oder zu begleitenden Signalgebern, um Dienstleistungen gelingen zu lassen. Kognitive Skriptmodelle, die das Rollenmodell in den wesentlichen Strukturen normieren, bieten dafür die Folie. Beziehungen entwickeln sich zwar in einem locker vorgegebenen Rahmen von Normen, sie sind in diesem Rahmen aber nie endgültig stabilisiert. Das gilt auch bei der Handhabung von Skripten, die in allen institutionenspezifischen Lernkulturen eine Rolle spielen. Über Rollendistanz wird die Rolle immer neu auszuhandeln sein, da Beziehungen in Dienstleistungen große Anteile informeller Kommunikation aufweisen. Besonders in Beratungssituationen sind hier Aushandlungsprozesse nötig, in denen aus Bedienten Klient/innen (also Subjekte) gemacht werden.
Die Ausdehnung des Beratungskonzeptes auf die Lehrfunktionen für pädagogische Kontexte im engeren Sinne bewirkt nun keineswegs, wie in den gegenwärtigen Selbststeuerungskonzepten unterstellt (vgl. Kap. 4), eine nachgefragte freiere Form des Lernens, sondern gerade über Beratungskonzepte wird die Beziehungssteuerung, die Optimierung eines Verhaltens, nicht das freie Einlassen auf die Face-to-face-Beziehung, eine wesentliche Bedingung neuer Lernkontrakte. Dabei ist nicht nur die Beziehung zur Lösung des Problems von Bedeutung, sondern die Verarbeitung der

Beziehungserfahrungen durch das Selbst. Kognitive und emotionale Anforderungen werden aktiviert, um mögliche Rollenkonflikte im Dienstleistungssetting aufzufangen oder von vornherein zu vermeiden.

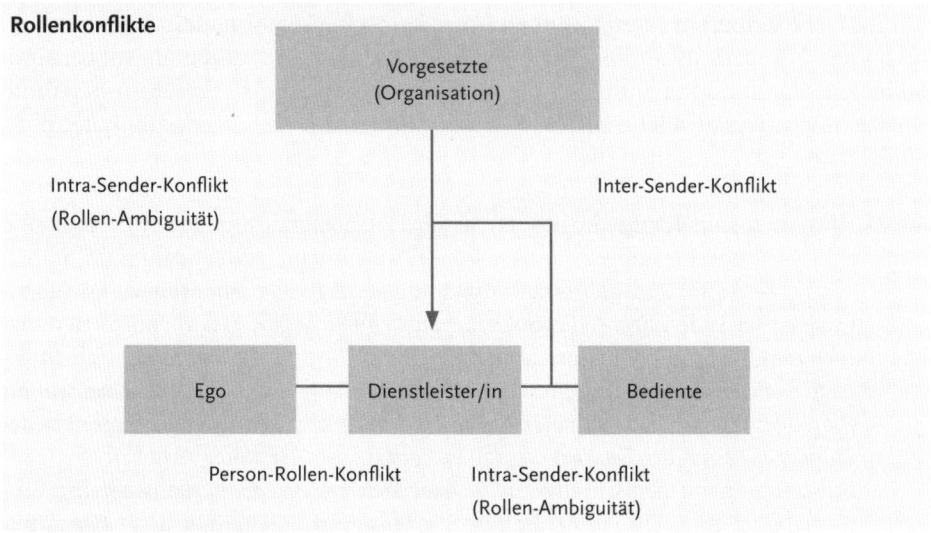

**Rollenkonflikte**

(nach Nerdinger 1994, S. 154)

Probleme, die bereits abzusehen sind, ergeben sich aus der Ohnmacht in der Rolle des Dienstleisters/der Dienstleisterin, auch in Rückbindung zur Organisation, wenn diese das Dienstleistungskonzept in der ganzen Problematik nicht erfasst und bürokratisch zu eng auslegt. Grenzen von Dienstleistungskonzepten liegen in bürokratischen Regelungen, wenn eine Finanzierung durch Dritte, den Staat etc. notwendig ist, um allen Milieus einen Zugang zur Weiterbildung zu sichern, oder im Selbsterhalt der Dienstleistung, wenn genau diese Finanzierung nicht mehr oder nicht mehr ausreichend vorhanden ist. Ein professionelles Konzept der Dienstleistung kann deshalb nur Lösungen vorbereiten, um eine Balance zwischen Geldmangel und Organisationsdominanz zu vermeiden. Wenn dieses nicht gelingt, ist seitens der Dienstleister/innen mit Ressentimentbildung und Zynismus zu rechnen. In einer solchen Reaktionsbildung werden resignative Konzepte nicht ausreichend erlebter Selbstverwirklichung gespiegelt. Sie erscheinen als Selbstschutz, aber führen, wie Scheler (2000) sagt, zur „seelischen Selbstvergiftung". Ob Coachingkonzepte, die sehr stark nachgefragt werden und die Frage nach Bildungsinteressen geradezu ersetzt haben (vgl. Kap. 6), Lösungen bieten, ist bisher nicht ausreichend bestätigt. Auf jeden Fall scheinen sie aus der Isolation zu befreien, sie bieten Kommunikation im geschützten Raum und können vielleicht seelische Selbstvergiftungen im schelerschen Sinne auffangen. Sie können aber ebenso zu Konfliktverschärfungen am Arbeitsplatz führen, wenn der/die Betroffene nur die „halbe Wahrheit" – oder ein Drittel der Wahrheit – in die Erzählung einbringt.

Den emotionalen Kompetenzen kommt in Dienstleistungsberufen eine besondere Bedeutung zu, die über Weiterbildung immer neuer Anreicherungen und eines neuen Nachreflektierens bedarf.

### 5.1.2.2 Der Kompetenzbegriff – Entwicklung emotionaler Kompetenz

Kaum beschäftigt sich die Wissenschaft mit den Wirkungen der Gefühle auf Lernprozesse und Handeln und hat diese Zusammenhänge erst in den Ansätzen begriffen, wird bereits deren Verwertung, deren Trainierbarkeit, d.h. die daran geknüpfte spezifische Kompetenz diskutiert.

Nach Erpenbeck sind Kompetenzen psychische Dispositionen, die der/die Einzelne mitbringt. Oder wie Erpenbeck und Heyse 1999 deutlicher, mit Bezug zum Selbststeuerungsgedanken, formulieren: „Kompetenzen sind ... Selbstorganisationsdispositonen konkreter Individuen" (Erpenbeck/Heyse 1999, S. 25). Oder: „Kompetenz ist Resultat der Individualentwicklung, die einen Suchprozess darstellt, der sich unter anderem in der individuellen Biographie widerspiegelt" (ebenda, S. 109). Oder weiter: „Kompetenzlernen kann nur als selbstorganisiertes Lernen gelingen, das insbesondere den Interiorisationsprozess von Werten berücksichtigt" (ebenda, S. 112).

Über Befragungen kurzer, indidivualisierter Art im „Projekt Qualifikations-Entwicklungs-Management" (QUEM) der Arbeitsgemeinschaft Betriebliche Weiterbildungsforschung sind „Kurzmatrizen" erarbeitet worden, wie die/der Einzelne im Alltag lernt, wie sie/er zu neuem Wissen „by the way" kommt. Damit ist gemeint: was man im Arbeitsprozess so „aufschnappt", was beim Zuhören so hängen bleibt, in den interessanten Pausengesprächen oder durch Erfahrungen in bestimmten Projekten oder durch Erfahrungen in der eigenen beruflichen und privaten Lebenswelt, die in neuen Situationen wieder abgerufen werden. Immer gelten dann aber in diesen Diskursen berufliche Qualifizierungen polarisierend als weniger hilfreich. Die Sorge, man müsse bei sich verändernden betrieblichen Arbeitsanforderungen wirklich noch einmal umlernen, weil neues Lernen eine Verunsicherung bedeutet, eine anstrengende Herausforderung ist, die Genugtuung und Freude erst verspricht, wenn man sich wirklich eingelassen hatte, scheint beim Kompetenzkonzept überflüssig. Im Grunde werden Kompetenzen in diesen Modellen als allgemeine Erfahrungsprozesse im Erwachsenenalter sichtbar, die bei vielen auch zu der konservativen Position führen, dass Erwachsene sich gar nicht weiterbilden könnten. Dieses ist zwar widerlegt, bleibt aber für Selbstbilder, für die Persönlichkeitsentwicklung interessant. Aber ob solche Vorstellungen von Kompetenz dann geeignet sind, das zu leisten, was Erpenbeck durch diese Fähigkeit zur Selbstorganisation erwartet, nämlich die Fähigkeit, sich in chaotischen neuen Situationen zurechtzufinden, ist in der Allgemeinheit unklar. Nur so viel ist sicher: Wenn ich nicht offen bin für Neues, kann ich in chaotischen Situationen ganz sicher nur auf meine Erfahrungen zurückgreifen. Das gebietet schon die in der Regel parallel laufende Angst, da, wenn das Individuum über kein Überblickswissen verfügt und nicht mehr ausreichend auf Erfahrungen zurückgreifen kann, stellen sich neben Angst auch noch Aggressionen und Ressentiments ein.

Die Kompetenzbiografie nach Erpenbeck bilanziert dann die Erfahrungen und die Qualifikationen und die daran geknüpfte Hoffnung, dass das meiste im Erwachsenenalter eben über die Erfahrungen gelernt wird. Doch Erfahrungen weisen ja in der Regel nicht neue Wege, sondern zeigen alte auf, sie sind gewonnenes Wissen und Können aus dem Überlieferten. Ob sie für ebensolche neuen chaotischen Situationen, wie sie die Autoren der QUEM für das Arbeiten in betrieblichen Kontexten erwarten – d.h. für Situationen, in denen niemand mehr weiß, „wie es läuft", wie man produzieren und planen soll –, weiterführend sind, bleibt die Frage. Auf jeden Fall sind Erfahrungen auch für systematischere Lernprozesse unhintergehbar. Sie charakterisieren die Verbindung von gelebtem Leben, erworbenen Qualifikationen und ihren Umsetzungen im betrieblichen Handeln/in der Arbeit. In den Konzepten der QUEM werden nun Selbstorganisation und Erfahrungen und der Kompetenzbegriff miteinander verbunden. Dieses Modell hat, auch wenn man die einleitende Definition heranzieht, organismische Anklänge, man handelt sich durchs Leben und erfährt dabei Kompetenzen, die das Überleben garantieren. Sich dieser zu vergewissern ist das Ziel des Kompetenzdiskurses (Erpenbeck/Heyse 1999, S. 16 ff.). Andererseits wird an einem Beispiel (Unternehmen in Portugal) sehr wohl im Schwerpunkt auf „fremdgesteuertes" Lernen abgehoben. Besondere Beachtung findet allerdings im weiteren Text, wie man in unsicheren Situationen besteht, also auf welche individuellen Potenziale zurückgegriffen werden kann. Genau hier kommen die Emotionen ins Spiel und werden zu entscheidenden Trägern für individuelle Handlungspotenziale. Sie erscheinen bei Erpenbeck/Heyse als individuelle Stärken und verweisen auf Persönlichkeitsmerkmale vor einem emotionalen Hintergrund im Sinne von Beziehungsfähigkeit (siehe z.B. Tabelle ebenda, S. 55 ff. zur Beziehungsfähigkeit). Das Fachwissen wird zu einer sehr nachgeordneten Kategorie. Alle diese Fähigkeiten jenseits des Fachwissens sind aber nicht nur Produkte individueller Selbststeuerung, sondern insoweit, als sie Beziehungen strukturieren sollen, sind sie auch durch Beziehungen gewonnen. Die Kontextfrage wird dabei unterschätzt.

Von Goleman (1998) wird in den Diskursen der QUEM die emotionale Intelligenz als wesentliche Strategie angesehen, um berufliche Anforderung und Lebensqualität zu sichern. Es interessiert hier also die leistungssteigernde Dimension der emotionalen Intelligenz. Und zwar geht es um die personale, zwischenmenschliche Seite, die man durch eine entwickelte emotionale Intelligenz als steuerbar ansieht. Übersehen wird dabei aber, dass Goleman mit aufklärungsbezogenen Bildern von Bildungsprozessen arbeitet.

In den aktuellen, bildungspolitisch initiierten Kompetenzdiskussionen in der beruflichen Bildung, die zwischen methodischer Kompetenz, sozialer Kompetenz und Human- oder Personalkompetenz unterscheidet, wird noch einmal die Schlüsselqualifikationsdebatte aktiviert. Sie beschreibt damit aber nicht mehr zukünftige intellektuelle Anforderungen, sondern dreht eher den Spieß um und fragt: Welche Kompetenzen bringen die Individuen mit, und wo und wie gewinnen sie die Kompetenzen im Alltäglichen? Mitbringen meint dabei die biografisch verarbeiteten, mehr oder weniger reflektierten Kernkompetenzen. Bildungspolitische Ratlosigkeit, die auch begleitet ist von fehlenden betrieblichen vorausschauenden Diagnosen darüber, was denn nun genau die neuen Anforderungsprofile von Arbeiten und von Lernen sind, setzt deshalb auf Flexibilität, Schnelligkeit und Reibungslosigkeit in Verbindung mit Selbststeuerung. Auch schnelles Umlernen wird seitens des Managements von den Mitarbeiter/innen erwartet. Aus dieser Perspektive können wir auch emotionale Kompetenzen in sozialen Situationen, in Lernsituationen und in Arbeitssituationen ansprechen. Sie werden dann umso bedeutender, wenn rasche Umstellungen im Betrieb zu bewältigen sind. Diese Anforderungen betreffen sowohl die produktionsbezogenen Umstellungen an den Arbeitsplätzen als auch das Einlassen auf neue Lernanforderungen durch neue Kommunikationsmedien und -stile, neue Herstellungsverfahren und neue Produktnachfragen. In der Kompetenzdiskussion darf nicht übersehen werden, dass nicht nur dispositive Fähigkeiten, sondern auch mehr Fachwissen erwartet wird.

Kompetenzvermittlung ist für Arnold (1997; Clement/Arnold 2002) die Selbstanpassung an den Wandel. Erfahrungen, Können und Werte sollen im lebenslangen Lernen mehr durch ein Learning by Doing unterstützt werden. Da die Entwicklungen in den beruflichen Anforderungsstrukturen unsicher werden, ja sich insgesamt auflösen und stärker im Sinne von Sennett Fähigkeitsschablonen gefragt scheinen, wird keine Forderung mehr nach beruflichen Qualifikationen (also Fachlichkeit) gestellt, sondern nach Kompetenzen genereller Art.[22] Emotionale Kompetenzen sind genau dafür notwendig, diese Selbstorganisationsfähigkeiten leisten zu können. Sicher kommen dazu auch noch intelligente Fähigkeiten. Denn wie soll die/der Einzelne wissen, wie sie/er sich qualifizieren soll, wenn die großen Systeme dieses nicht wissen und sich zu keiner Reform des beruflichen Bildungssystems und des Erwachsenenbildungs- und Weiterbildungswesens durchringen können? Aus meiner Sicht sind in der Tat die eingebrachten Anforderungen, die an die Mitarbeiter/innen gestellt und die in den betrieblichen Fortbildungszentren vermittelt werden, Qualifikationen aus den Bereichen Psychologie und Pädagogik, also dispositive Anforderungen.
Gleichzeitig gibt es eine grundsätzliche Tendenz der Zunahme in der Nachfrage nach umfassender Bildung für alle, nach mehr Wissen und nach mehr Allgemeinbildung, aber in handlungswirksamen Formen. Controlling und Verantwortungsübernahme werden nicht wirkungsvoll miteinander abgestimmt. Es fehlen die Handlungsnormen, die zur Kooperation auffordern, die veranlassen, für das Ganze Verantwortung zu übernehmen, aber dafür auch Gratifikationen zu vergeben. Letztere verbleiben im oberen Managementbereich. Solche Entwicklungen werden nicht ohne Folgen bleiben. In der Regel führen sie zur Passivität, sie lähmen und senken die Aktivitätsrate. Die emotionalen Kompetenzen kommen unter dem Faktor Macht an ihre Grenzen. Die entscheidende Frage ist: Wenn die Lage in der Arbeitswelt so desolat ist, wo liegen die größten Innovationspotenziale? Erpenbeck sieht eine Entwicklung in dem von ihm dargestellten Suchraum der Lernkultur (Sonntag/ Schaper/Friebe 2005, S. 320 ff.). Alle haben in diesem Konzept an einer beruflichen

---

[22]   Fachlichkeit wird entwertet, aber bei der Ausdifferenzierung der Produkte müsste die Fachlichkeit ja gerade steigen.

Bildung als betrieblicher Weiterbildung zu arbeiten, die hier als Kompetenzentwicklung bezeichnet wird.

Arnold (1997) beschreibt diese gesamte sprachliche Ersetzung der Weiterbildung durch Kompetenzentwicklung als einen Risikobegriff, etwa in diesem Sinne: Wenn alle Welt von Kompetenzentwicklung redet, kann institutionelle professionelle Entwicklung in den Hintergrund treten. Arnold arbeitet, so wie hier, immer sehr viel mit Mustern und Schemata, um z.B. zu dokumentieren, wie sich die Veränderungen in der Berufspädagogik vom Berufskönnen zur Berufskompetenz aus seiner Sicht darstellen (Arnold 1997, S. 263 – siehe Kap. 8, Anhang 2). Unklar bleibt dabei, ob diese neuen, freien und selbstorganisierten Arbeitsformen auch eine je gleiche Wissenserwerbsform nahelegen oder ob vielleicht der geforderte Wissensfundus für viele Tätigkeiten zurückgeht. Wenn dieses so wäre, wird die Polarisierung in den Tätigkeitsprofilen der Dienstleistungsgesellschaften über die Kompetenzprofile eine Unterstützung erfahren.

Die Schemata (aus dem Gutachten Arnold 1997, S. 260 ff.) suggerieren eine höhere Qualifikationsanforderung, aber Arnold sieht gleichzeitig die Auflösung des Berufsprinzips. Berufe auf einem mittleren Niveau mit relativer Selbstständigkeit wären dann besonders betroffen. Er spricht von einer fragilen Bastelbiografie, die eher auf Organisation und nicht auf Qualifikation aufbaut. Rasche organisatorische individuelle Anpassungsprozesse werden erwartet. Die Organisationen haben sich zu verändern. Dies ist gemeint, wenn im gegenwärtigen Weiterbildungsdiskurs von „Entgrenzung" gesprochen wird – die Pluralisierung der Lernorte und Lernverfahren, die mit dem Kompetenzbegriff in Verbindung steht. Dabei gibt es nach Arnold nicht wirklich einen Neuanfang der Weiterbildung, sondern eine Wandlung, die auch mit bildungspolitisch gebildeten begrifflichen Ansätzen beschrieben wird. Die Argumente, die Arnold bereits 1997 zusammengetragen hat, sind über viele bildungspolitisch finanzierte Projekte weitergetragen worden und haben sich in der Wissenschaftssprache ausgebreitet (Arnold 1997, S. 270 – siehe Kap. 8, Anhang 3).
Von Relevanz ist dann, wenn man eine Anschlussfähigkeit für diese Kompetenzdiskussion sieht, das Identitätskonzept (ebenda, S. 262). Hierzu führt Arnold seine Aufarbeitung von emotionaler Kompetenz in der jüngsten Veröffentlichung weiter (Arnold 2005). Wenn man sich diese Auswertung seiner Analyse ansieht, wird deutlich, dass dieses Kompetenzkonzept ganz wesentlich stabile Persönlichkeiten voraussetzt, aber die emotionalen Diagnosen für die jetzige Situation fallen durch Siebert und Arnold nicht sehr positiv aus. Wie nun vor diesem Hintergrund das freie informelle Lernen ein Königsweg für Kompetenzentwicklung sein soll, ist differenziert und differenzierend zu behandeln. Anzunehmen ist, dass Kompetenz hier ein permanentes Anpassen, ein Mitgehen im Arbeitsprozess meint, das sich realisiert, ohne auf Anweisungen von Vorgesetzten zu warten. Auch ginge es in den nachzuerwerbenden Kompetenzen in hohem Maße um normative Größen, die individuelle emotionale Anforderungen auf verschiedenen Ebenen darstellen. Das wäre dann die Formalisierung von Erfahrungen. Prekär ist, obwohl – so Arnold – die kompetenz-

orientierte Wende auf eine Erweiterung, nicht auf einen Ersatz des institutionellen Lernens hinauslaufen soll, dass die Übergänge und Beziehungen an keiner Stelle entwickelt werden (Arnold 1997, S. 279). Hier teile ich Arnolds Kritik. Er ordnet diesen Ansatz in einen personalwirtschaftlichen und arbeitspsychologischen Diskurs ein und platziert den Kompetenzbegriff letztlich in diesem Schema (ebenda, S. 282, siehe Kap. 8, Anhang 4). In seinen anschließenden Ausführungen kritisiert Arnold besonders das Ausblenden des Identitätslernens. Kompetenzen sind danach eher erweiterten sozialisatorischen Ansätzen zuzuordnen, in denen auch die Werteorientierung aufgehoben ist. Damit sind in diesem Diskurs automatisch alle Arbeitslosen und Nichtarbeitenden außen vorgelassen, denn die in diesen Konzepten angesprochene Kompetenz ist organisationsbezogen. Kompetenzentwicklung kann aber nur ein Anteil sein unter den Bedingungen der veränderten Anforderungen. Der gleichzeitige massive Anstieg von Wissen, von abstrakten Fähigkeiten unter Einbeziehung emotionaler Kompetenz, wird bildungspolitisch nicht thematisiert. Das Kompetenz- bzw. Fähigkeitskonzept sucht nach einem Vokabular unter Umgehung der Beschreibung von Gefühlen, bleibt aber auf der Suche nach Kompetenzen, also Fähigkeiten als persönlichen Dispositionen, die jemand hat.

Saarni (2002) beschreibt emotionale Kompetenz als Selbstwirksamkeit in emotionsauslösenden sozialen Transaktionen:

> *„Selbstwirksamkeit bedeutet, dass ein Individuum die Fähigkeiten und Fertigkeiten dazu hat, ein erwünschtes Ergebnis zu erreichen. Wenn eine Person auf eine emotionsauslösende soziale Transaktion reagiert und sich erfolgreich ihren Weg durch den interpersonalen Austausch bahnt und dabei gleichzeitig die eigenen emotionalen Reaktionen wirksam reguliert, dann hat diese Person ihr Wissen über Emotionen, Ausdrucksverhalten und emotionale Kommunikation in strategischer Weise angewandt"* (Saarni 2002, S. 10).

Dabei zählen für Saarni acht Fertigkeiten zur emotionalen Kompetenz:
1. Bewusstheit über den eigenen emotionalen Zustand.
2. Die Fähigkeit, Emotionen anderer Menschen auf der Grundlage von Merkmalen der Situation und des Ausdrucksverhalten zu erkennen.
3. Die Fähigkeit, das Vokabular der Gefühle und die Ausdruckswörter zu benutzen.
4. Empathisch auf das emotionale Erleben anderer einzugehen.
5. Die Fähigkeit zu merken, dass ein innerlich erlebter emotionaler Zustand nicht notwendigerweise dem nach außen gezeigten Ausdrucksverhalten entspricht.
6. Die Fähigkeit, aversive oder belastende Emotionen und problematische Situationen in adaptiver Weise zu bewältigen.
7. Die Bewusstheit, dass die Struktur oder Natur von zwischenmenschlichen Beziehungen zum großen Teil dadurch bestimmt, wie Gefühle in ihnen kommuniziert werden.
8. Die Fähigkeit zur emotionalen Selbstwirksamkeit; die Person ist der Ansicht, dass sie sich im Allgemeinen so fühlt, wie sie sich fühlen möchte (vgl. Saarni 2002, S. 13).

Emotionale Kompetenzen wären dann dispositive Fähigkeiten, die zur Regulierung oder zur Nutzung von Emotionen im beruflichen Alltag und in Lernprozessen einsetzbar sind. Da aber in der bildungspolitischen Debatte das informelle Lernen als individuelle Suchbewegung im Vordergrund steht, wären bedeutende emotionale Kompetenzen:

- die Neugier für Neues und für Veränderungen,
- das Interesse an der Arbeit,
- die Freude an eigenen beruflichen Optimierungen im Handeln und
- die Abweisung und Bewältigung von Stress und Angst.

An der gegenwärtigen Weiterführung des Diskurses über emotionale Kompetenz wird deutlich, dass es sich um einen Konzeptdiskurs handelt, der sich vor allem auf Sollaussagen beschränkt. Gerade hierbei ginge es aber gerade um sozialisatorische Effekte aus der Kindheit oder in der Ausbildungsphase. Die gewünschte Selbstregulierung setzt also die positiv denkende, flexible, offene Persönlichkeit voraus, die auf entsprechende Ressourcen zurückgreifen kann. Angst und Aggressionen, Neid, Ressentiments, Boshaftigkeit und Schadenfreude etc. stehen diesen Konzepten entgegen. Im letzteren Sinne gesteuerte Menschen können allenfalls über Konkurrenz Optimierungen erreichen. Eine so begründete Konkurrenz zieht dann wiederum Passivität, Verantwortungslosigkeit und schlechte Arbeitsbedingungen etc. nach sich, man könnte sagen, sie erzeugt geradezu den kreativlosen Typus. Dies verweist tiefenpsychologisch auf eine menschenverachtende Haltung (siehe andere Kapitel). Im wirtschaftlichen Wettbewerb, wo es besonders auch um die Entwicklung neuer Produkte geht und wo im Zuge der Dienstleistungsgesellschaft Empathie, Abstimmung und Passgenauigkeit gefordert sind, entwickelt sich keine produktive Gesellschaft. Gerade auch emotionale Dispositionen sind unter diesen Voraussetzungen zu wenig durch einen aufbauenden, freien, auch egalitären Aktivismus getragen. Man bleibt immer in der defensiven Lage, sein eigenes Überleben sichern zu müssen, und zwar über erhöhte Konkurrenz. Das letztliche Ergebnis ist für die Masse der Individuen die Passivität, weil sich scheinbar nichts, weder Aktivität noch Engagement, lohnt.

Offene Energien, die in Richtung Selbstständigkeit und Selbstregulierung freigesetzt werden, bekommen dabei zu wenig inhaltliche interpersonelle Anregungen. Der freie Fall in die Selbstregulierung, wo keine sozialen Fähigkeiten zur Nutzung von Spielräumen vorhanden sind, kündigt sich an.

Außerdem operiert dieses Konzept mit einer echten Anforderung an lebenslanges Lernen und an zusätzliche Wissensanforderungen in einer Dienstleistungsgesellschaft, die sich als Wissensgesellschaft versteht. Besonders Hochqualifizierte werden hier neu angesprochen.

Gefragt werden muss in konsequenter Fortsetzung des saarnischen Ansatzes, welche emotionalen Kompetenzen zu welchen Lernerfolgen im informalen Lernen führen. Welche Kompetenzen eröffnen die größten Möglichkeiten, und wäre dies dann der Einstieg in eine neue Werteentwicklung als Erweiterung von Dispositionen, um sich individuell selbstreguliert optimale Bedingungen informellen Lernens zu verschaffen?

Vor diesem Hintergrund bleibe ich bei der Beschreibung von habituellen Mustern und ihrer emotionalen Prägung als Lernhaltungen, die eine bestimmte Lernkultur bestimmen.

Ebenso bleibt vor diesen bildungspolitischen Orientierungen die Frage, wie man offenes, selbstverantwortliches Handeln optimiert, wodurch kreative Möglichkeiten freigesetzt werden, sodass verschiedenste Menschen/Typen mit ihren unterschiedlichsten Fähigkeitsprofilen sich individuell bilden, sodass sich die Vielfalt der Kompetenzen zum Nutzen aller entfalten kann. Kompetenzen, auch emotionale Kompetenzen, zählen zum Erfahrungsgepäck jedes einzelnen Menschen. Sie verfügen durch Schemata selbst über die Individuen, die sie andererseits besitzen. Schemata lassen sich aber verändern, ich erinnere an die menschliche unspezifische Bildsamkeit (siehe Kap. 2), da Menschen nicht mit ihren Schemata identisch sind.

Inzwischen gibt es auch Ratgeberliteratur, die dann für die Kompetenzentwicklung mit entsprechenden Angeboten operiert (Steiner 2001). Steiner formuliert 10 Gebote und fordert zu sogenannten Strokes und zur Erkundung der eigenen Gefühlslandschaft auf (Steiner 2001, S. 77). Diese Konzepte gehen ebenso, wie bisher argumentiert, von der Notwendigkeit zur positiven Entwicklung der Emotionen in Abhängigkeit von sozialen Beziehungen aus. Dieser Entwicklungsgang steuert letztlich auch auf Verantwortungsübernahme zu, die hier besonders auf die Akzeptanz von Fehlern und auf das Wiedergutmachen dieser Fehler orientiert ist. Steiner benennt entsprechend sieben Quellen nicht missbräulicher Macht:

> „1. *Gleichgewicht: Festigen Sie Ihren Stand. ...*
> *2. Leidenschaft: Die Wärme, die Sie in Schwung hält. ...*
> *3. Kontrolle: Sich im Griff haben. ...*
> *4. Liebe: Der Motor der Veränderung. ...*
> *5. Kommunikation: Ihre Stimme. ...*
> *6. Information: Das Heilmittel gegen Unsicherheit. ...*
> *7. Transzendenz: Über allem stehen ...*" (ebenda, S. 228 ff.).

Emotionale Kompetenz bei Steiner ist die Fähigkeit, in der Gemeinschaft, an den sozialen Orten verantwortlich und selbstbewusst zu agieren. Der Fokus wird auf Beziehungsfähigkeit, auf Sozialität, in Abstimmung mit Individualität gelegt; operiert wird mit dem ausbalancierenden Handeln in den sozialen Situationen.

Der durch Forschung belegte Kompetenzansatz von Goleman (1998) geht vom Phänomen der Emotionslosigkeit als Beziehungslosigkeit aus. Diese Studien, von Goleman in den 1990er-Jahren nicht nur an Schulen, sondern auch im betrieblichen Management durchgeführt, erbringen das Konzept der emotionalen Intelligenz als notwendige Voraussetzung erfolgreichen Handelns. Fünf Bereiche sozialer, emotionaler Intelligenz werden besonders von ihm herausgestrichen:

> „1. *Die eigenen Emotionen kennen.*
> *2. Emotionen handhaben.*
> *3. Emotionen in die Tat umsetzen.*

*4. Empathie.*
*5. Umgang mit Beziehungen" (Goleman 1998, S. 65 f.).*

Auch hier wird der berufliche Weg, die effektive Arbeitsform, das erfolgreiche Arbeiten abhängig gemacht, und zwar nicht etwa von einer generellen Selbststeuerung, sondern differenzierter von der Fähigkeit zur sozialen Beziehung und, vor diesem Hintergrund, der Fähigkeit der individuellen emotionalen Sensitivität und Selbstkontrolle. Die Kompetenzdiskussion ist in Deutschland verkürzt geführt worden, weil sie gerade für aktive Selbstgestaltung und die Lösung komplizierter neuer Situationen in der Arbeit die beziehungsbezogenen Dimensionen vernachlässigt.

Die Kosten der emotionalen Unbildung (emotionales Unbehagen, Aggressionen, Schläger, Depressionen, Essstörungen, Schulabbrecher/innen) nach Goleman sind in der deutschen Kompetenzdebatte ebenfalls ausgeblendet. In Deutschland wird dieser Diskurs auch in den Schulen leistungs- und konkurrenzorientiert geführt. Dadurch werden Fragen der Schulkultur, des gesellschaftlichen Klimas etc. unmittelbar ausgesteuert. Eine Schulung der Gefühle vollzieht sich über die Kooperationsschulung, die Streitanalyse, wechselseitige Akzeptanz und Forderung von Individualität (dazu Goleman 1998, S. 355, 356). Alle Werte in der schulischen Erziehung basieren auf Emotionen und ihrer rationalen Verortung, die einmündet in eine soziale Erziehung. Emotionale Werteerziehung ist für Goleman die Grundlage der Demokratie. Aber um emotionale Kompetenz zu erwerben, bedarf es eines Analysewissens, eben viel Wissen für die Ausdifferenzierung der Emotionen und natürlich übergreifend kognitiv-gesteuerte Handlungskompetenz.

Die bildungspolitisch initiierte Kompetenzdiskussion sondert den Bereich der aneignenden Vermittlung aus. Darin liegt aktuell das größte Problem. Ein Vorteil ist, dass der Anspruch an individuell verantwortliches Handeln die Verantwortung aller Beteiligten am jeweiligen Prozess stärker in den Mittelpunkt stellt. Deshalb beschäftigen wir uns mit emotionalen Dispositionen und ihrer Erweiterung zu emotionalen Kompetenzen oder Schlüsselqualifikationen und fassen dieses nicht unter das Selbststeuerungspotenzial.

In diesem Sinne versteht Angela Hahn unter Kompetenz „das individuelle Verfügen einer Person über interne Strukturen im Sinne von Persönlichkeitsmerkmalen" (Hahn 1995, S. 198).

Für sie sind kognitive Strukturen die Kompetenzgrundlage für interne Denkprozesse, die als Verhalten oder besser als Handlung bezeichnet werden können. Das geäußerte Verhalten, d.h. die aktualisierte Kompetenz, wird nach Chomsky als Performanz bezeichnet.

Das heißt also, Kompetenzen sind nicht unmittelbar zugänglich, sie sind das Sozialisationsergebnis oder die höchste Verarbeitungsstufe von Wissen unter Nutzung von Erfahrungen, Erlebnissen und Lebenskonzepten.

Wenn ich also in Fragen des Studiums oder der Ausbildung von Kompetenz spreche, ist das Individuum mit seinen Ressourcen im Blick. Von emotionalen Kompetenzen kann man dann noch am ehesten sprechen, wenn man sich mit Anforderungsprofilen im beruflichen Alltag und im Lernprozess beschäftigen will.

Emotionale Kompetenzen für die Lernfähigkeit und für bestimmtes berufliches Handeln sind das, womit wir uns hier beschäftigen. Wir fragen also danach: Was fördert die Fähigkeit zum lebenslangen Lernen und welche emotionalen Kompetenzen werden in bestimmten Berufen erwartet, welche Dispositionen muss ich mitbringen, was benötige ich überhaupt für emotionale Kompetenzen, um im beruflichen Handeln bestehen zu können? Kann ich emotionale Kompetenzen lernen, wenn sie sozialisationsbestimmt sind?

Für das *lebenslange Lernen von Individuen* spielt eine große Bedeutung zu wissen, welche Rolle Emotionen für lernrelevante Fähigkeiten spielen, welchen Einfluss sie auf Lernen nehmen.

Neugier, Interesse, Freude, soziales Klima, soziale Beziehungen und Ruhe sind Stichworte, um lernförderliche Entwicklungspotenziale zu bestimmen.

Die Frage ist dabei: Wie lassen sich die positiven Wirkungen von Emotionen auf das Lernen unterstützen und fördern?

Die Frage nach Emotionen und Kompetenzentwicklung für berufliches Handeln und für eine spezielle berufliche Handlungskompetenz ist eine völlig andere. Hier geht es eher darum, Emotionserleben und Emotionsausdruck beobachten und gegebenenfalls trennen zu können. Es gibt zusätzlich noch die Anforderung, durch Tiefenhandeln das eigene Erleben umzumodellieren. Dem vorgelagert ist die Möglichkeit, die Notwendigkeit oder der Zwang, Emotionen zu unterdrücken. Es gibt also in der Dienstleisterrolle ein Spiel mit Emotionen zur Optimierung eines Prozesses, es gibt eine Auseinandersetzung mit Emotionen, die nach einer Aufarbeitung der Situationen oder der Persönlichkeit verlangt, aber auch ein Verlassen des Feldes bedeuten kann. Wir haben hier also drei Ebenen:

- internalisierte Emotionsmuster und ihre Wirkungen auf das lebenslange Lernen;
- Bewältigung von emotionalen Erlebnissen/Stress und
- Modellierung von Gefühlen.

Theoretisch sehen die Formen nach Hahn wie folgt aus:

**Erste Präzisierung der Kompetenzstufe „Balance"**

| Kompetenz | Performanz | |
|---|---|---|
| | Wahrnehmen der eigenen Diskrepanz zwischen positiven und negativen Gefühlen | |
| Selbstaufmerksamkeit | | Entscheidung für oder gegen die Erlebnisbeeinflussung |

(Hahn 1995, S. 318)

Dritte Präzisierung der Kompetenzstufe „Balance"

| Kompetenz | Performanz |
|---|---|
| Rollendistanz<br>Role Taking<br>Identitätsdarstellung<br>Ambiguitätstolernz | Balancierung von Erwartungen und Normen mit dem Ergebnis der Identität |
| internalisierte<br>Emotionsnormen | |
| Fähigkeit zur Abschottung von<br>Interaktionsräumen | Anpassung an Emotionsnormen |

(Hahn 1995, S. 342)

Genutzt wird dieses Vorgehen im Prozess
- des Verkaufens und
- der Heilung.

Wenn wir uns dieses noch einmal vergegenwärtigen, kann man deutlicher die Differenz zwischen Dienstleistungen im pflegerisch-medizinischen Bereich und Dienstleistungen beim Verkaufen begreifen.

### 5.1.2.3 Verkaufen und Bedienen

Beide für Fragen der emotionalen Kompetenz relevanten Anwendungsbereiche, das Verkaufen und das Bedienen, arbeiten auf der Basis von Forschungsergebnissen, die besonders als Transformationen aus dem Amerikanischen vorliegen.

Alle Gefühle haben weitreichenden Einfluss auf menschliches Handeln. Ebenso gibt es soziale Situationen, die in Abhängigkeit von der Kultur eine bestimmte Präsentation von Gefühlen abfordern. Es gibt ein Pattern an Emotionsmustern, die als Sozialisationsergebnis und über Erziehung allen bekannt sind, auch wenn die Einzelnen nur gebrochen darüber verfügen oder sie auch ablehnen.

Des Weiteren gibt es immer auch individuell die Möglichkeit, das subjektive Empfinden von der äußeren Präsentation zu trennen. Letzteres ist von den kulturell erworbenen Emotionsmustern abhängig, die besonders in Sozialisationsprozessen der großen Institutionen eingeschliffen werden (siehe Kap. 3 oder 4 – auch 5). Darauf heben nun die Verkaufs- und Servicedienstleistungen ab. Sie verlangen eine Emotionsarbeit in der Weise, dass die Dienstleistungen perfektioniert werden. Der Kunde soll eine Betreuung erleben, die ihn bindet, und zwar an das Unternehmen, an das Produkt. Hier ist die Weiterbildung als Teil von Personalentwicklung gefragt. Dass dieses gelingen kann, macht die Verkaufsforschung deutlich.

Die Literatur hierzu ist unübersichtlich und, wenn man die Ratgeberbücher für die Praxis hinzunimmt, überbordend. Sie bezieht sich dabei keinesfalls nur auf Emotionsarbeit, sondern sie wird ebenso als kommunikative Kompetenz, als interaktive Kompetenz (z.B. Wittmann 2003, Tebbe 2000), aber nur in einigen Ansätzen als Beziehungsmanagement (z.B. Swenson/Link 1998, Evans 1963, Belz 1999, aber auch schon Geffroy 1994) bearbeitet.

Verkaufen ist nach Nerdinger in der Rezeption von Wittmann das Beherrschen des Eindrucks durch das Kundenberatungsgespräch. Intelligenter Verkauf soll bestimmte Kundensegmente bedienen. Es geht nach Auswertung von Wittmann um eine verengte strategische Kommunikation. Eingebunden in eine Ausbildungsstrategie, wird strategisches manipulatives Verhalten konsequent eingeübt und fungiert unter intelligenter Leistung. Wie bei Tebbe werden solche Kundengespräche aus machtstrategischer Perspektive betrachtet. Der Kundenberater/Die Kundenberaterin steuert das Gespräch, er/sie manipuliert die Kundenbedürfnisse und bestimmt präventives und reaktives Konfliktmanagement (Wittmann 2003, S. 429). Dabei ist man inzwischen so weit fortgeschritten, dass es Phasengliederungen der Kundenberatung gibt. Die Autorin verweist hier auf Arbeiten von Brünner 1994, Becker-Mrotzek 1994 und Henne/Rehbock 1995, wenn sie für wirtschaftspädagogische Fragen der Ausbildung diese Phasengliederung sowie kontrollierte Selbstdarstellungen in den Mittelpunkt der Bearbeitung stellt. Nerdinger verwahrt sich gegen Ratgeberliteratur, die indirekt Absolutheitsansprüche ungesichert anmeldet.

Tebbe (2000) geht ebenso selbstverständlich in ihrem interaktionsanalytischen Ansatz von einer notwendigen manipulativen Absicht aus. In der akribischen Aufzählung und Darstellung von Untersuchungen werden Untersuchungssettings, die die breiten Möglichkeiten an Zynismus offenbaren, aneinandergereiht. Es wird durchdekliniert, ob Fachkompetenz eine Rolle spielt und wenn nicht, was dann für Arbeitshandeln eine Rolle spielt. So wird grundständig theoretisch entwickelt und angenommen, dass Verkaufen Macht und Kampf ist. Verkaufen wird als Ausspionieren eines Persönlichkeitstypus interpretiert, wobei besonders diejenigen Personen ohne Selbstvertrauen gute Opfer sind. Verkaufen wird als Manipulation und Unterwerfung interpretiert und empfohlen. Identifizierte Prozessverläufe im Verkaufsgespräch erscheinen als besonders gelungen, da ein standardisiert abzuwickelnder Verlauf hohe Erfolgsaussichten hat. Wichtig erscheint aber immer die Anpassung, das „Sicheinschleichen" bei der Kundin/dem Kunden, auch dann, wenn es eine harte Verhandlungsführung gab. Die Missachtung, der Missbrauch ist danach emotionales Verkaufsprogramm, wissenschaftlich durch Prozessanalysen gestützt. Immer muss es am Ende, um den Anschein der Kundenfreundlichkeit zu wahren, um die Zurückführung in eine gelöste Atmosphäre gehen. Bei einer Auswertung, ob Eignungstests oder Schulungen für die Gewinnung von in diesem Sinne erfolgreicher Verkäufer/innen von Bedeutung sind, zieht man nach dieser Studie von Tebbe erfahrene Persönlichkeiten ohne Schulung/Training vor. Verkaufen wird hier nahe am Betrug über emotionale Manipulation angesiedelt. In der Tat hätte Weiterbildung, auch im Sinne von Training, in diesem Setting den Effekt, dass auch reflexive Prozesse angeregt werden, die die fehlende ethische Basis, also die Unsolidität solcher Verkaufskonzepte, zum Vorschein bringen. Aber die Kosten solcher geschulter Mitarbeiter/innen wären dann für das

Unternehmen höher. Es scheint aus ökonomischen Gründen dadurch auch für die Entscheidung für oder gegen Weiterbildung fast unerheblich, ob der eingestellte Verkäufer oder die eingestellte Verkäuferin Erfahrungen hat; ein Verkaufstraining würde in keiner Hinsicht eine Rolle spielen.

**Zusammenhang zwischen Einstellungsentscheidung und Trainingsbedarf**

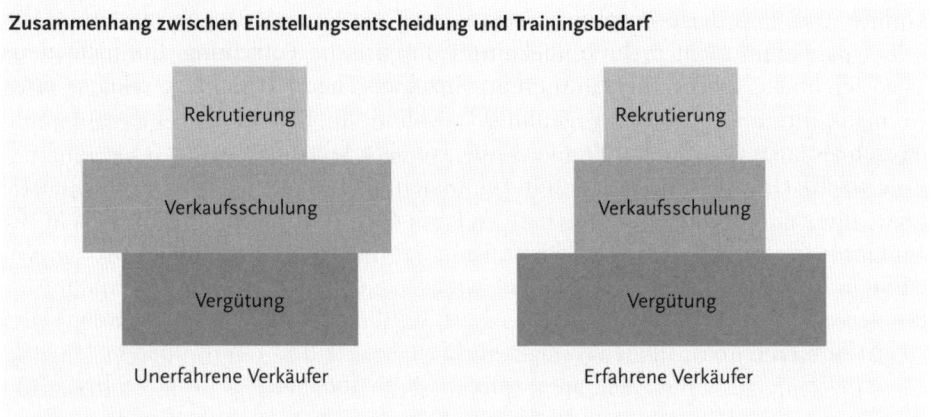

(Tebbe 2000, S. 310; Quelle: in Anlehnung an Wotruba/Simpson 1992, S. 411)

Hervorzuheben ist allerdings, dass im Widerspruch dazu im konzeptionellen Teil des Bandes besonders stark auf Produktkenntnisse abgehoben wird. Eine Matrix des Verkaufsgespräches, ein Anpassungskurs und die Entwicklung einer differenzierten Betreuung unterschiedlicher Kunden(typen) kündigen bereits den Gedanken einer schichtenspezifischen Differenz des Verkaufens an. Verkaufen ist hier Kampf, Macht; die Ware, der Konzern überwältigt quasi den Käufer/die Käuferin, und dieses wird ganz ohne eine ethische Frage und außerhalb der „Frage des Danachs" behandelt. Dass jede/r Verkäufer/in aus Eigennutz verkaufen will, ist notwendig, aber bei Tebbe wird nicht einmal mitbedacht, dass es dabei auch andere Wege von Konzern und Verkäufer/in und von Verkäufer/in und Käufer/in geben könnte. Produkte sind nicht mehr Gegenstand von Kaufberatung; auch die Dienstleistung als Begleitung der Produkte, als Form der Verantwortung gegenüber dem Käufer/der Käuferin tritt ganz und gar zurück. Hier kündigt sich ein Krieg zwischen Konzernen und Käufer/innen an; die Wertlosigkeit der Ware scheint hier eine Änderung größeren Ausmaßes zu bringen.

In den Ansätzen, die nicht vom Kampf, sondern von einer Beziehung von Käufer/in und Verkäufer/in ausgehen, auf die wir im Weiteren eingehen wollen, wird das Gegenüber vermeintlich nicht nur als zu bekämpfendes Gegenüber gesehen, sondern als Partner/in in einer Tauschbeziehung. Ansätze, die unter diesem Anspruch eines Beziehungsmanagements arbeiten, können mit diesem Ansatz nicht mehr in gleicher Hinsicht operieren. Die bisher zitierten Autorinnen (Wittmann 2003, Tebbe 2000) beschäftigen sich ebenfalls mit diesen Ansätzen. Sie werden aber zu Kontrollzwecken rezipiert (Tebbe 2000, S. 329). Das Beziehungsmanagement dient bei Tebbe

WILTRUD GIESEKE

als ein Konzept der Anpassung, das auch an einigen Stellen Lernen heißt (ebenda, S. 332). Das fast Abstoßende an diesen Texten ist das monadische Denken, das Sicherkämpfende, Behauptende, Sich-dabei-Anpassende und Manipulierende, das Kriegerische. Die Empirie verharrt hier rückgebunden an nicht passende Theorien, sie gibt sich neutral und ist unethisch parteilich, wie es verhängnisvoller nicht sein könnte. Dabei ist diese Empirie unkreativ, weil sie Veränderungen, die am Markt selber passieren, nicht mehr mitbekommt. Empirische Forschung, die nicht neue Theorien bildet, sondern geklammert an einzelnen Theorien verharrt, erklärt wenig, sie bleibt ihrem Gegenstand gegenüber fast blind. Sie bewegt auch nichts. Sowohl ethisch als auch bezogen auf den Verkaufsprozess erfährt man wenig.

Eine solche Orientierung ist konträr zur beziehungsrückgebundenen Verkaufsstrategie, die sich abgleichend zwischen Verkäufer/in und Kunde/in bewegt und die Kundenzufriedenheit sucht. Merkwürdig kontrastierend dazu liegen Konzepte des Beziehungsmanagements vor, die aber ebenso in ganz neue Schieflagen kommen können oder aber auch zu Qualitätsmessern für die eigenen Produkte werden. Hier spielt dann eine Rolle, inwieweit eigenständige Urteile und Kommunikationskanäle den Mitarbeiter/innen zugestanden werden. Tebbe polemisiert in dieser Frage mit dem Argument gegen das Beziehungsmanagement, dass Verkäufer/innen zu Berater/innen würden und dass mehr Service im Mittelpunkt stehe. Freundlichkeit und Hilfsbereitschaft, die nach Tebbe jetzt von anderen Autor/innen postuliert werden, passen mit dem „Herrenmenschen"-Konzept des Verkaufens nicht zusammen. Kaufhäuser etc. werden zum Marktplatz der Beziehungen, so die abschließende Interpretation von Tebbe. Sie kritisiert die Übernahme von Entwicklungen aus Amerika (Tebbe 2000, S. 338). Tebbe, zu sehr unter der Autorität bestimmter Positionen stehend, ohne eigene ethische Position, die auch die Sicht des Käufers/der Käuferin einbezieht, kann solche Ansätze nicht ausreichend würdigen. So gesehen stellt sich unsere Gesellschaft, was das Menschenbild in Teilen der Marketingkonzepte betrifft, keineswegs als egalitär und demokratisch dar. Auch ist der Blick weniger auf (mögliche) zukünftige Entwicklungen orientiert. Was passiert, wenn die Kundin/der Kunde sich manipuliert fühlt?

Swenson und Link dagegen argumentieren demgegenüber für ein sog. „Relationshipselling", weil unter anderem auch der Warenbedarf in der Breite sinkt. Sie schreiben: „The renewed emphasis, however, is the result of customers becoming more demanding, and competitors becoming more intense" (Swenson/Link 1998, S. 12). Es geht in diesem Ansatz um die Sicherung von längerfristiger Kundentreue, und diese setzt den Aufbau von Beziehungen voraus. Ebenso geht es um die Erschließung von Innovationsfeldern, die man über intensivere Beziehungen auch eher zu erkennen vermag. Außerdem nimmt die Gruppe der in Relationship-selling involvierten Personen zu, als Ansatz für langfristige Kontakte wird das „Empathic Listining" beschrieben (ebenda, S. 26). Es ist weniger die Frage, wie man mit Gewinn verkauft, sondern wie sich die Beziehungen zwischen Käufer/in und Verkäufer/in über lange Zeit erhalten. Dieses wird von den Autoren unter anderem damit begründet, dass es weniger Zeit kostet, einen alten Kunden/ein alte Kundin zu halten, als eine/n neue/n zu gewinnen. Das Beziehungsmanagement steht danach zumindest im Zusammenhang mit größeren Veränderungen am Markt. Die Inlandsverkäufe gehen bei sinkenden Löhnen und Gehältern bis in die obere Mittelschicht zurück, sodass man nicht mehr eine Expansion des Umsatzes erwarten kann. In der Folge sinkt auch die Käuferzahl bei dem Verkauf großer Produktanlagen. Zumindest gerät dadurch nach der Phase des Machtkampfes und der Phase der Produktqualität der Verkauf in einen emotionsrelevanten Diskurs. Eine Auswertung der Werbespots, die das Unterbewusste berühren, andere Bedürfnisebenen ansprechen und sich eines poetischen Kalküls bedienen, sind – dazu passend – inzwischen ja bereits selbstverständlicher Lehrstoff in den Schulen. Werbespots werden behandelt wie Gedichte aus der Warenwelt.

In dem St. Gallener Modell des Managements werden Ansätze des Beziehungsmanagements unter Betrachtung verschiedenster Beziehungsebenen herausgearbeitet. Es wird ein „ehrliches und menschliches Beziehungsmanagement, das den Beteiligten bei ihrer Arbeit Freude bringt und Effizienz steigert" (Belz 1999, S. 220), bevorzugt. Allerdings wird dabei auf Standards gesetzt, die die Beziehung in ein richtiges Lot bringen, ohne dass sich die Kundin/der Kunde bedrängt fühlt. Ebenso werden Befürchtungen angesprochen, die an Seilschaften, Korruption oder Beziehungsfilz erinnern können. Belz hält dem entgegen, dass etwa 80% der Verkaufsbeziehungen ungenügend sind. Für ihn ist evident, dass es einen positiven Zusammenhang zwischen Beziehungsmanagement und Leistungsfähigkeit gibt (siehe dazu Belz 1999, S. 223 ff.).

Beziehungsqualität ist bei Belz bestimmt durch: Sympathie, Anerkennung, Vertrauen, Gegenseitigkeit, Intensität und Kompetenz.

> „• Sympathie: *Affinität, persönliche Nähe, Freundlichkeit, übereinstimmende ‚Chemie' der Partner, Individualität der Beziehung*
> • Anerkennung: *Persönliche Akzeptanz, Bestätigung, Anerkennung des Partners*
> • Vertrauen: *Kontinuität und Verlässlichkeit, Stimmigkeit, Fairness und Sicherheit, Transparenz, Offenheit und Ehrlichkeit*
> • Gegenseitigkeit: *Gemeinsame Interessen, Kooperation, ‚Absichtslosigkeit' und Gewichtung des Partnerinteresses, Engagement beider Partner, Dialog und Lebendigkeit, Flexibilität, Großzügigkeit, Abhängigkeit und Unabhängigkeit (in einzelnen Beziehungen und Beziehungen zu Gruppen), ‚Geben' und ‚Nehmen'*
> • Intensität: *Interaktionshäufigkeit und Kontinuität*
> • Kompetenz: *Sachliche Stützung, Realitätsbezug, Erfahrungen und herausragende Ereignisse sowie frühere Sonderleistungen; positive und negative ‚Critical Incidents' in Beziehungen"* (Belz 1999, S. 222).

Eine Vielfalt an praktischen Vorschlägen schließt sich hier an, wobei selbst betriebliche Innovationen in diesem Kontext gesehen werden, die auch bis in interne Strukturen des Unternehmens hineinreichen. Empfohlen wird für den Verkäufermodus ein unterstützender Stil (ebenda, S. 236, 237). Das Muster, nach dem der Kunde/die Kundin Gegner/in ist, wird aufgegeben zugunsten der Position, dass sie/er Partner/in ist.

| Positive Kundenbeziehung | Negative Kundenbeziehung |
|---|---|
| • den Kunden anrufen | • nur auf Anrufe antworten |
| • Vorschläge vorbringen | • Rechtfertigungen vorbringen |
| • Offenheit | • Glattzüngigkeit |
| • Telefon | • Korrespondenz |
| • Anerkennung äußern | • auf Missverständnisse warten |
| • Serviceleistungen vorschlagen | • auf Servicenachfragen warten |
| • „Wir"-betonte Problemlösungsvorschläge | • im „Juristendeutsch" die Schuld abwälzen |
| • Probleme ansprechen | • warten, bis Probleme herangetragen werden |
| • in der Umgangssprache oder „Klartext" reden | • sich langatmig und „gewunden" ausdrücken |
| • persönliche Probleme aufdecken | • persönliche Probleme verbergen |
| • von der „gemeinsamen Zukunft" reden | • von „Wiedergutmachung" reden |
| • Kontaktpflege | • nur in Notfällen, „wenn es brennt", reagieren |
| • Verantwortung akzeptieren | • Verantwortung abwälzen |
| • die Zukunft planen | • die Vergangenheit „wieder aufwärmen" |

(Belz 1999, S. 247)

Man kann sehr leicht nachvollziehen, dass die Konzeption des beziehungsorientierten Managements eine grundlegende Umorientierung von Verkauf freilegt, die nicht auf Oberflächenhandlung nach der Interpretation von Hochschild ausgerichtet ist, also gerade nicht standardisierte Höflichkeit meint. Es geht um eine grundständige Umorientierung auf eine Dienstleistungskultur selbst beim Verkauf von Waren. Von Geffroy wird dieses im Sinne einer Ratgeberliteratur bereits seit 1993 als sogenanntes „Clienting" propagiert. Die mentale Orientierung – als eine Einstellung – wird in diesem Buch den Verkäufer/innen empfohlen, Geben und Nehmen werden in eine für den Verkauf zu beachtende Relation gesetzt. Gekoppelt werden diese Anforderungen aber ebenso mit Fragen des Zeitmanagements. Dabei gibt es allerdings auch eine Linie in der Argumentation, die, daran anschließend, das Unbewusste ansprechen will, um den psychologischen Faktor von Kauf-Verkauf-Prozessen zu betonen (Geffroy 1994, S. 130). Hier kommt Geffroy den zitierten, deutlich späteren neurobiologischen Befunden zuvor. Dies ist übrigens auch in anderer Marketingliteratur der Fall. Diese platziert eine bestimmte Linie der Managementliteratur, die Kaufentscheidungen in Abhängigkeit von psychologischen Wirkungen erkennt. Von Emotionen ist hier zwar nicht die Rede, aber faktisch werden bereits die Wege in diese Richtung angelegt. Die in einer weiteren Veröffentlichung vorgestellten Verkäufer/innen von Conradi/Talkenberger/Mehler (1990) belegen mit ihrer Praxis den Weg eines Beziehungsmanagements unter Koppelung von Fachkompetenz als hocherfolgreich. Es wird seitens der Befragten ethisch argumentiert, es wird mit eigener Selbsterkenntnis argumentiert, es wird mit intensiver Lernarbeit argumentiert, und dabei sehr viel auch mit dem Faktor Selbststudium; und fast immer wird in den Interviews auch eine negative Schulkarriere mitverarbeitet. Man arbeitet als Verkäufer/in auch ein Stück an der eigenen Anerkennung, und man trainiert unter harten Bedingungen in den Trainingszentren. In diesen Darstellungen des Verkaufs nach Conradi konfrontiert man die Leserin und den Leser auch mit biografischen Reflexionsanforderungen.

Einer der befragten Verkäufer kommt auch emotionstheoretisch zu einer interessanten Interpretation, hier auf die Frage hin, warum man Verkäufer benötigt:

> *„Nur aus einem einzigen Grund: ich brauche deswegen Verkäufer, weil der Kunde Angst vor der Entscheidung hat. Er hat grundsätzlich Furcht, er könne falsch wählen. Deshalb brauchen wir Verkäufer. Wenn wir keine bräuchten, dann würde der Kunde sagen: Schön, gefällt mir, nehme ich, packen sie es ein. Tut er aber nicht. Als Verkäufer muß man also dafür sorgen, daß der Kunde sich entscheidet. Nicht ich muß mich für den Kunden entscheiden, sondern ich muß dafür sorgen, daß sich der Kunde entscheiden kann"* (Conradi/Talkenberger/Mehler 1990, S. 175).

Das Beziehungsmanagementkonzept des Verkaufs kann man nicht besser begründen als in diesem Zitat, es verweist auf die emotionale Rückgebundenheit aller Entscheidungen, auch wenn alle rationalen Daten gesammelt sind (siehe Kap. 3). Diese Literatur insgesamt verweist auf eine unsichere Wertekultur, eine Offenheit, die als emotionale Kompetenz noch nicht zum selbstüberlegten Abwägen führt. „Selbst gekauft" ist nicht „selbst gesteuert", ich benötige den Abgleich, die Überzeugung, das Aushandeln, den Wechselbezug und kritischen Austausch, aber auch die Hilfe, die Informationen von einem Gegenüber. Das beste Gegenüber scheint dabei gleichbleibend der Mensch zu sein, zumindest immer dann, wenn ich ambivalent, noch unsicher bin, wenn ich noch Fragen habe, wenn ich mich überzeugen lassen will.

Die Forschungsergebnisse zur Sozialisation von Emotionen, die hier als Erinnerung (Kap. 4) herangezogen werden können, machen nachvollziehbar, wie ich auf verschiedenen Ebenen „fühlen" kann:
- entweder im Sinne von ursprünglichen Gefühlen, die sich immer wieder durchsetzen, sie sind quasi das körperliche Sicherungssystem, das auf Überleben programmiert ist,
- oder/und durch Emotionsmuster, die mir wie Skripte zur Verfügung stehen und kognitive Anteile, Erfahrungswerte mit interpretativen, wertegebundenen Orientierungen markieren,
- oder/und durch angeeignete Formen und Stile regulierter Emotionen, zur Beziehungsaufnahme im Sinne einer Funktion und Aufgabe oder im Sinne wechselseitiger Abstimmung.

Alle diese Ebenen gehen bei allen Individuen und ihren Sozialisationsprozessen ineinander über und wirken zu je verschiedenen Anteilen gemeinsam.

Neben dem Verkaufen gibt es in der Dienstleistungsgesellschaft noch den Tätigkeitsbereich des Bedienens, der deutlich emotionale Kompetenzen für die Gefühlsarbeit verlangt. Die grundlegende Arbeit von Hochschild (1990) bewegt sich in diesem Handlungsfeld. Die Analyse über den Servicebereich der Fluglotsen von Hochschild hat darüber hinaus nachhaltige Auswirkungen auf den gesamten Tätigkeitsbereich der Gefühlsarbeit im betrieblichen Kontext nach sich gezogen. Man findet (daher)

WILTRUD GIESEKE

keine Arbeiten außerhalb der Ratgeberliteratur, die sich nicht auf diese Studie beziehen. Auch dort, wo es distanzierende und differente Auslegungen der Hochschild-Studie gibt, bleibt diese Studie Bezugspunkt. Dabei ist diese Untersuchung keineswegs in sich stringent angelegt, eher verbindet sie mehrere Aspekte der Gefühlsarbeit in beruflichen Kontexten miteinander: die historische Zuordnung dieser Berufe zu weiblichen Lebenskontexten, deren Rückbindungen zum Verkauf, die Umsetzung von Marketingkonzepten und Profilen im Verkauf, welche sich im Handeln des Personals wiederfinden müssen. Die berufliche Gefühlsarbeit wird aber ebenso in einen engen Zusammenhang gebracht mit Stress und „Burn-out". Diese breite Anschlussfähigkeit der Studie von Hochschild ist bisher aber noch nicht für Weiterbildungsanforderungen im betrieblichen Kontext aufgegriffen worden – obwohl sich der empirische Teil der Studie mit den Schulungen einer Fluglinie beschäftigt und diese auswertet und dadurch praktisch das Konstrukt der Gefühlsarbeit – als Anforderung in Dienstleistungsberufen – erst herausgearbeitet wird. Obwohl die Untersuchung mehr als 10 Jahre alt ist, ist ihr beachtenswerter theoretischer Ansatz Bezugspunkt für die Folgeliteratur geblieben und wurde bisher nicht durch ergänzende Forschung überstiegen.

Welche Anknüpfungspunkte wurden also im Anschluss an die Hochschild-Studie gefunden und weitergeführt und haben zu dieser Breitenwirkung geführt? Es ist die Beschreibung des „Oberflächenhandelns" im Servicehandeln, das besonders auch den Körper erfasst. Es wird eine Mimik einstudiert, die Gefühle freisetzt. Saum-Aldehoff spricht nach Ekman von Gefühlstraining mit dem Gesicht (Saum-Aldehoff 2003). Parallelen zur Schauspieltätigkeit werden hergestellt. Die Stanislawski-Methode, von ihm Psychotechnik genannt, kommt im Verkauf zum Einsatz. Daneben gibt es das innere Handeln (deep acting). Hochschild beschreibt es mit dem Willen, entweder ein Gefühl hervorzurufen oder ein Gefühl zu unterdrücken, sowie dem Willen, sich ein Gefühl zuzugestehen (vgl. Hochschild 1990, S. 57). Im sogenannten „deep acting", im inneren Handeln, wird genau dieses getan, aber im Sinne einer Dienstleistung. Beim Schauspielern, das dem vergleichbar ist, geht es darum, eine Szene authentisch zu inszenieren und im Zuge dessen um die Reaktivierung von Gefühlsskripten, Bildern und Situationen aus dem Emotionsgedächtnis. Aber dies reicht für das Bedienen, das Servicehandeln nicht aus. Das Gefühl muss in dieser Situation als wirklich, als vorhanden und als anwesend empfunden werden. In einer Schauspielsituation ist es vorstellbar, weil man genau in dieser Handlung lebt und die Schauspielkunst durch die Verdichtungsprozesse genau diese Emotionen auch durch leichte Überzeichnung in den Publikumsraum hineintransportiert. Ein weiterer Aspekt, der diese Anteile von Gefühlsregulierung bestimmt, sind die kulturell vorgeprägten Normen, auch als institutionelle Normen wirksam; so wenn bei der Erziehung von Schwererziehbaren deren Beschimpfungen etc. als Ausdruck nicht ihres Selbst, sondern ihrer Lebensbedingungen genommen werden. Man benutzt dann im Sinne eines Oberflächenhandelns das Skript: Sie können nichts dafür, ich darf mit meinen Gefühlen nicht auf gleicher Ebene reagieren. Man spricht dann vom institutionellen Gefühlsmanagement, in dem Gefühle einer bestimmten Regulierung unterliegen, weil man eine bestimmte Aufgabe übernimmt oder mit einer bestimmten Klientel zu tun hat. Rückgebunden ist dieses institutionelle Gefühlsmanagement immer auch an die gesellschaftlichen Gefühlsnormen, die einem Konsens unterliegen, die gesellschaftlich erwartet werden (z.B. Trauer bei einem Todesfall). Dabei gibt es bestimmte gesellschaftliche und Berufsgruppen, von denen allgemein mehr Gefühlsunterdrückung erwartet wird als von anderen. Dies hängt abermals mit deren institutionellen Normen zusammen. So wird von Ärztinnen und Ärzten eine extrem starke Regulierung erwartet. Frauen stehen ebenso unter dem Anspruch, eigene Gefühle zugunsten anderer zurückzustecken. Frauen im Gefühlsrausch, wenn sie starke Ichanteile haben, stehen immer noch unter besonderer Kritik. Mit dem Selbstausdruck von Gefühlen gibt man sich einen Platz, fügt sich nicht, ist im Raum vorhanden, handelt also selbstwirksam.

Hochschild versteht es, die Emotionsdarstellungen zwischen Privatheit, Tauschwert und gesellschaftlich-institutioneller Ebene changieren zu lassen. Darüber verfestigt sie die These, dass Gefühle im beruflichen Kontext zum Zwecke von Manipulation eingesetzt werden. Das Training der Flugbegleiterinnen dient in diesem Sinne als Beispiel. Der Trainingsansatz bei einer Airline zielt nun immer auf ein spezielles Training. Leitprämissen sind: Tue so, als sei die Kabine dein Wohnzimmer, Erinnere dich an deine Eltern, deine Schwester etc. Oberflächlich soll so eine Analogie zwischen dem eigenen Zuhause und der Flugzeugkabine hergestellt werden. Die Empathie für Freund/innen und Geschwister soll mit der Empathie der Angestellten mit den Kunden verknüpft werden. Die Analogie „Fluggäste" und „Zuhause" schafft ebenso die Verbindung zwischen Angestellten und Unternehmen, man kümmert sich um das Unternehmen so wie um die Familie. Unpersönliche Beziehungen erscheinen als persönliche, das Unternehmen bedient sich des Einfühlungsvermögens seiner Angestellten und greift dabei auf Sozialisationserfahrungen zurück. Es geht weder um Qualifikationen noch um emotionale Bildung, um individuelle Differenzierungs-, Distanzierungs- oder Beziehungsaspekte. Kein Fluggast darf der Lächerlichkeit preisgegeben werden, wobei man unterstellt, dieses entspräche im häuslichen Muster, den Vater lächerlich zu machen. Sozialisationseffekte werden so reaktiviert und mit Trainingsaspekten verbunden. Die Stewardessen sollen an Bord ein Gefühl – eine Atmosphäre – entsprechend einer unterstellten häuslichen Gemütlichkeit erzeugen (vgl. Hochschild 1990, S. 102). Kategorien der Häuslichkeit und des Verkaufs (weiterhin Kunde oder Kundin bei der Airline zu bleiben) werden miteinander verbunden. Besonders bei sogenannten „Millionenkilometer-Kunden" bemüht man sich um den Kunden, man beobachtet, was *er* wie gerne mag, man kämpft um eine besondere Ansprache. Weniger betreut werden ältere Menschen, Frauen, Kinder. Für schwierige Kund/innen/Fluggäste werden verbale Brücken eingebaut. Fluggäste werden in diesem Muster somit wie Kinder betrachtet. Unruhestifter wollen ihre Zuwendung, bei Flugkomplikationen werden Sprachformeln eingeführt, die auf Ängste entsprechende Antworten bereithalten. Wir haben es also mit einem pädagogischen Analogietraining zu tun, das ein breites Assoziationsfeld herausfordert und nach dem Training einen breiten individuellen Entwicklungs-

und Selbstregulierungsbereich freigibt. Jede und jeder verfügt dabei allerdings auch immer über differente emotionale Skripte. Dadurch kann die vermeintliche Echtheit der Gefühle des Flugpersonals erhöht werden, da man nicht auf standardisierte Reaktionen stößt, die gerade den beabsichtigten Zweck nicht erfüllen. Andererseits operiert dieses Modell mit einem patriarchalen und unterstellten heilen Familienmodell, was in der Realität nur in den seltensten Ausnahmefällen existiert. Es wäre jetzt interessant gewesen, ob die Brücke zum inneren Handeln über das Familienmodell wirklich als Gefühlsarbeit auf der Fluglinie gelingt oder nur ein Trainingskonzept bleibt. Die Passagiere in den verschiedenen Reiseklassen wären zu befragen. Dies wären interessante Anschlussfragen.

Andere Studien verweisen darauf, dass es schwierig ist, eine Nondiskrepanz zwischen innerer Absicht und äußerem Handeln herzustellen. Da dieses nicht immer gelingt, wird im Kontext von Versicherungsbetrieben (Rastetter-Studie) darauf hingewirkt, diese Lücke kleinzuhalten, damit der/die Kunde/in sich nicht manipuliert fühlt. Es ist jetzt die Kunst des Verkäufers oder der Verkäuferin, dass er/sie Berater/in und Problemlöser/in wird, dass er/sie die Bedürfnisse des/der Kunde/in aufgreifen und befriedigen, also als empathische/r Berater/in wirken soll. Rastetter (2001) fragt in diesem Sinne im Kontext seiner an Hochschild anschließenden Forschungsarbeiten danach, ob zwischenmenschliche Gefühle in diesem Maße durchstrukturiert werden können. Die Kosten werden von ihm als hoch veranschlagt. Frustrationen, Motivationsabfall, Burn-out, Leistungsabfall etc. müssen in die Kalkulation der professionellen Gefühlsarbeit einbezogen werden. Ziel aller dieser Bestrebungen in einem Beziehungsmanagement ist eine Emotionsarbeit, um Kundenzufriedenheit und Kundenbindung zu erreichen. Diese situativ auszulotende Herstellung des Gefühls und des Gefühlsausdrucks bedeutet Arbeit und Anstrengung, denn die Norm ist für Servicetätigkeiten größer als für andere Tätigkeiten – und sogar noch stärker für Face-to-face-Tätigkeiten. Die Gefühlsarbeit geht dabei davon aus, dass Gefühle gestaltet, unterdrückt und hervorgerufen werden können. Es ist diese Fähigkeit des Menschen (siehe Kap. 4), dass er ein Außen und ein Innen voneinander trennen kann. Der reflektierte Umgang mit Gefühlen unterstellt, dass man erfolgreiches Handeln im Sinne von Emotionsregulierung steuern kann. Der Gefühlsausdruck manifestiert sich in der Sprache, in physischen Bewegungen, in Gestik und Gesichtsausdruck. Kontrolle, Gestaltung und auch Beobachtung des/der Kontaktpartners/in müsste daher alle leiblichen Aktionen und Haltungen betreffen. Die anthropologisch belegte Möglichkeit der Entkoppelung von Erleben und Ausdruck führt natürlich zu Ambivalenzen gegenüber dem gezeigten Ausdruck, man erwartet in bestimmten Bereichen weiterhin Verlässlichkeit, Echtheit, Authentizität. Da aber auch in den Dienstleistungen sehr genau über die oberflächliche Verbindlichkeit im Service berichtet wird, wird auch für die Tätigkeit zwischen Oberflächenhandeln und Tiefenhandeln unterschieden. Zur Manipulation des anderen kommt die mentale Selbstmanipulation. Der oder die Betreffende imaginiert mentale Bilder und Vorstellungen, die mit einem bestimmten Gefühl verbunden sind. Für Rastetter stellt sich dieser Zusammenhang so dar:

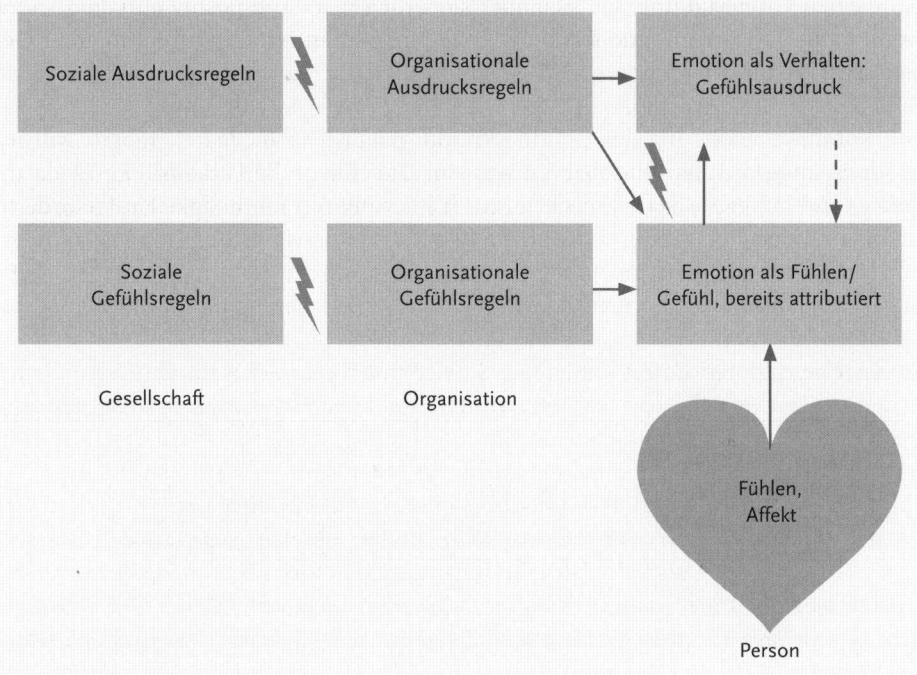

**Soziale Ausdrucksregeln** — **Organisationale Ausdrucksregeln** → **Emotion als Verhalten: Gefühlsausdruck**

**Soziale Gefühlsregeln** — **Organisationale Gefühlsregeln** → **Emotion als Fühlen/ Gefühl, bereits attribuiert**

Gesellschaft          Organisation

**Fühlen, Affekt**

Person

(vgl. Emotionsregulation nach Rastetter 2001, S. 119)

Es besteht danach in der Dienstleistung die folgende Norm, die als Signal geäußert wird: Wir sind echt an Ihnen interessiert. Wir inszenieren nicht, wir bekämpfen Sie nicht, indem wir sie überwältigen, sondern gehen auf Ihre Bedürfnisse ein.

Allein an der Notwendigkeit dieser Strategien ist sichtbar, wie weitreichend Individuen durch Beziehung strukturiert sind, dass sie sich nicht dominant selbst regulieren, sondern dass sie über die Emotionen ihre stärksten Bezugspunkte zur Welt und zur Umgebung herstellen. Durch eine monadische Auslegung der Selbststeuerung (vgl. Kap. 4) wird erneut der emotionale Kompass in der auseinandersetzenden, abgleichenden, sich selbst verändernden Bedeutung von Beziehungen, von lernenden Beziehungen als Lebensgrundlage geleugnet. Individuen bilden Gruppen, Staaten, Organisationen, Systeme, Institutionen, Vereinigungen, d.h., ihre Beziehungen sind die Grundlage ihrer vergemeinschafteten Existenz etc. – und hier sind sie wiederum auf ihre jeweiligen Gruppen mit deren jeweiligen Systemen, mögen sie auch selbstreferenziell sein, bezogen. Aber Menschen lösen dies alles auch immer wieder auf durch neue Anstöße und Anregungen, mitweilen auch durch Zwang. Das heißt, diese Umwälzungen passieren nicht oder selten im Alleingang, wohl aber von Zeit zu Zeit auch durch individuell erarbeitete Ideen. In solchen historischen Prozessen hat man es mit individuellen Größen, mit Freiheiten zu tun, die Veränderungen bewirken, die eingreifen, die mit einer erweiterten, anderen Perspektive deshalb gestaltend wirken. Auf solche gestaltenden Kräfte setzt der politische Anspruch der Selbststeuerung. Übersehen wird also die beziehungsbedingte Basis einer solchen Möglichkeit der politischen Umgestaltung, die sich aber sicherlich nur dann positiv entfalten kann, wenn dafür Toleranzen, und das heißt beziehungsorientierte Kulturen, in einer Gesellschaft entwickelt sind.

Die Kommerzialisierung der Gefühle knüpft genau hier an. Jeder Mensch will individuell angesprochen und bedient werden. Dabei liegt die Paradoxie heute darin, dass es eine trainierte, standardisierte, zur Initiierung von Einmaligkeit aufgeforderte Bedienung und gleichzeitig eine individuelle Massendienstleistung bei einsparenden Personalkosten gibt. Hier muss jede/r sehen, wo er/sie etwas Passendes findet. Nicht nur Arbeitsabläufe, sondern auch die Beziehungsarbeit werden im Massendienstleistungsbereich standardisiert.

In einer besonderen Betroffenheit, wo Service und Verkauf zusammenfließen, sind in diesem Fall Versicherungsvertreter/innen tätig. Hier gibt es nach Rastetter ein ausgetüfteltes System des Verhaltenstrainings:

> *„In Ausbildungsmodul ‚Verkäuferschulung' ist Folgendes zu beachten:*
> - *Der Ausbildungsleiter erläutert die Wichtigkeit der Beziehungsebene und der Kundengefühle: Die Auszubildenden sollen sich in die Gefühlswelt des Kunden hineinversetzen; sie sollen spüren, dass der Kunde mit Abwehr reagiert, wenn ihm Standardangebote unterbreitet werden. Ein Mitgefühl für die Kundschaft und deren Wünsche ist deshalb das A & O.*
> - *Der Vertreter soll durch Fragen nach Persönlichem, z.B. ‚Wie geht es Ihrem Kind, hat es die Krankheit gut überstanden?', eine gute Atmosphäre und die Basis für eine längerfristige persönliche Ebene schaffen.*
> - *Ein guter Vertreter fühlt Verantwortung für seine Kunden. Folgende Geschichte wird erzählt: Ein Vertreter scheut davor zurück, einer Familie mit einem Neugeborenen eine Unfallversicherung zu verkaufen; kurz darauf stirbt die Mutter bei einem Unfall, das Kind ist gelähmt, und der Vater macht dem Vertreter Vorwürfe: ‚Warum haben Sie mir das nicht gesagt und die Versicherung gegeben ...' Der Vertreter soll das Kind des Versicherten absichern, um Schaden von ihm abzuwenden, nicht um ein neues Geschäft zu machen.*
> - *Die Argumente sollen dem Kunden gegenüber visualisiert werden; eine bildhafte Sprache sowie plakative Beispiele sind angeraten, z.B.: ‚Haben Sie von dem schrecklichen Unfall letzte Woche gehört?' Bestimmte Wörter sollen unbedingt vermieden werden: ‚Risiko', ‚Versicherung' und ‚abschließen' wecken negative Emotionen; statt ‚Versicherung' sollte man ‚Versorgung' oder ‚Absicherung' sagen.*
> - *Der Vertreter muss rechtzeitig von der Beratung auf den Verkauf überleiten, beispielsweise mit der Frage: ‚Versicherungsschutz kann ich Ihnen ab morgen 12.00 Uhr oder zum nächsten Ersten bieten – wie ist es Ihnen lieber?' Dann holt er sofort das Formular heraus, füllt es aus und bittet um die Unterschrift"* (Rastetter 2001, S. 122).

Als Techniken des Emotionsmanagements, der Emotionsarbeit, werden benannt:
- Situationsinterpretationen,
- Entspannung,
- Einfühlung in die Gefühlslage des Kunden (an die Bedarfslage anpassen).

Angeboten werden Unterstützungen im Tiefenhandeln und in der Identitätsarbeit. Das Identitätsarbeitskonzept kennt offensichtlich keine Trennung mehr zwischen Privatheit und Arbeitsbeziehungen, alle werden darauf orientiert, Mitgefühl und Verantwortung zu empfinden, immer werden Wohnzimmeratmosphären hergestellt, die aber wiederum so idealisiert sind, dass sie Kindersehnsüchte befriedigen. Allerdings liegen die Grenzen, die systemisch vorgegeben sind, auf der Hand.

Gut informierte Kund/innen können trotz aller Bemühungen als mündige Bürger/innen handeln, also sich für ein anderes Produkt entscheiden.

Mitunter stellen sich in dieser Beziehung Probleme oder auch spätere Enttäuschungen auf beiden Seiten ein, weil die eigentliche Beziehung doch als (reine) Warenbeziehung präsent wird.

Auch Standards professionellen Verhaltens können sich gegen die Vertreterin oder den Vertreter wenden, gerade wenn sie oder er ethische Prämissen berücksichtigt oder diese im Standardkonzept mit eingebaut sind: Handelt der/die Vertreter/in nach eigenen Standards, können ihm oder ihr aggressivere Geschäftemacher/innen die Kunden wegschnappen; ignoriert sie/er die Standards, so enttäuscht sie/er die Kunden, sichert diese nicht langfristig für die Firma und verletzt das eigene Selbstbild.

Deshalb sind also für die dienstleistungsbezogene Emotionsarbeit bestimmte Widersprüche und Unterscheidungen zu nennen:

- Unternehmerische versus professionelle Orientierungen;
- Kunde als Objekt, Kunde steht im Mittelpunkt;
- Sensitivität und Empathie versus Manipulation;
- Simulation versus Aufrichtigkeit (vgl. Rastetter 2001, S. 126).

Der Autor geht hier so weit, zu behaupten, dass man Beratung gesondert bezahlen lassen könnte. Für die emotionsarbeitend Tätigen sind seiner Ansicht nach Coachings notwendig.

Außerdem wird verwiesen auf eine sogenannte „Vorder- und Hinterbühne" als Entlastung für ein Burn-out. Allerdings stehen wir offensichtlich vor neuen Anforderungen an Gefühls- oder besser Beziehungs-, Verkaufs- und Servicenormen. Dazu könnte dann auch gehören, dass es gilt, für die Kund/innen Grenzen zu setzen, wenn diese sich unangemessen verhalten. Die bisherige Situation in den Geschäften ist höchst unterschiedlich, vor allem muss ausreichend Personal eingestellt werden, damit diese Arbeit überhaupt geleistet wird. Die organisatorische Rationalisierung sichert in einigen Geschäften nicht einmal die einfache, simple ergänzende Bedienung bei vorhandener Selbstbedienung.

Man könnte nun für das Verkaufs- und Bedienungsverhalten in zwei Richtungen argumentieren. Erwartet werden kann,

- dass Kund/innen mit kulturentsprechenden Kommunikationsformen angesprochen werden,
- dass die Verkaufenden Empathie für die Kaufwünsche haben und hier mitdenken und mitempfinden können, um die passenden Produkte zu finden.

„Passend" meint hier, auf die soziale und finanzielle Situation der Kundin oder des Kunden, also auf die Passgenauigkeit der Anforderung hin, eine Auswahl zu treffen. Dieses einzuhalten erfordert bereits hohe Beziehungsarbeit.

Erwartet werden kann, dass Sachkenntnis als Produktwissen vorhanden ist, sonst ist emotionale Kompetenz ohne echte Beratungs- und Verkaufsrelevanz. Dieses setzt auch eine Distanzierungsfähigkeit nach Situationen und die Begrenzung der Emotionsarbeit auf den Verkauf zum Beispiel eines passenden Schuhs voraus. Man muss das Geschäft verlassen können, auch wenn man nichts gekauft hat, um hier wieder einkaufen zu können. Es gehört also eine kurzfristige und eine langfristige Perspektive zu dieser Art der Verkaufsbeziehung. Emotionsarbeit wird dann zur Imagearbeit des Unternehmens.

Schneller Verkauf oder abschätzige Umgangsformen bringen vielleicht einen einmaligen Verdienst durch Einschüchterung, man wird solche Geschäfte als Kundin/Kunde aber kaum wieder besuchen.

Alle hier erwähnten Konzepte der Emotionsarbeit behandeln zu wenig die weitreichende Bedeutung von Distanz als empathische Beobachtungsmöglichkeit, als passgenaue Antwort, als gute Interpretationsmöglichkeit. Für bestimmte Berufe muss ganz allgemein ein bestimmter offener, als positiv orientierter, empathisch präsenter Typus angesprochen werden. Berufsentscheidungen müssen die hohen Anforderungen an emotionale Kompetenz in bestimmten Berufen bereits mitbedenken. Es lässt sich nicht alles – wenn immerhin auch einiges – durch Reflexionsarbeit, Trainingsarbeit und neue Identitätsarbeit andienen. Inzwischen wird bereits zu Beginn einer Lehre z.B. in einer Bank ein komplexes Kundentraining gestartet, aber nicht um den Verkauf zu erhöhen, sondern um überhaupt kommunizierfähiges und sozial akzeptables Verhalten einzuüben. Die basalen emotionalen Kompetenzen werden über Schule und Familie nicht mehr zur Verfügung gestellt.[23]

### 5.1.2.4 Pflegen, Betreuen und Heilen

Margot Sieger (2001) hat für Pflegeberufe Kompetenzen benannt und zusammengestellt. Auch sie verweist darauf, dass Kompetenzen selbst nicht sichtbar sind, d.h. sich nicht in abgrenzbare Handlungen spezifizieren oder umsetzen. Von Kompetenzen gehen aber Wirkungen aus, sie kommen, wenn sie vorhanden sind, in Handlungsverläufen zum Tragen, für die Qualifikationsprofile in Ausbildungsgängen ausgearbeitet sind. Sie werden gegenwärtig in allen Diskursen zum entscheidenden Surplus in der Qualität einer Ausbildung, sie bekommen damit grundlegenden Charakter, können aber nicht die Qualifikationsprofile ersetzen. Unklar ist zurzeit, inwieweit Wissen und Handlungsschemata in der Entwicklung von Diskursen zur Fachlichkeit den Qualifikationsanspruch ersetzen. Weiterhin ist unklar, ob ganze Qualifikationsprofile konzeptionell durch sozialisierendes, implizites Lernen ersetzt werden, in anderen Bereichen allerdings das geforderte analytische, abstrakte Wis-

---

[23]    Das „Neuro-Linguistische Programmieren" (NLP) behandele ich hier nicht. Dieser Ansatz war Mitte der 1990er-Jahre sehr nachgefragt als handelnde Manipulationsstrategie unter Einschluss von Körperlichkeit.

sen stark ansteigt. In Tätigkeiten mit diesem Profil wird darüber hinaus eine hohe Transferfähigkeit erwartet.

Gleichwohl wird im Pflegediskurs all dieses unter dem Begriff und Konzept der Pflegekompetenz gebündelt.

Bei der Pflegekompetenz gibt es nun Komponenten, die eine Kompetenz ausmachen, wie die Routine als Basistun, wie auch reflektierende Komponenten von Kompetenz, emotionale Komponenten und aktiv-ethische Komponenten (Olbrich 1999, S. 104, siehe auch Sieger 2001, S. 35).

**Die einer Person zugrunde liegenden Prozesse vom Kompetenz**

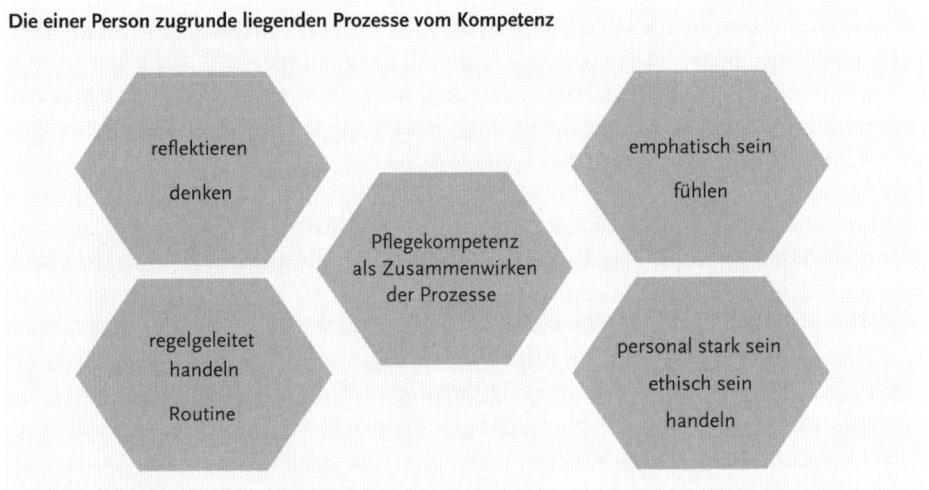

reflektieren

denken

Pflegekompetenz als Zusammenwirken der Prozesse

emphatisch sein

fühlen

regelgeleitet handeln

Routine

personal stark sein

ethisch sein

handeln

(Sieger 2001, S. 35; Quelle: Olbrich 1999, S. 104)

Emotionale Komponenten als Teil der Pflegekompetenz verweisen auf Empathie. Die dabei wirksamen Gefühle sind eine elementare Voraussetzung für die Wahrnehmung einer pflegenden Tätigkeit. Übersetzt wird Empathie häufig mit Mitgefühl, so auch bei Overlander (1996). Dieser Voraussetzung für die Pflegetätigkeit wird aber ebenso die Folgewirkung zugewiesen, eine besondere Belastung für berufliches Handeln zu sein. An der emotionalen Kompetenz, an der Empathie, hängen also Ambivalenzen und Paradoxien, die in der Pflegeberufsforschung von Bedeutung sind, welche besonders auch für die Weiterbildung in diesem Berufsfeld wichtig sind. Bisher gibt es nur die Hinweise, dass gleichzeitig zur Empathie erwartet wird, die eigenen Gefühle zu kennen und distanzfähig zu sein, und das nicht nur zu den eigenen mitfühlenden, sondern auch zu den eher feindlichen Anteilen, welche im Pflegeprozess ebenso zum Zuge kommen. Mitfühlen und Verstehen bleiben aber nach der Beschreibung von Sieger tragende Muster des Pflegeauftrages (vgl. Sieger 2001, S. 34).

Im Sinne von Hahn, bei Nutzung von Krappmann (1988), haben wir es mit einer emotionalen Orientierung zu tun, die über ethische Ausformulierungen verinnerlicht sein soll. Man erwartet emotionale, sich fundierende Empathie als Voraussetzung, eben als grundlegende Kompetenz für diesen Beruf. Dabei operiert man mit der Annahme, dass man als Pflegende die dafür notwendige Disposition, sprich Kompetenz, entweder hat oder erwerben muss. Hier knüpft die Arbeit von Bischoff-Wanner (2002) an. Sie ist begriffstheoretisch angelegt und wertet die US-amerikanische Empathiediskussion aus, um sie für ein Pflegeprofil zu nutzen. Empathie wird insbesondere als kognitives Modell entwickelt, bei der es um Perspektivübernahme geht (ebenda, S. 266). Die Theorie des symbolischen Interaktionismus wird hier bemüht und eingebunden in die Vorstellung einer patientenorientierten Pflege, die vom Verständnis (im intelligiblen, begrifflichen und im empathischen Sinn) des Fremden in der Pflege ausgeht.

Dabei wird insbesondere auf eine qualitative Studie von Savage (1995) rekurriert. In einem experimentellen Vergleich wird in einem ersten Fall eine patientenorientierte Pflege umgesetzt, die die Beziehungsarbeit und nahe Kontakte in den Mittelpunkt stellt. In einem anderen Fall handelt es sich um eine funktionsbezogene Pflege. Die Berufszufriedenheit war größer im patientenorientierten Konzept, auch stellte sich ein größeres „Körperwissen" über die Patient/innen ein. Man war ihnen näher, und genau dadurch erwuchs keine größere emotionale Belastung. Für Bischoff-Wanner ist wichtig, dass es externe Fragen des konzeptionellen Arrangements sind, die den Ausschlag für die Sicherung einer besseren Empathie in der Pflege geben, und nicht allein Persönlichkeitsmerkmale. Die Arbeit von Bischoff-Wanner ist in dem Sinne hilfreich, als sie die Breite der Diskussion wiedergibt. Sie hat ihre Grenzen dort, wo sie die enge Negativbetrachtung auf die Emotionen nicht überschreitet. Die Untersuchung ist quasi immer noch im berechtigten Abwehrkampf gegen ein altes Schwesternbild verfangen, wo Kompetenzen und Qualifikationen durch Herzenswärme ersetzbar sind. Dieses Schwesternbild verweist auf ein Frauenbild, das eine Geschlechterhierarchie bemüht, die Frausein mit Herzensbildung in dienenden Berufen verbindet. Auch hier haben wir wiederum, bis in die Berufsbilder hinein, die Polarisierung der Geschlechter, die als Polarisierung zwischen Gefühl und Verstand bis in alle Verästelungen der Gesellschaft ausgelebt wird. Im Text von Bischoff-Wanner wird dieses nur in Nebensätzen erwähnt, es erklärt aber den Abbruch der Verarbeitungsvorgänge, was die Emotionsforschung betrifft.

Empathie meint in dem allgemeinen Verständnis von Bischoff-Wanner das Verstehen von Erlebnis- und Erfahrungsweisen, die man nicht kennt und mit denen man nicht in Berührung steht (schwer kranke Menschen, Menschen aus anderen Kulturen, Behinderte etc.). Empathie ist hier eine kognitive Dimension, die als Denkprozess erlernbar ist und durch entsprechendes Wissen über Situationen und Bedingungen gefestigt wird. In Ihrer Auswertung verschiedener Auffassungen von Empathie im Pflegekontext kommt sie zu 6 Auslegungen eines Empathiekonzepts:

1. Empathie als Gefühlsansteckung – man erlebt den Zustand der Patientin, des Patienten als unmittelbar eigenen, „ohne zu erkennen, dass die Quelle des eigenen Erlebens der andere ist. Trauer, Angst oder Depressionen des Patienten werden dann als eigenes Gefühl erlebt in einer unbewussten, nicht willentlichen und nicht beabsichtigten Gefühlsübernahme" (Bischoff-Wanner 2002, S. 255; siehe dazu auch Bischoff-Köhler 1989, S. 26 ff.).
2. Wahrnehmungsorientierte Empathie – sie beschreibt die Fähigkeit und Bereitschaft der Pflegeperson, „Hinweisreize des Patienten, die seine individuelle Situation repräsentieren, aufzunehmen" (Bischoff-Wanner 2002, S. 256).

3. Kognitiv orientierte Empathie – die Aufmerksamkeit liegt auf dem Erfahren des Gegenübers, es geht um eine Ich-andere-Differenzierung; sie ist ein innerer Zustand, aber sie ist darüber hinaus als Perspektivübernahme „ein bewusster, beabsichtigter und willentlicher Akt, sich in jemanden hineinzuversetzen, der der kognitiven Kontrolle unterliegt und auf komplexeren kognitiven Verarbeitungsprozessen beruht" (ebenda, S. 256). Dieses ist der Ansatz, der von Bischoff-Wanner favorisiert wird.

4. Affektiv orientierte Empathie – sie wird als spontan und unmittelbar beschrieben, als keiner kognitiven Kontrolle unterliegend, und sie wird auf Ähnlichkeit, Vertrautheit etc. zurückgeführt.

5. Beziehungsorientierte Empathie – sie wird hier als Interesse an einem Patienten, einer Patientin ausgelegt, die oder den man kennenlernen möchte; beide Seiten tragen etwas zur Beziehung bei, die Intensität variiert, Reziprozität wird angenommen.

6. Kommunikativ orientierte Empathie – sie stellt nach Ansicht von Bischoff-Wanner eine Erweiterung der Empathievorstellung dar, wird aber als belastet durch den psychotherapeutischen Rückbezug angesehen. Die verbale Kommunikation gilt als grundlegend.

Aus allen Materialien, aus denen die Kategorien gewonnen wurden, sind dann in einem weiteren Schritt dieser Untersuchung Merkmale erschlossen und benannt, die im Prozess von Empathie eine Rolle spielen (ebenda, S. 258 ff.).

Empathie ist danach mit dem Fremden, mit dem implizit bezeichneten Beziehungswissen befasst; im Rückgriff auf Savage (1995) spielen für die Empathie die Faktoren Intuition, Berufswissen und Erfahrung eine Rolle, aber auch die von den Pflegenden geschaffene Atmosphäre, die Ansprache an die Patient/innen. Im Wesentlichen ist die Empathie aber gekennzeichnet durch eine Verkörperung, erzeugt durch die Körperbeziehung, die zwischen beiden Seiten hergestellt wird und die eine Austarierung von Distanz und Nähe benötigt. Empathie hat also auch eine deutliche nonverbale Dimension. Die Autorin weist positiv darauf hin, dass solche Anforderungen zwar in den Mitarbeiter/innenideologien eine Rolle spielen, aber im Selbstkonzept nicht ausreichend verankert sind. Es liegt ein erarbeitetes Konzept einer Perspektivübernahme als Prozessmodell vor (Bischof-Wanner 2002, S. 275, siehe Kap. 8, Anhang 5), und Hypothesen über die optimale Entfaltung von Empathie in der Pflege (Bischof-Wanner 2002, S. 280/281, siehe Kap. 8, Anhang 6) sind benannt.

Gabriele Overlander (1996) hat die Gefühlsregulierungen als subjektive Unterdrückung und Modellierung eigener Gefühle und den entsprechenden Anspruch im Sinne von Heilen beschrieben. Das Verhältnis von Unterdrückung und Regulierung scheint mir aber damit nicht ausreichend geklärt. Dabei steuert die Autorin eine interessante Erkenntnis bei, nämlich dass subjektive Gefühle wie Ekel, Scham und Peinlichkeiten in den Pflegebüchern nach 1960 so gut wie gar nicht mehr angesprochen wurden, allenfalls als eine Coolnessregel.

Wie lässt sich dieses erklären, da die Kommunikation und Interaktion doch einen solchen Stellenwert in der Pflege erhalten hat? Mehr als 50% der Tätigkeit sind nach berufsinternen Angaben kommunikationsbasierte Tätigkeiten. Die Kommunikation mit den Patient/innen steht im Mittelpunkt der Pflege, Selbstgespräche und intrapsychisches Erleben sind dagegen zurückgestellt.

### Aspekt: Empathie – emotionale Kompetenz als ethische Grundhaltung rückgekoppelt an Professionswissen oder emotionale Kompetenz als Teil des pflegenden Heilens im Verbund mit pflegerischem medizinischem Wissen

Wenn Krankenbetreuung zu 50% aus Kommunikation besteht, spielen das Narrative, der Dialog und die Empathie eine große Rolle. Sie geben der Betreuung eine Form und eine bestimmte Richtung. Pflege, die sich so orientiert, wird mit dem Konzept einer patientenorientierten Pflege verbunden. Die emotionale Kompetenz ist auch durch Bischoff-Wanner noch nicht ausreichend platziert worden, vielleicht weil der berufliche Inhalt, die Versorgung und Pflege, beim Prozess der Heilung nicht ausreichend Beachtung gefunden hat.

Der Notwendigkeit von Gefühlsarbeit konnte Heimburger an einer Fallanalyse bei der Körperpflege einer Patientin nachgehen. Die Evidenz einer modellierten und durch Wissen stabilisierten Gefühlsarbeit für die Krankenpflegeausbildung ist so selbst für jeden Laien nachvollziehbar. Ein neuer Zugang zum beruflichen Handeln und seinem Inhalt wird sichtbar, emotionales Erleben, Intuitionen und Wissen über Krankheitsbilder mit nachvollziehbarem Denken werden im Pflegeprozess miteinander verschränkt (Heimburger 2004, S. 40–44 – siehe Kap. 8, Anhang 7).

Aus einer ganz anderen Perspektive erfolgt eine argumentative Unterstützung für dieses Vorgehen in der Pflege. Morris (2000) arbeitet in seinem Buch über Krankheit und Kultur an einem neuen Körperverständnis. Seine These ist, dass sich neue Kulturkrankheiten entwickeln, die mit esoterischen kommunikativen Mitteln bearbeitet werden. Solche Fälle scheinen zu sein: chronische Müdigkeit, Schmerzen und Stresssyndrome. Die Wechselwirkungen zwischen biologischer Symptomatik, subjektiven Interpretationen und Erfahrungen sowie kulturellen Kontexten kommen neu in den Blick. Als neue Medizinethik kommt aus der Sicht von Morris für alle Krankheiten dem Narrativen, der Krankheitsgeschichte, eine besondere Bedeutung zu, um Empathie entfalten zu können. Nicht im Sensationellen, wie Morris es nennt, sondern in den Bedeutungslagen im Narrativen werden die besonderen Umstände des Falles sichtbar. Menschen denken in Geschichten, sie erfahren sich in Geschichten. Moralische Reflexionen im Wechsel als inneres Werden, so beschreibt Morris die Entwicklung von Geschichten. Morris findet:

> *„Die Geschichten der eigenen Krankheit zu schildern, stellt eine narrative Handlung dar, durch die die Krankheit zu einer Neugestaltung des eigenen Lebens findet. Sich eine solche Geschichte mitfühlend anzuhören, sei für den Hörer eine gleichermaßen wichtige narrative Arbeit, die ebenfalls bedeutende Änderungen im Leben ermöglichen"* (Morris 2000, S. 316).

Es geht bei dieser Kompetenz nicht um Richtlinien oder Entscheidungsfindung. Eine solche narrative Medizinethik hat damit auf dreierlei zu reagieren:

- auf die Emotionen,
- den Dialog und
- die Verankerung im Alltag.

Morris' Begründungen für die Emotionsforschung benötigen keine besonderen, erneuten Erörterungen. Er hebt dabei ab auf den Aspekt der Katharsis (Reinigung, Klärung, Läuterung) von Furcht und Mitleid. Wie wir denken, hängt nach Morris davon ab, wie wir fühlen. Für ihn ist die Erkundung unserer emotionalen Geografie eine Suche nach Selbsterkenntnis, nach einer Position, die durchwirkt ist von Emotionen. Er fordert dazu auf, das philosophische Vorurteil gegen Emotionen zu überwinden (also dass Emotionen ein tückischer Feind des Verstandes wären). Wir wissen, dass Entscheiden, Denken und Behalten durch die Gefühle mitbestimmt sind und das moralische Urteil durch die Empfindungsfähigkeit vorbereitet ist. Eine rationale Kraft kann sich nur über ausdifferenzierte Emotionen den Weg suchen, die sich ethischen Prämissen verpflichten.

Das heißt, die narrativ zum Ausdruck kommenden Emotionen verdienen komplexe Beachtung. Bei der Pflege sind sie in eine sach- und personenkundige Dialogführung einzubringen. Im Dialog sind intuitives Wissen und multikulturelles Wissen aufeinander zu beziehen. Eine implizite Ethik des pflegerischen Alltags entwickelt sich, indem sie sich scheinbar Ereignislosem zuwendet.

Krankheit wird zur Metapher im Auswertungsprozess des Narrativen. Die Aufmerksamkeit wird auf die Bedeutung der Krankheit und der damit gemachten Erfahrung gelenkt. Man kann so Mythen, Fehlinterpretationen und Vorurteile über die Krankheit abbiegen. Morris erinnert an Warhol, der eine Kamera einen ganzen Film lang auf das Empire State Building gerichtet hat, um zu dokumentieren, dass die Zeiten, wo sich gar nichts tut, manchmal die einzigen sind. Die Zeiten der Kommunikation sind also in der Pflege die Zeiten, in denen sich Empathie entfaltet, und wenn man sich einbringt, dann sind es Zeiten des Dialogs. Hier entfaltet sich Kommunikation über das mitfühlende Verfolgen und Antworten.

Die Pflegeperspektive ist dabei aber besonders die der Klage über die Gefühlsübertragung, über das „Erdrücktsein" vom Leid, das häufig beantwortet wird mit der eigenen Verhärtung, weniger häufig mit mehr Wissen und Rationalität. Mehr Wissen kann häufig, wenn es reflexiv genützt wird, wiederum ein wissendes Mitgefühl freisetzen. Das Spannungsverhältnis von Wissen und Mitgefühl müsste das besondere Interesse der Pflegewissenschaft binden. Ohne professionelles Wissen ist die Perspektive der Pflegenden die der Verhärtung; ein im echten Sinne professioneller Umgang mit Pflege würde dagegen die Steuerung der Gefühle über Wissen und Rationalität, also Interpretationskraft, beinhalten.

## Aspekt: Gefühle haben und abwehren

Pflege setzt nun auch andere Gefühle im Prozess des Versorgens frei, die körperlich rückgebunden sind, etwa Ekel, Scham und Peinlichkeit.

Wenn wir der Beschreibung von Ekel nach Izard (1999) folgen, dann bedeutet Ekel, einen üblen Geschmack im Mund zu haben, und man hat das Gefühl, würgen oder spucken zu müssen, man fühlt sich übel. Mit Zorn kombinierter Ekel kann nach Izard sehr gefährlich werden, man will dann etwas vernichten, da der Zorn auf Angriff setzt und der Ekel auf das Loswerden von etwas. Zorn und Ekel, auf sich selbst bezogen, sind typisch für Depressionen. Zorn, Ekel sowie Geringschätzung und Aggressionen gehen manchmal Verbindungen ein. Feindseligkeiten sind dabei Kombinationen von affektivem Erleben und affektiv-kognitiven Orientierungen, während Aggressionen den Zweck haben, Schaden anzurichten. Sie sind auf Handlungen bezogen. Feindseligkeit wird danach von Zorn, Ekel und Geringschätzung getragen. Triebzustände, Affekte und Wunschdenken können zusammenkommen, um dem Objekt dieser Gefühle Schaden zuzufügen. Ekel, Zorn und Geringschätzung beeinflussen Wahrnehmungsprozesse und neigen dazu, kognitive Prozesse in bestimmter Weise zu begünstigen. Beachtenswert ist, dass der Ekel unter diesen dreien den höchsten Intensitätsfaktor bei der Auslösung von Feindseligkeit hat. Geringschätzung ist die kalte, abwertende Emotion. Auch löst Geringschätzung weniger Kummer, Schuldgefühle und Furcht aus. Das sind die drei Emotionen, die der Feindseligkeit entgegentreten können. Die Geringschätzung ist eine kühle Emotion, die distanziert und abwertend ist, von der aus „kaltblütig agiert" wird. In der Geringschätzungssituation tritt weniger Furcht auf als in der Feindseligkeits- und Zornsituation (Izard 1999, S. 384). Durch empirische Untersuchungen der Zusammenhänge zwischen verschiedenen Emotionen lassen sich Reaktionsformen besser begreifen. Eine innere Dynamik möglicher Entwicklungen wird so sichtbar.
Die Rangordnung der Emotionsmittelwerte war nach Izards Untersuchungen bei Frauen und Männern gleich. Frauen zeigen einen höheren Wert bei Zorn, Ekel und Geringschätzung, aber sie übertrafen die Männer sogar noch in Bezug auf Kummer und Überraschung. Der höhere Mittelwert für Kummer deutet darauf hin, dass die Feindseligkeit bei der Frau einen emotionalen Zustand auslöst, der dazu tendieren könnte, aggressive Akte zu hemmen.
Besonders wichtig ist Izards Aussage, dass Zorn, Ekel und Geringschätzung einschränkende Wirkung auf Wahrnehmung und Kognition haben (ebenda, S. 386). Wenn also Emotionen nicht benannt, sondern ausgeklammert werden und die funktionale Dimension des Handelns in der beruflichen Aus- und Weiterbildung allein im Mittelpunkt steht, fördert sie gerade nicht die aktive Nutzung von Wissen und rationalen Überlegungen für den Pflegeprozess, sondern verhindert ihn.
Vor diesem Hintergrund ist es besonders als eine Fehlentwicklung zu interpretieren, dass die Lehrbücher in der Pflege nach einer Analyse von Overlander (1994) – aktuelle Hinweise finden sich bei Krey (2003) und Bischoff-Wanner (2002) – Tabubereiche aufbauen, obwohl die Prüderie einen umgekehrten Weg geht. Ein berechtigt ange-

strebter professioneller Status, aber Professionalitätsansprüche, die sich oberflächlich an einer klinischen Perspektive orientieren, zielen dabei zu wenig auf pflegerische Kompetenzentfaltung.

Es ist an dieser Stelle wichtig, die Zusammenhänge für die Pflege besonders differenziert aufzuführen:

> *„Körperarbeit heißt aber, wie Overlander (1994, 81) weiter ausführt, auch, intimste Arbeiten zu verrichten, wie Waschen des Intimbereichs, mit Ausscheidungen, Erbrochenem, Windsekreten umzugehen, mit Bereichen also, die mit stärksten gesellschaftlichen Tabus belegt sind und intensive Gefühle des Ekels, der Scham und der Peinlichkeit auslösen können, nicht nur bei den Patienten, sondern eben auch bei den Pflegenden, die von Berufs wegen diese Schranken zwar durchbrechen dürfen, aber keineswegs immun gegen die dadurch ausgelösten Gefühle sind. ... Von Pflegenden wird gefordert, Scham- und Ekelgefühle zu beherrschen und vor allem dem Patienten gegenüber nicht zu zeigen. Starke innere Diskrepanzen zwischen dem, was nicht gefühlt und gezeigt werden soll (Freundlichkeit, Zuwendung), machen eine erhebliche Arbeit an den eigenen Gefühlen notwendig. Aggressive Gefühle und Reizbarkeit stehen im Gegensatz zur Gefühlsregel der immer freundlichen und zugewandten Haltung. Die Gefühle sind jedoch so stark, dass sie kaum verdrängt oder uminterpretiert werden können. Hier ist zu vermuten, dass auf Grund der Stärke der Gefühle alle Techniken der Emotionsarbeit eingesetzt werden müssen. Als Berufsgruppe, die mit Körper und Ausscheidungen umzugehen hat, unterliegen die Pflegenden zudem gesellschaftlich einer gewissen – wenn auch unausgesprochenen – Abwertung, die sich nach Overlander (1994, 104) bei den Pflegenden in Gefühlen der Erniedrigung, Demütigung und eines abnehmenden Selbstwertgefühls äußern kann. Keine Ausbildung bereitet bisher darauf vor, wie mit den Gefühlen der Scham, der Angst, des Ekels oder des negativen Selbstwertgefühls umgegangen werden kann"* (Bischoff-Wanner 2002, S. 83 f.).

Um erweiterte Wahrnehmungen und Kognitionen zu entwickeln, sind hier selbstreflexive Orte zu sichern, damit sich keine Gefühlsstaus entwickeln, aber auch keine latenten Attacken gegen Patienten, die sich in hilflosen Situationen freie Bahn schaffen können. Ekel und Zorn bedürfen also der professionsinternen Artikulation, des kognitiven Durcharbeitens. Denn diese Gefühle treten zwangsläufig auf. Es macht aber einen großen Unterschied, ob sie unbewusst oder bewusst erlebt werden. Erst das bewusste Erleben kann „eine individuell gesteuerte Gefühlsexpression" (Krey 2003, S. 46) ermöglichen. Solche Gefühle sind nichts Besonderes, aber sie benötigen im Interesse des Pflegens – zur Verhinderung von Burn-out – Beachtung.

Scham und Schüchternheit sind eher Reaktionen auf der Seite des Patienten/der Patientin. Scham, Schüchternheit und Schuldgefühl gehören eng zusammen. Besonders der Ausdruck ist wichtig für die Pflege, der Blick wendet sich ab, die Augenlider sind gesenkt, der Körper rollt sich zusammen. Erröten muss für Izard nicht unmittelbar mit Scham zusammenhängen. Bei Scham sind wir in einem Augenblick von unserem Selbst erfüllt, als ob etwas sichtbar würde, was wir verbergen müssten.

WILTRUD GIESEKE

Scham ist ein Gefühl von Demütigung, Niederlage, Verfehlung, Entfremdung. Man fühlt sich nackt, ohne Würde, ohne Wert, geschlagen, entfremdet. Dieses kann durch Worte geschehen, durch Bewegungen, eben durch viele Facetten des menschlichen Handelns. Tomkins beschreibt die Scham als die reflexivste unter den Emotionen, „ein Erleben des Selbst durch das Selbst, in dem die phänomenologische Unterscheidung zwischen dem Subjekt und dem Objekt der Scham verloren gegangen ist und in dem die verstärkte Bewusstheit und Sichtbarkeit des Gesichts die Qual der Befangenheit erzeugt" (Izard 1999, S. 436). Bei der Scham wird das Selbst als Gegenstand von Geringschätzung und Verachtung erlebt. Der beschämte Mensch fühlt sich lächerlich gemacht, herabgesetzt, klein. Empfindungen der Hilflosigkeit, Unzulänglichkeit und sogar der Gelähmtheit überschwemmen das Bewusstsein. Das Selbst empfindet sich, als ob es als Denker und Handelnder nur schlecht oder überhaupt nicht funktionieren kann. Die Ichgrenzen werden durchlässig. Bei Scham sieht sich das Individuum als Quelle von Geringschätzung, Verachtung und Spott. Der oder die andere erscheint als mächtiges, spottendes, manchmal höhnisch lachendes Wesen, man fühlt sich im Stich gelassen. Der schüchterne Mensch ist der mit sich besonders strenge Mensch, der die Selbstüberprüfungen vornimmt, der keine Großzügigkeit gegen sich selbst zulässt. Das Selbst wird als klein, hilflos und emotional verletzt gesehen. Man hat das Gefühl, keine Worte zu finden, nicht Bescheid zu wissen.

Tomkins verweist aber noch auf etwas anderes, nämlich dass Scham eine Verringerung neuraler Impulse bedeutet, und zwar wenn eine Freude, ein Interesse unterbrochen wird. Scham ist also mit positiven Impulsen verbunden, die unterbrochen werden. Scham und Interesse rekurrieren aus einem Irrtum, der mit Freude begann. Obwohl Scham am häufigsten durch Tadel und Spott ausgelöst wird, kann er auch als Reaktion auf Lob eintreten, z.B. wenn man sich zu stark ins Rampenlicht gezerrt fühlt. Dabei ist deutlich, dass Situationen, die bei einigen Menschen Scham hervorrufen, bei anderen Freude und eine Herausforderung hervorrufen können und bei wieder anderen Aggressionen. Diese unterschiedlichen Reaktionen können in verschiedenen Situationen sogar bei demselben Individuen auftreten. Freude und Interesse können so immer auch Anlass für Scham sein.

Scham steht nach Erikson mehr im Zusammenhang mit dem Kampf um die Autonomie, um Selbstkontrolle. Scham ist also etwas Paradoxes. Für die Pflege hat Scham etwas mit Körperlichkeit, mit Entblößung zu tun, sie nimmt die körperliche Autonomie. Körperlichkeit setzt auch Erotik frei, die Scham auslösende Paradoxie liegt also auf der Scham als Folge von Geringschätzung, ebenso als Folge von Demütigung. Die kommunikative, nonverbale Komponente spielt dabei im Pflegeprozess eine große Rolle. Inwieweit werden Gefühle und ihre Abwehr im nonverbalen, körperlich interagierenden Prozess wirksam, inwieweit können diese Prozesse distanziert, aber empathisch nachvollzogen werden, ohne dass sich Scham auftürmt?

### Aspekt: Emotionen als Modellierung von Gefühlen

Diese Modellierung knüpft nicht an das an, was beschrieben wird als Uminterpretation der Gefühle im Sinne von Kommerzialisierung, um das Dienstleistungsverhalten zu optimieren, sondern um den Individuen gerecht zu werden, sie subjektiv zu verstehen, ohne sich von ihnen vereinnahmen zu lassen. Das Ziel ist die Heilung, das Sich-gut-und-akzeptiert-Fühlen in einem Altenheim, auch ohne machen zu können, was man will. Es geht um das Pflegen, um die emotionale Kompetenz, die soziale Fähigkeiten enthält und Heilungsprozesse unterstützt. Dabei sind die emotionalen Kompetenzen, die für die Pflege im Altenheim nötig sind, andere als die für den Prozess des Heilens. Für den Pflegekontext im Heim sind sie stärker auf Sozialität, auf Wohlfühlen und Integration ausgerichtet. Man steuert einen positiven Integrationsprozess, aber auch das Akzeptieren von Eigenarten beim Wissen über die Folgewirkungen von chronischen oder fortschreitenden Krankheiten. Es geht bei der Entwicklung von sozialen Kompetenzen darum, so wird es von Diplompflegepädagog/innen beschrieben, positive Gefühle bei den älteren Menschen zu wecken, dass sie gegenseitige Achtung und Hilfe erfahren, und eine Eigenregie auch in späten Lebensphasen zu spüren. Als Fähigkeiten der Handelnden selbst werden benannt: Einfühlungsvermögen, Einlassen auf andere, Offenheit, unverzerrte Wahrnehmung, Rationalität, Flexibilität, etwas überblicken zu können und zu wissen, dass man individuell verantwortlich ist.

Was bindet diese Positionen: eine beziehungsorientierte Pflege, wie Kiekbusch (2000) sie nennt? Dabei geht es auch um Grenzen des eigenen Einflusses. Aber diese Hinweise können nicht darüber hinwegtäuschen, dass eine Analyse von emotionalen Kompetenzen, wie sie für Altenpflege und Krankenpflege in Differenz und Ähnlichkeit nötig sind, noch nicht vorliegt. Die Pflegedidaktik steht hier noch vor Entwicklungsanforderungen. Dem vorausgehen müsste eine Analyse der Gefühle im Pflegeprozess und eine Analyse der Emotionalität des Krankseins im Krankenhaus. Denn diese Gefühlsbündel werden durch die Individuen interpretiert und kommunizieren dann miteinander. Sie ranken sich um die Krankheit, die jeweilige Lebenssituation und durchdringen sich wechselseitig.

# 6 Erwachsenenpädagogische Anschlussforschung (Exemplarische Einstiege)

## 6.1 Emotionstheoretische Grundlagen des Entscheidungsverhaltens – Auswirkungen für pädagogische Beratungskompetenz

### 6.1.1 Überlegungen für Anschlussforschung

In Kontexten rascher Veränderungen der Anforderungsprofile in der Arbeitswelt, der kontinuierlichen Anpassungs- und Lernbedarfe, die vorrangig unter das lebenslange Lernen gezählt werden, spielt, wenn es sich um systematisches Lernen handelt, immer wieder eine entscheidende Rolle, ob und wie man sich für welche Weiterbildung entscheidet. Man strukturiert seinen Lebenslauf damit z.T. immer wieder neu oder um und man ist dabei permanent auf die Selbstverantwortung zurückverwiesen. Dieses allein ist für das Individuum schon ein verunsichernder Faktor, weil man nicht weiß, was das sogenannte „Richtige" ist. Neugier und Interesse an Neuem wechseln sich ab mit Zukunftsängsten, Desorientierungen, Selbstzweifel, Sehnsucht nach Richtlinien und Unterwerfung, vielleicht auch mit Neid. Insbesondere Entscheidungssituationen mobilisieren eine große Anzahl von sich widersprechenden Emotionen. In der psychologischen Forschung haben deshalb Kognitionstheorien zur Entscheidungsfindung eine hohe Bedeutung. Kognitive Theorien über die Entscheidung als rationale Wahl werden durchgespielt und in der Wirklichkeit auf ihren Nutzen hin analysiert (Esser 1996, Schmid 1998).

Empirische Erhebungen belegen nun aber, dass Entscheidungsprozesse im Alltag, ob es nun die Entscheidung für einen Weiterbildungskurs oder aber auch Entscheidungen im Börsenhandeln, im Verkauf von Aktien, betrifft, anders verlaufen, als die Kognitionstheorien annehmen. Sie folgen nicht rationalen Entscheidungsprozeduren mit sukzessiv erfolgenden Ausschlüssen. Sie liegen eher auf heuristischem Niveau und nutzen Erfahrungen. Entscheidungen kommen für viele Menschen, wie sie sagen, „aus dem Bauch" heraus oder sind, anders ausgedrückt, „intuitiv" (Gigerenzer/Todd 1999). Was die Weiterbildung betrifft, belegen Untersuchungen, dass Entscheidungen beziehungsgebunden sind. Sich auf Freundinnen und Freunde verlassen (Haubrock 1992) ist das wichtige Stichwort. Den Menschen, denen man bisher Vertrauen schenken konnte und die man schätzt, denen traut man auch zu, den guten Rat bei Weiterbildungsentscheidungen geben zu können. Häufig wird auch die Position vertreten, dass man sich auf niemanden verlassen kann, sondern im

Prozess beim „Flanieren" – im weiteren Sinne verstanden – sich inspirieren lassen will. Entscheidungen sind also Nebenprodukte des Lebens, auch wenn sie zukunfts-festlegende Wirkungen haben. Man greift weniger, als die Ratgeberliteratur vermu-ten lässt, auf Hilfsmittel wie Matrizen und andere Instrumente zurück, in denen die Vor- und Nachteile abwägend betrachtet werden. Andererseits sind diese Hilfsmittel Anreize, rationalen Argumenten Zugang zu verschaffen und die individuell verfüg-bare Breite von Begründungen und Bedingungen für Entscheidungen zur Wirkung zu bringen.

Dieses Entscheidungsverhalten, auch für die Wahl von verschiedenen Weiterbil-dungsveranstaltungen, Kursen und Workshops in emotionstheoretischen Kontex-ten, kommt nicht von ungefähr.

Wenn man die über Weiterbildungsberatung beginnende Forschung zu diesem Punkt betrachtet (Gieseke/Opelt 2004, Müller 2005), wird deutlich, dass die nachgefragte Beratung unterschiedliche Reichweiten, von der Informationsberatung über die situ-ative Beratung bis zur biografischen Beratung, betrifft.

Bei der informativen Beratung sucht man lediglich einen passgenauen Kurs, den man besuchen möchte, wobei verschiedene Gründe und alternative Möglichkeiten rational abgewogen werden. Die Basis für die Entscheidung für einen Kurs ist hier eine Informationsabwägung. Eine situative Beratung wird aufgesucht, wenn sich Anforderungen am Arbeitsplatz verändern, wenn Probleme oder Erwartungen im Umfeld gelöst werden sollen oder wenn sich neue Interessen entwickeln, die über den Weg der Weiterbildung nach einer Antwort suchen. Situationen unterschied-lichster Art sind zu bewältigen. Hier sind die Anforderungen zur Entscheidungsfin-dung komplexer. Emotionale Ambivalenzen, Paradoxien und objektive Schranken sowie subjektive Selbstdestruktionen sind für solche Beratungssituationen in eine Balance zu bringen. In der biografischen Beratung geht es in der Regel um eine Verkoppelung von Lebensentscheidungen mit Weiterbildungsentscheidungen. Die Ausgangsbasis sind Neuorientierungen im Leben, die durch das Erleben von Zä-suren, die entweder selbst gesetzt wurden oder von denen man überwältigt wurde, ausgelöst worden sind. Weiterbildungsberatung wird hier wahrgenommen, um über Bildung eine Lösung, einen Neubeginn, eine Alternative zur aktuellen Situation zu finden.

Die Beraterin oder der Berater hat sich auf den unterschiedlichen Beratungsbedarf einzustellen, wozu gehört, dass in ersten Gesprächsphasen von ihr oder ihm dia-gnostisch der Bedarf einzuschätzen ist, um den Beratungsprozess entsprechend den Orientierungsbedürfnissen des Individuums zu begleiten.

Bildungsentscheidungen werden letztlich aber individuell gefällt, sie sind auch selbst zu verantworten. Beratung hilft beim Sortieren, Einordnen, Erkennen, Neuerfahren etc. Will man die theoretische Annahme von einer unterschiedlichen Reichweite von Weiterbildungsberatung weiterverfolgen und emotionstheoretisch unterlegen, ist von Interesse, die Grundlagen von Entscheidungen zu untersuchen. Die kognitionstheo-retischen Ansätze treffen wahrscheinlich dann am ehesten zu, wenn grundsätzliche Orientierungen bereits vorhanden sind und es um Abwägungen von pragmatischer, vordergründiger Relevanz geht.

WILTRUD GIESEKE

Es handelt sich dabei um Informationen über die Bedeutung von Bildungsentscheidungen, was Ort, Zeit, Dauer, Inhalt betrifft und für Programmplanung in der Erwachsenen- und Weiterbildung von hoher Bedeutung ist.

Hier finden Entscheidungen statt, die über alltagspragmatische, rational abwägende Überlegungen herbeigeführt werden. Ebensolche Gründe liegen aber nicht nur bei persönlichen Orientierungsbedürfnissen vor, sondern spielen auch dann eine Rolle, wenn sich aus Arbeitsplatzanforderungen funktionale explizite Verwertungsgründe, direkte Aufforderungen zur Teilnahme an einem Kurs ergeben (in der Regel bei gleichzeitiger Übernahme der Kosten durch den Arbeitgeber). In diesen Fällen, die gar nicht so selten sind, hat man es mit delegierten oder mit von Dritten übernommenen Entscheidungen für eine Beratung oder eine Weiterbildung zu tun. Über das eigene Weiterbildungsverhalten wird extern entschieden, man selbst ist allenfalls in der Rolle der/des mitvollziehenden Entscheidenden. Man ist als Qualifikationsträger/in, als Kompetenzträger/in angesprochen, die oder der in einen bestimmten Arbeitsalltag eingezwängt ist und Entscheidungen daran gebunden platziert. Aber auch hier gibt es Entscheidungsspielräume, die im Orientierungsbereich liegen, und nicht nur solche, die im rational-pragmatischen Umsetzungsbereich liegen. Weiterbildungsentscheidungen aber, die sich aus der Vielfalt der Lebensereignisse sowohl in beruflichen als auch in persönlichen Kontexten ergeben, machen einen ebenso großen Anteil aus.

Aus der neurobiologischen Forschung ergibt sich nun für die Beschreibung der emotionalen und kognitiven Anteile am Entscheidungsverhalten eine erweiterte Sicht. Untersuchungen zu Verhaltensweisen von hirngeschädigten Patient/innen zeigen, dass das Entscheidungsverhalten nicht von kognitiv-rationalen Faktoren gesteuert und bestimmt wird (siehe auch Kap. 3). Wo also bestimmte Gehirnzentren durch Schädigung betroffen sind, so z.B. das Vorderhirn, können zwar noch rationale Abwägungen getroffen werden, es zeigt sich aber nach Damasio (2000) und LeDoux (2001), dass diese erhaltende kognitive Fähigkeit entscheidungsoptimierend, aber nicht entscheidungsherbeiführend ist. Die Entscheidungskoordination und die Entscheidungsbindung erbringen also den ausschlaggebenden Zuschlag, der auch den Entschluss und damit das Handeln steuert. Dieses geschieht in den Zentren des Gehirns, die für Emotionen zuständig sind. Die Gefühle sind also in die komplexen und hohen Anforderungen des Denkens und Handelns eingeflochten. Spätestens seit diesen Untersuchungen ist es also an der Zeit, die polarisierenden Hierarchisierungen zwischen Gefühl und Verstand als überholtes, wenn nicht sogar als ideologisches Wissen zu betrachten. Auf jeden Fall bekommt in Folge dieser Forschungsbefunde und des neurobiologischen Diskurses das intuitive Wissen, aber auch die Ausdifferenzierung der Emotionen als Sozialisations- und Erziehungsergebnis eine neue Bedeutung. Ja, besonders die Erziehung in der Kindheitsphase kann neben dem kognitiven Lernen ganz neu begründet werden, da sich in der Kindheit die am schwersten zu verändernden Emotionsmuster herausbilden. So ist die Furchtkonditionierung (LeDoux 2001), die besonders wenig dem Verlernen unterliegt, ein basaler Hinweis darauf, dass die jeweilige Sozialisations- und Erziehungskultur zu entsprechenden Emotionen führen, die verhaltensbestimmend sind. Interessant ist aber, dass die basalen Emotionsströme in leiblich-körperlicher Einheit weiter eigenständig wirken. Das heißt, wir können von ausdifferenzierten Emotionsmustern, die in Erziehungs- und Sozialisationsprozessen ausgeprägt und entwickelt werden, ausgehen. Ebenso wirken die basalen Emotionen als unabhängige Impulse weiter. Die Kanalisierung gelingt nicht ganz. Für Bildungsprozesse haben wir eine offene Situation.

Weniger weiterführend ist allerdings jener Strang der Bearbeitung der neurobiologischen Befunde, der weiterhin mit der polarisierenden und hierarchisierenden Bewertung von Emotionen arbeitet, ihnen einen nachgeordneten Rang einräumt und sie in diesem Sinne unter der Betrachtung einer kognitiven Emotionspsychologie belässt. Emotionen sind hier Bewertungen (siehe Mees 1991). Daher ist es wichtig, noch einmal daran zu erinnern, dass auch Entscheidungen letztlich durch Bewertung herbeigeführt werden. Diese können aber nicht durch rationale Muster abgelöst, sondern nur angereichert und ausdifferenziert werden. Wir haben also auf das Zusammenspiel zwischen kognitiven und emotionalen Prozessen zu achten. Es werden sogenannte „Als-ob-Schleifen" (Roth 2003) des Handelns durchgespielt. Im Arbeitsgedächtnis wird dadurch das Zusammenspiel zwischen Kognitionen und Emotionen hergestellt, bis eine Bewertung, eine Motivation, eine Überzeugung mit Entscheidungswirkung herbeigeführt wird. Gerade auch Weiterbildungsentscheidungen sind deshalb immer als Bewegungen im Prozess zu sehen, deren Wirkungen und Konsequenzen nicht im Voraus erkennbar sind.
Emotionen und Kognitionen agieren in getrennten Zentren und wirken erst im Endergebnis zusammen. Das ist ein befreiendes Wissen, weil es erklärt, warum viele Entscheidungen so selten eine eindeutige innere logische Struktur haben können. Wenn jemand also nach diesen Befunden ausführt, sie oder er habe eine rationale Entscheidung gefällt, bekommt sie/er gegenwärtig öffentlichen Zuspruch. Wir wissen aber, sie/er würde, wenn es so wäre, nur ihr/sein halbiertes Wissen präsentieren. Im öffentlichen Diskurs ist es aber so, dass alles unter dem Rationalitätsanspruch und im Rationalisierungsprozess im Sinne des Codes „kompetent und abgewogen" subsumiert wird. Dieses ist durch eine öffentliche Norm geprägt, und so bekommen alle Entscheidungen diesen Bedeutungshof, weil jede anders dargestellte Entscheidung als nicht akzeptabel angesehen würde. Als besonders wenig entwickelt und dumm gilt gegenwärtig noch eine solche Entscheidung, die man als emotional beschreiben würde, sie gilt zumindest als vorläufig, als nicht ausgewiesen genug. Sie bedarf aufgrund dieser alltäglichen Annahmen allerdings auch keiner weiteren Ausführungen. Nur in Therapien und elaborierter in Psychoanalysen wird die begründete Ausformulierung von Gefühlen Schritt für Schritt entwickelt, mit in der Regel deutlichen positiven Konsequenzen für die Kreativität und in der Folge für die kognitive Lernfähigkeit.
Besonders was unser Thema der Entscheidungsgewinnung im lebenslangen Lernen betrifft, wird dieses Wissen für Beratungsprozesse wichtig.

Interessanterweise greift Rogers (1985, 1987, 1994) in seiner klassischen Beratungstheorie diese Bedeutung der Gefühle für Bildungsentscheidungen auf. Seine empathieorientierte Spiegelungstheorie mit entwickelten und erprobten Regeln für den Beratungsverlauf zielt auf die Erkennung eigener Gefühle und die daran geknüpften Bildungsinteressen, auch Ambivalenzen werden durchgesprochen. Im Grunde findet in diesen Beratungsprozessen eine Auseinandersetzung mit den eigenen Emotionsmustern statt, um durch dieses angeleitete selbsttätige Nachdenken und Formulieren zur neuen komplexeren Entscheidungsfähigkeit zu gelangen. Rogers hat quasi mit seiner Methode die erst später erbrachten neurobiologischen Befunde mit seinem Vorgehen bereits „gewusst". Hätte er seine Theorie und Methode erst heute entwickelt, wäre sie als Anschlusstheorie von hoher Evidenz.

## 6.1.2 Empirische Einlassungen zum Entscheidungsverhalten

Angelegt als Vorlaufstudie, die sich mit Entscheidungen für die Weiterbildungsteilnahme beschäftigt, haben wir mit einer Ausschreibung in einer Berliner Tageszeitung Leser und Leserinnen befragt, ob sie zu offenen Interviews über ihre Weiterbildungsentscheidungen bereit wären, die dann Ausgangspunkt für eine umfassende Studie sein könnten. Unser Ansatz ging dahin zu fragen, wie sich ihr Bildungs- und Qualifizierungsinteresse entwickelt hat, welche Suchbewegungen (Tietgens 1986) unternommen wurden und wie sie ihr Beteiligungsinteresse umgesetzt haben. (Wir betrachten diese ersten Ergebnisse als empirischen Vorlauf für einen weiteren Baustein zu einer Theorie von Weiterbildungsberatung.)
Es haben sich fünf Personen gemeldet, alle waren weiblich. Die Interviewten haben in großer Breite an Weiterbildung partizipiert, d.h., sie haben länger dauernde Weiterbildungskurse mit Zertifikat oder Abschluss, Wochenendseminare, Bildungsurlaube oder umfangreichere Intensivkurse nacheinander besucht. Sie haben sich eingetaktet in die gesellschaftliche Norm lebensbegleitender Bildung. Sie haben sie selber finanziert, oder sie sind finanziert worden. Die Kurse stehen im Zusammenhang sowohl mit beruflichen als auch persönlichen Qualifizierungs- und Bildungsinteressen. Da die Übergänge zwischen beiden Motiven/Begründungen für die Individuen aber fließend sind (siehe Gieseke 2004), können hieraus keine Besonderheiten abgeleitet werden. Berufliche Kontexte senden dabei offensichtlich zwei Botschaften aus: Sie sind sowohl Anlassgeber für gezielte berufliche Fortbildung als auch demotivierend, da sie für die berufliche Situation häufig keine Verbesserungen bringen.

Die vorläufige Auswertung der Interviews führt zu einigen Annahmen vor dem Hintergrund emotions- und beratungstheoretischer Überlegungen:
1. Grundsätzlich gilt: Es gibt unterschiedliche Reichweiten der individuellen Begründungstiefe, die wie eine Zwiebel aus verschiedenen Schichten bestehen und nebeneinander Gültigkeit haben und jeweils als Entscheidungsfelder nebeneinander bestehen können. Sie haben unabhängig voneinander Gültigkeit.
2. Drei Schichten von Entscheidungsfindung lassen sich nach diesen Auswertungen unterscheiden, die aber nicht unabhängig sind vom Seminar oder Weiterbildungstypus, an dem man partizipiert. Es gibt also bei der Entscheidungsfindung

und den dafür nötigen Strukturierungen sehr differente Ausgangsbedingungen, die von außen vorgegeben sind und bei den Individuen andere relationale Aushandlungsformen freisetzen. Dies kann auch zur Ausschaltung des individuellen Involviertseins führen.

3. Wir unterscheiden dabei:
   a) situative Passgenauigkeit: spezielle Verwertungskontexte (Faktoren: Zeit, Ort, Image), pragmatische Abwägungen;
   b) langfristige Qualifizierungskurse mit „Begründungslöchern": keine Rückbindung zu berufsbiografischen Entscheidungen, Sogwirkung durch Bildungsanzeigen, systemische Durchrationalisierungen als Zuweisungen;
   c) Emotionsmuster verweisen auf Begründungszusammenhänge, die subjektiv nicht rekonstruiert werden können, wohl aber über Deutungsanalysen erschließbar werden.

### Zu a) situative Passgenauigkeit

Es können Entscheidungen zur situativen Passgenauigkeit und zu speziellen Verwertungskontexten unabhängig von sozialen Zwängen identifiziert werden. Für erwachsenenpädagogisches Handeln ist es von nicht unerheblicher Bedeutung, wie sich solche Entscheidungen in der Zeit verändern, weil sich die Programmplanung und das Weiterbildungsmanagement daran zu orientieren haben (Gieseke 2000; Robak 2004), wenn sie nachfrageorientierte Angebote machen wollen. So ändern sich mit der Auflösung der Arbeits- und Berufsstrukturen in Zeiten passageren Arbeitens auch die optimalen Zeiten für Weiterbildung. Sie können milieubezogen, regionalbezogen, bezogen auf Familienkonstellationen, Arbeitsrhythmus etc. different sein und müssen entsprechend flexibel für Programmentwicklung von Professionellen in der Erwachsenen- und Weiterbildung gekannt werden. Auch spielen bei geringerem Finanzbudget Ort und Kosten eine große Rolle. Das Image der Institution ist hier für die Preisformulierung der Angebote von nicht unerheblicher Bedeutung.

Zunehmend wird es von herausragender Bedeutung sein, ob große Firmen vor Ort bestimmte Bildungsinstitutionen für bestimmte Angebote akzeptieren und dann ihren Mitarbeiter/innen diese Kurse auch finanzieren. Diese Situation trifft besonders dann zu, wenn das Unternehmen nicht selber eine Weiterbildungsabteilung hat. Im Interview formuliert TN 3:

> „Also ich hatte 'n Arbeitgeber, äh, also einen dieser Unterschiedlichen, der hatte wirklich 'ne Kartei von externen Anbietern, die er unterstützt, da is zum Beispiel die VWA drin oder eben die X-Akademie oder, äh, hier in Berlin war es die XYZ, wo er denn so bestimmte sozusagen, die kannte er schon, die hatte er gerastert, und die hat er sozusagen auch rausgegeben als Information, dass man sich dort halt extern, äh, ja weiterbilden kann ja. Das war so der eine Informationsweg, und das andere is im Grunde genommen, dass Kollegen, ähm, vor mir auch schon an der X-Akademie halt das Studium durchgeführt haben und das letztendlich so eher durch Mund-zu-Mund-Propaganda geht und, äh, ich schon so während der Ausbildung halt so mitbekomm hab, aha, das gibt es, da gehen einige zur Schule und äh, ja. Im Grunde genommen geht's dann eher auf dem Weg, wenn's

WILTRUD GIESEKE

*konkreter wird, dass ich mich dann direkt über Internet an die X-Akademie gewandt habe und da die Informationen zusammengetragen" (Interview 3, S. 4, Z 121 bis 133).*

Entscheidungsverhalten auf dieser Ebene ist alltagstheoretisches Abwägen. Die Informationen vom Arbeitsplatz, von Kolleg/innen beachtete Erwartungen am Arbeitsplatz führen zum Suchen von konkreten Angeboten, sobald die Institution gefunden und akzeptiert ist. Man kann also von Suchbewegungen ausgehen, die die Weiterbildungspartizipation vorbereiten. Die Arbeits- und Lernkultur ist also von erheblicher Bedeutung bei der Aktivierung und der Umsetzung von Weiterbildungsinteressen. Feinere relationale Abstimmungen werden nach der Bildungsentscheidung vorgenommen, um solche Kurse zu finden, die gut platziert in den Alltag, aber verbunden mit biografischen Verortungen passen. Eine Probandin formuliert dies so:

> *„Ähm, ja da sind immer so Fragen natürlich, wann finden diese Kurse statt, also da hab ich schon eher dann auch so die Motivation, wie passt das mit meinen andern privaten, ähm, Dingen, die ich gerne noch mit unter ein Hut bringen möchte, also zum Beispiel, sag ich mal so ganz simpel, irgendwann hab ich 'n Bildungsurlaub gemacht in Norddeutschland, weil ich aus Norddeutschland gebürtig komme, und dann hab ich halt da einfach zugesehn, dass ich da dann nebenbei noch viele Freunde gesehen habe. Also sozusagen davor und danach. Und dann war eben so das Thema für mich in dem Sinne mal nachrangig, aber der Ort war wichtig. Und denn gibt es wieder so andere Themen, wo ich sage, da bin ich jetzt gerade dran, also letztes Jahr hab ich halt bei der Friedrich-Ebert-Stiftung, ähm, Konflikttraining gemacht, und da war mir einfach das Thema wichtig und, äh, da wär ich auch, weiß ich nich, sonst wohin gefahren, wenn ich gewusst hätte, den Dozenten, den ich haben möchte, und das Thema dazu, das der anbietet, ähm, ja, da war mir das Thema dann wichtig, weil das für mich gerade, ähm, ja für mich von der Lebenssituation wichtig war. ... Weil wir halt, weil wir halt dieses Studium an der X-Akademie gemacht haben, mussten wir halt 'ne Gruppendiplomarbeit schreiben mit fünf Leuten, und das war ziemlich konfliktträchtig. Von daher hat ich da ziemlich viel Handlungsbedarf" (Interview 3, S. 5, Z 145 bis 163).*

Nirgends haben wir aus diesem Vorlauf Belege dafür gefunden, warum etwas Priorität hat. Wir haben es mit pragmatischen Abwägungen zu tun, bei denen Hilfsinstrumente für rationale Entscheidungsfindung genutzt werden können. Auch die abwegigste individuelle Bildungsidee mündet letztlich in solche abwägenden Entscheidungen, wenn nicht ein spontanes unmittelbares Angesprochensein andere Wege vorschlägt.

Zur pragmatischen Entscheidungsebene gehört auch die Wahl des Ortes der Weiterbildung. Aber die Entscheidung über den Ort ist nicht immer eine pragmatische Zweck-Mittel-Entscheidung. Auffällig ist nun, dass der Weiterbildungsort auch als Raum, als Ort zur Selbstentwicklung begriffen wird, wo man nicht Kolleg/innen treffen, sich also nicht institutionellen Konkurrenzen, Neidern etc. aussetzen möchte. Mit dem Ort als Raum wird im Sinne von Schmitz (1998) und Böhme (1995) eine bestimmte Atmosphäre für die Lernumwelt verbunden, die sich durch eine Trennung vom Arbeitsplatz und dem Alltag unterscheidet. Man kann unter betriebsnahen Bedingungen nicht in gleicher Weise mit sich selbst lernend experimentieren oder einen intensiven Austausch pflegen. Die Entscheidung über den Ort, die auch für eine bestimmte Institution ist, sieht Bildung also stark im Zusammenhang mit individueller Freiheit und der Nutzung individueller Handlungsspielräume, unabhängig davon, dass es als selbstverständlich angesehen wird, dass der Kurs beruflichen, d.h. betrieblichen Nutzen erbringt. Man trifft so gesehen unter Beibehaltung von beruflichen Interessen häufig auch Entscheidungen für einen bestimmten Weiterbildungsort und eine bestimmte Weiterbildungsinstitution, weil man zu einem bestimmten Thema mit Menschen aus anderen Kontexten zusammentreffen möchte. In diesem Fall geht es um eine Kurswahl, in der sich verschiedene Menschen außerhalb des Betriebskontextes treffen:

> „Ja, ich sag ja, wenn ich hier so vor Ort bin, dann bin ich so nahe vor den Problemen und diesen ganzen, äh, vor der ganzen Situation, dann find ich den Kollegen doof, und was der macht, find ich ja auch wieder gleichfalls doof, also dieses Ganze, äh, wird, find ich, son bisschen entwirrt" (Interview 3, S. 11, Z 351 bis Z 354).

Dieses Treffen auf „der grünen Wiese" spricht für das Interesse, Distanz zu nehmen, neue Anregungen zu erhalten und biografisch erlebte, gute zwischenmenschliche Konstellationen neu zu beleben. Dieses selbstaktive Bildungsinteresse scheint sich gegen betriebliche Übersteuerung bei gleichzeitiger Beachtung von Verwertungsinteressen zu wenden.
Gefühle, die die Selbstachtung, die kreative Selbstentfaltung, das aktive Mitdenken ausdrücken, sind bei diesem Austausch die erwünschte Wirkung, wie das folgende Zitat belegt:

> „Eher, also ich sag mal, es is eher so gut fürs Selbstbewusstsein, manchmal hab ich ja so das Gefühl, oh, ich irgendwie nur son Haufen Probleme oder so (lacht), und dann seh ich so, ach die andern, den geht das jetzt auch so, und, ähm, die kämpfen mit ganz andern Dingen noch rum, dann dass es mir damit auch 'n bisschen besser geht. Also es is jetzt blöd, irgendwie zu sagen, die ham noch viel mehr Probleme (lacht), ja aber es is halt so" (Interview 3, S. 12, Z 377 bis Z 382).

Der Ort und die Zusammensetzung der Teilnehmer/innen des Weiterbildungskurses jenseits der Betriebs- oder Stadtgrenzen erbringen also einen erweiterten Erfahrungsraum, in den man über Gespräche, inhaltliche Auseinandersetzungen und Dialoge, die eigenen Lebens- und Arbeitsfragen im weiteren Sinne diskutieren kann.
Pragmatische Entscheidungskonstellationen belegen eine hohe Dichte abwägend alltagstheoretisches Handeln, wobei aber einzelne Faktoren, wie z.B. räumliche Nähe der Weiterbildungsinstitution zum Arbeitsplatz, sowie emotionale Einflussgrößen, die lernwirksam sind, mit einbezogen werden. Aber es wird auch das Interesse an anderen Seminarteilnehmer/innen und deren Sichtweisen mit erwähnt. Man interessiert sich für andere Interpretationen, Lebensweisen, für persönliche Probleme etc. Man

schaut so über den Tellerrand der eigenen Lebenswelt, darin wird eine hohe individuelle Bereicherung gesehen. Diese Möglichkeiten bieten sich besonders in Blockveranstaltungen und in neutralen Institutionen. Eine Probandin formuliert es so:

> *„Und wenn mir jemand anderes so was erzählt, so von seiner Situation, dann geht mir das oftmals so, dann anschließend durch den Kopf, hm, das is ja bei mir jetzt auch so ähnlich. Also der eine Teil is natürlich immer dieses Berufliche, ähm, das andere is das wirklich ganz, ganz Persönliche, also wie's mir jetzt gerade geht oder was ich für'n Problem mit meiner Familie, Freund etc. habe, und das find ich dann, das is sozusagen der noch spannendere Punkt. Aber also meistens is es so, dass ich das feststelle, dass die Leute sich so bisschen rantasten, erst mal über etwas so Dinge, die nich ganz so nahe herangehend sind sozusagen, dann erst mal das Berufliche und die nächste Stufe dann das Persönlichere, man merkt, den mag ich auch, irgendwie is der mir sympathisch, dass man sich dann eher so über ganz persönliche Dinge austauscht. Und da find ich einfach Lebenswege ja interessant. Und was ich davon mitnehme? Hm. Ja eher so die Bestätigung, wie bunt und groß die Welt is"* (Interview 3, S. 11, Z 354 bis Z 366).

Die Lernmotivation stiftet eine Sozietät, wohlgemerkt, gemeint ist nicht die Gemeinschaft, sondern eher ein eigener freier Raum, die Begegnung, der Austausch, um zu neuen Eindrücken und erweiterten Bewertungen zu kommen. Lernkulturen von Institutionen, die dieses bieten, scheinen höchst wirksame Gründe für Prioritätensetzungen zu sein.

Wichtig ist nur, daraus nicht sofort eine pädagogische Handlungskonsequenz zu ziehen und dieses Wissen selbst im Kurs, in der Begründung, im Marketing vordergründig anzusprechen. Eine Systematik des Lernens, eine freie Geselligkeit (Schleiermacher) und ein institutioneller Rahmen schaffen offensichtlich freie Lernräume. Mit unterschiedlichen Orten und Räumen des Lernens wird in institutionellen Kontexten je Spezifisches verbunden (Gieseke/Opelt 2005).

Aber es gibt auch bereits Wirkungen aus einem neuen Bildungsmarketing. Interviewte sprechen von Sogwirkungen durch Bildungsanzeigen. Weder nur die Entscheidung für spezifische Orte und Räume noch nur die Inhaltsauswahl ist letztlich ausschlaggebend. Bildungsmarketing reicht weiter.

Inwieweit Sogwirkungen bestehen, weil das Kursangebot an sich gut aufbereitet und präsentiert wurde oder weil eine unmittelbare Verknüpfung zu emotionalen Bezugspunkten hergestellt wurde, wäre unter Entscheidungs- und Marketinggesichtspunkten von hoher Bedeutung. Welche ethischen Ansprüche an Marketing zu formulieren sind, was Weiterbildung betrifft, lässt sich so begründeter bearbeiten.

Die Probandinnen formulieren es so:

> *„P: Das kam eigentlich durch den Titel von der Maßnahme. Und weil das, der Titel, genau das versprach, was ich immer wollte. So machen wollte, beruflich, eigentlich.*
>
> *I: Das war diese Verbindung Journalismus und ...*

*P: Ja, fachlichwissenschaftlicher Journalismus, was auch immer man sich darunter vor-*
*stellen möchte, aber für mich klang das so, das is eigentlich das, was ich machen*
*möchte. Was ich auch früher schon machen wollte und jetzt immer noch machen*
*will, und, ja ich, genau, ich bin da einfach ganz unverbindlich rangegang, und ich*
*einfach mal angerufen hab. Die Maßnahme hatte nämlich schon angefang. Und, ja*
*bei mir is das so in Phasen. Es gibt so Phasen, wo ich dann, das hat ja jeder, wo er*
*unsicher is, und andere Phasen, wo er denn eher so offen is, und dann traut er sich*
*schon eher. Und das war sone Phase, wo ich eher offen war, wo ich dann da angeru-*
*fen hab und wo der Institutsleiter mir erst gesagt hat, ich könne mich gerne in einem*
*Jahr noch mal melden, weil diese Maßnahme in einem Jahr noch mal stattfindet,*
*aber jetzt würde sie ja schon zwei Monate laufen, und da könne er mich nicht mehr*
*aufnehmen. Auch wenn er gerne würde, aber das wäre ja mir gegenüber unfair, un*
*ich hätte zu viel dann verpasst und so weiter. Und, ich weiß bis heute eigentlich nicht,*
*was mich da geritten hat, aber jedenfalls hab ich so innerhalb von 'ner Viertelstun-*
*de den davon überzeugt, dass das alles gar nicht so schlimm ist und ich das alles*
*aufholen könnte, und dann hat er sich einverstanden erklärt, und dann durft ich da*
*mitspielen, vorbehaltlich der Zustimmung des Arbeitsamtes, die sollten das nämlich*
*bezahlen, und beim Arbeitsamt selbst war dann noch mal 'n ähnliches Gespräch,*
*wo's erst hieß: ‚Nein es geht nicht, und sie ham ja noch gar keine Beratung und über-*
*haupt, aber dann ging es aber am Ende doch. So, und dann hab ich das gemacht.*
*Bin da sozusagen als Neue, ich bin die Neue, so bin ich dann dahin gekommen"*
*(Interview 1, S. 4, Z 107 bis 132).*

Die Probandin hat mit dieser Kursentscheidung die Durchsetzung einer Entscheidung für die Fortbildung erprobt. Die Idee, sich für diese berufliche Fortbildung zu
entscheiden, bekam ein Eigengewicht, sie führte zur Eigenaktivität, die im Interview
nicht ausreichend nachvollziehbar war. Die Probandin staunt selber, welche Energien sie freisetzen konnte, um an diesem Kurs teilnehmen zu können. Sie hat das
Angebot für sich passgenau gemacht. Ihre Kritik ist dann allerdings gegen Ende der
erfolgreich erkämpften Qualifikation groß. Selbst die Wahl des Fortbildungstypus
über das Arbeitsamt kann sie gegen Ende des Kurses nicht mehr nachvollziehen.
In ihrer vorausgegangenen Berufstätigkeit hatte sie nur negative Erfahrungen mit
arbeitsamtsbezogener Fortbildung, da diese in ihren Augen „überladene Trocken-
übungskurse" waren. Aber gleichwohl hat sie den Kurs für sich durchgesetzt und
daran teilgenommen. Ihre bisherige Kritik, ihre ablehnende Haltung gegenüber arbeitsamtsbezogener Fortbildung spielte keine Rolle mehr. Sie formuliert dann aber
zum Schluss dieses Kurses wieder einige Kritik:

*„Und ich war der Meinung, dass man das einfach inhaltlich 'n bisschen mehr eingrenzen*
*soll und da mehr Schwerpunkte setzen soll, muss man sich eben von irgendwas verab-*
*schieden und, ja, und dies dann eben einfach 'n bisschen intensiver machen, das is das*
*eine und das andere, was mich gestört hat, was man besser machen könnte, das ham alle*
*anderen auch so gesehen, is, dass sehr, sehr viel Theorie is, und wir haben irgendwie so*
*immer Kaufmannsladen gespielt, ja? Also wir, also das is jetzt Mehl, und das verkaufen*

*wir jetzt, für, für fünf Mark, aber wir hatten weder Mehl noch fünf Mark. Und das heißt, wir sind jetzt nich zu irgend 'ner Zeitung gegangen und haben jetzt nich für die konkret irgend n' Artikel geschrieben oder da wäre vielleicht 'n Redakteur mal gekomm, der und irgendwas aus'm Leben erzählt, so war das nich, sondern es war'n alles Trockenübungen, und wir wussten von vornherein, dass, was wir produziern, nich veröffentlicht wird, außer auf der eigenen Homepage, und insofern hat es auch niemand interessiert, wie die Qualität von dem is. Also die die Rückmeldung von dem, was wir geleistet haben, war auch nich so, wie se eigentlich hätte sein sollen"* (Interview 1, S. 3, Z 75 bis 89).

*„Ne, nie, das is ja auch nich vom Arbeitsamt an mich rangetragen worden. Im Übrigen bin ich der Meinung, dass das Arbeitamt, jedenfalls was ich bisher mit den zu tun hatte, das war nich besonders viel, das die sehr, sehr, was heißt, es is nich besonders viel, beruflich hat ich da mit den sehr viel zu tun, aber jetzt selber als Arbeitsloser hat ich nich so viel mit den zu tun, und aus beiden Perspektiven muss ich eigentlich sagen, dass ich die für sehr inkompetent halte, also sowohl als auch. Wenn man Mitarbeiter sucht, bekommt man eigentlich selten 'n passenden, wenn überhaupt, und wenn man 'ne Stelle sucht, dann brauch man sich auch nich übers Arbeitsamt, also. Und, ja das war auch so, dass die mich da völlig falsch eingeordnet haben in ihrer Kartei, also es is na gut. Ne, es is nie vom Arbeitsamt irgendwas was gekommen. Dieses Angebot hab ich in dem Katalog gefunden und hab mich selber darum gekümmert, und das Arbeitsamt war eigentlich eher dagegen, dass ich genau in diese Maßnahme gehe"* (ebd., S. 5, Z 148 bis 160).

*„Ne, den hab ich irgendwie in die Hand gedrückt bekomm beim Arbeitsamt. Insofern war das also auch ganz gut"* (ebd., S. 5, Z 166 bis 167).

### Zu b) Qualifizierungsentscheidung mit beruflichem Wechsel oder Positionswechsel

Entscheidungen für einen beruflichen Wechsel, die nach Sennett (1998) den Lebensweg nachhaltig beeinflussen und zum Typus des flexiblen, ungebundenen Menschen führen, erklärt die hier hypothetisch vorgestellte weitere Ebene von Weiterbildungsentscheidungen. Solche Entscheidungen zu beeinflussen erscheint nach diesen Interviewauswertungen aber extrem unterbegründet. Das heißt, bei den Fortbildungsentscheidungen, die eine berufliche Kehrtwende einleiten, führen die Interviewten keine entwickelten Begründungen an. Die Einbindung der Weiterbildungsentscheidung in biografische Kontexte erfolgt nur begrenzt. Bildungsentscheidungen mit der Folge großer Veränderungen (zeitlich, inhaltlich und kompetenzbezogen) können offensichtlich nicht ausholend argumentierend, auf persönliche Vorlieben oder auf bestimmte Emotionslagen oder gar auf ein rationales Kalkül bezogen begründet werden.

So ist von Probandin A, die einen Wunsch nach einer journalistischen Ausbildung hatte, um als Fachjournalistin zu arbeiten, kein spezifischer, nicht einmal ein vordergründiger biografischer Grund verbalisiert worden. Das Gleiche gilt auch für Probandin D, die eine Ausbildung für Öffentlichkeitsarbeit und PR-Tätigkeit anstrebt und als Redakteurin gearbeitet hat. In ihrem Fall kann man bei den neuen Fortbildungsbemühungen allerdings noch von einem Umfeldberuf zur vorhergehenden Redakteurstätigkeit sprechen. Sie artikuliert aber auch Beratungsbedarf und hat darauf bezogen genaue Vorstellungen:

*„Ich bräuchte eigentlich jetzt jemanden, mit dem ich einfach mal mein, äh, alles das, was in meim Kopf is, absprechen könnte, was spricht dafür, was spricht dagegen, äh, äh, wie, wo gäbe es 'ne Möglichkeit herauszufinden, inwiefern nützt mir der Abschluss etwas, die Qualität dieses Institutes, äh, aber das Wichtigste wäre, ich bräuchte eigentlich jemanden, mit dem ich durchgehen könnte, is diese PR-, äh, Geschichte wirklich etwas für mich. Äh, wie sag ich, wie sage ich das, ich bräuchte eigentlich jemanden, ähm, ja ph, der mit mir son Check macht oder, äh, wo im Zwiegespräch für mich klar wird, ja, das isses oder das isses nicht. Das müsste natürlich halt jemand sein, der dann auch die richtigen Fragen stellt, um an die Knackpunkte zu kommen. Also das is son Punkt, wo ich sage, also im stillen Kämmerlein komme ich wahrscheinlich gar nicht da weiter, 'ne Entscheidung zu fällen. Also, ja. Also das wäre, das wäre, äm, das wäre total wichtig so, um, um dann nicht in dem Studium drinzusitzen und denken, ich hab jetzt hier irgendwo, 5000 Euro geb ich hier aus, und eigentlich interessiert es mich nicht die Bohne bzw. ich bin gar nicht diejenige, die so in die Öffentlichkeit treten will. Ich bin eher derjenige oder diejenige, die, äh, eher im Hintergrund eher waltet, also. Schwierig"* (Interview D, S. 4, Z 111 bis Z 126).

*„Ja, also ganz offensichtlich, äm, ich äh, also wirklich, ich hab gestern dagesessen, ich bräuchte jetzt jemanden, son, ähm, mit dem ich son Gespräch führen könnte, wo ich herausfinde, is das, is das etwas, was, ähm, was zu mir passt, ähm, was ich dann auch wirklich vertreten kann, wo ich mich wohlfühle und, ähm, wo ich nich immer das Gefühl habe, jetzt muss ich hier wieder irgendwie vor Menschen treten und ich will das eigentlich nich. Also na, ich meine, ich glaube, es muss gleichwertig sein, also die, die Beratung über den Inhalt und, ähm, bringt es mir dann (Geräusch wie Hand auf den Tisch klopfen), passt das zu mir, bin ich hier also nich auf dem Holzweg, also diese, diese fachliche Beratung und diese, ja, persönliche Beratung. Im Gleichgewicht"* (ebd., S. 4, Z 133 bis S. 5, Z 142).

*„... und für mich hab ich jetzt festgestellt, das is auch so, dass es eim auch die Gelegenheit bietet, mit sich selber irgendwie mal zurechtzukommen und in einem relativen geschützten Raum sich klar zu werden, wo man eigentlich hin will, also sich zu orientieren. Das war eigentlich auch ein Anspruch, die, die, die, die Maßnahme, glaub ich, hatte, dass die Leute sich orientieren können. Ja, und das kann man da eigentlich ganz gut machen, bei so was, also ich denk, es geht da nich nur darum, ein bestimmtes Fachwissen zu vermitteln, sondern ja den Leuten auch sone Gelegenheit zu bieten, mit, irgendwie mit ihrem Leben und ihrem so weiter klarzukommen. Und da es mir, als ich aufgehört habe, bei meinem Arbeitgeber sehr schlecht ging, ich hätte auch ohne Weiteres mir jetzt irgent 'n Job suchen könn, aber dazu war ich irgendwie einfach nicht in der Lage, weil ich hab mir dann maximal, hab ich mir dann Stellen angeguckt, hab ich gedacht, oh, dies wär was, dies wär was, dies klingt ganz gut, dann hab ich's schön gelb gemarkert, paar Tage später hab ich's ausgeschnitten, draufgeschrieben, aus welcher Zeitung und von wann, und das war's dann. Einfach nichts geschrieben, nich angerufen, konnte mich einfach für nichts irgendwie entscheiden"* (Interview 1, S. 7, Z 223 bis S. 8, Z 238).

Es bleibt erklärungsbedürftig, warum weitreichende berufliche Umstellungen nicht inhaltlich persönlich begründet werden können. Eher wird eine allgemeine Unsicherheit thematisiert. Es fehlen ganz offensichtlich verantwortungsvolle Beratungsgespräche, bevor jemand in eine Maßnahme geht. Andererseits wirkt aber ohne Weiteres eine gute Anzeige, eine interessante Ankündigung identifizierend und setzt Motivation frei, um sich auf eine lange Fortbildung einzulassen. Unklar ist nur, ob die Anzeige der hohe Anreiz gewesen ist, weil z.B. interessante Perspektiven aufgezeigt wurden, oder sie auf ein noch unartikuliertes Interesse traf, das durch die Anzeige eine Antwort und damit eine Entscheidungshilfe erfahren hat. Diese Zusammenhänge benötigen eine breitere Aufklärung, da die Weiterbildung sonst bei Fehlentscheidungen in Mitleidenschaft gezogen wird.

Diese Interviews bestätigen erneut, was aus der Bildungsbiografieforschung in Umschulungskontexten (Gieseke/Siebers 1996, Gieseke/Jankowsky/Lüken 1989) deutlich wird, nämlich dass immer Brücken zu der Ersttätigkeit gesucht werden, weil von hierher kommend langfristigste Wirkungen auf die Biografie festzustellen sind. Neue Tätigkeiten nach Umschulungen scheinen sich immer aus einer Mischung von Erst- und Zweitausbildung oder dem absolvierten Studium mit nachgeordneter Fortbildung zu ergeben. Selten kann man von einem grundsätzlichen Wechsel ausgehen. So greift die hier interviewte Redakteurin, die auf eigenen Wunsch gekündigt hat und bis 1988 Lehrerin war, bei der Aufgabe des Redakteursberufs und der nachfolgenden Suche nach Neuorientierungen auch auf diesen ersten Beruf zurück. Für beide Probandinnen, die freiwillig gekündigt oder bereits die Weiterbildung abgeschlossen haben, scheint sich ein individueller Suchprozess nach der Umschulung fortzusetzen. Mit der Kündigung will man einen Neubeginn realisieren, deren treibende Wurzeln auch in der Biografie liegen. Als These kann man formulieren: Wer die jeweiligen Suchbewegungen im lebenslangen Lernen beschreibt, landet immer wieder bei der individuellen Geschichte, den Erfahrungen mit Schule, Anregungsprozessen aus Beziehungsverläufen und -erfahrungen, die lernwirksam sind. Auch fehlende Beziehungen und damit geringe Anregungs- und Auseinandersetzungsmöglichkeiten hinterlassen ihre Spuren. Häufig genug werden sie dann im späteren Leben indirekt über Bildung gesucht. Vermisste Beziehung gleicht man so gesehen durch Kommunikation aus, indem man sie über gleichfalls interessierende Inhalte in mittelbarer Form herstellt.

Die Instanzen und Institutionen, die Bildungsentscheidungen für Individuen treffen, sind sich der weitreichenden Bedeutung seltener bewusst als unterstellt. Hier liegt bezogen auf lebenslanges Lernen ein sehr großer Forschungsbedarf. In der Regel können Entscheidungen für Umschulungen oder für Fortbildungen nicht biografisch und emotional ausreichend verankert werden. Man kam irgendwie in eine Maßnahme, aber es erfolgte seltener ein bewusster Entscheidungsprozess. Es entstehen quasi Begründungslöcher dort, wo der Berufswechsel vorbereitet wird. Da die Entscheidungen offensichtlich allein systemisch außengesteuert sind und sich nicht über Beziehungs- und Orientierungsschleifen biografisch rückversichernd eingebettet entwickeln konnten, nimmt man quasi außengesteuert eine Herausforderung an.

Die Konsequenzen können wir zurzeit noch nicht benennen, da wir solche Untersuchungen über Umschulungsbiografien von Arbeitslosen mit längerer Reichweite noch nicht haben. Wohl aber gibt es Detailstudien, die darauf verweisen, dass es zwischen dem Lernnutzen, der Fortbildungsentscheidung und der späteren Arbeitswahl keine eindeutigen Zusammenhänge gibt. Betont wird aber, dass der Lerngewinn von den Teilnehmer/innen, auch wenn sie nicht die bezahlte Umschulung wollten oder keine Arbeit nach Abschluss der Prüfung erhalten, als sehr hoch eingeschätzt wird. Dieses bestätigen mehrere Studien sowohl aus den 1980er- als auch 1990er-Jahren (Foster 1988, Meier 1998).

Auf jeden Fall ist der Hypothese von den Begründungslöchern bei beruflicher Umschulung und längerfristigen Fortbildungen mit langer Dauer nachzugehen. Inwieweit gibt es hier systemische Durchsteuerungen oder/und fehlende gründliche Beratung? Gerade solche – den Lebensweg beeinflussende – Entscheidungen können nicht ohne Anschlussmöglichkeit und hohe individuelle Akzeptanz erfolgreich sein. Wenn an der falschen Stelle gespart wird, sind die Kosten höher.

### Zu c) Emotionsmuster als immanent wirkende Entscheidungen

Beziehungsprozesse und ihre emotionalen Markierungen haben nicht nur Auswirkungen als fördernde und fordernde Impulsgeber für Lehren und Lernen, sie wirken auch in den Emotionsmustern weiter.

Entscheidungsprozesse erhalten ihre Dynamik von solchen Beziehungsprozessen, über die Bedeutsames, Herausforderndes, Bestimmendes markiert wird und wobei dann Gefühle freigesetzt werden, welche ihren Weg zu Entscheidungen finden. Lernen im lebenslangen Prozess kann als permanenter Weg der Anstrengung, des Überwindens und Neugewinnens von Differenz gelten. Wenn solche Markierungen im Emotionsmuster erfolgt sind, müssen sie nicht unbedingt bewusst sein. Eher ist es so, dass sie dann besonders wirksam sind, wenn sie als emotionale Muster nicht bewusst, d.h. nicht durch Wissen verfügbar sind. Darin liegt ja auch das Geheimnis der Psychoanalyse, dass sie über mühsame Prozesse des freien Assoziierens und der Selbstreflexion solche Knotenpunkte in den Emotionsmustern auflöst und ermöglicht, sie neu zu knüpfen.

So schildert die Interviewpartnerin 1, die Journalistin ohne 2. Juristisches Staatsexamen, die eine Fortbildung zur fachwissenschaftlichen Journalistin unbefriedigt abgeschlossen hat und vorher in einer Zeitfirma gearbeitet hat, lieblose Erfahrungen mit der Mutter und eine allgemeine Orientierungslosigkeit, die auch durch eine geringe emotionale Verbundenheit zur Mutter zustande kam. Es gab von ihr nur eine hohe, aber für das Kind sehr bedrohlich formulierte Wertschätzung der Schule. Aber auch hier werden, wie die folgenden Zitate zeigen, nicht verarbeitete Übergriffe durch die Mutter deutlich.

> *„Also so Schule und so, das war eigentlich für mich das einzige, der einzige Maßstab.*
> *Aber das hängt auch damit zusammen, dass es nichts anderes gab im Leben. Ich bin da*
> *sagen sozusagen emotional etwas vernachlässigt, erziehungsmäßig so. Und insofern war*

*die Schule für mich was, wo ich mich dran festhalten konnte, also das war'n Maßstäbe, wo wann, wo ich auch Anerkennung erfahren habe, weil ich gute Noten hatte, und gute Noten war was Gutes. Und das war's eigentlich für mich. Und das konnt ich bringen, das hat mir Spaß gemacht, und deshalb war das so, ging aber auf Kosten von anderen Entwicklungen, also dass ich nich so einfach gelernt habe und das bis heute auch noch nicht so gut kann, dass 'n Mensch auch einfach nur, um seiner selbst Willen, ein guter Mensch sein kann, sozusagen. Also irgendwie definiere ich mich da auch heut noch drüber, über solche Dinge, wie Noten oder was für'n Job haste oder hast du überhaupt 'nen Job oder so was" (Interview 1, S. 6, Z 193 bis S. 7, Z 204).*

*„... also es gab nur meine Mutter und die, die einzige, die einzige Art und Weise, in der sie mich manipuliert hat, war, dass sie mir sehr deutlich gemacht hat, was passiert, wenn, ähm, wenn ich, äh, ich müsste nich zur Schule gehen, ich könnte auch in die Fabrik arbeiten gehen. Und das hat sie mir dann auch sehr deutlich vorgemacht, wie das geht und wie das aussieht, und zwar so deutlich, dass ich mir dachte, das müsste eigentlich nich sein. So. Insofern war für mich denn klar, auch von meiner Mutter her, dass ich ehmt was lernen sollte. Aber das war ansonsten nie so, dass sie irgendwas gefördert hat oder irgendwie, in irgendeiner Weise Druck gemacht hat. Sie hat sich nich groß interessiert für meine Zeugnisse, die waren immer gut, hat sie auch gar nicht interessiert, sie ist auch kaum zu Elternsprechtagen gegangen, oder wenn irgendwelche, also ich (leises Stöhnen) hätte auch mit Fünfen nach Hause kommen können, ich glaub, das wär auch nich so, so. Also das war mehr so für, also ich hab mir das selber gemacht. Das, das für mich, weil das war, ich wusste, ich hab da Anerkennung bekomm von, die Noten an sich sagen schon was aus, dann bei den Lehrern natürlich und so, bei den Mitschülern weniger, ja, das war's so für mich" (Interview 1, S. 9, Z 278 bis Z 293).*

Das 2. Juristische Examen hat die Interviewte nicht gemacht, weil sie nicht so gute Noten wie erwartet bekommen hat und sich als Rechtsanwältin nicht durchschlagen wollte, wie sie sagte. Sie fand das erste Examen „zum Abgewöhnen" (Interview 1, S. 11). Die Ambivalenz von Anerkennung, guten Noten und beschwerter Eigenständigkeit bricht im weiteren Lebensverlauf durch. Sie gönnt ihrer Mutter auch nicht die Bestätigung, dass es ihre Tochter zu etwas gebracht hat. Das ungeklärte Mutterverhältnis wird zur lern- und berufsbiografischen Behinderung und führt zu komplizierten Entscheidungsproblemen.
Eine negative Erfahrung im schulischen Entscheidungsprozess beim Sprachenlernen erfährt in späteren Lebensphasen eine erneute Wiederholung.

*„Ich, ne, in der Schule musst ich mich mal entscheiden, zwischen Latein und Französisch. Weil die Schule, weil ich die Einzige war, die beides machen wollte, und darauf hat die Schule keine Rücksicht genommen und hat das parallel gelegt. Und da hab ich mich für Französisch entschieden, aus praktischen Gründen, weil das gesprochen wird. Und hab damit aber mein Latinum aufgegeben, irgendwie ein Jahr vorm Latinum, und das musst ich dann sausen lassen" (Interview 1, S. 18, Z 583 bis 588).*

Die Probandin hatte sich nach ihrer Kündigung wieder für einen Französisch-Intensivkurs in der Karibik entschieden.

> „Ähm, ich wollte das gerne machen, ich wollte gern 'n Intensivkurs Französisch machen, und dann hab ich mir überlegt, ich wollte das dann auch richtig lange machen, weil ich eine, also einerseits braucht ich 'ne Auszeit, außerdem mag ich die Sprache und bin immer dafür, mich irgendwie weiterzubilden. In welcher Form auch immer. Und, ähm, (2), ja das kam irgendwie alles so zusamm, ich weiß gar nicht mehr, warum ich ursprünglich auf die Idee gekomm bin, aber letztendlich steigerte ich mich da so rein, weil ich das immer stärker brauchte, weil ich einfach, mit einmal nich mehr zurechtgekomm bin mit meim Arbeitgeber und hatte mich dann entschieden, diese, diese, diesen Sprachkurs zu machen, und wusste aber noch nicht, ob ich bei diesem Arbeitgeber bleiben werde. Und hatte das aber auch schon der Fairness halber angekündigt, die hatten mir dann auch angeboten, dass se mir das vielleicht bezahln und so, und ich so, na ja, ich weiß aber nich, ob ich danach wiederkomme und so weiter, und (4). So und dann ging es irgendwie immer schlechter, und dann hab ich mich vorher schon entschieden, da wegzugehen, was ja natürlich schon irgendwie ja 'ne ganz unsichere Sache ist, aber konnt ich irgendwie nich anders. Ich war dann echt krankgeschrieben, zwei Wochen, weil ich echt nervlich da nich mehr. ... Den hab ich dann hundertprozentig selbst finanziert. Das war auch sehr teuer" (Interview 1, S. 13, Z 432 bis S. 14, Z 448; Z 456).

Es entwickelt sich eine Spirale negativer Fehlentscheidungen, die offensichtlich durch Familie und Schule schon vorbereitet sind. Man musste Französisch in der Schule nehmen, damals hätte sie gerne beide Sprachen gemacht. Jetzt, in der späteren Lebensphase, wiederholt sie, dass sie sich für eines von beiden entscheiden musste, und verlässt den Arbeitsplatz für einen Französischkurs, auch wenn es anders gegangen wäre.
Es werden miserable Bedingungen des Lernens bei diesem spezifischen Sprachkurs dokumentiert. Später ist sie klüger und formuliert Ansprüche an den Sprachunterricht. Der Kern ihres Entscheidungshandelns scheint darin zu liegen, dass sie sich selbst nicht für gut genug hält. Sie sieht sich von Fortbildungsansprüchen getrieben, da sie sich beruflich nicht verwurzeln kann. Sie erwirbt ganz im Sinne von Sennett „Fähigkeitsschablonen".

> „Na ja, ich hab in der Beziehung sowieso ne kleine Macke, weil ich, weil ich immer denke, dass ich nicht gut genug bin, mir immer Maßstäbe setze, also, ich guck mir dann immer andere Leute an, die auf dem einen Gebiet, wo ich jetzt nichts vorzuweisen habe, wo die da was vorzuweisen haben, ne. Da hab ich natürlich immer verloren bei dem Spiel, aber da guck ich mir natürlich in die darauf bezogen immer Leute an, die Weiterbildung hier und Weiterbildung da, und dann setze ich mich immer selber unter Druck und denke dann so: Du machst das nicht, und du müsstest das eigentlich auch machen, und die könn so was, und du kannst so was nich und so weiter, und so fort. Also das is so 'n sehr persönlicher Druck, und dann finde ich, is es auch, wird eim das auch so durch den Arbeitsmarkt auch 'n bisschen immer so suggeriert, dass man, dass man, ja, sich immer fortbilden müsste und immer. Obwohl ich ja eigentlich denke, dass die Arbeit an sich hängt natürlich von Job ab.

*Wenn man zwanzig Jahre irgendwie vorm Computer sitzen, die Akten von A nach B, dann, dann lernt man dabei nich so viel, aber je nachdem, was man macht, lernt man dabei eigentlich immer genug, je nachdem, wie viel man sich bewegt und wie oft man woanders eingesetzt wird. Und ich finde, dass es auch Sache des Arbeitgebers ist, da für die Mitarbeiter zu sorgen, also in dem Unternehmen wo ich war, die ham das eigentlich schon sehr gut gemacht"* (Interview 1, S. 19, Z 621 bis Z 638).

Erst glaubt sie sich nicht geliebt und ausreichend beachtet von der Mutter, später enttäuscht sie die beim Jura-Examen schlechte Benotung, sodass ihr innerer Rückhalt in einer guten Leistungsfähigkeit, die durch ihre Schulerfahrungen stabilisiert war, ebenfalls verloren geht. Sie kommt dann zu kurzschlüssigen, aber anfangs als richtig von ihr empfundenen Entscheidungen: so bereits in der schulischen Phase beim Aufgeben des Lateinunterrichts zugunsten des Französischunterrichts, obwohl sie vor dem großen Latinum stand, dann beim Abbruch der juristischen Laufbahn ein Jahr vor dem Abschluss des 2. Staatsexamens, dann die Arbeitsplatzaufgabe, um Französisch im Intensivkurs zu lernen, zuletzt die überstürzte Aufnahme der Weiterbildung, die ihren spontanen Interessen scheinbar entsprach. Alles bleibt enttäuschend.
Die Gefühle des Traurigseins und der erlebte Druck aus der Kindheit, lernen zu müssen, wird weitererlebt; nicht den eigenen inhaltlichen Interessen und den gegangenen Lernwegen pragmatisch zu folgen und sie zu Ende zu führen wird selbstgesteuert umgesetzt. Man folgt einer leisen Negativspur, bleibt aber in Weiterbildung involviert, da es neben den negativen auch gute Erfahrungen mit Lernen gibt, und sucht Besserung. Image, Status, das Sichmessen an anderen wird zur entscheidenden Größe. Genau hier haben subjektive Fehlentscheidungen ihren Ort, sie scheinen lange vorbereitet, sie sind nicht pragmatisch-rational, aber auch nicht bedürfnisorientiert gesteuert, sondern scheinen komplexe und widersprüchliche Emotionsmuster zu bedienen (siehe oben). Hier bewirkt die Interpretation, „nicht geliebt zu werden" und damit „nicht ausreichend beachtet, wohl aber gut zu sein", ein Verhalten, das sich auch an der Mutter rächt. Es geht darum, ihr doch noch zu zeigen, dass viel zu lernen nicht vor dem gesellschaftlichen Abstieg schützt. Eine zynische Dimension von Selbststeuerung, die durch erworbene, erarbeitete, sozialisierte Emotionsmuster bestimmt ist, wird so sichtbar und stellt diese selbst als Metapher für ein euphorisches erwachsenenpädagogisches Programm zumindest erst einmal infrage.
Emotionsmuster als Folge des emotionalen Sozialisationsprozesses sind gar nicht hoch genug einzuschätzen. Wer aktive Bürger/innen will, hat für eine ausgewogene Balance zwischen Selbstakzeptanz und eigener Qualifikationsentfaltung zu sorgen. Die Vorsorge durch Schule reicht hier nicht aus, da die Folgewirkungen im labilen Arbeitsmarkt für das gesamte Erwachsenenalter andere, komplexere Förderungen notwendig machen.

Bildungsentscheidungen sind bisher allein unter Motivationsfragen behandelt worden, und damit sind wesentliche Zusammenhänge, die aus erwachsenenpädagogischer Sicht zu behandeln sind, nicht beachtet worden. Nach unseren Interviews in der Vorstudie sind daher verschiedene Anschlussstudien möglich:

- vertiefende Forschung zu heruntergebrochenen Einzelfragen zum Thema (Analysen zum Bildungsmarketing aus beratungstheoretischer Sicht),
- eine Rückbindung von Fragen der Bildungsentscheidungen an Emotionsmuster und bildungsbiografische Entwicklungen,
- eine Analyse der Ambivalenzen bei der Entscheidung für Fortbildungen und Umschulungen mit längerer Dauer (das Stichwort Begründungslöcher).

## 6.2 Relationale Didaktik – Thesen einer Didaktik der Beziehung für lebenslanges Lernen

### 1) theoretische Vorüberlegungen

Eingangsthese: Beziehung als notwendige Begleitung und immanente Bedingung des Lernens

Alles, was ein Mensch in seinem Leben als Lernen bezeichnet und das in der Regel auf eine neue Sicht der Dinge, auf eine weiter gehende Erkenntnis, auf eine neue Fähigkeit und eine langfristig wirksame Veränderung oder Erweiterung hinweist, beruht auf Beziehungen, die hergestellt werden oder werden können. Immer verweisen die Lerneffekte aber auf soziale, zwischenmenschliche Konstellationen oder auf Lehr-/Lernsituationen, die initiiert wurden. Immer erst dann, wenn ich einer Sache, einer Situation oder einer Person weitgehend Bedeutung beimesse, stelle ich Beziehungen her.

### 2) Bindung und Beziehung als Voraussetzung für die Entwicklung von Lernpotenzialen

Beziehungen und Bindungsqualität werden schon im alltäglichen Rezipieren der Begrifflichkeit mit der frühen Kindheitsentwicklung verbunden (siehe Kap. 4). Die besonders prägende Auswirkung der elterlichen Beziehung zum Kind, aber auch, wie neuere Forschungen (siehe dazu Klosinski 2004) betonen, die Beziehung der Eltern untereinander beeinflussen die psychische Entwicklung des Kindes. Die die persönlichen Entwicklungen besonders beeinflussende Beziehung zu den ersten Bezugspersonen braucht nicht mehr herausgearbeitet zu werden, da sie hinlänglich bekannt ist. Tragend für die frühkindliche Entwicklung ist aber nicht irgendein Typus von Beziehung, sondern einer, der Fantasie, Wirklichkeitsbezug und Selbstwertgefühl herauszubilden hilft.

Wie nun Emotionen sich entfalten, ausdifferenzieren und verarbeitet werden können, hängt von dem aktiven und reaktiven Regieren der Eltern ab. Man spricht von der besonderen Bindungsqualität der Eltern-Kind-Beziehung, wobei unter Bindung „eine besondere Art einer affektiv getragenen sozialen Beziehung zwischen dem Kind und einer bevorzugten, von anderen unterschiedenen Person, die als stärker und klüger angesehen wird" (Biringen 1994 nach Klosinski 2004, S. 14), verstanden wird. Bindung ist wie die Motivation ein psychologisches Konstrukt, das durch die Präferenz einer Bezugsperson gekennzeichnet ist, wobei man unterschiedliche Bindungsarten entwickeln kann. Klosinski unterscheidet vier Charakteristika:

> „1. Angst verhindert das Spiel- und Probierverhalten und verstärkt die Bindung.
> 2. Die Anwesenheit einer Bezugsperson fördert das Explorationsverhalten des Kindes in der Umgebung.
> 3. Die Anwesenheit der Bezugsperson verringert die Angst des Kindes in Krisensituationen und ungewohnten Situationen.
> 4. Bei Trennung von der Bezugperson erfolgt ein Protest" (Klosinski 2004, S. 14).

Das Umgehen mit Angst, Unsicherheit und Trennung vor dem Hintergrund des Erlebens von Bindung und Autonomie wird also sehr früh erlernt. Bindung ist danach die geglückte Beziehung als Interaktion, welche auf Trennung reagiert, aber dazu führt, dass man lernt, sich selbstständig zu orientieren. Beziehungen bei Nichtanwesenheit aufrechtzuerhalten, darauf wirkt Erziehung hin. Die Nichtanwesenheit von Müttern muss nicht Bindungsverlust bedeuten, es kommt auf die Beziehung, die Verlässlichkeit, die Intensität, die Emotionalität und besonders das Partnerverhältnis an, also darauf, wie Beziehung als Modell erlebt wird. Sicher gebundene Kinder zeigen ein adäquates Sozialverhalten in sozialen Bezügen wie dem Kindergarten etc., sie zeigen mehr Fantasie und positive Effekte im Spiel, lange Aufmerksamkeitsspannen und ein höheres Selbstwertgefühl. Voraussetzung dafür sind „Freiraum bieten, Verstehen lernen, liebevolle Hinwendung und Akzeptierung der Kinder" (Klosinski 2004, S. 15). In dem Buch von Greenspan/Greenspan (1985) wird diese Entwicklung zu Freiheit und Bindung ausführlich für verschiedene Entwicklungsphasen beschrieben. Nachvollziehbar wird in dieser Analyse, wie emotionale Ausdifferenzierung und Ausdrucksfähigkeit mit Ideenentwicklung zusammengehen. Erzieherische Interventionen können danach in der geglückten Erziehung gesehen werden, die nicht mit strengen Interventionen bei Wut und Aggression reagiert, sondern mit der Aufforderung zur Ideenentwicklung antwortet, welche zur Transformierung der Wut und Aggression im Spiel anregt, zur Rollenübernahme und zu neuen Lösungsformen führt (Greenspan/Greenspan 1985, S. 177 ff.). Durch Ideen kann das Kind einerseits sein Grundbedürfnis befriedigen; andererseits werden im fiktiven Spiel Gedanken als Ersatz für Handeln entwickelt. Nähe und Sicherheit werden im fiktiven Spiel neu erfahren und ausgelotet. So schafft man sich Spielräume für seine Gefühle, demonstriert sie im Spiel und findet ab einer fortgeschrittenen Entwicklungsstufe Erklärungen für das Handeln anderer, ist also fähig, Empathie zu empfinden.
Nichts anderes leistet Goleman (1998) mit seinem Konzept, um schulische Aggressionen aufzufangen und durch ein Handlungsschema Empathie vorzubereiten (siehe Kap. 4 und 5).

Die aktuelle Begrenzung in der Betrachtung solcher Bindungs- und Aufmerksamkeitsprobleme und die negativen Folgen für die Entwicklung der Lernpotenziale liegen nun darin, dass das Erwachsenenalter nicht mehr beachtet wird und damit die langfristige Entwicklung ausgeblendet ist. Wenn es so ist, dass Bindungs- und Beziehungsangst gerade auch im weiteren Verständnis das Spiel- und Probierverhalten behindert, spielt dies auch in berufliche und gesellschaftliche Entwicklungen hinein. Dort, wo Angst vor Veränderungen besteht, also besonders, wenn es um mehr Offenheit geht, werden Gesellschaften im Konservierungsprozess eher dumm, sie entwickeln nicht neue Ideen, weil sie die Angst daran hindert. Genau in diesem Prozess können politische Parteien Bindung erzeugen, indem sie Angst schüren, vor „Verderbnissen" warnen und die Gegner gänzlich mit Inkompetenz gleichsetzen und stigmatisieren. Nicht nur Wähler/innen reagieren in solchen gesellschaftlichen Situationen konservativ, bei noch größerer Angst vorurteilsgeladen – und arbeiten gegen Minderheiten, da sie ihre wahren Gegner/innen nicht angreifen mögen. Die Identifikation mit dem/der Angreifer/in verstärkt über den Faktor Angst die Bindung. So kommt sicher auch das Phänomen zustande, dass besonders strenge und autoritäre, angsterzeugende Väter im Nachhinein idealisiert werden und eine erneute Unterwerfung erzeugt wird. Autoritäre Systeme und hierarchisch orientierte Handlungstypen erhalten ebenso auf diesem Weg ihre Macht. In der Unterwerfung sucht man Beziehung, Bindung, ein Aufgehobensein. Jeder/Jede, die mit Angst arbeitet, zielt auf diesen Macherhalt und bedient sich dieses Mechanismus'. Dieses mag auch der Grund dafür sein, dass eine gewisse Angst leistungsfördernd erscheint. Sie dient aber nie der subjektiven Entwicklung und damit der Kreativität und Autonomieförderung. Ein neuer Typus mit entsprechendem Machtbewusstsein, der eher neueren demokratischen Ansprüchen genügt, ist die/der Smarte, Freundliche, ohne Gewissen und skrupellos, der dissoziative Typ, der viele an sich bindet und dann aussteuert über Lügen, Betrügen und der dann irgendwann für die eigene Entwicklung lästige Personen zur Seite schiebt (Müller 2005, S. 22 ff.). Bisher sind solche Strategien des beruflichen Alltagshandelns nicht näher beschrieben. Im Stadium des Mobbings passen sich viele unter entsprechenden Arbeitsbedingungen diesen Verhaltensmustern an, entweder aus Angst oder weil man unbeschadet durch Strafe seine Aggressionen und sadistischen Bedürfnisse ausleben kann. Die Institutionen können langfristig so unter entsprechend willkürlichen Bedingungen ihre Aufgaben nicht mehr ausreichend erfüllen. Noch mehr Leistungsdruck, noch mehr Bürokratie für Qualitätsmaßnahmen, bei gleichzeitigen Kürzungen der Mittel, führen ins Abseits. Selbst in den Schulen gibt es diese Spiele mit der Angst. Sie wird für die Individuen noch zunehmen mit Weiterbildungspässen und der aktuell geplanten Leistungsvergleichsstudie für Basiskompetenzen im Erwachsenenalter von der OECD. Vereinzelte Jugendliche und für sich allein Lernende (Grotlüschen 2003) scheinen von dieser Entwicklung noch mehr betroffen zu sein.

### 3) Autopoiesis, Lernen, Beziehung

In der erwachsenenpädagogischen Konstruktivismusdiskussion und ihrer Rezeption gab und gibt es durchgängig die Überdehnung der Vorstellung von Autopoiesis, sodass sich Lernen nur noch als ein isolierter, abgeschotteter Vorgang, als ein In-sich-und-mit-sich-allein-Sein interpretiert wird.
Wird also Beziehung umgangen, um sich nicht auszuliefern?
Nur durch starke Einflüsse, die als Irritationen oder Verstörungen wirksam sind, stellt man sich in diesem theoretischen Gefüge das Lernen vor. Lernen wird krisengebun-

den oder im engen Interessenkontext fixiert ausgelegt. Sicher, und so wird argumentiert, kann man nicht Wissen übertragen, erzeugen, eintrichtern, aber wer hatte das auch angenommen? Dieses Wissen hat nicht erst der pädagogische Konstruktivismus bereitgestellt, sondern es ist in erwachsenenpädagogische Konzeptentwicklungen eingelassen. Jedes Individuum hat sich das Wissen selbst anzueignen und entsprechend den eigenen Anschlussmöglichkeiten und den Vorbedingungen zu verarbeiten. Selbst die Rahmung der Wissensaneignung ist stark durch unbewusste Konstellationen beeinflusst (vgl. Roth 2004b, S. 497). So verlangen die Lehr-/Lernprozesse mit Erwachsenen gerade wegen der längeren Sozialisationswirkungen – nicht zuletzt durch informelles Lernen (vgl. Kap. 4) – deshalb mehr Sorgfalt bei der Sicherung von Lehr-/Lernarrangements. Erwachsene verfügen bereits über komplexer geschichtete Wissensebenen. Ihre über Sozialisationsprozesse angeeigneten und als Erfahrungen verarbeiteten Erlebnisse verdichten sich im Lebenslauf zu relativen Deutungsmustern. Die Auswertung der Deutungsmusterforschung verweist in der Tat darauf, dass das Leben Spuren hinterlässt, die die Lernwege kanalisieren – aber diese Ergebnisse sprechen nicht für eine Entkoppelung des Individuums aus der Sozialität. Autopoiesis beschreibt in ursprünglich neurobiologischem Sinne die körperliche, leibliche Abgeschlossenheit als Einmaligkeit, die Beachtung verdient. Aber sie sagt nichts darüber, ob und wie das Umfeld auf das Individuum und die gesellschaftlichen Konstellationen Einfluss nehmen kann. Mit struktureller Koppelung und Perturbation sind die Lehr-/Lernkonstellationen nicht ausreichend gut beschreibbar. Denn „Perturbation" meint nur ein Verwirren, ein Aus-dem-Gleis-Bringen. Sie kann auch interpretiert werden als massive emotionale Verstörung und Verunsicherung in Phasen großer gesellschaftlicher Umbrüche und nachfolgender schlichter Anpassung, weil die Überlebensbedingungen nichts anderes zulassen. Solche Verhaltensmodifikationen, die für Veränderungsprozesse, für sehr lange anthropologische Entwicklungsverläufe aus biologischer Perspektive bedeutsam sind, erklären nicht kurzfristige, sondern phylogenetische Betrachtungen, die die Lebensspanne eines einzigen Menschen betreffen.

Dieses ist den Biolog/innen bekannt, denn Entwicklungen in biologischen Kontexten werden immer in größeren Zeiträumen gedacht. Die Menschen, da sie nicht für das Überleben genetisch vorprogrammiert waren, sondern auf Handeln und Lernen angewiesen waren, schufen sich durch die Jahrtausende und Jahrhunderte entsprechend den Lernergebnissen ganzer Generationen immer neues handlungswirksames Wissen, neue Techniken, neue institutionelle Bedingungen, mit denen sie dann wiederum als Kultur, die sie selbst geschaffen haben, konfrontiert waren und sind. Diese kulturellen Errungenschaften sind eine zweite Natur, die wiederum nach Veränderungen und Revision verlangt.

Für die heute notwendige lebensbegleitende Bildung ist es inzwischen unumgänglich, wenn die Bildung als lebenslanges Lernen einen zunehmenden Stellenwert hat, dass über neue institutionelle und bedarfsorientierte Lernformen nachgedacht wird. Der erwachsenenpädagogische Konstruktivismus bedient nun gleichzeitig zwei Thesen. Die eine lautet, dass der Mensch bestimmte Lernhaltungen herausbildet und bedingt durch die Autopoiesis quasi unbeeinflussbar ist, dass er also lernt, aber sich nicht belehren lässt. Sicherlich lässt er sich nicht gerne etwas vorschreiben, aber der Mensch jeden Alters sucht doch nach Anregungen, hat nicht umfassende Zugänge zu allen Wissensebenen und kann auch die nötige Zeit zur Auswertung nicht allein aufbringen. Er ist, wenn man Bildung für Erwachsene nicht abschaffen will, auf Lernangebote auch im Prozess des Lernens angewiesen. Dafür steht bereits die gesamte Schulgeschichte. Andererseits, so die zweite, auf Siebert zurückgehende These des Konstruktivismus (Siebert 2001), wird an die Autopoiesis die menschliche Freiheit geknüpft. Jeder/Jede verfolgt danach nur ihre oder seine eigenen Lernmöglichkeiten und Vorstellungen: Wenn die These der engen Auslegung der Autopoiesis gilt, dann liegt gerade in der Selbstbezogenheit die je individuelle absolute Freiheit. Was Bildung betrifft, liegt darin auch die These der geringen Wirksamkeit von Bildungsangeboten im Erwachsenenalter.

Dieses ist aber nicht Sieberts Meinung, wenn man anderen Ausführungen von ihm folgt. Lernen kann sich deshalb, so Siebert, nur dadurch vollziehen, wenn die Lernmöglichkeiten durch Beratung begleitet werden.

Immer ist bei Siebert das einzelne Individuum der Anlass und Motor des Lernprozesses und verweist dabei ebenso auf seine Entwicklungschancen. Es ist sich selbst genug. Es ist auf sich verwiesen, durch sich bestimmt und auf sich begrenzt. In der unbestimmten Bildsamkeit (siehe Kap. 3) liegt aber gerade die Option der offenen Möglichkeit, durch Anregungen aus dem Umfeld Lernen zu ermöglichen. Auf diese anthropologische Grundprämisse greift Siebert nicht zurück.

Bedacht wird in dieser Überzeichnung der Autopoiese von Siebert gleich zweierlei nicht, auch wenn das Individuum sich jeweils selbst die Informationen, Interpretationen etc. anschlussfähig übersetzen muss:

a)  Alle eignen sich die ihnen offenstehenden Rollen in der Kultur an und wachsen in die Lernkulturen, die gesellschaftlich erarbeitet worden sind, hinein. Dabei stricken sie, wenn es offene Gesellschaften sind, an Veränderungen und Verbesserungen mit. Die autopoietische Position betrifft hier nur die körperliche und identitätsbezogene Abgeschlossenheit. Das Individuum ist gleichwohl auf andere bezogen, ja erhält durch diese Bezogenheit die individuelle Antriebskraft und Dynamik.

b)  Um lernen zu können, ist aus diesem Grunde die Bedeutung der Emotionen, sowohl im Negativen als auch im Positiven, nicht hoch genug einzuschätzen. Sie sind Träger des Lernens, Behaltens und Erinnerns bzw. des Vergessens. Sie werden gestiftet durch Beziehungen, die Menschen herstellen und auf die sie zum Überleben angewiesen sind. Die Beziehung ist allem Anschein nach die grundlegendere Dimension des Lernens.

Wenn man danach fragt, was denn essenzieller sei, die Freiheit und Autonomie, die Siebert und Arnold mit ihren Vorstellungen zum selbstgesteuerten Lernen über die Autopoiesis in vielen Veröffentlichungen verfestigen, oder aber die Beziehung und Bindung, um Offenheit und Lernentwicklungen im Erwachsenenalter zu begründen, dann ist es müßig, hier Polarisierungen zu erzeugen und zu begründen.

WILTRUD GIESEKE

Es gibt hier keine Schwarz-Weiß-Antwort, sondern nur eine spezifische: Lernen im Erwachsenenalter benötigt Konstellationen, die in Freiheit auf Beziehung und Bindung fußen. Dazu benötigt lebensbegleitende Bildung unabhängige Räume und Orte, damit sich neue Bindungen und Beziehungen für das individuelle intellektuelle, qualifikatorische Wachstum entwickeln können.

Maturana/Varela haben auf die Liebe im menschlichen Leben verwiesen (Maturana/Varela 1987). In einer „coolen" Zeit wie der gegenwärtigen werden diese Absätze in ihren Abhandlungen sicher überlesen und eher als dramatisch und peinlich empfunden. Hier aber liegt für die beiden der Ausgangspunkt menschlicher Entwicklung. Sie meinen damit, was sicher bei Biolog/innen auf der Hand liegt, nicht die Fortpflanzung, also einen Teil der Sexualität oder die Sexualität an sich, sondern sie verweisen auf den Beziehungsaspekt.

> *„Wir halten keine Moralpredigt, wir predigen nicht die Liebe. Wir machen einzig und allein die Tatsache offenkundig, daß es,* biologisch gesehen, ohne Liebe, ohne Annahme anderer, keinen sozialen Prozeß gibt. *Lebt man ohne Liebe zusammen, so lebt man heuchlerische Indifferenz oder gar aktive Negation des anderen"* (Maturana/Varela 1987, S. 266).

Damit ist also nicht nur die sexuell eingebundene Beziehung gemeint. Es handelt sich auch nicht allein um Beziehung im Sinne von Sozialverhalten. Die Freiheit in Beziehung und Bindung verweist darauf, dass Lernprozesse Grenzen des Bisherigen überschreiten, aber dass dieses nur über Beziehungen und Bedingungen gelingt, die das Individuum dabei entwickelt. Es ist für Lernprozesse notwendig, dass mich etwas anzieht, interessiert, ich benötige Anreize, Herausforderungen, Anforderungen, auf die ich eingehe, zu denen ich eingeladen werde.
Ich genüge mir nie allein. Selbst narzisstische Menschen verlangen den Spiegel, autistische Persönlichkeiten suchen in ihrem Abgeschottetsein einen Zugang, reagieren auf Herausforderungen. Gleichwohl benötige ich Freiheit und, wie bei Maturana/Varela ausgeführt, gelingt dieses besser, wenn die Freiheit mit dem biologischen Konstrukt der Autopoiese leiblich verankert ist (Maturana/Varela 1987). Innere und äußere Freiheit sichert die Spielräume, um die Macht von Vorurteilen, von äußerem Druck, von Ansprüchen, auch von Bindungen auf ihren Platz zu verweisen.[24]
Besondere Beachtung verdient hier die weibliche Machtlosigkeit, die auch in der Arbeitswelt vorherrschend ist. Weiblicher Einfluss, ausgedrückt in vielfältigen Verhaltensstilen, scheint noch immer geliehene Macht zu sein, dort, wo sie zum wirklich autonomen Handeln führt, folgt Isolation. In der Isolation aber wird man Opfer von Zuschreibungen, Projektionen, und erst wenn ich Bindungen und Beziehungen aufbaue, erreiche ich Stärkungen, Wirkungen, die Einfluss und Wissen herstellen.

---

[24] Aber Bindung bleibt ebenso für die Gewinnung einer solchen Freiheit verantwortlich. Die dramatische Form, wo Macht, Unterwerfung als Denaturierung praktisch greift und zur Isolation, zum Entzug der Entwicklung durch Verweigerung von Bildung, zum Entzug der Partizipation an Wertebildung und zum geistigen Tod führt, ist gegenwärtig die Unterdrückung der Frauen im politischen Islam. Aber auch das Christentum war hierzu fähig, wie die Geschichte zeigt.

Freiheit und Beziehungen in Bildungsprozessen lassen Emotionen zu, das heißt Auseinandersetzungen, Entscheidungen, Aktivitäten und somit Entwicklungen für die Einzelne und den Einzelnen.

Freiheit und Beziehung verweisen auf Wechselseitigkeit, auf Austausch und Dialog, und sie meinen Lernen als umfassenden Prozess. Bildung und Lernen in diesem Sinne tragen zur Freiheit bei. Freiheit verlangt aber auch, dass zum Erkenntnisfortschritt der und des Einzelnen Beziehungen zum Durchdringen und zum Durchdenken zur Verfügung zu stellen sind, damit alle an dieser Freiheit partizipieren.

### 4) Lernkulturen – Orte, Räume zur Bereitstellung

Schon an diesem basalen Statement wird deutlich, dass zu diesen Fragebereichen viel zu wenig Forschung als dokumentarische Forschung vorliegt. Dieses hängt vor allem mit einer fehlenden Forschungsmethodenentwicklung zusammen. Die Lehr-/Lernprozesse sind ebenso wie die Erfahrungsaneignung so über Beziehungen miteinander verwirkt, dass mit eindimensionalen Zugängen wenig zu erreichen ist. Der psychologische Forschungsansatz beschäftigt sich nicht mit Lehr-/Lernkonstellationen, sondern mit Lernen auf verschiedenen Ebenen. Es besteht das Missverständnis, dass Lernforschung unmittelbar relevant für Lehr-/Lernkonstellationen ist. Gleichwohl beschreiben psychologische Lerntheorien, die in unzähligen Diskursen gegeneinander ausgespielt werden, verschiedenen Ebenen der Aneignung. Sie schließen sich letztlich nicht aus, sondern ereignen sich im Individuum praktisch parallel. Das heißt also, während Individuen sich eine ausdifferenzierte Systematik aneignen, z.B. in einer Ausbildung, und dabei Hierarchien von Zusammenhängen begreifen, erleben sie durch den betrieblichen institutionellen Alltag Konditionierungen, sind Reizen ausgesetzt, die sich markierend festsetzen. Immer trete ich in Beziehung, setze mich auseinander, aber nichts würde passieren, wenn ich nicht Kontakt aufnähme, also autistisch verharre. Man erlebt dann keine Verletzungen und Unterstützungen, aus denen man Konsequenzen zieht, man würde sich nicht mit Regeln auseinandersetzen oder sie befolgen. Im wirtschaftlich-produktiven Alltag gibt es härtere Ein- und Übergriffe, sicher kann man sich nicht gleichzeitig im Prozess der Arbeit auf komplexe Aneignungsprozesse einlassen. Bildung, Qualifizierung etc. benötigen auch im Erwachsenenalter eigene Räume und Orte, eigene Freiheiten und Konstellationen. Sie benötigen eine entwickelte Bildungskultur. Das heißt, es sind bestimmte Lehr-/Lernarrangements erforderlich, die institutionell grundiert und abgesichert und auf die vielfältigen Bedürfnisse lebensbegleitender Bildung zugeschnitten sind. Mit diesen offenen Bildungsangeboten ist das Höchste, was eine Kultur zur Verfügung stellt, offeriert, da sie der bildungsinteressierten und qualifikationsorientierten Bevölkerung nicht suggeriert, man könne alles informell, im Prozess lernen. Lehr-/Lernarrangements, welche Ermöglichungsformen (Arnold 2003c) sie auch annehmen, stellen für Erwachsene neue kulturentwickelnde Potenziale zur Verfügung. Lebensbegleitende Bildung, die in einer demokratischen Kultur angeboten wird, nimmt den Menschen in allen Lebensphasen in Bezug auf ihren Beitrag zur Sozialität ernst. Sie realisiert letztlich unter den modernen Bedingungen hoch entwickelter Kulturen erst die Menschenwürde. Es ist die komplexe Beziehungsarbeit in freier Wahl, die kulturelle neue Standards setzt. Lebenslanges Lernen ist in Zukunft nicht (nur) ein Nachholen, nicht ein Lernen als Anschluss an und als Kompensation für eine nicht gelungene Schulbildung. Alles dieses erinnert zu sehr an die Schule, die doch ihren eigenen Gesetzen folgt, welche zu Erwachsenenbildung und lebenslangem Lernen verschieden sind. Es geht um eine eigenständige, gleichwohl auf die Schule reagierende Bildung für Erwachsene. Beziehungsrealisierung als Entwicklungsbegleitung ist hier das Ziel. Beziehungen verweisen auf basale Grundhaltungen menschlichen Handelns. Beziehungen sind entscheidend für das Hineinwachsen und das Leben in der Vielfalt menschlicher Kulturen.

Sie sind aber nicht nur Basis für die Sozialisation, sondern auch für die Ausdifferenzierung von Lernkulturen in komplexen institutionellen Lehr-/Lernkontexten der lebensbegleitenden Bildung. Lernkulturen umfassen komplexe Strukturen, Orte, Räume, Bedingungen, Atmosphären und Arrangements, die Wissen für die verschiedenen Lehr-/Lernsituationen umsetzen. Sie entfalten sich im Lern- und Arbeitshandeln und sind Ausdruck einer gestalteten und gewachsenen Wirklichkeit des Lehrens und Lernens. Unter Lernkulturen verstehen wir ortsbezogene Lernräume, die durch professionelles Handeln auf den Ebenen von Bildungsmanagement und Programmplanung gestaltet werden und sich durch die Lernaktivitäten der Beschäftigten in Unternehmen oder Teilnehmer/innen in der öffentlichen Weiterbildung entfalten.

### 5) Vielfältige Beziehungsentwicklung durch Lernen oder Durchsteuern von Setzungen

Beziehungen nehmen im Zuge komplexer individueller Aneignungen und unter individuellen Vorarbeiten eine je eigene Figur an, mit dem Ergebnis der Unverwechselbarkeit der Persönlichkeit. Letzteres ist die Konstellation, auf die sich der pädagogische Konstruktivismus alleine bezieht. Er vergisst die Herkunft der unverwechselbaren Persönlichkeit. Darin liegen die Grenzen von Erziehung. Nur darin wird die Autopoiesis des Menschen sichtbar. Im positiven Sinne liegen darin für spätere Prozesse aber auch die Grenzen von Durchsteuerung und Durchregulierung, das heißt der totalen Machtausübung. Je ausgewiesener und differenzierter die Lehr-/Lernarrangements sich für lebensbegleitende Bildung konstruieren und an Lebensbedingungen anschlussfähig gehalten werden, umso besser kann Freiheit genutzt werden. Die Beziehung zu anderen Menschen und Inhalten geht also der menschlichen Freiheit voraus, bleibt begleitend notwendig, stützt sie, gibt ihr Halt und sichert den Zugang zu Wissen als Basis jeder Entwicklung. Sie ist eingelassen und verwiesen auf Lernen. Je differenzierter das Wissen ist, umso besser und vorsorgender kann Freiheit genutzt werden. Bildung bleibt daher immer inhaltlich rückgebunden. Die Individuen, die sich selbstgesteuert alles alleine suchen sollen, verwahrlosen eher und werden alleingelassen, man entzieht ihnen die Partizipation an Kultur, indem man sie auf ihre eigenen Kreisläufe von Erfahrung verweist. Eher ist es aber bei der lebensbegleitenden Bildung so, dass das zu verhandelnde Wissen und Können in der Gruppe, mit anderen diskutiert, relativiert, passgenau gemacht werden muss, um dann zum je spezifisch individuellen Gut zu werden. Dabei kann parallel auch auf eine hybride, erweiterte, unpersonale Lernkultur zurückgegriffen werden, die sich im netzbasierten Lernen realisiert. Aber erst im Austausch wird man mit einer Vielfalt konfrontiert, die eine individuelle Entwicklung ermöglicht. Im gemeinsamen Auswerten bilden sich spezifische Zugänge, die dann über Beziehungen und Bindung zu einer eigenen Position in Freiheit, aber in Bezug zu anderen gesehen werden kann. Durchsteuern, Durchregulieren gelingt besonders in vereinheitlichten, standardisierten Umwelten, in denen vereinsamte autopoietische, einseitige Sichten eingegeben werden. Selbststeuerung als Vereinsamungsstrategie des Lernens passt in diesem Sinne gut zusammen mit den Interessen an hybriden Durchsteuerungen mit Einheitskonzepten. „Beziehung" meint hier Sich-anbinden an das Vorgegebene. Menschen sind sehr offen und nicht eindeutig festgelegt, was ihre geistigen Entwicklungspotenziale betrifft, eben weil sie auf Beziehung und Bindung angewiesen sind. Es kommt also auf die Bindung bezogen auf differente Inhalte und die Bereitstellung von offenen, freien Reflexionsräumen und systematischen Angeboten für alle Alters- und Milieugruppen an. Da der Mensch auf Beziehung angewiesen ist, führt eine monadische Betrachtung durch das Autopoiese-Konzept zu einer Abspaltung einer wichtigen anthropologischen Anforderung. Monadisch reduzierte Menschen sind beziehungsbedürftige Menschen, und so kann sich zynisch betrachtet autopoietische Freiheit mit autoritärem Durchsteuern verbinden. Ich missbrauche bei einem solchen Vorgehen die Bindungsfähigkeit. Die Individuen werden beraubt um das, was sie lernfähig erhält, nämlich den Dialog, die inhaltliche Herausforderung, die individuelle Auseinandersetzung und die an sie herangetragene inhaltliche Zumutung. Nur dadurch geschieht eine kulturelle Entwicklung, nur dann können sich die Individuen durch Vielfalt und Bindung ihren Weg suchen. Der Verweis auf die Biologie zeigt die Rahmung, er macht aber besonders deutlich, dass Bildung und Lernen sich gerade auch für lebensbegleitende Bildung darauf zu orientieren haben, was ein Mensch sein könnte, und dieses kann nur über Anerkennung und Beziehung konstituiert werden (Nussbaum 2002). Was ein soziales Gemeinwesen sein könnte und was der Mensch zur subjektiven Entfaltung gerade im Erwachsenenalter benötigt, um nicht einer Durchsteuerung zu erliegen, die aus der Isolation und emotionalen Verarmung erwächst und damit zu niedrig gehaltenem Bildungsinteresse führt. Ohne bestimmte Ideale können auf mittlerer Handlungsebene auch keine pragmatischen Resultate akzeptiert werden. Um auch dieses zu gewährleisten, realisieren sich in der Gesellschaft die verschiedensten Beziehungsformen und ihre jeweiligen Wertschätzungen und Bedeutungen.

## 6) Exkurs: Beziehungen als individuell regulierende und Sozialität gestaltende Größe

### Beziehungsform 1: Hierarchie und Macht

Die Annahme, dass Wohlfahrt und Leistung allein auf Konkurrenz basieren, ist weit verbreitet. Dazu gehört dann auch, dass nicht nur auf der Basis von Fairnessregeln verfahren wird. Korruption und Mobbing können sich so als destruktive Spiele für die eigene Vorteilnahme leicht durchsetzen. In allen Institutionen treten diese Fragen immer dann ganz nach vorn, wenn kreative Leistungen zurücktreten. Im Streben danach, es besser zu machen, aber das ewig Gleiche zu tun, scheint das Ziel zu liegen. Man nutzt die Angst, die zur Unterwerfung oder verschärften Aggression führt. Die Folgen sind verkalkte Konstellationen, permanenter aufgeregter Stillstand und Eskalierung der Konflikte.

Unter dieser Beziehungsform realisiert sich (bisweilen) auch die Emotion Freude. Dieses ist in den beschriebenen Konstellationen dann der Fall, wenn man zur schnellen Anpassung in der Lage ist, um seine eigenen Interessen zu bewahren. Dies ist das Muster des Opportunismus. Auch in der Konkurrenz kann man sich eine eigene Position erarbeiten, um daran geknüpft seine Zugehörigkeit zu positionieren.

Die Beziehungsformen Konkurrenz und Hierarchie werden immer nach ihrer Offenheit und dem Spielraum für Minderheiten zu befragen sein, denn aus diesen Gruppen kommen in der Regel die wirklichen Innovationen.

**Beziehungsform 2: Relationaler Ausgleich/Abstimmung für den Prozess des Lernens**
Alle Konkurrenzen/Hierarchien, soweit sie jetzt in der Nachfolge der PISA-Studien neu installiert werden sollen, sind immer angewiesen auf Ausgleich und Abstimmung. Alle Setzungen stehen in Relation zu etwas anderem. Besonders essenziell sind für Bildungsprozesse Abstimmungen. Der Austausch, die Abstimmung und das Verstehen der beteiligten Individuen untereinander machen die Entwicklung aus. Der Vergleich von Leistungen über ein Testverfahren zielt auf hierarchische Fixierungen. Beziehungsorientierte Abstimmungsprozesse spielen letztlich aber die entscheidende Rolle, wenn Lernen die Individuen aktivieren und Motivationen freisetzen soll.

**Beziehungsform 3: Politisches Handeln**
Politisches Handeln findet zwischen Machtkampf und Interessenausgleich statt. Im politischen Feld, auch in der Bildungspolitik, die letztlich für die institutionelle Entwicklung und Neukonzeption der Erwachsenen- und Weiterbildung oder lebensbegleitende Bildung steht, geht es um das offene Aushandeln von differenten Interessen im geregelten Machtkampf.

| in der Masse | in Gruppen | in interpersonellen Kontexten |
|---|---|---|
| Vergemeinschaftung | Vorübergehend | Interessenorientiert |
| Kollektives Handeln | Wechselnd | Arbeitsbezogen |
| | | Entwicklungsbezogen |
| | | Bildungs- und qualifizierungs-orientiert |
| | | Zusammenleben (z.B. Familie) |
| | | in erotischen Beziehungen |
| | | in Sympathie und Freundschafts-konstellation |
| | | in generativen Abhängigkeiten |
| | | als Sozialisationsbezug |
| | | in Anhängigkeitsbeziehungen |
| | | in Erziehungskontexten |

### 6.2.1 Relationalität – Beziehungen in Lehr-/Lernkonstellationen

Für die lebensbegleitende Bildung fragen wir uns deshalb, welche Beziehungsformen für Lehr-/Lernkontexte und für fördernde Lernkulturen von Bedeutung sind.
Wir haben danach zu fragen,

- wie sich Interessen an Inhalten, Debatten, Dialogen entwickeln;
- welche individuellen Förderungen geschehen können;
- welche Rolle Anerkennung und Anerkennungsentzug spielen;
- welche Rolle Erfahrungen für das eigene Lernverhalten spielen;
- welcher Art die schulischen Erfahrungen waren und
- ob es geschlechtsspezifische Eigenarten und Interessen gibt, auf die einzugehen ist?

Da Letzteres gegenwärtig besonders heftig im erwachsenenpädagogischen Diskurs abgelehnt oder, besser gesagt, extensiv vermieden wird, ist dieses Ausdruck des intuitiv wirkenden Geschlechterkampfes. Nur ein kleiner Forschungshinweis als Exkurs: Besonders Männer sind bei Stressbedingungen, z.B. Prüfungsvorbereitungen, auf die Unterstützung und wohlwollende, begleitende, schützende, zwischenmenschliche Beziehung angewiesen. Für Männer wirken die Frauen positiv auf ihre Erfolge. Männliche Partner zeigten bei einer Untersuchung von Bauer nicht dieselbe unterstützende Wirkung für ihre Frauen, eher im Gegenteil (Bauer 2004, S. 49 f.). Aus Begleituntersuchungen der beruflichen Umschulung ist bekannt, dass das Wichtigste für die Frauen in solchen Maßnahmen ist, dass keine Widerstände, keine Destruktionen gegen ihre Umschulung in der Familie wirken. Hilfe erwarten sie offensichtlich sowieso nicht. Allein nicht destruiert zu werden wird als Unterstützung begriffen.

Beziehungen – die auch in pädagogischen Kontexten als relationale Größe wirken – verweisen auf das Nichtabsolute, auf die Vorder- und Rückseite eines Phänomens oder einer Konstellation, auf vielschichtige und wechselseitige Prozesse. Sprachwissenschaftlich nennt man es eine „außereinzelsprachliche" kognitive Grundlage, wenn die beiden Seiten betrachtet werden oder wenn zwischen komplexen Zeichen Verbindungen oder Verknüpfungen hergestellt werden. Bei der Konstruktion von relationalen Verhältnissen, also von Beziehungen, wird eine Leerstelle zwischen zwei verobjektivierten Einzelobjekten, d.h. Handlungen, in ihrer Bezüglichkeit zueinander in die Möglichkeit einer Beschreibung gebracht. Die Zusammenhänge, die Dynamik, die hierarchischen oder wechselseitigen Wirkungen einer Relation – als ein statischer und zugleich dynamischer Prozess – fragen nach einer Charakterisierung. Lehr- und Lernkonstellationen sind im Besonderen Ausdruck von Relationalität. Lehrprozesse lassen sich identifizieren, und es gibt mittlerweile ein gesichertes Wissen über das Lernen – aber wie Lehr-/Lernkonstellationen miteinander verwoben sind, ist empirisch nicht erschlossen worden. Diese Leerstelle ist auch forschungsmethodologisch noch nicht beantwortet worden.
Die unterschiedlichen Betrachtungsebenen von Relationalität in Lehr-/Lernkonstellationen lassen sich am pädagogischen Dreieck verdeutlichen. Immer geht es dabei um

Beziehungen, die sich im Lehr-/Lernarrangement umsetzen müssen. Sie verweisen damit bereits auf die Spezifik und die Unterscheidungsfähigkeit von Lernkulturen.

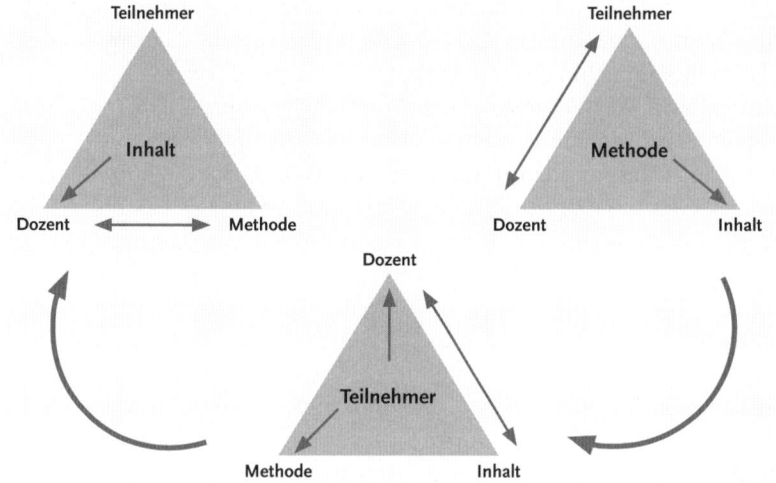

Im erwachsenenpädagogisch ausgelegten Konstruktivismus wird diese Relation insgesamt infrage gestellt, ja theoretisch aufgelöst. Die Perspektive richtet sich hier allein auf das lernende Individuum. Aus dieser Perspektive setzt Arnold mit seinem Entwurf der Ermöglichungsdidaktik auf eine optimale Förderung des Individuums (Arnold 2003c). Selbstgesteuert, so argumentiert Siebert (2001) stärker als Arnold, sollen Individuen auch Beratung für ihre Lern- und Bildungsprozesse einholen. Lernen wird in die Konstellation von Einzel-, allenfalls in die Kleingruppenbetreuung verwiesen.

Dagegen ist konzeptionell nichts einzuwenden, nur verweist die theoretische Grundlegung auf einen individuellen Selbstlauf, der keine Außenperspektive mehr zulässt. Die Anforderung der Relationalität wird durch diese Ansätze aber nicht aufgelöst, sondern auf die Einpersonenbetreuung und Beratung verlagert. Sie wird theoretisch ausgeblendet.

Die Erfolgsaussichten in der Einzelbetreuung erhöhen sich, der Konstruktivismus beschreibt aber nicht, weshalb dieses möglich oder nötig ist, sondern er formuliert aus dem Postulat der individuellen Selbstreferenzialität, die nicht zu unterschreiten ist, heraus diese Position. Der oder die Einzelberater/in, die oder der Moderator/in wird in solchen – gedachten – Lehr-/Lernkonstellationen zur unsichtbaren Größe. Pädagogisches Handeln erklärt sich deshalb nicht über die konstruktivistischen Vorstellungen von Irritation, Perturbation und struktureller Koppelung. Diese Begriffe sind angesichts der Feinheit von Lehr-/Lernbeziehungen viel zu grob. Sie liegen auf einer höheren wissenschaftstheoretischen Ebene und haben biologisch betrachtet, längere Zeiträume im Blick als ein Menschenleben. Will man sie transformieren auf ein Menschenleben, zielen sie auf große menschliche Einbrüche und Krisen, etwa den Zusammenbruch von gesellschaftlichen Verhältnissen und Bildungssystemen. Das heißt, diese Begriffe sind dafür tauglich, die Änderung von Verhaltensweisen und

Lebensformen bei deutlichen gesellschaftlichen, historischen Friktionen zu beschreiben/zu interpretieren. Doch hierauf kann sich lebensbegleitende Bildung in Theorie und Praxis nicht beschränken. Perturbation und Irritation verweisen auf systemische Größen (Schäffter 1997) und dabei darauf, dass nach dem Konstruktivismus vor dem Lernen als Veränderung die Verwirrung, das Infragestellen, das Durcheinanderbringen im Umfeld zu geschehen haben. Aber auch in diesem Bereich der Theorie wird nur über mögliche Wirkungen auf Individuen gesprochen. Die Wechselseitigkeit in Bildungsprozessen wird nicht einmal angedeutet. Die Frage nach der Relationalität von Lehr-/Lernprozessen ist insgesamt noch nicht ausreichend gestellt. Aus der Sicht des Konstruktivismus ist dieses nicht nötig, da das Individuum auf der Basis von Selbstreferenzialität und autopoietischer Verfasstheit selektiv Lerninteressen und -inhalte auswählt. Es sucht gewissermaßen im Bauchladen seines Umfeldes. Durch die Vorstellung der strukturellen Koppelung werden Beziehungsverläufe zusammengefasst, zwar nicht in Gänze übersehen, aber theoretisch letztlich ausgeklammert.

Diese wissenschaftlichen Probleme sind schon groß genug, könnten aber leichter angegangen werden, wenn die Relationalität als die beziehungsstiftende Größe für Lehr-/Lernkonstellationen, in dem Verständnis als Emotionalität, mehr wissenschaftliche Beachtung im Prozess des Lehrens und Lernens finden würde, als dies im gegenwärtigen und tradierten wissenschaftlichen Common Sense der Fall ist (vgl. Kap. 2 und 3).

Besonders in Deutschland hat sich die Beschäftigung mit Gefühlen und Beziehungen zwar seit Ende der 1980er-Jahre und besonders zu Beginn des neuen Jahrhunderts mit einer Kumulation von wissenschaftlicher, trivialer und Ratgeberliteratur ins Unübersichtliche gesteigert – doch die Akzeptanz von Emotionen ist geringer, als diese Literaturflut unterstellt. Merkwürdigerweise trifft das besonders in den Erziehungswissenschaften zu. Und interessanterweise sind Siebert und Arnold – besonders Arnold – die einzigen Autoren in der Erwachsenenpädagogik, die den Emotionen einen entsprechenden Platz einräumen, gleichwohl aber z.T. mit anderen Akzentsetzungen und einer Rückbindung zur Autopoiese (Arnold 2005). Die Rezeption der emotionalen Einflussgrößen auf Lehren und Lernen wird interessanterweise so gelöst, dass die neurobiologische Forschung, die die Evidenz eines Zusammenhangs zwischen Kognition und Emotion belegt, so rezipiert wird, dass nur der biologische Aspekt nach vorne geschoben wird, sodass die Rolle von Emotionen wieder gedanklich ausgeklammert wird. Ich halte es für falsch, dass in diesem Zusammenhang auch der alte Streit über das Verhältnis von Intelligenz und Umwelt und genetischen Faktoren bei der menschlichen Entwicklung wiederbelebt wird. Dies hat negative Folgen für das pädagogische Denken.

Genau diese Zuschreibungen sind nicht Erkenntnisinteresse der ausgewiesenen neurobiologischen Forschung, wie in Kapitel 3 dieses Bandes dargelegt. Früher dachte man, die neurale Struktur des Cortex sei festgelegt, heute weiß man, dass sich die neurale Struktur bei entsprechenden Anregungen aus der Umwelt und bedingt durch individuelle Aktivität permanent verändert. Vielmehr könnte die neurobiologische Forschung Anlass sein, genauer herauszuarbeiten, wie Erziehungskonzepte für den

Erwerb von Emotionsmustern für zwischenmenschliches soziales Handeln, für die Selbstregulierung und die daran geknüpfte Autonomiegewinnung und für die Erlangung von Bildungszuwächsen im lebenslangen Lernen notwendig sind und einer neuen Bewertung bedürfen. Darüber hinaus könnte der neurobiologische Diskurs das forschungsmethodische Interesse neu öffnen für relationale Fragen des Lehrens und Lernens. Das Zusammenspiel von Emotionen und Kognitionen in Beziehungskontexten für Lehr-/Lernarrangements zielt auf Emotionsregulierung, auf Austausch, auf Herstellung von Beziehungen zum Inhalt, zu anderen Positionen, zu verschiedenen Menschen. Letztlich geht es immer um Bewertungen und Entscheidungen. Im Zusammenspiel von Emotionen und Kognitionen erfolgt sowohl eine Ausdifferenzierung des individuellen Emotionshaushaltes als auch eine Ausdifferenzierung intellektueller Möglichkeiten. All dieses wird erst möglich über die Herstellung von Relationalität, von Beziehung.

## 6.2.2 Relationalität als konstitutiv für Atmosphären als Teil eines leiblich-kommunikativen Austausches

Beziehungen sind – wie vorangehend immer wieder betont – emotional platziert. Sie haben ihren Ursprung im sozialen Diskurs. Saarni (2002) spricht davon, dass Emotionen in Beziehungen eingewoben sind und sich besonders in früheren Lebensphasen ausdifferenzieren. Sie markieren und bestimmen die Netzkonstellationen, die für eine bestimmte Lernatmosphäre stehen. Für Schmitz sind Gefühle „räumlich, aber ortlos ergossene Atmosphären" (Schmitz 1998, S. 22). Dafür entwickelt er phänomenologisch einen nicht bezifferbaren Raumbegriff. Der Ausgangspunkt ist für ihn die Eigenart der Räumlichkeit des Leibes.

So verweist er auf zugängliche kollektive Atmosphären, wenn er Situationen beschreibt, in denen man z.B. in die Festlichkeit oder die gedrückte Stimmung einer Gruppe unvermittelt eintritt oder in denen man einer bestimmten Stille ausgesetzt ist. Ebenso gibt es nach Schmitz optisch-klimatische Atmosphären in bestimmten Landschaften, in die man sich fallen lässt und gefangen genommen wird. Eine Atmosphäre kann einen erfassen, wenn man mit anderer Grundstimmung eintritt, sie wird leiblich spürbar aufgenommen. Leichtigkeit oder Schwere, die nicht messbar sind, stellen sich ein: „Gefühle sind anspruchsvolle Atmosphären, die dank ihrer ortlosen Ergossenheit in der jeweils aktuellen Umgebung einen totalen Anspruch stellen und zum Konflikt führen, wenn konträre Atmosphären zusammenprallen" (Schmitz 1998, S. 25). Doch können nach Schmitz Frische und Mattigkeit nebeneinander bestehen, Fröhlichkeit hingegen weicht vor der Ernsthaftigkeit der Trauer zurück. Behagen kann zum Beispiel durch ein Bad in der Badewanne entstehen, aber es gibt auch ein Behagen, als Gefühl der Geborgenheit, das den Menschen umgibt und trägt, „wohin er auch geht, und ihm sein Leben leichter macht, wie heiteres Wetter" (Schmitz 1998, S. 26). Er unterscheidet bei dem menschlichen Verhältnis zu Atmosphären zwischen dem Erkennen, dem Wahrnehmen der Atmosphäre im Sinne von ergossenen Gefühlen und dem „Fühlen der Gefühle", „soweit es sich um Ergriffenheit von innen und nicht um bloßes Wahrnehmen der Atmosphäre handelt – wie wenn ein ernsthafter Beobachter in ein albernes Fest gerät –, stets tritt ein leibliches Betroffensein von innen ein. Dieses kann in teilheitlichen oder in ganzheitlichen Regungen bestehen, besonders aber in der Suggestion oder Vorzeichnung ausgeführter oder unausgeführter Bewegungen, wobei die Suggestion vom Ergriffenen am eigenen Leibe gespürt wird" (Schmitz 1998, S. 26). Daraus leitet Schmitz die Gebärdensicherheit des/der Ergriffenen ab und die Unsicherheit des/der Mitleidigen, weil Letztere/r nach Worten und Gesten suchen muss, wenn es keine festen Konventionen gibt. Die besondere Sensibilität von Künstler/innen ist genau diesem Fühlen der Gefühle als Grundlage ihrer Rollenauslegung gegeben.

Schmitz konstatiert leibliche Richtungsräume, der Leib ist sowohl Empfänger als auch Sender von leiblichen Richtungen, wobei Vernetzungen durch die „von Gestaltabläufen auf den Leib übergreifenden Bewegungssuggestionen" einsetzen (Schmitz 1998, S. 57). Konkave Ausdehnungen und konvexe Krümmungen, wie Schmitz beschreibt, erklären, wie sich diese Bewegungssuggestionen als leibliche Dynamik entwickeln. Ebensolche Gefühlsräume zeigt Schmitz entlang von Stimmungen auf. Von Gefühlen gehen niederdrückende und hebende Gefühle aus. Erregungen können sich zentrifugal und zentripedal entfalten. Atmosphären zwischen den interagierenden, handelnden Individuen und die sich freisetzenden Gefühle schaffen freischwebend zentrische Befindlichkeiten, die sich im wechselnden Interpretieren ihren Weg suchen und eine offene oder gedrückte Atmosphäre schaffen, die Teil der gelebten Lernkultur einer Institution ist.

### 6.2.3 Emotionen als Transporteur für Bewertungen und Entscheidungen

Beziehungen zum Zeitpunkt des Beginns und des Verlaufs von Lehr-/Lernsituationen ringen praktisch um Bewertungen und Entscheidungen. Bei Entscheidungsprozessen geben Emotionsschemata den Individuen den Ausschlag, was durch die neurobiologischen Befunde belegt ist. Lernen im Erwachsenenalter, d.h. ein Lernen ohne Verpflichtungscharakter, ist dadurch immer entscheidungsfokussiert. Die Kursentscheidung, die durchgehende Teilnahme, der Kursabbruch, das Freihalten von Zeitressourcen für die Nacharbeit zum Kurs, die inhaltliche Verarbeitung, die Anwendung und das Integrieren ins Handeln setzt, was in den seltensten Fällen von anderen erwartet und gefordert wird, eine autonome Entscheidungsmächtigkeit voraus und gibt damit dem Lernen in einem bereits ausgefüllten Lebensalltag einen Platz.

Bewertungen von Inhalten und Situationen als emotionale Prozesse, die sich nach Mees (1991) auf Ereignisse des Tuns und Lassens und auf Personen und Objekte beziehen, durchziehen die inhaltlichen Verarbeitungsprozesse im Kurs. Man ordnet das Gelernte ins bisher Erfahrene und Gelernte ein und erweitert seine Interpretations- und Handlungsschemata vor dem Hintergrund dieser Bewertungen oder sieht sich bestätigt. Allerdings verweist die erwachsenenpädagogische Deutungsmusterforschung zu

Recht darauf, dass bestimmte Konstruktionen so verfestigt sind, dass nur noch Bestätigungslernen angestrebt wird. Man bewertet auch Beziehungen zu den Personen in der Gruppe, zu den Lehrenden, zum Lernstoff. Ebenso unterliegt die Lernatmosphäre Bewertungen, selbst ein Ergebnis von Beziehungskonstellationen. Dazu hat die neuere Stimmungsforschung ergeben (Abele 1995), dass Stimmungen nicht so anhaltend sind, wie unterstellt wird. Letztlich sind es die entwickelten, differenzierten Emotionsschemata, die Entscheidungs- und Bewertungsgrundlagen liefern.

### 6.2.4 Verbindung kognitiver und emotionaler Prozesse = Bildung

Wenn Emotionen also Transporteure von Bewertungen und Entscheidungen sind, so geschehen sie selten nur in aktuellen Kurzschlusssituationen unabhängig von kognitiven Überlegungen und ohne Rückgriff auf Wissensebenen. Erst das Zusammenspiel macht das Niveau der erworbenen Bildung und das erlangte Handlungspotenzial aus. Vor diesem Hintergrund geht es um das Zusammenspiel von Emotionsschemata, die ethisch fundiert auf Erziehung verweisen, und um Entscheidungsfähigkeit, die auf subjektive Verantwortungsfähigkeit orientiert ist und auf die kognitiven Potenziale und die Wissenspluralität zurückgreift. In der Ausdifferenzierung des individuellen Emotionshaushaltes und der entwickelten intellektuellen sowie ethischen Potenziale liegt die Wirksamkeit der Lernprozesse von Individuen. In relationalen Lehr-/Lernkonstellationen, die auf solche Ausdifferenzierungen setzen, werden ebendiese Bewertungs- und Entscheidungsfindungsprozesse diskutierbar. Die Lehrperson kann hier Vorbild, Moderator, Helfer oder fragender Informator sein. Sie/Er stellt Beziehungen her und schafft die zu individuellen Entscheidungen und Bewertungen führende beziehungsstiftende Lernatmosphäre. In solchen Beziehungen (ob negativ oder positiv) in Lehr-/Lernkontexten werden ethisches, kognitiv-fundiertes Wissen, Meinungen und Interpretationen ausgetauscht, abgewogen und in die Persönlichkeit integriert.

## 6.3 Raum zur Realisierung von Lehr-/Lernbeziehungen, sozialer Situation und Lernatmosphäre

Eine relationale Betrachtung von Bildungsprozessen kann ihre Begründungen nicht nur emotionstheoretisch entwickeln. Von Bingham und Sidorkin liegt ein Band vor (2004), in dem für die Schule die Relationalität als Grundbedingung von Didaktik und Erziehung gesehen wird und in dem die Kommunikation im Klassenraum ausgewertet wird, um besondere Konstellationen des Lehr-/Lerngeschehens herauszuarbeiten (Bingham/Sidorkin 2004). So unterscheidet Biesta (2004) in diesem Band drei vorgängige Modelle von Kommunikation:
a) Communication as Transformation of Information,
b) Communication as Participation,
c) Performative Theory of Communication.

Zu a) Bildung ist hier eine Interaktion zwischen der Pädagogin/dem Pädagogen und der Teilnehmerin/dem Teilnehmer, die auf einer Beziehung basiert. Diese Beziehung wird hergestellt über Kommunikation. Der Transformationsprozess zwischen Dozent/in und Teilnehmer/in geht theoretisch von einem nicht gefüllten Zwischenraum („gap") aus. Das heißt, das Sender-Empfänger-Modell nimmt nicht die Wechselwirkungsprozesse dieser relationalen Beziehung auf, sondern unterstellt eine Durchsteuerung von Kommunikation.

Zu b) Das Kommunikationsmodell als Partizipationsmodell arbeitet mit zwei wesentlichen Prämissen, die für eine relationale Didaktik zu nutzen sind: Bedeutungen sowie Interpretationen und Verwertungen werden im Lernprozess ausgehandelt. Dieser Aushandlungsprozess findet in dem Zwischenraum zwischen Teilnehmer/in und Dozent/in statt („is located in between them", Biesta 2004, S. 15). Unterstellt wird, dass jeder eine Alltagsmeinung mit in den Lernprozess einbringt.

Gemeinsame Aktivitäten als Partizipation initiieren Lernprozesse. Lernprozesse aus der Sicht der Partizipation verweisen darauf, dass Sozialisations- und Lernprozesse häufig ineinander gehen. Das heißt, pädagogische Prozesse finden nicht nur in den Zwischenräumen zwischen Dozent/in und Teilnehmer/in statt, sondern die soziale Situation, die durch diesen Zwischenraum entsteht, erzeugt Bildungsprozesse.

Zu c) Die performative Theorie beschäftigt sich mit der historischen und kulturgeschichtlichen Einordnung von Kommunikationsformen, -formeln und -stilen. Für pädagogische Prozesse ist aber von Bedeutung, was innerhalb des Prozesses der Kommunikation verhandelt wird, nicht was außerhalb dessen interpretierbar ist. Der Diskurs über Kommunikation wird dann praktisch zu einem dritten Raum.

Der Zwischenraum bekommt dadurch eine besondere Bedeutung für das, was das Lehr-/Lerngeschehen ausmacht: "The relation is only possible because of the existence of an unrepresentable, transformative gap, a space of enunciation that cannot be controlled by any of the partners in interaction, but at the very same time makes communication possible. This helps us to see that there is no relation in education without separation brought about by the gap" (Biesta 2004, S. 21). Man kann diese Situation auch umgekehrt beschreiben: „Or teachers can acknowledge the existence of the gap as a space of enunciation that is brought into existence only as a result of the common effort of teachers and learners, a space that exists only in communication" (Biesta 2004, S. 21).

## Relationale Didaktik zur Beschreibung von Lehr-/Lernbeziehungen und Lernatmosphären für eine Lernkultur

Relationale Didaktik ist daran interessiert, den Raum zwischen Lernenden und Dozent/innen zu beschreiben und ihn als Partizipationsprozess zu verstehen, indem praktisch eine spezifische soziale Situation geschaffen wird, in der Meinungen,

Wissen und Interpretationen ausgetauscht werden. Gestützt wird dieser Prozess unserer Meinung nach durch das, was man emotionsgrundierte Wirklichkeiten nennen könnte, die die Lernatmosphäre und, in größerer Perspektive, die Lehr-/Lernkultur wiedergeben. Davon völlig unbenommen ist, wie komplex das angeeignete Wissen ist, auf welchem Niveau die Diskurse stattfinden, ob sie lebensnah sind oder ob es sich um abstrakte theoretische Beschäftigungen handelt. Die Lernkultur entscheidet darüber, ob aus dem entstehenden Raum eine durch die Aktivitäten freigesetzte Lernatmosphäre entsteht, die zu einem charakteristischen Merkmalsbündel einer Lernkultur wird. Die Lernkulturen korrespondieren mit gesellschaftlichen Verkehrsformen, sie können sich nicht völlig jenseits dieser Entwicklungen bewegen, auch wenn sie selbstreferenziellen Charakter haben. Das gilt im Besonderen für die Erwachsenen- und Weiterbildung, da sie freiwillig ist und zu einem großen Teil in der Freizeit stattfindet. Sie darf deshalb keineswegs an die serielle Arbeit erinnern, sie darf keine demütigenden Kommunikationsformen haben, ja eher muss sie es möglich machen, inhaltliche Wissenserweiterung mit kommunikativen neuen Erfahrungen und einem Erlebnis zu verbinden. Bildung und Lernen stehen in Konkurrenz mit anderen Aktivitäten, denen man nachgehen kann. Sie sind aber deshalb ebenso wenig einheitlich, sondern sind abhängig von den Aufgaben der Institution, ihrer Klientel, von den Finanzen, vom professionellen Profil etc.

Der Erforschung der Lernkulturen in der Erwachsenen- und Weiterbildung in Abhängigkeit von ihren Kontexten kommt deshalb eine besondere Bedeutung zu.

Gerade wenn man von einer relationalen Perspektive auf die Lehr-/Lernarrangements schaut, ist es interessant, wie die soziale Situation Lehren/Lernen ausgestaltet wird. Wir können hier den Diskurs von Baecker zum Kulturbegriff aufnehmen, der Kultur als eine Codierungsregel für Kommunikation beschreibt und „die Tertiarität von Binarität unterscheiden und erstere gegen letztere" (Baecker 2001, S. 108) erhebt. Kultur arbeitet mit Unterscheidungen, dritte Werte werden danach eingeschlossen, was in binären Systemen nicht möglich ist. Kultur ist für Baecker, im Gegensatz zu Luhmann, selbst eine Beobachtungsperspektive. Sie verdoppelt Phänomene, um sie ein zweites Mal zu beobachten und sie Vergleichen aussetzen zu können: „Es geht vor allem darum, zu erkunden, worauf sie sich bezieht, um sein zu können, was sie ist, oder leisten zu können, was sie leistet" (Baecker 2001, S. 115). Kultur ist aus der Orientierung von Individuen aneinander und nicht aus einer höheren Ordnung heraus begründet, und sie beschreibt so etwas wie eine Koordination – wobei immer mitwirkt, dass Kultur in einer Gesellschaft stattfindet und die Koordination immer kontingent ist. Kultur kann als beglückend oder als Unterjochung, als Konvention beschrieben werden. Die Kultur stellt eine Bewertung frei. Kultur steht heteroarchisch in der Gesellschaft. Baecker, auf Heinz von Foerster (1993) zurückgreifend, arbeitet mit dem Begriff der doppelten Schließung der Systeme. Sie sind nicht nur selbstreferenziell durch die Operationen, die aufeinander bezogen sind, rückgebunden, sondern auch die Fortsetzung der Operationen wird aus den eigenen Regeln gewonnen. Kultur stellt in diesem systemischen Denken die Irritationsfähigkeit des Systems zur Verfügung, mit der Irritation als Öffnung wird die neue Schließung von Systemen wieder ermöglicht. Es ist also das Lernen des Systems, das hier beschrieben wird. Kultur ist danach Träger der doppelten Schließung durch Kultur, die praktisch die Lernfähigkeit des Systems ermöglicht. Die Kultur ist dann also das Programm des Systems, sie regelt die Reproduktion, sie liefert irritierend-vergleichende Hinweise auf die Alternativen.

> *„Nicht das Was, aber das Wie regelt die Kultur, nämlich den Modus der Beobachtung zweiter Ordnung. Gegenüber der blinden Evolution der Gesellschaft führt die Kultur die Limitationalität der Unterscheidung des Programmgemäßen (Richtigen) vom Nichtprogrammgemäßen (Falschen) ein. ... Das Programm regelt die Reproduktion der Operationen auf dem Umweg einer Regulierung der Reproduktion der Differenz des Systems. Jede Differenz hat jedoch zwei Seiten. Darum ist keine Kultur frei von Referenzen auf die psychische und darüber auch physische Umwelt eines sozialen Systems. Sosehr die Orientierung an der Identität des Systems bewahrend-pflegende Züge hat, so sehr ist die Orientierung an der Rationalität des Systems Anlaß für irritierend-vergleichende Hinweise auf die Alternativen des Systems zu sich selbst. Die Kultur ist immer auf dem Weg zur Subkultur, um Rationalitäten aufrechterhalten zu können, die mit der Identität des Systems nur partiell in Einklang zu bringen sind.*
> *Die Kultur stellt Bedingungen der Richtigkeit der Gesellschaft fest, und nur in dem Ausmaß, in dem dieses Unterfangen an den Widersprüchen und Paradoxien, auch am Selbstlauf und den Zufällen der Gesellschaft scheitert, entsteht der Eindruck der ‚Lebendigkeit‘ der Kultur"* (Baecker 2001, S. 122 f.).

Die lernende Reflexion ist gesellschaftlich gestaltet durch die Vielfalt der Bildungssysteme, in denen u.a. auch in der Forschung neue Erkenntnisse gewonnen werden, die zur Veränderung in der Gesellschaft führen. Der Irritationsbegriff wird der jetzigen Entwicklung von Lernkultur nicht hinreichend gerecht. Er schließt zu unmittelbar an biologische Interpretationen an, die aber in längeren Zeitläufen denken.
Für die Erwachsenenbildung gilt eher, dass diese lernende Reflexivität Teil der Lernkultur ist, welche offen und vielfältig statt referenziell geschlossen wirkt.
Kann das Lernen von Individuen ausreichend erfasst werden, wenn nicht diese „gap", der Raum, die soziale Situation selbst zur Beschreibung, zur Beobachtung freigegeben wird? Wir benötigen also für eine Lehr-/Lernforschung eine Perspektivverschränkung (Gieseke 2000) als Basis aller Analysen. Sie interessiert sich für die Beziehungen, und hier lagern die offenen Fragen, die sich mit Wechselwirkungen, Gegenläufigkeiten, Paradoxien, Konstellationen und Widerständen beschäftigen. Parallel wird davon ausgegangen, dass vorbewusste Beziehungsebenen sozialisatorisch wirken, die leiblich aufgenommen werden, im Sinne eines Sich-anpassens, eines Gleichziehens und Sich-einfügens. Die systemische Grundlage des Kulturbegriffs sagt nichts darüber aus, welche Rolle dem einzelnen Menschen zugewiesen wird, hier liegt für Lernen aber der vorrangige Bezugspunkt. Diese Dimension ist nicht erarbeitet, man kann deshalb auch nicht, wenn man sich mit diesen Fragen beschäftigt, systemtheoretisch weiterargumentieren. Zwar lassen sich systemische Anpassungsprozesse nachvollziehen, auch können sich, wenn Steuerungsprozesse veranlasst

werden, deren Folgewirkungen beobachten. Für eine individuumsbezogene Perspektive stehen aber die subjektive Entscheidungs- und Handlungsfähigkeit des Individuums und seine kognitiven Potenziale im Interesse der Beobachtung. Wir würden uns ansonsten nur mit der Bedeutung der manipulativen, abhängigen, fügsamen, unterordnungsfähigen und trägen Seite des Subjekts beschäftigen. Lernen des Individuums, wenn daraus eine Irritation des Systems werden soll, benötigt differente, ja eher gegenläufige Erklärungen, die Lernen ermöglichen. Im Spannungsfeld von Beziehungsfähigkeit, Lernatmosphären und subjektiver Entfaltung sowie Förderung liegt nach den bisher ausgewerteten Befunden der Reichtum oder die Begrenzung der Lernkultur. Der Mensch bleibt neben systemischen Eigengesetzlichkeiten, wenn sie denn so funktionieren, wie sie die Systemtheorie erklären will, der Ausgangspunkt der Überlegungen und ist gleichfalls auf das Umfeld verwiesen, wenn systemische Mechanismen betrachtet werden. Dabei bleibt im Blick, dass der Mensch in seiner Entwicklung ebenso Kontingenzen aufweist und hervorbringt. Wenn in den kulturellen Maßstäben und im Lernen die ethischen Werte aufgehoben sein sollen, dann benötigen die ethischen Diskurse in den kulturellen Diskursen aber einen ganz neuen Platz. Es werden ökonomische, wissenschaftliche und technische Auslegungen dominieren, und hieran schließt Baecker Lernfähigkeit an. Medien sieht er als Instrumente der Skandalierung und Moralisierung. Problematisch an seiner Lesart ist die einseitige Sicht, die die Wissenschaft und die Technik nur unter wirtschaftlichen Einfluss stellt. Die Irritationen der Systeme wären dann Irritationen der machtvollen Einflussnahme. Auf das Individuum und seine freiheitlichen Handlungsfähigkeiten kann nur mit lebensbegleitender Bildung und neuen öffentlich wirksamen Systemen geantwortet werden. Hier gibt es gegenwärtig aber keine entsprechende kreative Entwicklung. Lebensbegleitende Bildung wird an die Systeme als beigeordnete Bildung, die im Hauptzweck nicht die Bildung veranlasst hat, angebunden, ob sie aber die Freiheit hat, um als beigeordnete Lernkultur in Organisationen, die anderen Zwecken dienen (Produkterstellung) (Gieseke u.a. 2005), entsprechende Lernprozesse freizusetzen, wäre eine interessante Forschungsfrage. Sicher bedarf es in der Zukunft eines unabhängigen politisch und ökonomisch vernetzten offenen Weiterbildungssystems als einer öffentlich zugänglichen lebensbegleitenden Bildung mit breiteren bildungstheoretischen Begründungen und einer in Vielfalt entwickelten Lernkultur, wenn wir von einer lernenden Gesellschaft als Zukunftsanspruch ausgehen.

# 7 Literatur

**Abele, A.:** Stimmung und Leistung. Allgemein- und sozialpsychologische Perspektive. Göttingen u.a. 1995

**Abele, A. & P. Becker:** Wohlbefinden. Weinheim 1991

**Achtenhagen, F. & W. Lempert (Hrsg.):** Lebenslanges Lernen im Beruf. Seine Grundlegung im Kindes- und Jugendalter. Opladen 2000 (Erziehungstheorie und Bildungsforschung; Bd. 5)

**Adler, A.:** Menschenkenntnis. Frankfurt am Main 1966 (1994)

**Albert, K.:** Das Staunen als Pathos der Philosophie. In: Craemer-Ruegenberg, I. (Hrsg.): Pathos, Affekt, Gefühl: philosophischer Beitrag. Freiburg 1981, S. 149–171

**Albrecht, C.:** Das Burnoutsyndrom im Krankenpflegedienst – Eingrenzungen, Ursachen und Interventionsmöglichkeiten. Dissertation. Münster: Institut für Med. Psychologie, 1994

**Alheit, P.:** „Biographizität" als Lernpotential: Konzeptionelle Überlegungen zum biographischen Ansatz in der Erwachsenenbildung. In: Krüger, H.-H. & W. Marotzki (Hrsg.): Erziehungswissenschaftliche Biographieforschung. Opladen 1995, S. 276–307

**Ananjew, B. G. & J. I. Stepanowa (Hrsg.):** Die Entwicklung der psychophysiologischen Funktionen bei jüngeren Erwachsenen. Für die Red. der Ausgabe in dt. Sprache verantw. H. Löwe. Berlin 1975

**Angehrn, A. B.:** Emotionen im Team. Die Wirkung von Befindlichkeiten auf die Teamarbeit. Bern u.a. 2004

**Angehrn, E. & B. Baertschi (Red.):** Emotion und Vernunft. Bern/Stuttgart/Wien 2000

**Araiza, A.:** Mediation überwindet Grenzen. In: Personal, 56 (2004) 3, S. 40–42

**Arentewicz, G. & A. Fleissner (Hrsg.):** Arbeitsplatzkonflikte. Mobbing als Psychoterror am Arbeitsplatz. Ursachen, Folgen und Formen der Hilfe. Frankfurt am Main 2003

**Aries-Kiener, M. & I. Zuppiger-Ritter:** Burnout – Eine quantitative Längsschnittuntersuchung und eine qualitative Vertiefungsstudie beim Pflegepersonal. Bern 1999

**Arnold, M.:** Aspekte einer modernen Neurodidaktik. Emotionen und Kognitionen im Lernprozess. München 2002

**Arnold, P. u. a.:** E-Learning. Handbuch für Hochschulen und Bildungszentren. Didaktik, Organisation, Qualität. Nürnberg 2004

Arnold, R.: „Emotionale Gewandtheit". Neues Leitprinzip moderner Personalentwicklung? Manuskript. Kaiserslautern o. J.

Arnold, R.: Erwachsenenbildung als Umgang mit Gefühlen. Manuskript. Kaiserslautern o. J.

Arnold, R.: „Wann ist der Mann ein Mann?" – die doppelt gebrochene emotionale Identität des Mannes. Manuskript. Kaiserslautern o. J.

Arnold, R.: Deutungsmuster und pädagogisches Handeln in der Erwachsenenbildung. Bad Heilbrunn/Obb 1985

Arnold, R.: Deutungsmusteransatz. In: GdW-Ph 36 (Dezember 1990) Nr. 6.30.10, S. 1–11

Arnold, R.: Deutungslernen in der Erwachsenenbildung. Grundlinien und Illustrationen zu einem konstruktivistischen Lernbegriff. In: Zeitschrift für Pädagogik, 42 (1996) 5, S. 719–730

Arnold, R.: Von der Weiterbildung zur Kompetenzentwicklung. Neue Denkmodelle und Gestaltungsansätze in einem sich verändernden Handlungsfeld. In: Kompetenzentwicklung '97. Münster/Westfalen 1997, S. 253–307

Arnold, R.: Konstruktivistische Ermöglichungsdidaktik. In: Arnold, R., Gieseke, W. & E. Nuissl (Hrsg.): Erwachsenenpädagogik – zur Konstitution eines Faches. Baldmannsweiler 1999, S. 18–28

Arnold, R.: Identität und Emotion als Faktoren. Erkenntnisse aus der Lernwiderstandsforschung. In: DIE, 7 (2000) 2, S. 23–25

Arnold, R.: Erwachsenenbildung als Umgang mit Gefühlen. Manuskript (26.01.2001). Kaiserslautern 2001, 16 S.

Arnold, R.: Emotionale Kompetenz und emotionales Lernen in der Erwachsenenbildung. Kaiserslautern 2003a (Pädagogische Materialien der Universität Kaiserslautern)

Arnold, R.: Konstruktivismus und Erwachsenenbildung. In: Report. Literatur- und Forschungsreport Weiterbildung, 26 (2003b) 3, S. 51–61

Arnold, R.: Was hat der Konstruktivismus der Erwachsenenpädagogik gebracht. In: GdW-Ph 57 (September 2004) Nr. 6.30.50, S. 1–10

Arnold, R.: Die emotionale Konstruktion der Wirklichkeit. Beiträge zu einer emotionspädagogischen Erwachsenenbildung. Baltmannsweiler 2005 (Grundlagen der Berufs- und Erwachsenenbildung; Bd. 44)

Arnold, R. (Hrsg.): Ermöglichungsdidaktik. Erwachsenenpädagogische Grundlagen und Erfahrungen. Baltmannsweiler 2003c

Arnold, R. u. a. (Hrsg.): Lehren und Lernen im Modus der Auslegung. Baltmannsweiler 1998

Arnold, R. & W. Gieseke, W. (Hrsg.): Die Weiterbildungsgesellschaft. Band 1: Bildungstheoretische Grundlagen und Analysen. Band 2: Bildungspolitische Konsequenzen. Neuwied/Kriftel 1999 (Grundlagen der Weiterbildung)

Arnold, R. & I. Schüßler: Wandel der Lernkulturen. Ideen und Bausteine für ein lebendiges Lernen. Darmstadt 1998

**Arnold, R. & I. Schüßler (Hrsg.):** Ermöglichungsdidaktik. Erwachsenenpädagogische Grundlagen und Erfahrungen. Baltmannsweiler 2003

**Arnold, R. & H. Siebert:** Konstruktivistische Erwachsenenbildung. Von der Deutung zur Konstruktion von Wirklichkeit. Baltmannsweiler 1997, 2003[4]

**Asendorpf, J.:** Lassen sich emotionale Qualitäten im Verhalten unterscheiden? Empirische Befunde und ein Dilemma. In: Psychologische Rundschau, 35 (1984) 3, S. 125–135

**Asendorpf, J.:** Soziale Gehemmtheit und ihre Entwicklung. Berlin u. a. 1989 (Lehr- und Forschungstexte Psychologie; Bd. 29)

**Auhagen, A. E. & M. Salisch von (Hrsg.):** Zwischenmenschliche Beziehungen. Göttingen 1993

**Averill, J. R.:** Anger and aggression. An essay on emotion. New York/Heidelberg/Berlin 1982

**Axmacher, D.:** Widerstand gegen Bildung: zur Rekonstruktion einer verdrängten Welt des Wissens. Weinheim 1990

**Badura, B.:** Interaktionsprozess. Zum Problem der Gefühlsregulierung in der modernen Gesellschaft. In: Zeitschrift für Soziologie, 19 (1990) 5, S. 317–328

**Baecker, D.:** Wozu Kultur? Berlin 2001

**Baethge, M. & H. Oberbeck:** Systemische Rationalisierung von Dienstleistungsarbeit und Dienstleistungsbeziehungen: Eine neue Herausforderung für Unternehmen und wissenschaftliche Analyse. In: Rock, R., Ulrich, P. & F. Witt (Hrsg.): Strukturwandel der Dienstleistungsrationalisierung. Frankfurt am Main 1990, S. 149–175

**Bandura, A.:** Self-efficacy conception of anxiety. In: Schwarzer, R. & R. A. Wicklund (Eds.): Anxiety and self-focused attention. New York 1991, pp. 89–110

**Barz, H.:** Weiterbildung und soziale Milieus. Neuwied u. a. 2000

**Basedow, J. B. & J. H. Campe:** Von der eigentlichen Absicht eines Philanthropins. In: Pädagogische Unterhandlungen. Hrsg. von J. B. Basedow & J. H. Campe. 1stes Stück. Dessau 1777, S. 15–59

**Batholomäus, U.:** Hirnforschung. Das werde ich nie vergessen ... In: FOCUS (2001) Nr. 45, S. 174–182

**Bauer, G. J. et al. (Eds.):** Ermerging trends in sales thought and practice. London 1998

**Bauer, J.:** Das Gedächtnis des Körpers. Wie Beziehungen und Lebensstile unsere Gene steuern. München 2004 (Frankfurt am Main 2002)

**Becker, N.:** Perspektiven einer Rezeption neurowissenschaftlicher Erkenntnisse in der Erziehungswissenschaft. In: Zeitschrift für Pädagogik, 48 (2002) 5, S. 707–719

**Becker-Mrotzek, M.:** Diskursforschung in der alten BRD. In: Ehrlich, K. (Hrsg.): Diskursanalyse in Europa. Frankfurt am Main u. a. 1994, S. 87–105

**Bednorz, P. & M. Schuster:** Einführung in die Lernpsychologie. 3., völlig neu bearb. und erw. Aufl. München/Basel 2002

**Belz, C.:** Verkaufskompetenz. Chancen in umkämpften Märkten: Konzepte und Innovationen, Kunden- und Leistungskriterien, Organisation und Führung. St. Gallen 1999

**Benard, C. & E. Schlaffer:** Im Dschungel der Gefühle. Reinbek bei Hamburg 1990

**Benner, D.:** Wilhelm von Humboldts Bildungstheorie. Eine problemgeschichtliche Studie zum Begründungszusammenhang neuzeitlicher Bildungsreform. Weinheim/München 1990

**Benner, D.:** Zur theoriegeschichtlichen und systematischen Relevanz nicht-affirmativer Erziehungs- und Bildungstheorie. In: Benner, D. & D. Lenzen (Hrsg.): Erziehung, Bildung, Normativität. Versuche einer deutsch-deutschen Annäherung. Weinheim und München 1991, S. 11–28

**Benner, D.:** Umgang und Wissen als Horizonte einer Bildungstheorie für die Schule. In: Neue Sammlung, 37 (1997) 4, S. 547–561

**Benner, D.:** Über pädagogisch relevante und erziehungswissenschaftlich fruchtbare Aspekte der Negativität menschlicher Erfahrung. In: Erziehung – Bildung – Negativität. Zeitschrift für Pädagogik, 49. Beiheft. Weinheim u. a. 2005, S. 7–21

**Benner, D. & F. Brüggen:** Theorien der Erziehungswissenschaft im 20. Jahrhundert. Entwicklungsprobleme – Paradigmen – Aussichten. In: Zeitschrift für Pädagogik, 42. Beiheft. Weinheim/Basel 2000, S. 240–263

**Benthien, C., Fleig, A. & I. Kasten (Hrsg.):** Emotionalität. Zur Geschichte der Gefühle. Köln/Weimar/Wien 2000

**Bergson, H.:** Materie und Gedächtnis. Eine Abhandlung über die Beziehung zwischen Körper und Geist. Hamburg 1991

**Biesta, G.:** Mind the gap! Communication and the educational relation. In: Bingham, C. & A. M. Sidorkin (Eds.): No education without relation. New York 2004, pp. 11–22

**Bingham, C. & A. M. Sidorkin (Eds.):** No education without relation. New York 2004

**Birbaumer, N. & A. Öhman (Eds.):** The structure of emotion. Seattle u. a. 1993

**Bischof-Köhler, D.:** Spiegelbild und Empathie. Die Anfänge der sozialen Kognition. Bern u. a. 1989

**Bischoff-Wanner, C.:** Empathie in der Pflege. Begriffsklärung und Entwicklung eines Rahmenmodells. Hrsg. von der Robert-Bosch-Stiftung. Bern u. a. 2002

**Blume, H. & J. Blume:** Beziehungs-Weise. Beziehungs-Reich. Erfolgreiches Beziehungsmanagement in Beruf und Privatleben. Paderborn 2003

**Böhle, T.:** Weggucken verboten. In: management & training (2004) 2, S. 26–27

**Böhle, T.:** Wir sagen klar Nein zu Mobbing und Schikane. In: Personalführung (2002) 12, S. 78–81

**Böhme, G.:** Atmosphäre. Essays zur neuen Ästhetik. Frankfurt am Main 1995

**Böhme, H.:** Himmel und Hölle als Gefühlsräume. In: Benthien, C., Fleig, A. & I. Kasten (Hrsg.): Emotionalität. Zur Geschichte der Gefühle. Köln/Weimar/Wien 2000, S. 60–81

**Bollenbeck, G.:** Bildung und Kultur. Glanz und Elend eines deutschen Deutungsmusters. Frankfurt am Main/Leipzig 1994

**Bollnow, O. F.:** Das Wesen der Stimmungen. Frankfurt am Main 1995

**Bollnow, O. F.:** Mensch und Raum. Stuttgart/Berlin/Köln 2000[9]

**Bollnow, O. F.:** Die pädagogische Atmosphäre. Untersuchungen über die gefühlsmäßigen zwischenmenschlichen Voraussetzungen der Erziehung. Essen 2001

**Bossong, B.:** Leistungsangst und Disengagement als selbstbehindernde Strategien. In: Zeitschrift für Pädagogische Psychologie, 2 (1988) 2, S. 119–126

**Bourdieu, P.:** Der feine Unterschied. Frankfurt am Main 1982

**Bowlby, J.:** Verlust, Trauer und Depression. Frankfurt am Main 1983

**Brand, A.:** Arbeit und Emotionalität. Eine empirische Untersuchung zur Beziehung zwischen der subjektiven Einschätzung der Arbeitsbedingungen und emotionalen Reaktionstendenzen in sozialen Stresssituationen. Dissertation an der Fakultät für Medizin der Rheinisch-Westfälischen Technischen Hochschule Aachen. Leipzig 1981

**Braun, A. K. & M. Meier:** Wie Gehirne laufen lernen oder: „Früh übt sich, wer ein Meister werden will". Überlegungen zu einer interdisziplinären Forschungsrichtung „Neuropädagogik". In: Zeitschrift für Pädagogik, 50 (2004) 4, S. 507–520

**Brehm, M.:** Emotionen in der Arbeitswelt. In: Arbeit, 10 (2001) 3, S. 205–218

**Brucks, U.:** Arbeitspsychologie personenbezogener Dienstleistungen. Bern u. a. 1998

**Brück, H.:** Seminar der Gefühle. Reinbek bei Hamburg 1986

**Brünner, G.:** Würden Sie von diesem Mann einen Gebrauchtwagen kaufen? Interaktive Anforderungen und Selbstdarstellung in Verkaufsgesprächen. In: Brünner, G. & G. Graefen (Hrsg.): Texte und Diskurs. Opladen 1994, S. 328–350

**Brüsemeister, T.:** Lernen durch Leiden? Biographien zwischen Perspektivlosigkeit, Empörung und Lernen. Wiesbaden 1998

**Buddrus, V. (Hrsg.):** Die „verborgenen" Gefühle in der Pädagogik. Baltmannsweiler 1992

**Bundesministerium für Bildung und Forschung (Hrsg.):** Selbstgesteuertes Lernen. Konzertierte Aktion Weiterbildung. Bonn 1998

**Burisch, M.:** Das Burnout-Syndrom. Berlin 1989

**Cameron-Bandler, L. & M. Lebeau:** Die Intelligenz der Gefühle. Paderborn 1991

**Campe, J. H.:** Über die früheste Bildung junger Kinderseelen im ersten und zweiten Jahre der Kindheit. In: Campe, J. H. (Hrsg.): Allgemeine Revision des gesammten Schul- und Erziehungswesens von einer Gesellschaft practischer Erzieher. 2. Theil. Hamburg 1785, S. 3–296

**Capra, F.:** Das neue Denken. Die Entstehung eines ganzheitlichen Weltbildes im Spannungsfeld zwischen Naturwissenschaft und Mystik. Bern u.a. 1988[3]

**Chodorow, N. J.:** Die Macht der Gefühle. Subjekt und Bedeutung in Psychoanalyse, Geschlecht und Kultur. Stuttgart/Berlin/Köln 2001

**Charlton, M., Käppler, C. & H. Wetzel:** Einführung in die Entwicklungspsychologie. Weinheim/Basel/Berlin 2003

**Cherniss, C.:** Jenseits von Burnout und Praxisschock. Hilfen für Menschen in lehrenden, helfenden und beratenden Berufen. Weinheim/Basel 1999

**Ciaramicoli, A. P. & K. Ketcham:** Der Empathie-Faktor. Mitgefühl, Toleranz, Verständnis. München 2001[2]

**Ciompi, L.:** Die emotionalen Grundlagen des Denkens. Entwurf einer fraktalen Affektlogik. Göttingen 1997 (2. durchges. Aufl. 1999)

**Ciompi, L.:** Affektlogik, affektive Kommunikation und Pädagogik. Eine wissenschaftliche Neuorientierung. In: Report. Literatur- und Forschungsreport Weiterbildung, 26 (2003) 3, S. 62–70

**Ciompi, L.:** Ein blinder Fleck bei Niklas Luhmann? Soziale Wirkungen von Emotionen aus Sicht der fraktalen Affektlogik. In: Soziale Systeme, 10 (2004) 1, S. 21–49

**Clement, U. & R. Arnold (Hrsg.):** Kompetenzentwicklung in der beruflichen Bildung. Opladen 2002

**Cofer, C. N.:** Motivation und Emotion. München 1979

**Cognition and Emotion,** Volume 5 (March 1991) Issue 2, pp. 81–108

**Conradi, B., Talkenberger, P. P. & H. A. Mehler:** Spitzenverkäufer. Was ihre Erfolgsgeheimnisse sind. Welcher Verkaufstechniken sie sich bedienen. Wodurch sie sich von anderen unterscheiden. Hunstetten 1990

**Cube, F. von:** Endstation Schlaraffenland. In: Personal, 56 (2004) 2, S. 28–31

**D'Alessio, N. & H. Oberbeck:** Vor dem Aufbruch in eine neue Dienstleistungswelt? In: ISF, INIFES, IfS, SOFI (Hrsg.): Jahrbuch sozialwissenschaftliche Technikberichterstattung. Schwerpunkt: Neue Dienstleistungswelten. Berlin 1997, S. 13–62

**Dahrendorf, R.:** Demokratie und Gesellschaft in Deutschland. München 1965

**DaimlerChrysler:** Bildungsprogramm 2002. Berlin: Werk Berlin, Nachwuchsförderung/Fort- und Weiterbildung

**DaimlerChrysler:** Bildungsprogramm 2003. Berlin: Werk Berlin, Nachwuchsförderung/Fort- und Weiterbildung

**Damasio, A. R.:** The feeling of what happens. Body, emotion and the making of consciousness. London 1999, 2000

**Damasio, A. R.:** Descartes' Irrtum. Fühlen, Denken und das menschliche Gehirn. München 1999[4], 2000[5]

**Dambmann, U. M.:** Erfolgsfaktor Gehirn oder die Auflösung des Widerspruchs von Gefühl und Verstand. Münster 2004

**Davies-Osterkamp, S. & E. Pöppel:** Emotionsforschung (Themenheft). Medizinische Psychologie, Bd. 6 (1980) 1/2

**Dederichs, A. M.:** Das soziale Kapital in der Leistungsgesellschaft. Emotionalität und Moralität in „Vetternwirtschaften". Münster u.a. 1999

**Dehnbostel, P.:** Modelle arbeitsbezogenen Lernens und Ansätze zur Integration formellen und informellen Lernens. In: Rohs, M. (Hrsg.): Arbeitsprozessintegriertes Lernen. Münster u. a. 2002a

**Dehnbostel, P.:** Lernen – Arbeiten – Kompetenzentwicklung: Zur wachsenden Bedeutung des Lernens und der reflexiven Handlungsfähigkeit im Prozess der Arbeit. In: Wiesner, G. & A. Wolter (Hrsg.): Die lernende Gesellschaft. Lernkulturen und Kompetenzentwicklung in der Wissensgesellschaft. Weinheim/München 2005, S. 111–126

**Dehnbostel, P. (Hrsg.):** Informell erworbene Kompetenzen in der Arbeit – Grundlegungen und Forschungsansätze. Bielefeld 2004

**Dehnbostel, P. u. a. (Hrsg.):** Informelles Lernen – eine Herausforderung für die berufliche Aus- und Weiterbildung. Bielefeld 2002b

**Deutscher Ausschuss für das Erziehungs- und Bildungswesen:** Zur Situation und Aufgabe der deutschen Erwachsenenbildung. Stuttgart 1960

**Dewe, B.:** Beratung. In: Krüger, H.-H. & W. Helsper (Hrsg.): Einführung in Grundbegriffe und Grundfragen der Erziehungswissenschaft. Opladen 1996[2], S. 119–130

**Dewe, B.:** Soziale Kompetenz aus soziologischer Sicht. In: GdWZ, 12 (2001) 4, S. 162–165

**Diamond, J.:** Die heilende Kraft der Emotionen. Freiburg im Breisgau 1993

**Dietrich, S. (Hrsg.):** Selbstgesteuertes Lernen in der Weiterbildungspraxis. Bielefeld 2001

**Dietrich, S. & E. Fuchs-Brüninghoff:** Selbstgesteuertes Lernen – auf dem Weg zu einer neuen Lernkultur. Frankfurt am Main 1999

**Dietrich, S. & M. Herr:** Support für neue Lehr- und Lernkulturen. Bielefeld 2005

**Diers, C., Nölke, S. & J. Vogt:** Der Trend geht zu mehr Gefühl. In: management & training (2002) 7, S. 2–5

**Dietz, S.:** Emotionen in Veranstaltungs- und Lernsituationen des Hochschulstudiums. Frankfurt am Main u. a. 1998

**Dilthey, W.:** Pädagogik. Geschichte und Grundlinien des Systems. Gesammelte Schriften Band 9. Stuttgart/Göttingen 1974[4]

**Disselkamp, M.:** Preis der Angst. In: Personal, 56 (2004) 2, S. 24–27

**Dohmen, G.:** Einführung zur Expertentagung „Selbstgesteuertes lebenslanges Lernen?". In: Dohmen, G. (Hrsg.): Selbstgesteuertes lebenslanges Lernen? Bonn 1997, S. 11–23

**Dreitzel, H. P.:** Emotionales Gewahrsein. Psychologische und gesellschaftliche Perspektiven in der Gestalttherapie. München 1998

**Dunkel, W.:** Wenn Gefühle zum Arbeitsgegenstand werden. Gefühlsarbeit im Rahmen personenbezogener Dienstleistungstätigkeiten. In: Soziale Welt, 39 (1988) 1, S. 66–85

**Durst, A.:** Bedienen zwischen dienen und verdienen. Eine berufssoziologische empirische Untersuchung zur Dienstleistungsarbeit im Gastgewerbe. Bielefeld 1993

**Dybowski, G. & W. Thomssen:** Praxis und Weiterbildung. Untersuchungen über Voraussetzungen und Bedingungen der Weiterbildung von betrieblichen Interessenvertretern. Bremen 1982

**Eagle, M. N.:** Emotion und Gedächtnis. In: Mandl, H. & G. L. Huber (Hrsg.): Emotion und Kognition. München/Wien/Baltimore 1983, S. 85–122

**Eagleton, T.:** Was ist Kultur? Eine Einführung. München 2001

**Eberhard, W.:** Über den Ausdruck von Gefühlen im Chinesischen. München 1977

**Eccles, J. C.:** Die Evolution des Gehirns – die Erschaffung des Selbst. München 1999

**Edding, C.:** Verkaufte Gefühle – Balanceakte in der Trainerrolle. In: Gruppendynamik, 19 (1988) 3, S. 339–349

**Edelmann, W.:** Lernpsychologie. Eine Einführung. München/Weinheim 1986$^2$ (Weinheim 2000$^6$)

**Egger de Campo, M.:** Gefühlsarbeit in der Pflege. Vortrag – 41. Geriatrie-Kongress Bad Hofgastein, 24.03.2001, www.sozialesservice.at/Vortrag-Geriatriekongress.pdf (2004-03-23)

**Ehses, C. & R. Zech:** Organisationale Qualitätsentwicklung aus der Perspektive der Lernenden – eine Paradoxie? In: Heinold-Krug, E. & K. Meisel (Hrsg.): Qualität entwickeln – Weiterbildung gestalten. Bielefeld 2002, S. 114–124

**Eichner, V.:** Ratio, Kognition und Emotion. In: Zeitschrift für Soziologie, 18 (1989) 5, S. 346–361

**Eiselen, T. & R. Sichler:** Reflexive Emotionalität – Konzepte zum professionellen Umgang mit Emotionen im Management. In: Schreyögg, G. & J. Sydow (Hrsg.): Emotionen und Management. Wiesbaden 2001, S. 47–74

**Ekman, P. & R. J. Davidson (Eds.):** The nature of emotion. Fundamental questions. New York/Oxford 1994

**Elias, N.:** Über den Prozess der Zivilisation. Band I. Wandlungen des Verhaltens in den weltlichen Oberschichten des Abendlandes. Band 2. Wandlungen der Gesellschaft. Entwurf zu einer Theorie der Zivilisation. Frankfurt am Main 1976 (Suhrkamp 1979)

**Elias, N.:** Über die Menschen und ihre Emotionen – ein Beitrag zur Evolution der Gesellschaft. In: Zeitschrift für Semiotik, Band 12 (1990) 4, S. 337–357

**Emotionale Fähigkeiten.** In: NewsLetter Marketing Research (2002) 3, S. 2–14

**Engler, W.:** Bürger, ohne Arbeit. Für eine radikale Neugestaltung der Gesellschaft. Berlin 2005

**Die Entschlüsselung des Gehirns.** SPIEGEL spezial (2003) 4

**Enzmann, D. & D. Kleiber:** Helfer-Leiden. Stress und Burnout in psychosozialen Berufen. Heidelberg 1989

**Ermisch, A.:** Gehirne und Gefühle. Naturwissenschaftliche Erkenntnisse über Emotionen und Motivationen. Köln 1985

**Erpenbeck, J. & V. Heyse:** Kompetenzbiographie – Kompetenzmilieu – Kompetenztransfer. Berlin 1999 (QUEM-report Schriften zur beruflichen Weiterbildung; H. 62)

**Esser, H.:** Die Definition der Situation: In: Kölner Zeitschrift für Soziologie und Sozialpsychologie, 48 (1996), S. 1–34

**Euler, H. A. & H. Mandl:** Emotionspsychologie. Ein Handbuch in Schlüsselbegriffen. München/Wien/Baltimore 1983

**Evans, F. B.:** Selling as a dyadic relationship – A new approach. In: American Behavioral Scientist (1963) May, pp. 76–79

**Expertenkommission Finanzierung Lebenslanges Lernen (Hrsg.):** Finanzierung Lebenslangen Lernens – der Weg in die Zukunft. Bielefeld 2004

**Faßhauer, U.:** Emotionale Leistungsfähigkeit – vom „Erkenne dich selbst!" zum „Erfinde dich selbst!". In: Neue Sammlung, 39 (1999) 4, S. 543–561

**Faßhauer, U.:** Emotionale Leistungsfähigkeit im Kontext beruflicher Bildung. Bielefeld 2001 (Berufsbildung, Arbeit und Innovation; Bd. 5)

**Faulstich, P. u. a.:** Lernwiderstand, Lernumgebung, Lernberatung. Empirische Fundierungen zum selbstgesteuerten Lernen. Bielefeld 2005

**Fend, H.:** Identitätsentwicklung in der Adoleszenz. Band 2: Entwicklungspsychologie der Adoleszenz in der Moderne. Bern/Stuttgart/Toronto 1991

**Fichtmüller, F. & A. Walter:** Das komplexe Wirkgefüge von Lernen und Lehren beruflichen Pflegehandelns – empirische pflegedidaktische Begriffs- und Theoriebildung. Dissertation. Berlin: Humboldt-Universität, 2006

**Fiehler, R.:** Kommunikation und Emotion. Berlin/New York 1990

**Fineman, S. (Ed.):** Emotion in organizations. London/Thousand Oaks/New Delhi 1993²a

**Fineman, S.:** An emotion agenda. In: Fineman, S. (Ed.): Emotion in organizations. London/Thousand Oaks/New Delhi 1993b, pp. 216–224

**Fineman, S.:** Organizations as emotional arenas. In: Fineman, S. (Ed.): Emotion in organizations. London/Thousand Oaks/New Delhi 1993c, pp. 9–35

**Fineman, S.:** Stress, emotion and intervention. In: Newton, T. with Handy, J. & S. Fineman (Eds.): „Managing" stress. Emotion and power at work. London/Thousand Oaks/New Delhi 1995, pp. 120–135

**Flam, H.:** Fear, loyalty and greedy organizations. In: Fineman, S. (Ed.): Emotion in organizations. London/Thousand Oaks/New Delhi 1993, pp. 58–75

**Flam, H.:** Soziologie der Emotionen. Struktur – Norm – Individuum. In: Hoering, E. M. (Hrsg.): Biographische Sozialisation. Stuttgart 2000, S. 285–303

**Fleischmann, U. M.:** Gedächtnis und Alter. Bern/Stuttgart/Toronto 1989

**Fleissner, A.:** Anbahnung von Mediation bei Mobbing. In: Arentewicz, G. & A. Fleissner (Hrsg.): Arbeitsplatzkonflikte. Mobbing als Psychoterror am Arbeitsplatz. Ursachen, Folgen und Formen der Hilfe. Frankfurt am Main 2003, S. 397–415

**Flitner, W.:** Erwachsenenbildung. Paderborn 1982

**Foerster, H. von:** Über das Konstruieren von Wirklichkeiten. In: Ders.: Wissen und Gewissen: Versuch einer Brücke. Frankfurt am Main 1993, S. 25–49

**Fonagy, P.:** Bindungstheorie und Psychoanalyse. Stuttgart 2003

**Forneck, H. J. & D. Wrana:** Ein parzelliertes Feld. Eine Einführung in die Erwachsenenbildung. Bielefeld 2005

**Foster, H.:** Umschulung von Frauen im gewerblich-technischen Bereich. In: Bundesinstitut für Berufsbildung (Hrsg.): Arbeitsunterlagen und Materialien aus dem BIBB. Manuskript (vervielf.). Berlin 1988, S. 101–105

**Franck, E. & J. Zellner:** Emotionale Grenzen der Vernunft und ihre Konsequenzen für die Neue Institutionenökonomie. In: Schreyögg, G. & J. Sydow (Hrsg.): Emotionen und Management. Wiesbaden 2001, S. 249–276

**Franck, W. & D. Linß:** Emotionale Intelligenz im Verkauf. Landsberg/Lech 2000

**Freud, S.:** Psychologie des Unbewussten. Studienausgabe. Band 3. Frankfurt am Main 1975

**Fricke, H.:** Das hört nicht auf. Trauma. Literatur und Empathie. Göttingen 2004

**Friebel, H. u. a.:** Bildungsbeteiligung: Chancen und Risiken. Eine Längsschnittstudie über Bildungs- und Weiterbildungskarrieren in der „Moderne". Opladen 2000

**Friedlmeier, W.:** Emotionsregulation in der Kindheit. In: Friedlmeier, W. & J. Holodynski (Hrsg.): Emotionale Entwicklung. Funktion, Regulation und soziokultureller Kontext von Emotionen. Heidelberg/Berlin 1999a, S. 197–218

**Friedlmeier, W.:** Sozialisation der Emotionsregulation. In: Zeitschrift für Soziologie der Erziehung und Sozialisation, 19 (1999b) 1, S. 35–51

**Friedlmeier, W. & J. Holodynski (Hrsg.):** Emotionale Entwicklung. Funktion, Regulation und soziokultureller Kontext von Emotionen. Heidelberg/Berlin 1999

**Friedrich, G. & G. Preiß:** Neurodidaktik. Bausteine für eine Brückenbildung zwischen Hirnforschung und Didaktik. In: Pädagogische Rundschau, 57 (2003) 2, S. 181–199

**Fries, N.:** Sprache und Emotionen. Bergisch Gladbach 2000

**Frosch, H.:** Im Netz der Beziehungen. Soziale Kompetenz zwischen Kooperation und Konfrontation. Paderborn 2002

**Gainotti, G. & C. Caltagirone (Eds.):** Emotions and the dual brain. Berlin u. a. 1989

**Geffroy, E. K.:** Das einzige was stört ist der Kunde. Clienting ersetzt Marketing und revolutioniert Verkaufen. Landsberg/Lech 1994[4]

**Gehm, T.:** Emotionale Verhaltensregulierung. Weinheim 1991

**Gehm, T.:** Kommunikation im Beruf. Hintergründe, Hilfen, Strategien. Weinheim/Basel 1997[2]

**Geissler, K. A.:** Das Lernen löst die Arbeit ab. In: Der Tagesspiegel, Nr. 16 817 (1999-09-18), S. 8

**Geißler, H.:** Betriebliche Kompetenzentwicklung und Angst. In: Wiesner, G. & A. Wolter (Hrsg.): Die lernende Gesellschaft. Lernkulturen und Kompetenzentwicklung in der Wissensgesellschaft. Weinheim/München 2005, S. 127–146

**Geißler, K. H. & J. Kade:** Die Bildung Erwachsener. München/Wien/Baltimore 1982

**Gerhards, J.:** Soziologie der Emotionen. Weinheim/München 1988

**Gerhards, J.:** Emotionsarbeit. Zur Kommerzialisierung von Gefühlen. In: Soziale Welt, 39 (1988a) 1, S. 47–65

**Geyer, C.:** Hirnforschung und Willensfreiheit. Frankfurt am Main 2004

**Gieseke, W.:** Interaktionsstrukturen und der Einfluss personeller Konstellationen am Beispiel der Maßnahmen „Spielplatzgestaltung" und „Metall". In: Gieseke, W., Jankowsky, B. & A. Lüken: Bildungsarbeit mit arbeitslosen jungen Erwachsenen. Eine wissenschaftliche Begleitung von „Arbeiten und Lernen"-Maßnahmen als Beitrag zur didaktischen Lernforschung. Zentrum für wissenschaftliche Weiterbildung (ZWW). Oldenburg 1989, S. 123–189

**Gieseke, W.:** Emotionale Beziehungsarbeit als Bedingung für Qualifizierungsprozesse benachteiligter Jugendlicher. In: Vonderach, G. (Hrsg.): Jugendarbeitslosigkeit – Biographische Bewältigung und sozialpolitische Maßnahmen. Bamberg 1991a, S. 151-168 (Texte zur Sozialforschung; Bd. 3)

**Gieseke, W.:** Feministische Bildungsforschung zur Analyse von Selbstaufklärungsprozessen und selbstdestruktiven Lernwiderständen. In: Report. Literatur- und Forschungsreport Weiterbildung (1991b) 28, S. 19–32

**Gieseke, W.:** Pädagogische Realanalysen durch Perspektivverschränkungen. Ein Beitrag zur Lehr- und Lernforschung in Erwachsenenbildungseinrichtungen. In: Hessische Blätter für Volksbildung, 42 (1992a) 1, S. 10–16

**Gieseke, W.:** Krisen beim Lernen Erwachsener – die Rolle von Emotionen in Weiterbildungsprozessen. In: Stabilität und Wandel im Bildungs-, Erziehungs- und Sozialisationssystem der DDR und der neuen Bundesländer. Konzeption für einen Sonderforschungsbereich. Berlin 1992b, S. 22–26

**Gieseke, W.:** Weiterbildung in den neuen Bundesländern. In: Kaiser, A., Feuchthofen, J. & R. Güttler (Hrsg.): Europahandbuch Weiterbildung. Neuwied u. a. 1994. Teil A, 25.30.220, S. 1–12

**Gieseke, W.:** Emotionalität in Bildungsprozessen Erwachsener. In: Faulstich-Wieland, H. u. a. (Hrsg.): Teilnehmer-/innen in der Erwachsenenbildung. Report. Literatur- und Forschungsreport Weiterbildung (1995) 35, S. 38–46

Gieseke, W.: Verschiebungen auf dem Weiterbildungsmarkt. Wie die berufliche Weiterbildung immer allgemeiner wird. In: Benner, D., Kell, A. & D. Lenzen (Hrsg.): Bildung zwischen Staat und Markt. Beiträge zum 15. Kongress der Deutschen Gesellschaft für Erziehungswissenschaft vom 11.–13. März 1996 in Halle an der Saale. Weinheim u. a. 1996, S. 67–87 (Zeitschrift für Pädagogik; 35. Beiheft)

Gieseke, W.: Emotionen als Seismograph für Studienverläufe. In: Wahse, A.-K., Gieseke, W. & C. Struwe: Modellversuch – Zusatzstudium zur erwachsenenpädagogischen Qualifizierung. Positionen – Ergebnisse. Berlin: Humboldt-Universität, 1997, S. 86–103 (Studien zur Wirtschafts- und Erwachsenenpädagogik; Bd. 14, Teil 2)

Gieseke, W.: Bildungspolitische Interpretationen und Akzentsetzungen des Slogans vom lebenslangen Lernen. In: Arnold, R. & W. Gieseke (Hrsg.): Die Weiterbildungsgesellschaft. Band 2: Bildungspolitische Konsequenzen. Neuwied/Kriftel 1999, S. 93–120 (Grundlagen der Weiterbildung)

Gieseke, W.: Individuelle Bildungsgeschichte und das Interesse an lebenslangem Lernen. In: Verhaltenstherapie & psychosoziale Praxis, 35 (2003) 1, S. 47–56

Gieseke, W.: Professionalität und Fortbildungsbedarf. In: Baldauf-Bergmann, K., Küchler, F. von & C. Weber: Erwachsenenbildung im Wandel – Ansätze einer reflexiven Weiterbildungspraxis. Festschrift zum 60. Geburtstag von Prof. Dr. Ortfried Schäffter. Baltmannsweiler 2004a, S. 28–51

Gieseke, W.: Weiterbildungsentscheidungsverhalten – Auswirkungen für pädagogische Beratungskompetenz. In: Report. Literatur- und Forschungsreport Weiterbildung (2004b) 1, Thema: Milieu, Arbeit, Wissen: Realität in der Erwachsenenbildung, S. 145–149

Gieseke, W.: Leiblich-emotionale ästhetische Einbindungen kultureller Bildung. In: Gieseke, W. u. a.: Kulturelle Erwachsenenbildung in Deutschland – Exemplarische Analyse Berlin/Brandenburg. Münster u. a 2005, S. 365–375 (Europäisierung durch kulturelle Bildung. Bildung – Praxis – Event; Bd. 1)

Gieseke, W. (Hrsg.): Programmplanung als Bildungsmanagement? Qualitative Studie in Perspektivverschränkung. Begleituntersuchung des Modellversuchs „Entwicklung und Erprobung eines Berufseinführungskonzepts für hauptberufliche Erwachsenenbilder/innen". Recklinghausen 2000 (EB-Buch; 20)

Gieseke, W. (Hrsg.): Handbuch zur Frauenbildung. Opladen 2001

Gieseke, W. u. a.: Kulturelle Erwachsenenbildung in Deutschland. Exemplarische Analyse Berlin/Brandenburg. Münster u. a. 2005 (Europäisierung durch kulturelle Bildung. Bildung – Praxis – Event; Bd. 1)

Gieseke, W., Jankowsky, B. & A. Lüken: Bildungsarbeit mit arbeitslosen jungen Erwachsenen. Eine wissenschaftliche Begleitung von „Arbeiten und Lernen"-Maßnahmen als Beitrag zur didaktischen Lernforschung. Zentrum für wissenschaftliche Weiterbildung (ZWW). Oldenburg 1989

Gieseke, W. & K. Opelt: Erwachsenenbildung in politischen Umbrüchen. Programmforschung Volkshochschule Dresden 1945–1997. Opladen 2003

Gieseke, W. & K. Opelt: Weiterbildungsberatung II. Studienbrief Erwachsenenbildung. Zentrum für Fernstudien & universitäre Weiterbildung. Kaiserslautern 2004

Gieseke, W. & K. Opelt: Orte und Räume kultureller Bildung. In: Gieseke, W. u. a.: Kulturelle Erwachsenenbildung in Deutschland. Exemplarische Analyse Berlin/Brandenburg. Münster u. a. 2005, S. 376–382

**Gieseke, W. & R. Reich:** Weiterbildungsinteressen von Weiterbildner/innen. Ergebnisse einer Befragung. In: Heuer, U. & W. Gieseke (Hrsg.): Pädagogisches Wissen für die Weiterbildung, Fortbildungsbedarf und Personalentwicklung. Oldenburg 2006, S. 35–184 (Empirische Studien)

**Gieseke, W. & R. Siebers:** Biographie, Erfahrung und Lernen. In: Brokmann-Nooren, C., Grieb, I. & H.-D. Raapke (Hrsg.): NQ-Materialien – Handbuch Erwachsenenbildung. Weinheim/Basel 1995, S. 315–357

**Gieseke, W. & R. Siebers:** Umschulung für Frauen in den neuen Bundesländern. In: Zeitschrift für Pädagogik, 42 (1996) 5, S. 687–702

**Gigerenzer, G. & P. M. Todd and the ABC Research Group:** Simple heuristics that make us smart. Oxford 1999

**Glöckel, H.:** Volkstümliche Bildung? Versuch einer Klärung: ein Beitrag zum Selbstverständnis der Volksschule. Weinheim 1964

**Glucksmann, A.:** Hass. Die Rückkehr einer elementaren Gewalt. München/Wien 2005

**Gnahs, D.:** Selbstgesteuertes Lernen – vom Unterricht zur Lernberatung. In: forum – VNB Niedersachsen (2000) 1, S. 2–5

**Gnahs, D./Seidel, S.:** Die Praxis des selbstgesteuerten Lernens. In: Dietrich, S. & E. Fuchs-Brüningshoff: Selbstgesteuertes Lernen – auf dem Weg zu einer neuen Lernkultur. Frankfurt am Main 1999, S. 71–88

**Göppel, R.:** „Emotionale Intelligenz" als Bildungsziel? In: Neue Sammlung, 39 (1999) 4, S. 563–584

**Goetz, T. u. a.:** Leistung und emotionales Erleben im Fach Mathematik. In: Zeitschrift für Pädagogische Psychologie, 18 (2004) 3/4, S. 201–212

**Gold, P. & A. Engel (Hrsg.):** Der Mensch in der Perspektive der Kognitionswissenschaften. Frankfurt am Main 1998

**Goleman, D.:** Emotionale Intelligenz. München/Wien 1996, 1998[6], 2001[14]

**Goleman, D., Boyatzis, R. & A. McKee:** Emotionale Führung. München 2002

**Gonschorrek, U. & A. Schimmelpfennig:** Angewandte Sozialwissenschaften in der Verwaltung. Verwaltungspädagogik und Führungslehre. Heidelberg/Hamburg 1981

**Greenspan, S. J. & B. L. Benderly:** Die bedrohte Intelligenz. Die Bedeutung der Emotionen für unsere geistige Entwicklung. München 2001

**Greenspan, S. J. & N. T. Greenspan:** Das Erwachen der Gefühle. Die emotionale Entwicklung des Kindes. München/Zürich 1985

**Griessenbeck, A. von:** Kulturfaktor Emotion. Zur Bedeutung von Emotion für das Verhältnis von Individuum, Gesellschaft und Kultur. München 1997

**Grimm, R.:** Der Bauch ist klüger als der Kopf. In: Frankfurter Rundschau (2003-03-06) Nr. 55, S. 32

**Grotlüschen, A.:** Widerständiges Lernen im Web – virtuell selbstbestimmt? Eine qualitative Studie über E-Learning in der beruflichen Erwachsenenbildung. Münster 2003

**Gruber, H.:** Erfahrung als Grundlage kompetenten Handelns. Bern u. a. 1999

**Habermas, J.:** Der Riss der Sprachlosigkeit. Nach den Terrorakten: Der Friedenspreisträger des deutschen Buchhandels, Jürgen Habermas, über die Bedeutung der Säkularisierung in modernen Gesellschaften. In: Frankfurter Rundschau (2001-10-16) Nr. 240, S. 18

**Häcker, T. H.:** Widerstände in Lehr-Lernprozessen: eine explorative Studie zur pädagogischen Weiterbildung von Lehrkräften. Frankfurt am Main u. a. 1999

**Hänze, M.:** Denken und Gefühl. Wechselwirkung zwischen Emotion und Kognition im Unterricht. Neuwied/Kriftel/Berlin 1998

**Hänze, M.:** Emotion, Ambivalenz und Entscheidungskonflikt. Weinheim/Basel 2002

**Hahn, A.:** Emotionale Kompetenz. Köln 1995 (Wirtschaft-, Berufs- und Sozialpädagogische Texte; Bd. 25)

**Harke, D.:** Von der Lernproblemdiagnose zur Lernberatung. Ansätze zur Förderung des Lernens in der Weiterbildung. Hrsg. vom Landesinstitut für Schule und Weiterbildung. Bönen 2001

**Hartge, T.:** „Emotionale Intelligenz" – nur ein Etikettenschwindel? In: Personalführung (2002) 12, S. 62–67

**Hartkemeyer, J. F., Hartkemeyer, M. & L. F. Dhority:** Der Dialogprozess. In: GdW-Ph 45 (August 2002) Nr. 7.40.20.35, S. 1–22

**Hartkemeyer, M., Hartkemeyer, J. F. & L. F. Dhority:** Miteinander denken – Das Geheimnis des Dialogs. Stuttgart 2001[3]

**Hassebrauck, M.:** Emotionale Konsequenzen distributiver Ungerechtigkeit. Regensburg 1984

**Haubl, R. & D. Rastetter:** Zeigen ohne Lust. Über Emotionsarbeit. In: Haubl, R. (Hrsg.): Schau- und Zeigelust. Gießen 2000, S. 21–38

**Haubrock, A.:** Entscheidungsunterstützung in der Weiterbildungsberatung. Konstruktion eines Beratungssystems zur Weiterbildungsberatung. Münster/New York 1992

**Hearn, J.:** Emotive subjects: Organizational men, organizational masculinities and the (de)construction of „emotions". In: Fineman, S. (Ed.): Emotion in organizations. London/Thousand Oaks/New Delhi 1993, pp. 142–166

**Heckhausen, H.:** Motivation und Handeln. Berlin u. a. 1989

**Heid, H.:** Über die Vereinbarkeit individueller Bildungsbedürfnisse und betrieblicher Qualifikationsanforderungen. In: Zeitschrift für Pädagogik, 45 (1999) 2, S. 231–244

**Heidegger, G.:** Dialektik und Bildung. Widersprüchliche Strukturierungen in Kognition und Emotion. Weinheim/München 1987

**Heidenreich, M.:** Die Debatte um die Wissensgesellschaft. 2000, 2003, www.uni-bamberg.de/sowi/europastudien/erlangen (2003-09-02)

**Heidenreich, M. (Hrsg.):** Krisen, Kader, Kombinat. Kontinuität und Wandel in ostdeutschen Betrieben. Berlin 1992

**Heimburger, K.:** Gefühlsarbeit als Schlüsselqualifikation der Kompetenzentwicklung in der Kranken-pflegeausbildung. Diplomarbeit der Medizin-/Pflegepädagogik und Pflegewissenschaft. Berlin: Charité, 2004

**Heimerl, B.:** Empathie und Burnout in der Psychotherapie. Berlin/Milow/Strasburg 2004

**Helbing-Tietze, B.:** Emotionale Grundlagen der Schulleistung. In: Die Deutsche Schule, 93 (2001) 3, S. 353–362

**Hellekamps, S. & H.-U. Musolff:** Bildungstheorie und ästhetische Bildung. In: Zeitschrift für Pädagogik, 39 (1993) 2, S. 275–292

**Hellekamps, S.:** Gerechtigkeit zwischen Freiheit und Gleichheit. Zum bildungstheoretischen Defizit in der Debatte zwischen Liberalen und Kommunitaristen. In: Zeitschrift für Erziehungswissenschaft, 1 (1998) 3, S. 379–394

**Heller, A.:** Theorie der Gefühle. Hamburg 1981

**Henne, H. & H. Rehbock:** Einführung in die Gesprächsanalyse. 3. durchges. und um einen bibliographischen Anhang erw. Aufl. Berlin/New York 1995

**Hentig, H. von:** Bildung. Ein Essay. München/Wien 1996

**Herbart, J. F.:** Allgemeine Pädagogik aus dem Zweck der Erziehung abgeleitet. Zuerst 1806, jetzt in: Asmus, W. (Hrsg.): Herbart: Pädagogische Schriften. Bd. 2. Düsseldorf/München 1965, S. 9–155

**Herrmann, U.:** Biographische Konstruktionen und das gelebte Leben. In: Zeitschrift für Pädagogik, 33 (1987) 3, S. 303–323

**Herrmann, U.:** Gehirnforschung und die Pädagogik des Lehrens und Lernens: Auf dem Weg zu einer „Neurodidaktik"? In: Zeitschrift für Pädagogik, 50 (2004) 4, S. 471–474

**Herzberg, H.:** Biographie und Lernhabitus. Eine Studie im Rostocker Werftarbeitermilieu. Frankfurt am Main/New York 2004

**Hess, D.:** Wenn emotionale Konflikte außer Kontrolle geraten. In: Personalführung (2002) 12, S. 73–77

**Hesse, H. A.:** Über die Rolle des Gefühls im Beruf und in der Ausbildung. In: Mitteilungen aus der Arbeitsmarkt- und Berufsforschung, 14 (1981) 2, S. 180–187

**Heuer, U., Botzat, T. & K. Meisel (Hrsg.):** Neue Lehr- und Lernkulturen in der Weiterbildung. Bielefeld 2001

**Hochschild, A. R.:** Das gekaufte Herz: zur Kommerzialisierung der Gefühle. Frankfurt am Main/New York 1990

**Hodapp, V. & P. Schwenkmezger (Hrsg.):** Ärger und Ärgerausdruck. Bern u. a. 1993

**Höhler, G.:** Das Glück. Analyse einer Sehnsucht. Düsseldorf 1996

**Hoerning, E. M.:** Sozialstrukturanalyse und Biographieforschung. In: Derichs-Kunstmann, K., Faul-stich, P. & R. Tippelt (Hrsg.): Theorien und forschungsleitende Konzepte der Erwachsenenbildung. Beiheft zum Report. Frankfurt am Main 1995, S. 65–72

**Hof, C.:** Wie lässt sich soziale Kompetenz konkreter bestimmen? In: GdWZ, 12 (2001) 4, S. 151–154

**Hofmann, H.:** Emotionen in Lern- und Leistungssituationen – eine idiographisch-nomothetische Tagebuchstudie an Lehramtsstudenten im Examen. Dissertation. Regensburg 1997

**Hoffmann, G.:** Emotion in postmodernism. Heidelberg 1997

**Holoch, E.:** Situiertes Lernen und Pflegekompetenz. Entwicklung, Einführung und Evaluation von Modellen Situierten Lernens für die Pflegeausbildung. Bern u. a. 2002 (Reihe Pflegewissenschaft)

**Holodynski, M.:** Handlungsregulation und Emotionsdifferenzierung. In: Friedlmeier, W. & J. Holodynski (Hrsg.): Emotionale Entwicklung. Funktion, Regulation und soziokultureller Kontext von Emotionen. Heidelberg/Berlin 1999, S. 31–51

**Holzapfel, G.:** Leib, Einbildungskraft, Bildung. Nordwestpassagen zwischen Leib, Emotion und Kognition in der Pädagogik. Bad Heilbrunn/Obb. 2002

**Holzer, D.:** Widerstand gegen Weiterbildung. Weiterbildungsabstinenz und die Forderung nach lebenslangem Lernen. Wien 2004

**Holzkamp, K.:** Lernen. Eine subjektwissenschaftliche Grundlegung. Stuttgart 1993

**Honegger, C.:** Die Ordnung der Geschlechter. Die Wissenschaften vom Menschen und das Weib. Frankfurt am Main/New York 1991

**Horstkemper, M.:** Schule, Geschlecht und Selbstvertrauen. Eine Längsschnittstudie über Mädchen-Sozialisation in der Schule. Weinheim 1987

**Hovestadt, G.:** Lernwiderstände, Widerstände gegen Belehrung oder Dominanz? Männer in marodierende Horden. In: Hessische Blätter für Volksbildung, 49 (1999) 3, S. 215–220

**Hülshoff, T.:** Wut im Bauch. In: „Gehirn & Geist" (2002) 2, S. 28–32

**Hülshoff, T.:** Emotionen. Eine Einführung für beratende, therapeutische, pädagogische und soziale Berufe. München/Basel 2001[2]

**Hüppe, M.:** Emotion und Gedächtnis im Alter. Göttingen u. a. 1998

**Hüther, G.:** Die Bedeutung sozialer Erfahrungen für die Strukturierung des menschlichen Gehirns. In: Zeitschrift für Pädagogik, 50 (2004a) 4, S. 487–495

**Hüther, G.:** Woher kommt die Lust am Lernen? Neurobiologische Grundlagen intrinsisch und extrinsisch motivierter Lernprozesse. In: Dammasch, F. & D. Katzenbach (Hrsg.): Lernen und Lernstörungen bei Kindern und Jugendlichen. Frankfurt am Main 2004b, S. 17–32

**Humboldt, W. von:** Ideen zu einem Versuch, die Grenzen der Wirksamkeit des Staates zu bestimmen. In: Ders.: Schriften zur Anthropologie und Geschichte. Hrsg. von A. Flitner und K. Giel. Stuttgart 1980[3], S. 64–69

**Humboldt, W. von:** Schriften zur Anthropologie und Geschichte. Hrsg. von A. Flitner und K. Giel. Stuttgart 1980[3]

**Humboldt, W. von:** Bildung und Sprache. Paderborn 1985[4]

**Itard, J.:** Gutachten über die ersten Entwicklungen des Victor von Aveyron [1801]. In: Malson, L.: Die wilden Kinder. Frankfurt/M. 1972, S. 114–164

**Izard, C. E.:** Die Emotionen des Menschen. Eine Einführung in die Grundlagen der Emotionspsychologie. Weinheim 1994², 1999⁴

**Jahr, S.:** Emotionen und Emotionsstrukturen in Sachtexten. Berlin/New York 2000

**Jerusalem, M. & W. Mittag:** Selbstwirksamkeit, Bezugsnormen, Leistung und Wohlbefinden in der Schule. In: Jerusalem, M. & R. Pekrun (Hrsg.): Emotion, Motivation und Leistung. Göttingen u. a. 1999, S. 223–245

**Jerusalem, M. & R. Pekrun (Hrsg.):** Emotion, Motivation und Leistung. Göttingen u. a. 1999

**Josephs, I. E.:** Emotionale Entwicklung im Spannungsfeld zwischen persönlicher und kollektiver Kultur. In: Friedlmeier, W. & J. Holodynski (Hrsg.): Emotionale Entwicklung. Funktion, Regulation und soziokultureller Kontext von Emotionen. Heidelberg/Berlin 1999, S. 259–274

**Kade, J.:** Talkshow – Politische Öffentlichkeit zwischen pädagogischer Aufklärung und aufgeklärter Pädagogik? In: Report: Literatur- und Forschungsreport Weiterbildung, 26 (2003) 1, S. 174–184

**Kade, J. & W. Seitter:** Lebenslanges Lernen – mögliche Bildungswelten. Erwachsenenbildung, Biographie und Alltag. Opladen 1996

**Kannheiser, W.:** Arbeit und Emotion. Eine integrierende Betrachtung. München 1992

**Kast, V.:** Vom Sinn des Ärgers. Anreiz zu Selbstbehauptung und Selbstentfaltung. Stuttgart/Zürich 1998

**Kast, V.:** Freude. Inspiration. Hoffnung. Olten und Freiburg 1991²

**Katz, P.:** Der ganz alltägliche Ärger. Vom Umgang mit Alltagsproblemen. Münster/New York 1995

**Kemper, M. & R. Klein:** Lernberatung. Hohengehren 1998

**Kejcz, Y. u. a.:** Das Bildungsurlaubs-Versuchs- und -Entwicklungsprogramm (BUVEP). 8 Bde. Heidelberg 1979

**Kiefer, T.:** Die Macht positiver und negativer Gefühle in der Arbeitswelt. In: Personalführung (2002) 12, S. 49–55

**Kiefer, T., Müller, W. & S. Eicken:** Befindlichkeit in der Chemischen Industrie. Basel/St.Gallen: Universität, 2001 (WWZ-Studie; Nr. 59)

**Kiekbusch, E.:** Anforderungen an die Sozialkompetenz von Altenpflegern beim professionellen Handeln in charakteristischen Betreuungssituationen der Altenpflege. Diplomarbeit der Medizin-/Pflegepädagogik. Berlin: Charité, 2000

**Kiersch, J.:** Wirkung durch Empathie. Über Cassirer, Dilthey, Steiner und die vergessene Schlüsselkompetenz der Einfühlung. In: Bildung und Erziehung, 53 (2000) 1, S. 65–78

**Kitayama, S. & H. R. Markus:** Emotion and culture: empirical studies of mutual influence. Oregon 1992

**Klafki, W.:** Neue Studien zur Bildungstheorie und Didaktik. Beiträge zur kritisch-konstruktiven Didaktik. Weinheim und Basel 1985

**Klafki, W.:** Neue Studien zur Bildungstheorie und Didaktik. Zeitgemäße Allgemeinbildung und kritisch-konstruktive Didaktik. Weinheim und Basel 1996[5]

**Klein, N.:** No Logo! München 2005

**Kleinau, E. & C. Opitz (Hrsg.):** Geschichte der Mädchen- und Frauenbildung. Frankfurt am Main/New York 1996

**Klika, D.:** Das Gefühl und die Pädagogik. In: Klika, E. & V. Schubert (Hrsg.): Bildung und Gefühl. Baltmannsweiler 2004, S. 19–34

**Klika, E. & V. Schubert (Hrsg.):** Bildung und Gefühl. Baltmannsweiler 2004

**Klinger, C.:** Für den Staat ist das Weib die Nacht. Die Ordnung der Geschlechter und ihr Verhältnis zur Politik. In: Zeitschrift für Frauenforschung. Sonderheft Philosophie, Politik und Geschlecht. Probleme feministischer Theoriebildung (1999) 2, S. 13–41

**Klosinski, G.:** Voraussetzungen von Bildungs- und Empathiefähigkeit und ihre Störungen aus der Sicht des Kinder- und Jugendpsychiaters. In: Klosinski, G. (Hrsg.): Empathie und Beziehung. Tübingen 2004, S. 13–26

**Kluge, M.:** Irrtum Motivation. In: management & training (2004) 2, S. 28–29

**Körber, K. u. a.:** Das Weiterbildungsangebot im Lande Bremen. Strukturen und Entwicklungen in einer städtischen Region. Bremen 1995 (Bremer Texte zur Erwachsenenbildungsforschung; Bd. 3)

**Kösel, E.:** Die Modellierung von Lernwelten. Ein Handbuch zur Subjektiven Didaktik. Elztal-Dallau 1995[2]

**Kojima, H.:** Emotionale Entwicklung und zwischenmenschliche Beziehungen. In: Friedlmeier, W. & J. Holodynski (Hrsg.): Emotionale Entwicklung. Funktion, Regulation und soziokultureller Kontext von Emotionen. Heidelberg/Berlin 1999, S. 294–312

**Kounin, J.:** Techniken der Klassenführung. Bern/Stuttgart 1976

**Krappmann, L.:** Soziologische Dimensionen der Identität. Stuttgart 1988[7]

**Krell, G.:** Welche Bedeutung haben emotionale Kompetenzen im Arbeitsleben? In: Salisch, M. von (Hrsg.): Emotionale Kompetenz entwickeln. Grundlagen in Kindheit und Jugend. Stuttgart 2002, S. 73–89

**Krell, G. & R. Weiskopf:** Leidenschaften als Organisationsproblem. In: Schreyögg, G. & J. Sydow (Hrsg.): Emotionen und Management. Wiesbaden 2001, S. 1–46

**Krey, H.:** Ekel ist okay. Ein Lern- und Lehrbuch zum Umgang mit Emotionen in Pflegeausbildung und Pflegealltag. Hannover 2003

**Krohne, H. W:** Angst und Angstbewältigung. Stuttgart/Berlin/Köln 1996

**Kunert, H.:** Zur emotionalen Fundierung von Denken und Handeln. In: Klika, E. & V. Schubert (Hrsg.): Bildung und Gefühl. Baltmannsweiler 2004, S. 65–77

**Kutschera, F. von:** Ästhetik. 2. Aufl. Berlin 1998

**Kutter, P.:** Liebe, Hass, Neid, Eifersucht. Eine Psychoanalyse der Leidenschaften. Göttingen/Zürich 1994

**Kuwan, H. u. a.:** Berichtssystem Weiterbildung VIII. Integrierter Gesamtbericht zur Weiterbildungssituation in Deutschland. Hrsg. vom Bundesministerium für Bildung und Forschung. Bonn 2003

**Kuwan, H. & F. Thebis:** Berichtssystem Weiterbildung VIII: erste Ergebnisse der Repräsentativbefragung zur Weiterbildungssituation in Deutschland. Hrsg. vom Bundesministerium für Bildung und Forschung. Bonn 2001

**Kuwan, H. & F. Thebis:** Berichtssystem Weiterbildung IX: Ergebnisse der Repräsentativbefragung zur Weiterbildungssituation in Deutschland. Hrsg. vom Bundesministerium für Bildung und Forschung. Bonn/Berlin 2005

**Landau, T.:** Von Angesicht zu Angesicht. Heidelberg/Berlin/Oxford 1993

**Langewand, A.:** Bildung. In: Lenzen, D. (Hrsg.): Erziehungswissenschaft. Ein Grundkurs. Reinbek bei Hamburg 1994, S. 69–98

**Laucken, U.:** Denkformen der Psychologie. Dargestellt am Entwurf einer Logographie der Gefühle. Bern/Stuttgart/Toronto 1989

**Laucken, U.:** Explikation der umgangssprachlichen Bedeutung des Begriffs Vertrauen und ihre lebenspraktische Verwendung als semantisches Ordnungspotential. In: Dernbach, B. & M. Meyer (Hrsg.): Vertrauen und Glaubwürdigkeit. Wiesbaden 2005, S. 94–120

**Laux, L. & H. Weber:** Emotionsbewältigung und Selbstdarstellung. Stuttgart/Berlin/Köln 1993

**Lazarus, R. S., Averill, J. R. & E. M. Opton:** Ansatz zu einer kognitiven Gefühlstheorie. In: Birbaumer, N. (Hrsg.): Psychophysiologie der Angst. München 1977, S. 182–207

**LeDoux, J.:** Das Netz der Gefühle. Wie Emotionen entstehen. München 2001, 2003[2]

**Lenzen, D.:** Lösen die Begriffe Selbstorganisation, Autopoiesis und Emergenz den Bildungsbegriff ab? Niklas Luhmann zum 70. Geburtstag. In: Zeitschrift für Pädagogik, 43 (1997) 6, S. 949–967

**Lenzen, D.:** Stichwort: Gerechtigkeit und Erziehung. In: Zeitschrift für Erziehungswissenschaften, 1 (1998) 3, S. 323–339

**Lenzen, D.:** Orientierung Erziehungswissenschaft. Reinbek bei Hamburg 1999

**Liessmann, K. P.:** Theorie der Unbildung. Die Irrtümer der Wissensgesellschaft. Wien 2006

**Loewald, H. W.:** Transference-Countertransference. In: Journal of the American Psychoanalytic Association, 34 (1986), pp. 275–287

**Löwe, W.:** Einführung in die Lernpsychologie des Erwachsenenalters. Berlin 1971

**Löwe, H., Lehr, U. & J. Birren (Hrsg.):** Psychologische Probleme des Erwachsenenalters. Bern/Stuttgart/Wien 1983

**Luczak, H.:** Das „zweite Gehirn". In: GEO (2000) 11, S. 136–162

**Ludwig, J.:** Subjektperspektiven in neueren Lernbegriffen. In: Zeitschrift für Pädagogik, 45 (1999) 5, S. 667–682

**Ludwig, J.:** Lernende verstehen. Bielefeld 2000

**Ludwig, J.:** Modelle subjektorientierter Didaktik. In: Report. Literatur- und Forschungsreport Weiterbildung, 28 (2005) 1, S. 75–80

**Luhmann, N.:** Ökologische Kommunikation. Kann die moderne Gesellschaft sich auf ökologische Gefährdungen einstellen? Opladen 19882

**Luhmann, N.:** Einführung in die Systemtheorie. Hrsg. von D. Baecker. Heidelberg 2002

**Lundgreen, P.:** Das Bildungsverhalten höherer Schüler während der akademischen Überfüllungskrise der 1880er und 1890er Jahre in Preußen. In: Zeitschrift für Pädagogik, 27 (1981) 2, S. 225–244

**Lundgreen, P.:** Bildung und Bürgertum. In: Lundgreen, P. (Hrsg.): Sozial- und Kulturgeschichte des Bürgertums. Eine Bilanz des Bielefelder Sonderforschungsbereichs (1986–1997). Göttingen 2000, S. 173–194

**Macha, H.:** Emotionale Erziehung. Ein erziehungsphilosophischer Beitrag zur Individualitätsentwicklung. Frankfurt am Main/Bern/New York 1984 (Erziehungsphilosophie; Bd. 3)

**Mader, W.:** Unbewusste psychodynamische Lernbedingungen. In: GdW-Ph 5 (März 1991), 5.70, S. 1–22

**Mader, W.:** Emotionalität und Individualität im Alter – Biographische Aspekte des Alterns. In: Kade, S. (Hrsg.): Individualisierung und Älterwerden. Bad Heilbrunn 1994, S. 95–114

**Mader, W.:** Lebenslanges Lernen oder die lebenslange Wirksamkeit von emotionalen Orientierungssystemen. In: Report. Literatur- und Forschungsreport Weiterbildung, (1997a) 39, S. 88–100

**Mader, W.:** Von der zerbrochenen Einheit des Lehrens und Lernens. In: Nuissl E. u. a. (Hrsg.): Pluralisierung des Lehrens und Lernens. Bad Heilbrunn 1997b, S. 61–88

**Mader, W.:** Emotionalität und Erzählung im didaktischen Prozess. In: Arnold, R. u. a. (Hrsg.): Lehren und Lernen im Modus der Auslegung. Baltmannsweiler 1998, S. 114–130

**Mandl, H., Gruber, H. & A. Renkl:** Lernen und Lehren mit dem Computer. In: Weinert, R. & H. Mandl (Hrsg.): Psychologie der Erwachsenenbildung. Göttingen 1997

**Mandl, H. & G. L. Huber (Hrsg.):** Emotion und Kognition. München/Wien/Baltimore 1983

**Markl, H.:** Gehirn und Geist: Biologie und Psychologie auf der Suche nach dem ganzen Menschen. In: Psychologische Rundschau, 56 (2005) 1, S. 20–35

**Margraf-Stiksrud. J.:** Leistung und Angst – Leistungen über Angst? In: Zeitschrift für Pädagogische Psychologie, 3 (1989) 1, S. 57–65

**Markowitsch, H. J.:** Neuropsychologie des Gedächtnisses. Göttingen 1992

**Markowitsch, H. J.:** Spektrum der Wissenschaft. Digest: Rätsel Gehirn. Heidelberg 2002

**Marotzki, W.:** Bildungsprozesse in lebensgeschichtlichen Horizonten. In: Hoerning, E. M. u.a. (Hrsg.): Biographieforschung und Erwachsenenbildung. Bad Heilbrunn 1991, S. 182–205

**Marotzki, W.:** Bildungstheorie und Allgemeine Biographieforschung. In: Krüger, H.-H. & W. Marotzki (Hrsg.): Handbuch erziehungswissenschaftliche Biographieforschung. Opladen 1999, S. 57–68

**Maturana, H. R.:** Bewusstsein findet nicht im Gehirn statt. In: Psychologie heute (1994) 2, S. 44–46

**Maturana, H. R.:** Biologie der Realität. Frankfurt am Main 1998

**Maturana, H. R. & F. J. Varela:** Der Baum der Erkenntnis. Die biologischen Wurzeln des menschlichen Erkennens. Bern u. a. 1984, 1987[3]

**Mayer, T.:** Emotionen und Informationsverarbeitungsmodi: die Anregung zweier Informationsverarbeitungsmodi durch die Basisemotionen Angst und Freude und deren Einfluss auf evaluative Urteile. Frankfurt am Main u. a. 1993

**McDougall, W.:** The energies of men. A study of the fundamentals of dynamic psychology. New York 1933

**Mechsner, F.:** Wie frei ist unser Wille? In: GEO (2003) 1, S. 65–94

**Medick, H. & D. Sabean (Hrsg.):** Emotionen und materielle Interessen. Göttingen 1984

**Medizinische Psychologie,** 6 (1980) 1/2, Themenheft: Emotionsforschung

**Mechsner, F.:** Die Sprache der Gefühle. In: GEO (2006) 8, S. 101–128

**Meermann, R.:** Angst. Orientierungshilfen für die Praxis. Münster 1988

**Mees, U.:** Die Struktur der Emotionen. Göttingen/Toronto/Zürich 1991

**Mess, U. (Hrsg.):** Psychologie des Ärgers. Göttingen/Toronto/Zürich 1992

**Meier, A. u. a.:** Weiterbildungsnutzen. Über beabsichtigte und nicht beabsichtigte Effekte von Fortbildung und Umschulung. Berlin 1998

**Meier-Seethaler, C.:** Gefühl und Urteilskraft: Plädoyer für die emotionale Vernunft. 3. durchges. Aufl. München 2001

**Meissner, F., Pfahl, S. & P. Wotschack:** Dienstleistung ohne Ende? Die Folgen der verlängerten Ladenöffnung. Berlin 2000

**Mentzos, S.:** Interpersonale und institutionalisierte Abwehr. Frankfurt am Main 1988

**Meueler, E.:** Wie aus Schwäche Stärke wird. Vom Umgang mit Lebenskrisen. Reinbek bei Hamburg 1987

**Meueler, E.:** Die Türen des Käfigs. Wege zum Subjekt in der Erwachsenenpädagogik. Stuttgart 1993

**Meyer, W.-U., Schützwohl, A. & R. Reisenzein:** Einführung in die Emotionspsychologie. Bern u.a. 1993

**Mietzel, G.:** Psychologie in Unterricht und Erziehung. Göttingen u. a. 1993[4]

**Miller-Kipp, G.:** Eine technische Auffassung der Natur des Menschen wird von der Gehirnbiologie nicht unterschrieben. Zur kritischen Gemeinsamkeit zwischen kognitiver Neurobiologie und pädagogischer Anthropologie. In: Liebau, E., Peskoller, H. & C. Wulf (Hrsg.): Natur. Pädagogisch-anthropologische Perspektiven. Weinheim/Basel/Berlin 2003, S. 161–179

**Mittelstaedt, I.:** Mobbing und Emotionen. Aspekte einer Organisationssoziologie. München/Mering 1998

**Montada, L.:** Mediation in Personalkonflikten – Beiträge der Konflikt- und Gerechtigkeitsforschung. In: Arentewicz, G. & A. Fleissner (Hrsg.): Arbeitsplatzkonflikte. Mobbing als Psychoterror am Arbeitsplatz. Ursachen, Folgen und Formen der Hilfe. Frankfurt am Main 2003, S. 377–395

**Montada, L.:** Bildung der Gefühle? In: Zeitschrift für Pädagogik, 35 (1989) 3, S. 293–312

**Montada, L. (Hrsg.):** Brennpunkte der Entwicklungspsychologie. Stuttgart u. a. 1979

**Morris, D. B.:** Krankheit und Kultur. Plädoyer für ein neues Körperverständnis. München 2000

**Moser, T.:** Grammatik der Gefühle. Mutmaßungen über die ersten Lebensjahre. Frankfurt am Main 1979

**Müller, A.:** Weiterbildungsberatung. Qualitative Analyse von Interaktions- und Prozessverläufen situativer und biographieorientierter Weiterbildungsberatungsgespräche. Berlin 2005

**Müller, A.:** Kein Lernen ohne Beziehung. Wer fit sein will für sein Leben, ist mithin lernfähig, lernfreudig. Spirit of Learning. Beatenberg 2003

**Müller, S.:** Schlangen in Nadelstreifen. In: Geist & Gehirn (2005) 3, S. 22–27

**Negt, O.:** Kältestrom. Göttingen 1994

**Nerdinger, F. W.:** Zur Psychologie der Dienstleistung. Theoretische und empirische Studien zu einem wirtschaftspsychologischen Forschungsgebiet. Stuttgart 1994

**Nerdinger, F. W.:** Motivierung. In: Schuler, H. (Hrsg.): Lehrbuch der Personalpsychologie. Göttingen u. a. 2001, S. 349–371

**Nittel, D.:** Gefühlsarbeit als Erkenntnisquelle. In: Arnold, R. u. a. (Hrsg.): Lehren und Lernen im Modus der Auslegung. Baltmannsweiler 1998, S. 24–68

**Neuweg, G. H.:** Könnerschaft und implizites Wissen. Zur lehr-lerntheoretischen Bedeutung der Erkenntnis- und Wissenstheorie Michael Polanyis. Münster u. a. 2001

**Newton, T. (Ed.):** „Managing" stress. Emotion and power at work. London/Thousand Oaks/New Delhi 1995

**Nolda, S.:** Das Konzept der Wissensgesellschaft und seine (mögliche) Bedeutung für die Erwachsenenbildung. In: Wittpoth, J. (Hrsg.): Erwachsenenbildung und Zeitdiagnose. Theoriebeobachtungen. Bielefeld 2001a, S. 91–117

**Nolda, S.:** Vom Verschwinden des Wissens in der Erwachsenenbildung. In: Zeitschrift für Pädagogik, 47 (2001b) 1, S. 101–120

**Nuber, U.:** Die gesunde Leichtigkeit des Seins. In: Psychologie heute, 29 (2002) 12, S. 20–27

**Nuissl E. u. a. (Hrsg.):** Pluralisierung des Lehrens und Lernens. Bad Heilbrunn 1997

**Nussbaum, M. C.:** Upheavals of thought. The intelligence of emotions. Cambridge 2001

**Nussbaum, M. C.:** Der aristotelische Sozialdemokratismus. In: Gerechtigkeit oder Das gute Leben. Hrsg. von H. Pauer-Studer. Frankfurt am Main 1999, S. 24–85

**Nussbaum, M. C.:** Konstruktion der Liebe, des Begehrens und der Fürsorge. Drei philosophische Aufsätze. Stuttgart 2002

**Obuchowski, K.:** Orientierung und Emotion. Berlin 1982

**Oerter, R. (Hrsg.):** Entwicklung als lebenslanger Prozess. Hamburg 1978

**Oerter, R. & L. Montada (Hrsg.):** Entwicklungspsychologie. 3. vollständ. überarb. und erw. Aufl. Weinheim 1995

**Olbrich, C.:** Pflegekompetenz. Berlin u. a. 1999

**Olechowski, R.:** Das alternde Gedächtnis. Lernleistung und Lernmotivation Erwachsener – Ein Beitrag zur andragogischen Grundlagenforschung. Bern/Stuttgart/Wien 1969

**Ortmann, G.:** Emotion und Entscheidung. In: Schreyögg, G. & J. Sydow (Hrsg.): Emotionen und Management. Wiesbaden 2001, S. 277–323

**Osho:** Emotionen. Frei von Angst, Eifersucht, Wut. München 2000

**Osterkamp, U. (Hrsg.):** Themenheft: Gefühle/Emotionen, Gramsci: Perspektiven für Psychologie und soziale Arbeit. Hamburg 1999 (Forum Kritische Psychologie; Bd. 40)

**Osterkamp, U.:** Zum Problem der Gesellschaftlichkeit und Rationalität der Gefühle/Emotionen. In: Forum Kritische Psychologie 40 / hrsg. von U. Osterkamp. Themenheft: Gefühle/Emotionen, Gramsci: Perspektiven für Psychologie und soziale Arbeit. Hamburg 1999, S. 3–49

**Otto, S.:** Negativität als Bildungsanlass? Pilotstudie über negative Gefühle. Magisterabschlussarbeit. Berlin: Humboldt-Universität, 2005 (Erwachsenenpädagogischer Report; Bd. 8)

**Overlander, G.:** Die Last des Mitfühlens. Aspekte der Gefühlsregulierung in sozialen Berufen am Beispiel der Krankenpflege. Frankfurt am Main 1994, 1996[2]

**Overmann, M.:** Emotionales Lernen: Sentio, ergo cognosco. http://home.t-online.de/home/Wendt-michael/Seiten/Overman3.htm (2002-11-04)

**Pätzold, G. & M. Lang:** Lernkulturen im Wandel. Didaktische Konzepte für eine wissensbasierte Organisation. Bielefeld 1999

**Panse, W. & W. Stegmann:** Kostenfaktor Angst. Landsberg/Lech 1997[2]

**Papoušek, H. & M. Papoušek:** Symbolbildung, Emotionsregulation und soziale Interaktion. In: Friedlmeier, W. & J. Holodynski (Hrsg.): Emotionale Entwicklung. Funktion, Regulation und soziokultureller Kontext von Emotionen. Heidelberg/Berlin 1999, S. 135–155

**Paprotka, A.:** Schwierige Führungssituationen: Mit „Low Performance" umgehen. In: Personalführung (2003) 6, S. 34–36

**Parkinson, B.:** Emotion: In: Colman, A. M. (Ed.): Companion encyclopedia of psychology. Vol. 1. London 1994, S. 485–505

**Pauen, S.:** Zeitfenster der Gehirn- und Verhaltensentwicklung: Modethema oder Klassiker? In: Zeitschrift für Pädagogik, 50 (2004) 4, S. 521–530

**Pekrun, R.:** Emotion, Motivation und Persönlichkeit. München/Wien 1988

**Pekrun, R.:** Prüfungsangst und Schulleistung: Eine Längsschnittanalyse. In: Zeitschrift für Pädagogische Psychologie, 5 (1991) 5, S. 99–109

**Pekrun, R.:** Themenschwerpunkt „Lernmotivation": Einführung. In: Zeitschrift für Pädagogische Psychologie, 7 (1993) 2/3, S. 71–76

**Pekrun, R.:** Emotionen beim Lernen und Leisten. http://paedpsych.jk.uni-linz.ac.at:4711/LEHRTEXTE/Pekrun96.html (2006-10-27)

**Pekrun, R.:** Sozialisation von Leistungsemotionen: Eine kritische Literaturübersicht und ein sozialkognitives Entwicklungsmodell. In: Zeitschrift für Soziologie der Erziehung und Sozialisation, 19 (1999) 1, S. 20–34

**Pekrun, R., Hochstadt, M. & K. Kramer:** Prüfungsemotionen, Lernen und Leistung. In: Spiel, C. u. a. (Hrsg.): Motivation und Lernen aus der Perspektive lebenslanger Entwicklung. Münster u. a. 1996

**Pekrun, R. & H. Hofmann:** Lern- und Leistungsemotionen: Erste Befunde eines Forschungsprogramms. In: Jerusalem, M. & R. Pekrun (Hrsg.). Emotion, Motivation und Leistung. Göttingen u. a. 1999, S. 247–267

**Pekrun, R. & U. Schiefele:** Emotions- und motivationspsychologische Bedingungen der Lernleistung. In: Weinert, E. (Hrsg.): Psychologie des Lernens und der Instruktion. Göttingen u. a. 1996, S. 153–180 (Enzyklopädie der Psychologie; Bd. 2)

**Perrar, K. M.:** Zum Verhältnis von Burnout und psychischem Stress in der Krankenpflege. Dissertation. Aachen 1995

**Peters, S.:** Effekte der Dienstleistungsentwicklung auf die Qualifikation. In: GdW-Ph 40 (November 2000), Nr. 5.220, S. 1–18

**Peukert, H.:** Bildung als Wahrnehmung des Anderen. Der Dialog im Bildungsdenken der Moderne. In: Lohmann, I. & W. Weiße: Dialog zwischen den Kulturen: erziehungshistorische und religionspädagogische Gesichtspunkte interkultureller Bildung. Münster/New York 1994, S. 1–14

**Peukert, H.:** Zur Neubestimmung des Bildungsbegriffs. In: Meyer, M. A. & A. Reinartz (Hrsg.): Bildungsgangdidaktik. Denkanstöße für pädagogische Forschung und schulische Praxis. Opladen 1998, S. 17–29

**Peukert, H.:** Reflexionen über die Zukunft von Bildung. In: Zeitschrift für Pädagogik, 46 (2000) 4, S. 507–524

**Pongratz, L. A.:** Untiefen im Mainstream. Zur Kritik konstruktivistisch-systemtheoretischer Pädagogik. Wetzlar 2005

**Popper, K. R. & J. C. Eccles:** Das Ich und sein Gehirn. München/Zürich 2002

**Preiß, K.:** Management der Gefühle. Emotionen verstehen – Emotionen nutzen. Frankfurt am Main 1997

**Prokop, U.:** Die Konstruktion der idealen Frau. Zu einigen Szenen aus den „Bekenntnissen" des Jean-Jacques Rousseau. In: Feministische Studien, 7 (1989) 1, S. 86–96

**Psychologie heute,** 30 (2003) 7. Hrsg. von U. Nuber, A. Huber und T. Saum-Aldehoff, Weinheim

**Putnam, L. & D. K. Mumby:** Organizations, emotion and the myth of rationality. In: Fineman, S. (Ed.): Emotion in organizations. London/Thousand Oaks/New Delhi 1993, pp. 36–57

**Rachmann, S.:** Angst. Diagnose, Klassifikation und Therapie. Bern u. a. 2000

**Rang, A.:** „Ja, aber". Reaktionen auf den Nationalsozialismus in der Zeitschrift „Die Erziehung" im Frühjahr 1933. In: Otto, H.-U. & H. Sünker (Hrsg.): Soziale Arbeit und Faschismus. Frankfurt 1989, S. 250–272

**Rang, A. & B. Rang-Dudzik:** Elemente einer historischen Kritik der gegenwärtigen Reformpädagogik. Zur Alternativlosigkeit der westdeutschen Alternativschulkonzepte. In: Argument – Sonderband, 1 (1978) 21, S. 6–62

**Rang-Dudzik, B.:** Pädagogischer Subjektivismus und objektive Notwendigkeit. Zur Kritik an der Reformpädagogik in der SBZ und der früheren DDR (1947–1956). In: Reformpädagogik und Berufspädagogik. Berlin (Argument) 1978, S. 87–116

**Rastetter, D.:** Emotionsarbeit. Stand der Forschung und offene Fragen. In: Arbeit, 8 (1999a) 4, S. 374–388

**Rastetter, D.:** Den Umgang mit Emotionen lernen. Weiterbildung für Arbeitnehmer im Dienstleistungsbereich. In: GdWZ, 10 (1999b) 2, S. 84–86

**Rastetter, D.:** Emotionsarbeit – Betriebliche Steuerung und individuelles Erleben. In: Schreyögg, G. & J. Sydow (Hrsg.): Emotionen und Management. Wiesbaden 2001, S. 111–134

**Ratner, C.:** Eine kulturpsychologische Analyse der Emotionen. In: Friedlmeier, W. & J. Holodynski (Hrsg.): Emotionale Entwicklung. Funktion, Regulation und soziokultureller Kontext von Emotionen. Heidelberg/Berlin 1999, S. 243–258

**Reimann, P.:** Lernprozesse beim Wissenserwerb aus Beispielen. Bern u. a. 1997

**Report.** Literatur- und Forschungsreport Weiterbildung, 26 (2003) 3, Thema: Gehirn und Lernen

**Reischmann, J.:** Lernen „en passant" – die vergessene Dimension. In: GdWZ, 6 (1995), 4, S. 200–204

**Rheinberg, F. & D. Donkopf:** Lernmotivation und Lernaktivität: Eine modellgeleitete Erkundungsstudie. In: Zeitschrift für Pädagogische Psychologie, 7 (1993) 2/3, S. 117–123

**Riemann, F.:** Grundformen der Angst. Eine tiefenpsychologische Studie. München/Basel 1999

**Rittelmeyer, C.:** Warum „Lernen mit allen Sinnen"? In: Bildung und Erziehung, 54 (2001) 2, S. 193–206

**Robak, S.:** Management in Weiterbildungsinstitutionen. Hamburg 2004

**Rößer, B.:** Die Kommerzialisierung von Gefühlen im Kontext betrieblicher Personalentwicklung – Thesen zur Genese der Konvergenzproduktion. In: Harteis, C., Heid, H. & S. Kraft (Hrsg.): Kompendium Weiterbildung. Opladen 2000, S. 235–245

**Roether, D., Juhl, H.-H. & M. Schöpp:** Emotionale Befindlichkeit und Lernverhalten im Erwachsenenalter. In: Zeitschrift für Psychologie, Bd. 189 (1981) 3, S. 289–305

**Rogers, C. R.:** Entwicklung der Persönlichkeit. Stuttgart 1985

**Rogers, C. R.:** Die nicht-direktive Beratung. Counceling and Psychotherapy. Frankfurt am Main 1985, 1994

**Rogers, C. R.:** Eine Theorie der Psychotherapie, der Persönlichkeit und der zwischenmenschlichen Beziehungen. Köln 1987

**Rosenstiel, L. von:** Die Bedeutung von Arbeit. In: Schuler, H. (Hrsg.): Lehrbuch der Personalpsychologie. Göttingen u. a. 2001, S. 15–42

**Rost, W.:** Emotionen. Elixiere des Lebens. Berlin u. a. 1990

**Rost, D. H. & F. J. Schermer:** Leistungsängstlichkeit. In: Rost, D. H. (Hrsg.): Handwörterbuch Pädagogische Psychologie. Weinheim 1998, S. 298–304

**Roth, E. (Hrsg.):** Denken und Fühlen. Aspekte kognitiv-emotionaler Wechselwirkung. Berlin u. a. 1989 (Lehr- und Forschungstexte Psychologie; Bd. 32)

**Roth, G.:** Das Gehirn und seine Wirklichkeit. Kognitive Neurobiologie und ihre philosophischen Konsequenzen. Frankfurt am Main 1994, 1996, 1997

**Roth, G.:** Fühlen, Denken, Handeln. Wie das Gehirn unser Verhalten steuert. Frankfurt am Main 2001

**Roth, G.:** „90 Prozent sind unbewusst". In: Psychologie heute (2002) Februar, S. 44–47

**Roth, G.:** Wozu ist das Ich nütze. In: Psychologie heute (2002) Februar, S. 48–49

**Roth, G.:** Aus Sicht des Gehirns. Frankfurt am Main 2003

**Roth, G.:** Vernunft ohne jedes Gefühl? Abschied von einem Mythos. In: Personalführung (2004a) 4, S. 18–25

**Roth, G.:** Warum sind Lehren und Lernen so schwierig? In: Zeitschrift für Pädagogik, 50 (2004b) 4, S. 496–596

**Roth, H.-J.:** Narzissmus. Selbstwerdung zwischen Destruktion und Produktivität. Weinheim/München 1990

**Roth, S.:** Emotionen im Visier: Neue Wege des Chance Managements. In: OrganisationsEntwicklung (2000) 2, S. 14–21

**Rousseau, J. J.:** Emil oder über die Erziehung. Paderborn 1995

**Rousseau, J. J.:** Emile und Sophie oder Die Einsamen. Düsseldorf/Zürich 1997[2]

**Ruhloff, J.:** Versuch über das Neue in der Bildungstheorie. In: Zeitschrift für Pädagogik, 44 (1998) 3, S. 411–423

**Russel, B.:** The conquest of happiness. London 1978

**Russell, B.:** Eroberung des Glücks. Neue Wege zu einer besseren Lebensgestaltung. Baden-Baden 2005

**Russell, M.:** Harmonie lehren. In: management & training (2004) 2, S. 36–37

**Saarni, C.:** Die Entwicklung von emotionaler Kompetenz in Beziehungen. In: Salisch, M. von (Hrsg.): Emotionale Kompetenz entwickeln. Grundlagen in Kindheit und Jugend. Stuttgart 2002, S. 3–30

**Sachser, N.:** Neugier, Spiel und Lernen: Verhaltensbiologische Anmerkungen zur Kindheit. In: Zeitschrift für Pädagogik, 50 (2004) 4, S. 475–486

**Salisch, M. von (Hrsg.):** Emotionale Kompetenz entwickeln. Grundlagen in Kindheit und Jugend. Stuttgart 2002

**Salovey, P., Hsee, C. K. & J. D. Mayer:** Emotional intelligence and the self-regulation of affect. In: Wegner, D. M. & J. W. Pennebaker (Eds.): Handbook of mental control. London 1993, pp. 258–277

**Salzberger-Wittenberg, I., Henry-Williams, G. & E. Osborne:** Die Pädagogik der Gefühle. Emotionale Erfahrungen beim Lernen und Lehren. Wien 1997

**Sassor, A.:** Erkenntnis und Emotionalität in der politischen Jugendbildungsarbeit. Pfaffenweiler 1987

**Sauermann, A.:** Kontinuität von Emotionen im Lebenslauf. Manuskript. Bremen: Universität, 1993

**Sauermann-Künzel, A.:** Altern im Fokus emotionaler Kontinuität. Eine qualitative Untersuchung lebenslanger emotionaler Orientierungslinien aus biographischer Sicht. Dissertation. Bremen 1996

**Saum-Aldehoff, T.:** Wer unter Dampf steht, lebt gefährlich. In: Psychologie heute, 29 (2002) 12, S. 28–33

**Saum-Aldehoff, T.:** Wie wir mit Stimmungen die Psyche färben. In: Psychologie heute, 29 (2002) 4, S. 62–71

**Saum-Aldehoff, T.:** Emotionale Achtsamkeit. In: Psychologie heute, 30 (2003) 10, S. 67–69

**Savage, J.:** Nursing intimacy. An ethnographic approach to nurse-patient-interaction. London 1995

**Schachter, S. & J. E. Singer:** Cognitive, social and physiological determinantes of emotional states. In: Psychological Review, 69 (1962), pp. 379–399

**Schäffter, O.:** Irritation als Lernanlass. Bildung zwischen Helfen, Heilen und Lehren. In: Krüger, H. H. u. a. (Hrsg.): Bildung zwischen Markt und Staat. Opladen 1997, S. 691–708

**Schäffter, O.:** Weiterbildung in der Transformationsgesellschaft. Berlin 1998

**Schäffter, O.:** Lernen im Lebenslauf. Zum Verhältnis zwischen einer humanontogenetischen Perspektive und einer pädagogischen Theorie lebensbegleitenden Lernens. Manuskript 10/2000

**Schäffter, O.:** Weiterbildung in der Transformationsgesellschaft. Zur Grundlegung einer Theorie der Institutionalisierung. Baltmannsweiler 2001 (Grundlagen der Berufs- und Erwachsenenbildung; Bd. 25)

**Schallberger, U. & R. Pfister:** Flow-Erleben in Arbeit und Freizeit. In: Zeitschrift für Arbeits- und Organisationspsychologie, 45 (2001) 4, S. 176–187

**Schaub, M.:** Psychologie für die Pflegeberufe. Berlin u. a. 1994

**Schaub, M.:** Psychologie, Soziologie und Pädagogik für die Pflegeberufe. 2., völlig überarb. und erw. Aufl. Berlin u. a. 2001

**Scheler, M.:** Die Formen des Wissens und die Bildung. In: Scheler, M.: Späte Schriften. Bonn 1995

**Scheler, M.:** Grammatik der Gefühle. Das Emotionale als Grundlage der Ethik. München 2000

**Schelp, T. & L. Kemmler:** Emotion und Psychotherapie. Bern/Stuttgart/Toronto 1988

**Schiefele, H.:** Handeln aus Interesse: Versuch einer erziehungswissenschaftlichen Konzeption. In: Kasten, H. & W. Einsiedler, W. (Hrsg.): Aspekte einer pädagogisch-psychologischen Interessentheorie. München 1981, S. 30–49

**Schiefele, U., Krapp, A. & I. Schreyer:** Metaanalyse des Zusammenhangs von Interesse und schulischer Leistung. In: Zeitschrift für Entwicklungspsychologie und Pädagogische Psychologie, Band 25 (1993) 2, S. 120–148

**Schiefele, U. & A. Winteler:** Interesse – Lernen – Leistung. Eine Übersicht über theoretische Konzepte, Erfassungsmethoden und Ergebnisse der Forschung. München 1988 (Gelbe Reihe. Arbeiten zur Empirischen Pädagogik und Pädagogische Psychologie, Nr. 14)

**Schiller, F.:** Schriften zur Kunst und Philosophie. 7. Band. Sanssouci-Ausgabe. Potsdam und Berlin o. J., S. 219

**Schiller, F.:** Über die ästhetische Erziehung des Menschen in einer Reihe von Briefen. Hrsg. von K. L. Berghahn. Stuttgart 2000

**Schiller-Stutz, K.:** Systemische Betrachtungsweise und Lösungsansätze bei psychosozialem Stress und Mobbing am Arbeitsplatz. In: Arentewicz, G. & A. Fleissner (Hrsg.): Arbeitsplatzkonflikte. Mobbing als Psychoterror am Arbeitsplatz. Ursachen, Folgen und Formen der Hilfe. Frankfurt am Main 2003, S. 431–445

**Schleiermacher, F. D. E.:** Ausgewählte pädagogische Schriften. Hrsg. von E. Weniger und T. Schulze. 1. Bd. Düsseldorf/München 1982

**Schlutz, E.:** Dienstleistung oder Selbstbedienung? Zum Aufgaben- und Ideologiewandel in der Weiterbildung. In: Brödel, R. (Hrsg.): Weiterbildung als Netzwerk des Lernens. Bielefeld 2004, S. 125–140

**Schmid, M.:** Soziologische Handlungstheorie – Probleme der Modellbildung. In: Balog, A. & M. Gabriel. M. (Hrsg.): Soziologische Handlungstheorie. Einheit oder Vielfalt. Wiesbaden 1998, S. 55–103

**Schmid, W.:** Philosophie der Lebenskunst. Frankfurt am Main 1998, 1999

**Schmidbauer, W.:** „Du verstehst mich nicht!" Zur Semantik der Geschlechter. Hamburg 1991

**Schmidt, S.:** Die Zähmung des Blicks. Frankfurt am Main 1998

**Schmidt-Atzert, L.:** Die verbale Kommunikation von Emotionen. Unveröff. Dissertation. Gießen 1980

**Schmidt-Atzert, L.:** Lehrbuch der Emotionspsychologie. Stuttgart/Berlin/Köln 1996

**Schmitz, H.:** Leib und Gefühl. Materialien zu einer philosophischen Therapeutik. Paderborn 1992

**Schmitz, H.:** Die Liebe. Bonn 1993

**Schmitz, H.:** Der Leib, der Raum und die Gefühle. Ostfildern vor Stuttgart 1998

**Schmitz, H.:** Die Verwaltung der Gefühle in Theorie, Macht und Phantasie. In: Benthien, C., Fleig, A. & I. Kasten (Hrsg.): Emotionalität. Zur Geschichte der Gefühle. Köln/Weimar/Wien 2000, S. 42–59

**Schneider, K.:** Emotionen. In: Spada, H. (Hrsg.): Lehrbuch allgemeine Psychologie. Bern/Stuttgart/ Toronto 1990, S. 403–449

**Schönpflug, W.:** Psychologie: allgemeine Psychologie und ihre Verzweigungen in der Entwicklungs-, Persönlichkeits- und Sozialpsychologie. 3., überarb. Aufl. Weinheim 1995

**Schreyögg, G. & J. Sydow (Hrsg.):** Emotionen und Management. Wiesbaden 2001

**Schubert, V.:** Die pädagogische Atmosphäre revisited. In: Klika, E. & V. Schubert (Hrsg.): Bildung und Gefühl. Baltmannsweiler 2004, S. 107–135

**Schüßler, I.:** Erwachsenenbildung im Modus der Deutung. Eine explorative Studie zum Deutungslernen in der Erwachsenenbildung. Dissertation. Kaiserslautern 1998

**Schüßler, I.:** Deutungslernen – „Ein Bemühen um die Kommunikation von Deutungssystemen" in Lehr-Lern-Prozessen. In: Arnold, R. u.a. (Hrsg.): Lehren und Lernen im Modus der Auslegung. Baltmannsweiler 1998, S. 88–113

**Schulenberg, W.:** Ansatz und Wirksamkeit der Erwachsenenbildung. Hildesheim 1957

**Schuler, H.:** „Emotionale Intelligenz" – nur ein Etikettenschwindel? In: Personalführung (2002) 12, S. 62–67

**Schumann, R. & F. Stimmer (Hrsg.):** Soziologie der Gefühle. Zur Rationalität und Emotionalität sozialen Handelns. München 1987 (Soziologenkorrespondenz; Bd. 12)

**Schwab, R.:** Einsamkeit. Bern u. a. 1997

**Schwarz, J.:** Meditating on the costs of success. In: The New York Times (2004-09-13), S. 1–2

**Schwarz, N.:** Stimmung als Information. Untersuchungen zum Einfluss von Stimmungen auf die Bewertung des eigenen Lebens. Berlin u. a. 1987 (Lehr- und Forschungstexte Psychologie; 24)

**Schwarzer, R.:** Angst und Furcht. In: Euler, H. A. & H. Mandl: Emotionspsychologie. Ein Handbuch in Schlüsselbegriffen. München/Wien/Baltimore 1983, S. 147–156

**Schwarzer, R.:** Angst. In: Sarges, W. & R. Fricke (Hrsg.): Psychologie für die Erwachsenenbildung. Göttingen 1986, S. 49–54

**Schwarzer, R.:** Stress, Angst und Handlungsregulation. Stuttgart/Berlin/Köln 1993³, 2000⁴

**Schwarzer, R. & R. A. Wicklund (Eds.):** Anxiety and self-focused attention. Chur u. a. 1991

**Schwenkmezger, P.:** Angst und Leistungshandeln. In: Trierer Beiträge. Aus Forschung und Lehre an der Universität Trier (1991) 21, S. 28–36

**Schwuchow, K. & J. Gutmann (Hrsg.):** Jahrbuch Personalentwicklung und Weiterbildung 2003. Neuwied 2003

**Sennett, R.:** Autorität. Frankfurt am Main 1990

**Sennett, R.:** Der flexible Mensch. Die Kultur des neuen Kapitalismus. Berlin 1998

**Sennett, R.:** Die Kultur des neuen Kapitalismus. Berlin 2005

**Setz, B.:** Selbstkonzept und Gedächtnisleistung im Alter. Frankfurt am Main u. a. 2003

**Seyrer, Y.:** Der Gefühlsspiegel. Frankfurt am Main u. a. 2003

**Sieben, B.:** Emotionale Intelligenz – Golemans Erfolgskonstrukt auf dem Prüfstand. In: Schreyögg, G. & J. Sydow (Hrsg.): Emotionen und Management. Wiesbaden 2001, S. 135–170

**Siebert, H.:** Didaktisches Handeln in der Erwachsenenbildung. Didaktik aus konstruktivistischer Sicht. Neuwied 1996, 2000

**Siebert, H.:** Konstruktivismus. Konsequenzen für Bildungsmanagement und Seminargestaltung. Frankfurt am Main: DIE, 1998

**Siebert, H.:** Pädagogischer Konstruktivismus. Eine Bilanz der Konstruktivismusdiskussion für die Bildungspraxis. Neuwied 1999

**Siebert, H.:** Selbstgesteuertes Lernen und Lernberatung. Neue Lernkulturen in Zeiten der Postmoderne. Neuwied 2001

**Siebert, H.:** Die bunte Welt des Humors. Komik und Humor, pädagogisch betrachtet. Frankfurt am Main 2003

**Siebers, R.:** Zwischen Normalbiographie und Individualisierungssuche. Empirische Grundlagen für eine Theorie der Biographisierung. Münster/New York 1996

**Sieger, M. (Hrsg.):** Pflegepädagogik. Basel/Bern/Göttingen 2001

**Sloterdijk, P.:** Der Anwalt des Teufels. Niklas Luhmann und der Egoismus der Systeme. In: Sloterdijk, P.: Soziale Systeme, 6 (2000) 1, S. 3–38

**Smith, A.:** Theorie der ethischen Gefühle. Hamburg 1994

**Sombart, N.:** Die deutschen Männer und ihre Feinde. Carl Schmitt – ein deutsches Schicksal zwischen Männerbund und Matriarchatsmythos. München 1991

**Sonnenmoser, M.:** Multiple Intelligenz in der Arbeitswelt. In: Personalführung (2002) 12, S. 57–61

**Sonnenmoser, M.:** Wird „Neurodidaktik" zur pädagogischen Leitdisziplin? In: Personalführung (2004) 4, S. 26–28

**Sonntag, K., Schaper, N. & J. Friebe:** Erfassung und Bewertung von Merkmalen unternehmensbezogener Lernkulturen. In: Kompetenzmessung im Unternehmen. Lernkultur- und Kompetenzanalysen im betrieblichen Umfeld. Hrsg. von der Arbeitsgemeinschaft Betriebliche Weiterbildungsforschung e. V. Münster u. a. 2005, S. 19–339

**Spies, R.:** Führen durch Techniken oder kraft Persönlichkeit? In: Personalführung (2003) 6, S. 30–33

**Spangler, G.:** Frühkindliche Bindungserfahrungen und Emotionsregulation. In: Friedlmeier, W. & J. Holodynski (Hrsg.): Emotionale Entwicklung. Funktion, Regulation und soziokultureller Kontext von Emotionen. Heidelberg/Berlin 1999, S. 176–196

**Sprenger, R. K.:** Vertrauen setzt Wahlfreiheit voraus. Über die „Ökonomie des Vertrauens". In: Personalführung (2002) 12, S. 82–85

**Sroufe, L. A.:** Emotional development: The organization of emotional life in the early years. New York 1996

**Stangl, W.:** Motive und Motivation. www.stangl-taller.at/ARBEITSBLAETTER/MOTIVATION/MotivationModelle.shtml (2002-12-19)

**Stangl, W.:** Emotion. www.stangl-taller.at/ARBEITSBLAETTER/EMOTION/EmotionPsychophysik.shtml (2002-12-19)

**Stangl, W.:** Inhaltsabhängige Gedächtnisformen. www.stangl-taller.at/ARBEITSBLAETTER/GEDAECHTNIS/ModelleInhalt.shtml (2002-12-19)

**Steffgen, G.:** Ärger und Ärgerbewältigung. Münster/New York 1993

**Steger, T.:** Was Metaphern über Gefühle sagen – Ein neuer Zugang zu Emotionen auf der Managementebene. In: Schreyögg, G. & J. Sydow (Hrsg.): Emotionen und Management. Wiesbaden 2001, S. 75–109

**Steiner, C.:** Emotionale Kompetenz. München/Wien 1997, 2001

**Stern, E.:** Wie viel Hirn braucht die Schule? Chancen und Grenzen einer neuropsychologischen Lehr-Lern-Forschung. In: Zeitschrift für Pädagogik, 50 (2004) 4, S. 531–538

**Stern, E.:** Wird „Neurodidaktik" zur pädagogischen Leitdisziplin. In: Personalführung (2004) 4, S. 26–28

**Stern, E. u. a.:** Lehr-Lern-Forschung und Neurowissenschaften: Erwartungen, Befunde und Forschungsperspektiven / hrsg. vom Bundesministerium für Bildung und Forschung. Bonn/Berlin 2005

**Sting, S.:** Die Schriftlichkeit der Bildung. Medienimplikationen im Bildungsdenken von Herbart und Schleiermacher. In: Zeitschrift für Erziehungswissenschaft, 1 (1998) 1, S. 45–60

**Stratmeyer, P.:** Wie fühlt sich ein Fakir auf Nägeln? Empathielernen in der Pflegeausbildung. In: PflegePädagogik (1996) 6, S. 28–41

**Strzelewicz, W., Raapke, H.-D. & W. Schulenberg:** Bildung und gesellschaftliches Bewusstsein. Stuttgart 1966; gekürzte Taschenbuchausgabe 1973

**Swenson, M. J. & G. Link:** Relationship selling: New challenges for today's salesperson. In: Bauer, G. J. et al. (Eds.): Emerging trends in sales thought and practice. Westport/Connecticut 1998, pp. 11–30

**Tebbe, C.:** Erfolgsfaktoren des persönlichen Verkaufsgespräches. Adaptives Verkaufen im Kundenkontakt. Frankfurt am Main 2000

**Temme, G.-M.:** Über die subjektive Bedeutung von Arbeit und die Konsequenzen für das Konstrukt Arbeitszufriedenheit. Unveröff. Diplomarbeit, Fachbereich Psychologie. Münster: Universität, 1993

**Temme, G. & U. Tränkle:** Arbeitsemotionen. Ein vernachlässigter Aspekt in der Arbeitszufriedenheitsforschung. In: Arbeit, 5 (1996) 3, S. 275–297

**Tenorth, H.-E.:** „Vom Menschen" – Historische, pädagogische und andere Perspektiven einer „Anthropologie" der Erziehung. In: Zeitschrift für Pädagogik, 46 (2000) 6, S. 905–925

**Tenorth, H.-E.:** Zynismus – oder das letzte Wort der Pädagogik. In: Zeitschrift für Pädagogik, 47 (2001) 4, S. 439–453

**Tews, J.:** Geistespflege in der Volksgemeinschaft. Nachdr. der Ausg. Berlin 1932. Stuttgart 1981

**Thienel, A.:** Lehrerwahrnehmungen und -gefühle in problematischen Unterrichtssituationen. Frankfurt am Main u. a. 1987

**Thomae, H. & U. Lehr:** Berufliche Leistungsfähigkeit im mittleren und höheren Erwachsenenalter. Göttingen 1973

**Thompson, R. A.:** Emotion regulation. A theme in search of definition. In: Monographs of the society for research in child development, 52 (1994), pp. 25–33

**Thomssen, W.:** Deutungsmuster, eine Kategorie der Analyse von gesellschaftlichem Bewusstsein. In: Weymann, A. (Hrsg.): Handbuch für die Soziologie der Weiterbildung. Darmstadt/Neuwied 1980, S. 358–373

**Tietel, E.:** Emotion und Anerkennung in Organisationen. Wege zu einer triangulären Organisationskultur. Münster/Hamburg/London 2003 (Arbeitsgestaltung. Technikbewertung. Zukunft; Bd. 14)

**Tietgens, H.:** Skeptische Generation und Politische Bildung. In: Gesellschaft – Staat – Erziehung, 3 (1958a) 5, S. 215–222

**Tietgens, H.:** Psychologische Voraussetzungen politischer Bildung. In: Volkshochschule im Westen, 10 (1958b) 9/10, S. 220–224

**Tietgens, H.:** Zum Selbstverständnis des politischen Erziehers. In: Berliner Arbeitsblätter für die Volkshochschule (1960) 13, S. 37–58

**Tietgens, H.:** Erwachsenenbildung als Suchbewegung. Bad Heilbrunn/Obb. 1982

**Tietgens, H.:** Mehr Hemmnisse und Barrieren als Widerstand. In: DIE, 7 (2000) 2, S. 46

**Timm, E.:** Arbeit im Call Center – Tätigkeitsstrukturen, Belastungen und Ressourcen. Dissertation. Wuppertal 2003

**Tippelt, R.:** Die emotionale und soziale Dimension im Unterricht. In: Pädagogische Rundschau, 39 (1995) 2, S. 203–225

**Tippelt, R.:** Bildungsprozesse und Lernen im Erwachsenenalter. In: Zeitschrift für Pädagogik, 42. Beiheft. Weinheim/Basel 2000

**Tippelt, R. u. a.:** Weiterbildung, Lebensstil und soziale Lage in einer Metropole. Studie zu Weiterbildungsverhalten und -interessen der Münchner Bevölkerung. Bielefeld 2003

**Titz, W.:** Emotionen von Studierenden in Lernsituationen. Explorative Analysen und Entwicklung von Selbstberichtskalen. Münster u. a. 2001

**Tomkins, S. S.:** Affect, imagery, consciousness. Volume 1: The positive affects. New York 1962

**Treml, A. K.:** Evolutionstheorie als Systemtheorie. In: Oelkers, J. & H.-E. Tenorth (Hrsg.): Pädagogik, Erziehungswissenschaft und Systemtheorie. Weinheim/Basel 1987, S. 285–303

**Tritt, K.:** Emotionen und ihre soziale Konstruktion. Frankfurt am Main u. a. 1992

**Tröster, M.:** Lernwiderstände. In: DIE, 7 (2000) 2, S. 41

**Trommsdorff, G. & W. Friedlmeier:** Emotionale Entwicklung im Kulturvergleich. In: Friedlmeier, W. & J. Holodynski (Hrsg.): Emotionale Entwicklung. Funktion, Regulation und soziokultureller Kontext von Emotionen. Heidelberg/Berlin 1999, S. 275–293

**Tunner, W.:** Freude und Glück. In: Euler, H. A. & H. Mandl: Emotionspsychologie. Ein Handbuch in Schlüsselbegriffen. München/Wien/Baltimore 1983, S. 164–168

**Uhle, R.:** „Bildung" als Deutungsmuster. Zur Bedeutung kulturtheoretischer Visionen in pädagogischen Gegenwartsdiskursen. In: Hoffmann, D. (Hrsg.): Rekonstruktion und Revision des Bildungsbegriffs. Weinheim 1999, S. 89–101

**Ulich, D.:** Das Gefühl. München 1989[2], 1995[3]

**Ulich, D. & H.-P. Kapfhammer:** Sozialisation der Emotionen. In: Hurrelmann, K. & D. Ulich (Hrsg.): Neues Handbuch der Sozialisationsforschung. Weinheim/Basel 1991[4], S. 551–571

**Ulich, D., Kienbaum, J. & C. Volland:** Empathie mit anderen entwickeln. In: Salisch, M. von (Hrsg.): Emotionale Kompetenz entwickeln. Grundlagen in Kindheit und Jugend. Stuttgart 2002, S. 111–133

**Ulich, D., Volland, C. & J. Kienbaum:** Sozialisation von Emotionen: Erklärungskonzepte. In: Zeitschrift für Soziologie der Erziehung und Sozialisation, 19 (1999) 1, S. 7–19

**Urieli, B. L.:** Empathie. Das Erwachen am anderen Menschen. Stuttgart 2001

**Vester, H.-G.:** Emotion, Gesellschaft und Kultur. Grundzüge einer soziologischen Theorie der Emotionen. Opladen 1991

**Vester, M. u. a.:** Soziale Milieus im gesellschaftlichen Strukturwandel. Zwischen Integration und Ausgrenzung. Frankfurt am Main 2001

**Veyne, P.:** Die Verkettung der Dinge. Keine Realität, keine Rationalität und keine Dialektik: Michel Foucaults Denken – eine Archäologie. In: Frankfurter Rundschau (2001-10-16) Nr. 240, S. 22

**VHS-Loseblatt-Sammlung:** Die Volkshochschule. Handbuch für die Praxis der Leiter und Mitarbeiter. Hrsg. Pädagogische Arbeitsstelle des DVV, Frankfurt am Main. Stichwort: Politische Bildung (Nr. 60.035 (1973), 61.100 (1991), 61.500 (1994), 62.110–62.119 (1968–1994) etc.

**Wagner, A. C.:** Die Methode der Introvision zur Auflösung von inneren Konflikten und mentalen Blockaden. Hamburg: Universität, 2003 (Berichte aus dem Arbeitsbereich Pädagogische Psychologie)

**Weber, H.:** Ärger. Psychologie einer alltäglichen Emotion. Weinheim/München 1994

**Wegge, J. & L. Neuhaus:** Emotionen bei der Büroarbeit am PC: Ein Test der „affective events"-Theorie. In: Zeitschrift für Arbeits- u. Organisationspsychologie, 46 (2002) 4, S. 173–185

**Weick, K. E.:** Der Prozess des Organisierens. Frankfurt am Main 1985

**Weidner, J. & C. Kleinschmidt:** Tricksen, Bluffen, Intrigieren? Machiavelli lässt grüßen. In: Personalführung (2002) 12, S. 68–71

**Weinberg, J.:** Erwerb von Sozialkompetenzen: Ist soziale Kompetenz lehrbar, lernbar, förderbar oder was? In: GdWZ (2001) 4, S. 154–157

**Westerhoff, U.:** Gesundheitsgerechte Mitarbeiterführung durch „Emotionsmanagement". In: Arentewicz, G. & A. Fleissner (Hrsg.): Arbeitsplatzkonflikte. Mobbing als Psychoterror am Arbeitsplatz. Ursachen, Folgen und Formen der Hilfe. Frankfurt am Main 2003, S. 419–428

**Whitbourne, S. K. & C. S. Weinstock:** Die mittlere Lebensspanne. Entwicklungspsychologie des Erwachsenenalters. München/Wien/Baltimore 1982

**Wilhelm, R.:** Hirnforschung konkret. Wie lehren und lernen wir erfolgreicher? In: dis.kurs (2006) 2, S. 14–15

**Wilkesmann, U.:** Lernende Organisation, Wissensmanagement und Lernkulturentwicklung – schöne Worte oder mehr? Überlegungen aus organisationstheoretischer Sicht. In: Zeitschrift für Berufs- und Wirtschaftspädagogik, 100 (2004) 3, S. 383–397

**Winkler, M.:** Reflexive Pädagogik. In: Sünker, H. & H.-H. Krüger: Kritische Erziehungswissenschaft am Neubeginn?! Frankfurt am Main 1999, S. 270–300

**Winnicott, D. W.:** Playing and reality. New York 1971. Dt.: Vom Spiel zur Kreativität. Stuttgart 1974

**Wittemöller-Förster, R.:** Interesse als Bildungsziel. Merkmale und Bedingungen von Sachinteresse in motivationspsychologischen Theorien. Frankfurt am Main 1993

**Wittmann, E.:** „Kommunikative Kompetenz" in der persönlichen Kundenberatung. In: Zeitschrift für Berufs- und Wirtschaftspädagogik, 99 (2003) 3, S. 417–434

**Wittneben, K.:** Pflegekonzepte in der Weiterbildung zur Pflegekraft. Frankfurt am Main 1991

**Wittpoth, J.:** Rahmungen und Spielräume des Selbst. Ein Beitrag zur Theorie der Erwachsenensozialisation im Anschluss an George H. Mead und Pierre Bourdieu. Frankfurt am Main 1994

**Wittpoth, J.:** Sozialstruktur und Erwachsenenbildung in der Perspektive Pierre Bourdieus. In: Derichs-Kunstmann, K., Faulstich, P. & R. Tippelt (Hrsg.): Theorien und forschungsleitende Konzepte der Erwachsenenbildung. Beiheft zum Report. Dokumentation der Jahrestagung 1994 der Kommission Erwachsenenbildung der DGfE. Frankfurt am Main 1995, S. 73–78

**Wollheim, R.:** Emotionen. Eine Philosophie der Gefühle. München 2001

**Zajonc, R. B.:** Feeling and thinking. Preferences need no inferences. In: American Psycologist (1980) 2, pp. 151–175

**Zech, R.:** Lernerorientierte Qualitätstestierung in der Weiterbildung. LQW 2. Das Handbuch. Hannover 2005[3]

**Zimmer, D. E.:** Die Vernunft der Gefühle. Ursprung, Natur und Sinn der menschlichen Emotion. München 1988[3]

**Zimmermann, P.:** Emotionsregulation im Jugendalter. In: Friedlmeier, W. & J. Holodynski (Hrsg.): Emotionale Entwicklung. Funktion, Regulation und soziokultureller Kontext von Emotionen. Heidelberg/Berlin 1999, S. 219–240

**Zollneritsch, J.:** Wie behalte ich mir die Freude am Lernen? www.stangl-taller.at/ARBEITSBLAETTER/LERNEN/Lernfreude.shtml (2006-10-27)

**Zumkley-Münkel, C., Dreher, E. & H. Zumkley:** Regulatorische Kompetenz – Momentaufnahmen aus einem aktuellen Forschungsprogramm. In: Magazin Forschung (2002) 1, S. 52–66

# 8 Anhang

**60 Emotionen nach Rost**

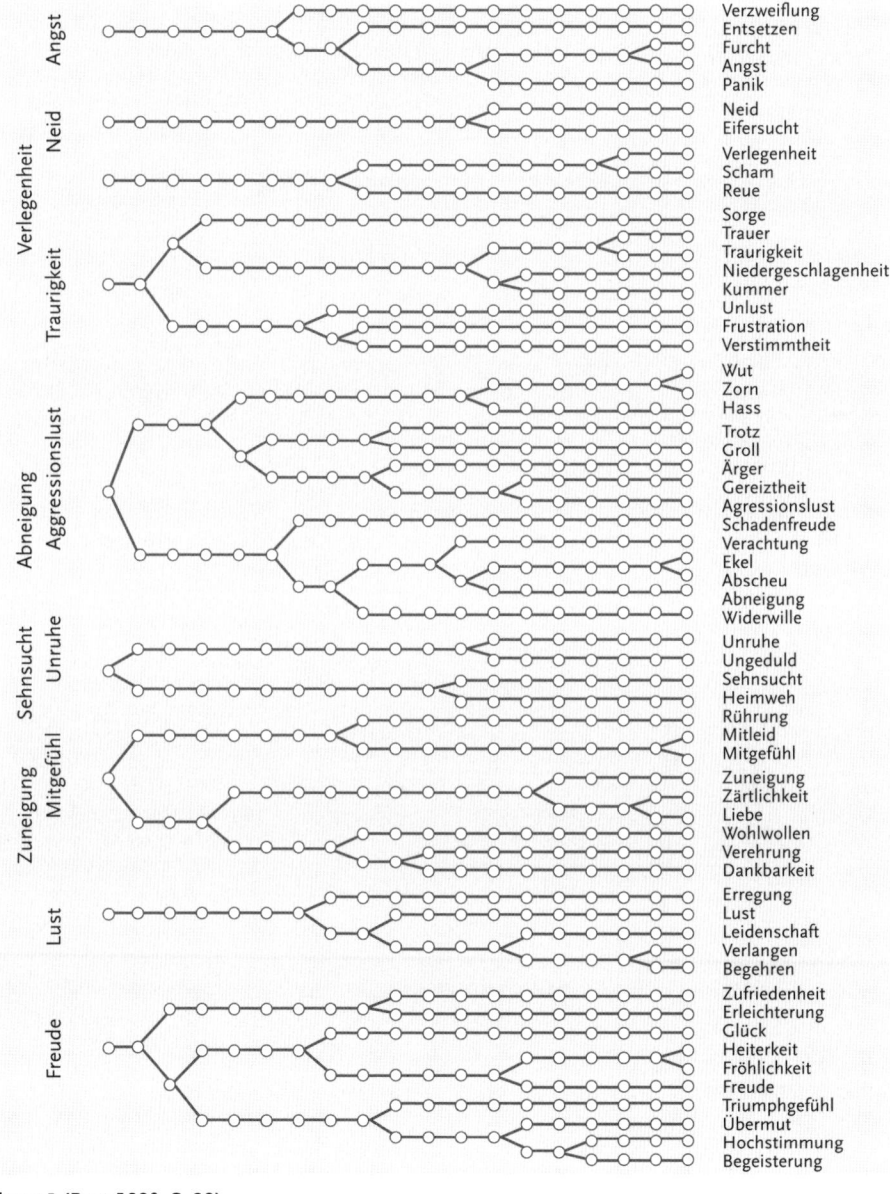

Anhang 1 (Rost 1990, S. 39)

## Technikwandel – vom Berufskönnen zur Berufskompetenz

„Der soziale Wandel veranlaßt die Arbeits- und Berufspädagogik, ihr Konzept vom >Berufskönner< zur >Berufskompetenz< zu erweitern"

|  | Berufskönnen | Berufsqualifikation | Berufskompetenz |
|---|---|---|---|
| *Berufselemente* | Kenntnisse<br>Fertigkeiten<br>Fähigkeiten | Kenntnisse<br>Fertigkeiten<br>Fähigkeiten | Kenntnisse<br>Fertigkeiten<br>Fähigkeiten |
| *Aktionsweite* | einzelberuflich<br>definiert und<br>fundiert | berufsbreite<br>Flexibilität | Berufsumfeld und<br>Arbeitsorganisation |
| *Arbeitscharakter* | gebundene<br>ausführende<br>Arbeit | ungebundene<br>ausführende<br>Arbeit | freie dispositive<br>Arbeit |
| *Organisationsgrad* | fremdorganisiert | selbständig | selbstorganisiert |

*Definition*: „Berufliche Kompetenz besitzt derjenige, der über die erforderlichen Kenntnisse, Fertigkeiten und Fähigkeiten eines Berufs verfügt, Arbeitsaufgaben selbständig und flexibel lösen kann sowie fähig und bereit ist, dispositiv in seinem Berufsumfeld und innerhalb der Arbeitsorganisation mitzuwirken" (G. P. Bunk).

| *Hintergrund der Technik und Arbeitsorganisation* | Traditionelle Industrietechnik:<br>Großserie<br>Fließband<br>langer Materialdurchlauf<br><br>Arbeitsteilung: Ungelernte (Produktion), Facharbeiter/Techniker (Instandhaltung) und Ingenieure (Qualitätssicherung)<br><br>Kennzeichen:<br>Polarisierung der Qualifikationsstruktur und hoher Anteil an manueller Werkstoffbearbeitung | Neue Industrietechnik:<br>Flexible Fertigung<br>C-Verfahren, Roboter, Gruppenarbeit<br>>just-in-time< Produktion<br><br>Team von Facharbeitern, Technikern und Ingenieuren Gleichzeitig zuständig für Produktion, Instandhaltung<br><br>Kennzeichen:<br>Entspezialisierung, Reprofessionalisierung und Rückgang manueller Eingriffe |
| *Bezug zur Bildung* | zweckorientierte Bildung | zwecksetzende Bildung |

Anhang 2 (Arnold 1997, S. 263)
Quelle: nach Bunk 1994, S. 10 und Schmidt 1988, S. 175; Arnold/Lipsmeier/Ott 1997

# Die doppelte Entgrenzung – Paradigmenwechsel in der Weiterbildung

weite („neue") Sicht

| Entgrenzung A: Von der Qualifikation zur Kompetenz | Entgrenzung B: Von der Weiterbildung zur Kompetenzentwicklung |
|---|---|

enge („alte") Sicht

| | Kompetenz | Qualifikation | Weiterbildung | Kompetenz-entwicklung |
|---|---|---|---|---|
| A. Lesarten der kompetenz-orientierten Wende | Subjektorientiert<br><br>Ganzheitlichkeit<br><br>Selbst-organisation<br><br>Wertorientierung<br><br>Unbegrenzte Dispositionsvielfalt | Nachfrage-orientiert<br><br>Unmittelbarkeit<br><br>Fremd-organisation<br><br>„Sachverhalts-zentrierung"<br><br>Rechtsförmigkeit (Zertifizierung) | Bildungs-institutioneller Fokus<br><br><br>Curriculare Didaktik (Didaktik des Kurs- und Seminarwesens)<br><br>Konservatismus und Bildungs-idealismus<br><br>Weiterbildung als vierte Säule | Auch Nicht-Bildungs-institutionen als Lernorte nutzen<br><br>Komplexere Lern-inhalte (inkl. infor-melles und wert-bezogenes Lernen)<br><br>Integration von All-gemeinbildung und Berufsbildung sowie Arbeiten und Lernen<br><br>Offene und dyna-mische Weiterbil-dungsansätze |
| B. Versäumte Anschließungen (vgl. insb. Pkt. 4) | Frage nach den linguistischen, interaktions- und handlungs-theoretischen „Aufladungen" des Kompetenz-begriffs<br><br>und<br><br>nach der Bedeutung des Berufsprinzips | Frage nach dem Verhältnis von Qualifikations- und Identitäts-lernen<br><br><br>und<br><br>nach den didak-tischen Formen eines handlungs-orientierten Lernens zur Förderung von Schlüsselquali-fikationen | Frage nach der Öffnung der Weiterbildung und nach dem offenen („selfdirected") Er-wachsenenlernen<br><br>und<br><br>nach den Vor- und Nachteilen institutiona-lisierten Lernens | Frage nach der notwendigen „Öffentlichen Verantwortung"<br><br><br><br>und<br><br>nach der „Professionalität" als wesentliche Bedingungen der Qualitätssicherung in der Weiterbildung |

Anhang 3 (Arnold 1997, S. 270)

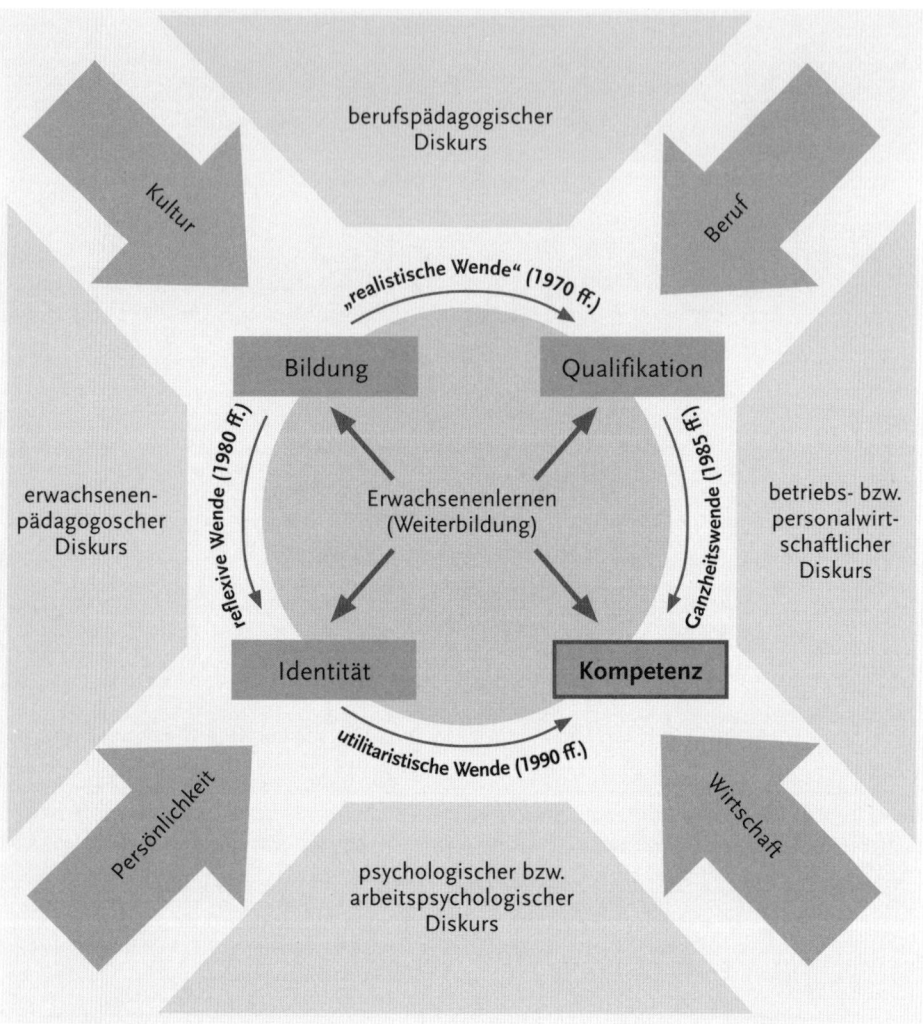

Anhang 4 (Arnold 1997, S. 282)

Ein pflegespezifisches prozessuales Rahmenmodell des empathischen Prozesses kognitiver Empathie

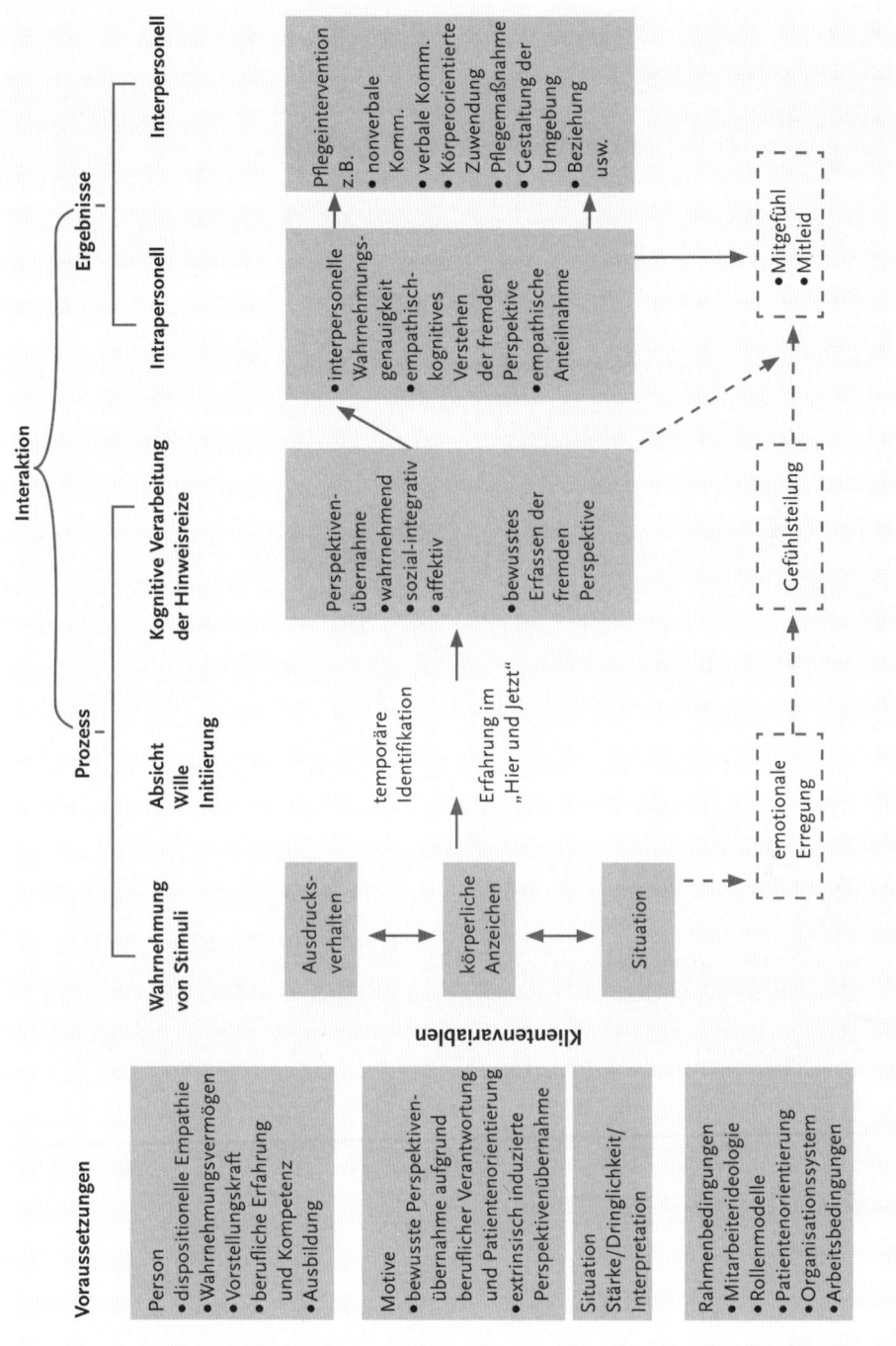

Anhang 5 (Bischoff-Wanner 2002, S. 275)

## Entwicklung von Hypothesen

„Folgende Hypothesen können auf Grund der operationalen Definition und des konzeptionellen Rahmenmodells aufgestellt werden:

- Empathie in der Pflege ist ein eher kognitiver Akt des Wahrnehmens und Verstehens. Der affektive Anteil, also die Gefühlsteilung, steht nicht im Vordergrund.
- Das Ausmaß, in dem Pflegepersonen empathisch reagieren, ist abhängig davon, ob und mit welchen Methoden Empathie in der Ausbildung gefördert wurde.
- Berufliche Verantwortung und eine patientenorientierte Berufsauffassung stellen wichtigere Motive für das helfende Verhalten dar als Mitgefühl.
- Das Ausmaß, in dem Pflegepersonen bereit sind, sich empathisch zu engagieren, ist abhängig von einer patientenorientierten Mitarbeiterideologie und von adäquaten Rollenmodellen in der Ausbildung und in der Praxis.
- Je patientenorientierter die Berufsauffassung ist und je mehr berufliche Verantwortung empfunden wird, desto eher sind Pflegepersonen bereit, sich empathisch zu engagieren.
- Empathie ist ein bewusster und willentlicher Akt, der von Pflegenden initiiert wird. Pflegende entscheiden, ob, wann und mit wem sie empathisch sein wollen.
- Empathie ist nicht immer und nicht mit allen Patienten notwendig, sondern nur dort, wo der Patient sich nicht direkt mitteilen kann oder will, Erkenntnisse über ihn aber für seinen Pflegeprozess bedeutsam sind.
- Mittels des empathischen Verstehens gelingt es, den inneren Zustand eines Patienten zu verstehen und in eine angepasste Pflegehandlung umzusetzen.
- Pflegende vermitteln emphatisches Verständnis überwiegend nonverbal und körperorientiert auf dem Weg des eigenen Ausdrucksverhaltens und der eigenen Körpersprache (Körperhaltung und -position, Mimik, Gestik).
- Das empathische Verstehen resultiert in einer direkten Pflegehandlung zu Gunsten des Patienten.
- Je mehr eine Pflegeintervention auf empathischem Verstehen beruht, desto individualisierter ist die Pflege, desto eher werden individuelle Patientenbedürfnisse erfüllt.
- Empathie kann in eine nahe Beziehung zum Patienten einmünden, die reziprok sein kann, wenn der Patient der Pflegeperson gegenüber ebenfalls empathisch ist.
- Rahmenbedingungen wie Funktionspflege und Arbeitshetze vermindern die Bereitschaft von Pflegepersonen, sich empathisch zu engagieren."

Anhang 6 (Bischoff-Wanner 2002, S. 280 f.)

Fallanalyse auf Merkmale der Gefühlsarbeit und Zuordnung zu den Kompetenzen

| Praktische Durchführung, Fallanalyse | Gefühl | Merkmale der Gefühlsarbeit | Kompetenz-entwicklung (dominate Kompetenz ist **fett** gedruckt) |
|---|---|---|---|
| Auszubildende ist sehr aufgeregt, kontrolliert noch einmal die Materialien, die sie für die nun folgende Ganzkörperpflege benötigt. | Aufregung | **Gefühlsarbeit als Bedingung.** *Unterdrücken* der Aufregung. | **fachliche Kompetenz,** personale Kompetenz, **methodische Kompetenz** |
| Die Zimmertür wird geöffnet, uns schlägt stickige und übel riechende Luft entgegen. | Ekel, Widerwillen | **Gefühlsarbeit als Bedingung.** Gefühle des Widerwillens und des Ekels werden *unterdrückt*. | fachliche Kompetenz, **personale Kompetenz** |
| Die Patientin liegt schlafend zusammengekrümmt im Bett. Sie hat verklebte Augen und einen durch angetrockneten Schleim verklebten Mund, es riecht nach Kot. | Ekel, Ärger, Empörung, Widerwillen, Ablehnung | **Gefühlsarbeit als Bedingung, als Gegenstand.** Mitleid wird *entwickelt*, Gefühlseinstellung auf „freundliche Helferin". | fachliche Kompetenz, **sozial-kommunikative Kompetenz,** personale Kompetenz |
| Kontaktaufnahme durch Berührung an der Schulter von der Lehrkraft, Begrüßung der Patientin durch die Auszubildende. | Unsicherheit, Berührungsangst | **Gefühlsarbeit als Bedingung, als Gegenstand.** Wird die Gefühlseinstellung „freundliche Helferin" *entwickelt*, gelingt die Kontaktaufnahme. Berührung wird möglich. | (Lehrkraft als Vorbild) **personale Kompetenz,** fachliche Kompetenz, sozial-kommunikative Kompetenz |
| Hinweis der Lehrkraft: „Die Patientin wird Sie sicher hören, aber sie kann die Augen schwer öffnen, sie sind zu verklebt und sie kann nicht antworten, weil der Mund ebenfalls verklebt ist. Damit die Kontaktaufnahme gelingt, säubern Sie bitte zunächst die Augen und den Mund der Patientin und ermuntern Sie die Patientin zum Trinken!" | Ärger, Trauer, Schmerz, Unsicherheit | **Gefühlsarbeit als Bedingung, als Mittel, als Gegenstand.** *Einfühlen* der Lehrkraft in die Situation der Patientin. Lehrkraft *unterdrückt* Ärger, Trauer, Schmerz. Lehrerin sagt, was sie sieht, und zeigt einen Weg, wie die Beziehungsaufnahme zur Patientin möglich wird. | fachliche Kompetenz, **sozial-kommunikative Kompetenz,** personale Kompetenz, methodische Kompetenz |

Anhang 7 (Heimburger 2004, S. 40/41)

**Fallanalyse auf Merkmale der Gefühlsarbeit und Zuordnung zu den Kompetenzen**

| Praktische Durchführung, Fallanalyse | Gefühl | Merkmale der Gefühlsarbeit | Kompetenz-entwicklung (dominate Kompetenz ist **fett** gedruckt) |
|---|---|---|---|
| Auszubildende stellt die Waschschüssel auf den Nachttisch und beginnt vorsichtig und unsicher mit dem Reinigen der Augen, des Mundes und des Gesichtes der Patientin. Lippen werden mit dem nassen Lappen behandelt. | Unsicherheit, Widerwillen, Ekel, Ärger, Trauer | **Gefühlsarbeit als Mittel, als Bedingung.** Lehrkraft *unterdrückt* Ärger und Empörung. | **fachliche Kompetenz, personale Kompetenz,** sozial-kommunikative Kompetenz |
| Auszubildende blickt immer wieder unsicher auf die Lehrerin, diese nickt aufmunternd zurück. Die Patientin bekommt ein Getränk angeboten und trinkt zwei oder drei kleine Schlucke vorsichtig. | Unsicherheit, Hilflosigkeit | **Gefühlsarbeit als Bedingung, als Gegenstand.** Auszubildende unterdrückt die Berührungsängste, die Unsicherheit, den Ekel. *Entwickeln* der Einstellung „freundliche Helferin". | **fachliche Kompetenz, personale Kompetenz,** sozial-kommunikative Kompetenz |
| Auszubildende blickt fragend zur Lehrkraft, ist unsicher und fragt: „Wie geht es nun weiter?" Hinweise der Lehrkraft, die Ganzkörperpflege mit dem Entfernen des Stuhlgangs zu beginnen. Auszubildende ist erleichtert. | Unsicherheit, Ekel, Übelkeit, Angst vor der Berührung, Erleichterung | **Gefühlsarbeit als Bedingung, als Gegenstand.** Auszubildende lässt ihr Gefühl der Unsicherheit zu, fragt nach und bekommt eine Antwort. | fachliche Kompetenz, personale Kompetenz, **sozial-kommunikative Kompetenz** |
| Entfernen der eingekoteten und eingenässten Windel. Es riecht übel. | Fremdheitsgefühl, Distanzgefühl, Ekel, Übelkeit | **Gefühlsarbeit als Bedingung, als Gegenstand.** *Unterdrücken* des Ekelgefühls. Berührungsängste *unterdrücken*. *Entwickeln* des Gefühls „freundliche Helferin". | fachliche Kompetenz, **personale Kompetenz,** sozial-kommunikative Kompetenz |
| Die Patientin wird, nachdem ihr das Gesäß gereinigt und der Oberkörper gewaschen worden ist, auf die Seite gedreht. Sie wird durch Hinweise und mit Unterstützung der Lehrkraft seitlich stabil gelagert. Lehrkraft zeigt, wie der Kopf und Arme der Patientin gelagert werden. Patientin liegt auf der Seite an der Bettkante. Damit die Patientin ein Gefühl der Sicherheit verspürt, dient hier der Körper der Lehrerin als Schutzbarriere. | Scham, Unwohlsein, Distanzgefühl | **Gefühlsarbeit als Mittel, als Bedingung, als Gegenstand.** Klare Angaben vermitteln der Auszubildenden und der Patientin das Gefühl der Sicherheit. *Überwinden* des Distanzgefühls, des Fremdheitsgefühl. Patientin wird mit dem eigenen Körper gehalten und es wird Sicherheit vor der Gefahr, aus dem Bett zu fallen, gegeben. | **fachliche Kompetenz, personale Kompetenz, sozial-kommunikative Kompetenz,** methodische Kompetenz |

Anhang 7 (Heimburger 2004, S. 40/41) (Fortsetzung)